Manual
de cocina

Manual de cocina

Lioba Waleczek (editora)

Jürgen Schulzki
Ruprecht Stempell
Martin Kurtenbach
(Fotografía)

Anton van Doremalen
François Büns
(Estilismo)

**Si no se da otra indicación,
las recetas están calculadas
para 4 personas.**

Copyright © 2004 HEEL Verlag GmbH, Königswinter

Reseña de autores:
Verduras y hortalizas: Maryna Zimdars
Setas: Christa Waleczek
Cereales: Claudia Nölling-Schweers
Especias y hierbas aromáticas: Susanne Pütz
Pescado y marisco: Nanny Roosen
Aves: Claudia Nölling-Schweers
Carne y caza: Monika Alt
Despojos: Sabine Zitzmann
Jamones y embutidos: Sabine Zitzmann
Quesos: Marianne Bongartz
Frutas: Maryna Zimdars
Frutos secos y semillas: Anna Bauer
Azúcares, mieles, etc.: Anna Bauer
Cafés y tés: Sabine Zitzmann
Vinos: Winfried Konnertz
Licores: Hans-Günter Semsek
Estilistas: Anton van Doremalen, François Büns

Revisión general: ditter.projektagentur
Idea y concepción del proyecto: Michael Ditter

Copyright © 2006 de la edición española:
Parragon Books Ltd
Queen Street House
4 Queen Street
Bath BA1 1HE, RU

Traducción: Ana María Gutiérrez y Marta Borrás
para Equipo de Edición S.L., Barcelona
Redacción y maquetación:
Equipo de Edición S.L., Barcelona

ISBN-13: 978-1-40548-131-1
ISBN-10: 1-40548-131-5

Impreso en China
Printed in China

Índice

Prólogo

La gastronomía occidental se caracteriza por incluir una variedad casi infinita de productos. Además, hoy día estamos más familiarizados que nunca con la cultura y la cocina de países lejanos y nos hemos acostumbrado a incluir en nuestros menús no sólo los ingredientes propios de nuestra zona sino también otros procedentes de cualquier rincón del mundo.

De hecho, la gastronomía nunca ha entendido de fronteras geográficas, pero tiempo atrás los manjares de lugares remotos no estaban al alcance de todo el mundo y hoy sí lo están.

No todo lo que sabe bien es sano, por supuesto, pero no hace falta ser experto en nutrición para saber que salud y paladar no están reñidos.

Por eso es tan necesario conocer bien lo que comemos: sólo así es posible orientarse entre la vasta oferta de productos y elegir con fundamento. Este *Manual de cocina* le proporciona toda la información que necesita para organizar una alimentación tan variada como apetitosa. La descripción de los distintos productos se complementa con numerosas sugerencias de preparación y recetas clásicas. Así pues, con este libro descubrirá no sólo las propiedades de cada producto sino muchas formas posibles de combinarlos entre sí.

Lioba Waleczek

VERDURAS
Y HORTALIZAS

Introducción

Verduras y hortalizas son esas plantas de cultivo que suelen conformar las guarniciones en ciertos países pero que en otros, sobre todo asiáticos y orientales, constituyen el alimento básico dado su elevado valor nutricional. Las verduras y las hortalizas no deben faltar en ninguna comida porque son fundamentales para la salud. Como la fruta, contienen muchas vitaminas y minerales y otras sustancias vegetales secundarias, es decir, sustancias bioactivas como carotenoides, flavonoides o ácidos fenólicos, que tienen una acción positiva sobre el metabolismo humano. En combinación con las demás sustancias vitales, frenan la proliferación de bacterias nocivas, protegen de las infecciones, fortalecen el sistema inmunológico y previenen la aparición de enfermedades cardiovasculares. Además, influyen favorablemente sobre el nivel de colesterol y glucosa en sangre y regulan la presión arterial, y es probable que también reduzcan el riesgo de cáncer.

Gracias a las modernas técnicas de cultivo y los sistemas de transporte y refrigeración, además de la permanente innovación de las variedades cultivadas, los consumidores preocupados por su salud pueden satisfacer hoy sus necesidades de verduras y hortalizas durante todo el año con una enorme variedad de productos locales y exóticos. Las verduras y hortalizas frescas cultivadas en las regiones más cálidas de Europa, el norte de África e Israel están a disposición de los consumidores en casi cualquier colmado incluso en pleno invierno.

Según criterios tanto sanitarios como culinarios, se recomienda consumir sólo productos frescos. Las verduras marchitas, deterioradas o en mal estado (con manchas marrones, la piel dañada o moho) han perdido la mayor parte de sus valiosos componentes y no tienen buen sabor. Por desgracia, las directrices europeas y la normativa no sirven de nada a la hora de hacer la compra, porque sólo legislan los aspectos relativos al aspecto exterior de los productos, sin tener en cuenta los aditivos y aromas ni los posibles residuos químicos que puedan contener.

Quienes compran sus verduras y hortalizas a diario en el mercado o en la verdulería de la esquina no tienen que preocuparse por su conservación. No obstante, casi todas las variedades se pueden conservar durante varios días en el frigorífico, en cuyo caso es preferible envolverlas en plástico permeable o en un paño limpio y húmedo.

Las verduras y hortalizas frescas se deben consumir lo antes posible y cocinar respetando sus propiedades naturales. El paso de los días y una mala preparación les resta parte de sus valiosos nutrientes. Antes de guisarlas hay que limpiarlas, lavarlas, pelarlas y, dependiendo del tipo de verdura, su grado de maduración y el plato a preparar, trocearlas. Primero se quitan los restos de tierra y arena de las raíces, los tronchos y las hojas exteriores. Luego hay que ponerlas en agua fría o lavarlas bajo el grifo. Después ya se pueden pelar y trocear, no antes para que no pierdan nutrientes. El tiempo de cocción dependerá del tipo de producto y del tamaño de los trozos. Por lo general, cuanto más pequeños sean, menos tiempo de cocción y cantidad de líquido necesitarán.

Tipos de lechugas

La *lechuga de hoja de roble* pertenece a la familia de la *lechuga (Latuca sativa)* y está emparentada con la *lechuga flamenca* y la *iceberg*. Es de color verde subido y puede presentar una atractiva coloración rojiza en el borde dentado de las hojas. Procede principalmente de Francia, Italia y Holanda, aunque también se cultiva en España. Combina muy bien con otras variedades de lechuga y con frutas. El ajo realza su delicado aroma de frutos secos, mientras que el chalote, la cebolla y el pimiento fresco encubren su peculiar sabor. Se recolecta principalmente entre septiembre y abril, y en junio y julio. Hay que consumirla lo antes posible, porque se marchita enseguida.

La *lechuga romana* o *larga* pertenece a la misma familia que la anterior. Sus hojas alargadas y relativamente fuertes tienen un sabor marcado y mucho más intenso que el de la lechuga flamenca. La lechuga romana se cultiva sobre todo en Italia, Francia y España. Se conserva fresca hasta una semana y combina bien con otras variedades de lechuga. Los cocineros profesionales la cortan en trozos o en juliana para después aliñarla. La lechuga romana, como también otros tipos de lechuga, no sólo se consume en crudo sino que conserva muy bien su peculiar aroma si se cuece al vapor.

La *escarola (Cichorium endivia)* no es una lechuga sino que pertenece a la misma familia que la endibia y la achicoria. Esta planta para ensalada de hojas abundantes y rizadas y sabor delicadamente amargo ya se consumía en el antiguo Egipto, aunque solía considerarse una hierba culinaria. La escarola también era muy apreciada entre los griegos y los romanos, pero no se introdujo en Centroeuropa hasta el siglo XVI. La variante crespa de la escarola, o *lechuga rizada*, tiene las hojas hendidas y se recolecta sobre todo en verano. La *escarola lisa*, de hojas lisas y anchas, es una delicada variedad de invierno. Se conserva dos días en el cajón de las verduras de la nevera envuelta en un paño húmedo. Se suele cortar en juliana o en trozos pequeños. El aliño que mejor combina con su aroma ligeramente amargo, que se puede mitigar sumergiéndola en agua, es una salsa de mostaza. Se puede acompañar con berros, ajo, tocino y picatostes.

Ensalada con queso de cabra

250 g de hojas de lechuga variadas
250 g de tomates en cuartos
4 cucharaditas de vinagre balsámico
sal y pimienta recién molida
1 cucharadita de mostaza
2 cucharadas de aceite de nuez
4 cucharadas de piñones pelados
4 cucharadas de aceite de oliva
4 quesos frescos de cabra, de unos 50 g
perejil, para adornar

Lave muy bien las hojas de lechuga, córtelas en trocitos y espárzalos en el plato. Coloque los cuartos de tomate encima. Mezcle el vinagre con la sal, la pimienta, la mostaza y el aceite de nuez. Tueste los piñones en una sartén. Caliente el aceite de oliva y dore un poco el queso. Ponga dos quesos de cabra en los platos. Vierta el aliño por encima de la ensalada y adorne el plato con el perejil y los piñones.

El aliño

La sofisticación de una ensalada depende en gran medida del aliño. Factores esenciales son la calidad y la proporción de los ingredientes, por muy sencillos o refinados que sean. Los ingredientes del aliño francés clásico para las ensaladas, la vinagreta, son vinagre, aceite, mostaza de Dijon, sal y pimienta. La vinagreta es deliciosa con todas las ensaladas de lechuga o verduras. Pero también se pueden aliñar con salsas ligeras a base de nata (dulce o agria), nata fresca espesa *(crème fraîche)* o yogur, a las que, si se desea, se puede dar un toque de mostaza, rábano, *ketchup*, hierbas frescas u otros condimentos. Las ensaladas de patata, pasta o verduras cocidas también se pueden aliñar con mayonesa, a la que también se pueden aplicar múltiples variaciones.

Elaboración de la vinagreta

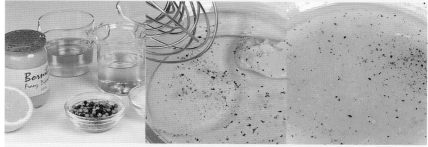

Necesitará: aceite y vinagre, más o menos en proporción 1:3 (según el tipo de vinagre y su intensidad), sal, pimienta, zumo de limón y mostaza.

Mezcle todos los ingredientes excepto el aceite en un cuenco (o en el vaso de la batidora). Incorpore el aceite y emulsione la mezcla. La vinagreta se puede

ligar con una yema de huevo. Mejore el aliño con las especias y hierbas que más le gusten.

La **lechuga flamenca** también tiene una variedad roja, más aromática que la **verde**.

La **lechuga de hoja de roble** tiene aroma de frutos secos y es muy tierna.

La **lechuga iceberg** (también en variedad roja) se caracteriza por el cogollo compacto.

La **lechuga Batavia** se cultiva sobre todo en invernadero y pertenece al mismo grupo que la *iceberg*.

La **lechuga romana** es ideal para cocerla al vapor.

La **escarola lisa** se caracteriza por unos tronchos gruesos y unas hojas anchas no divididas.

La **lechuga rizada** tiene las hojas muy hendidas y es un poco amarga, como todas las escarolas.

La **lechuga *lollo rosso*,** de color rojo oscuro, convence por su sabor a fruto seco.

El sabor de la lechuga *lollo bionda,* de hojas verdes tirando a amarillentas, recuerda el de la variedad roja.

El canónigo

El *canónigo (Valerianella locusta)* es una planta típica del invierno que crece en rosetas compuestas por unas diez hojas verdes ovaladas y cuya temporada se extiende de octubre a abril. También se conoce por el nombre de *lechuga de campo* en referencia a los lugares donde suele crecer. Otro nombre común es *valerianela*. Es una planta poco exigente, de delicado sabor a fruto seco, muy extendida en Europa y Asia aunque no se empezó a cultivar y consumir cruda en ensalada hasta principios del siglo XIX. Los botánicos lo clasifican dentro de la familia de las Valerianáceas, y hay quien dice que tiene propiedades estimulantes del sistema nervioso. El canónigo, como casi todas las hortalizas de hoja verde, es rico en magnesio, uno de los minerales que mejor combaten el estrés.

Antes de que se iniciara el cultivo de las hortalizas de invierno modernas que hoy enriquecen nuestras ensaladas, el canónigo era un ingrediente indispensable para el aporte de vitaminas durante los meses más fríos del año, ya que contiene las vitaminas A, B1, B2, niacina y C en grandes cantidades. Las rosetas más pequeñas y tiernas son más aromáticas que las grandes. Esta hierba resulta más sabrosa cuando es de cultivo biológico. Al lavarla hay que procurar que los fascículos no se rompan, ya que es preferible servir el canónigo sin

separarlo. Su limpieza exige algo de paciencia porque cuando es fresco lleva bastante arena. Pero merece la pena. El canónigo se conserva en el frigorífico hasta dos días, bien lavado y envuelto en un paño húmedo.

Canónigo y otros ingredientes delicados

Gracias a su penetrante aroma, el canónigo es muy fácil de combinar con otros ingredientes. Combina muy bien con otras hierbas de hoja de sabor intenso, y también con gajos de naranja o pomelo, trocitos de pera, tomates cortados en octavos o huevo duro picado. Los amantes de la carne lo prefieren con pavo frito en tiras o hígado de ave. Si se inclina por el pescado, puede servirlo con gambas salteadas o trucha ahumada. Otra variante clásica es el canónigo servido con dados de tocino crujiente y picatostes. Hay también a quien le encanta con un aliño tibio y patatas cocidas. Las nueces picadas o el aceite de nuez potencian su delicado aroma de frutos secos.

Rúcula con parmesano

2 manojos de rúcula
1 bulbo de hinojo
4 cucharadas de aceite de oliva
2 cucharadas de vinagre balsámico
sal y pimienta negra
100 g de parmesano
50 gramos de piñones

Separe las hojas de rúcula, lávelas y séquelas bien. Distribúyalas en cuatro platos llanos. Corte el hinojo en dos y después en láminas y póngalo por encima de la rúcula. Mezcle el aceite, el vinagre, la sal y la pimienta para el aliño y viértalo sobre la ensalada. Raspe virutas finas de parmesano y espárzalas sobre la ensalada; por último, tueste los piñones en una sartén sin aceite y añádalos.

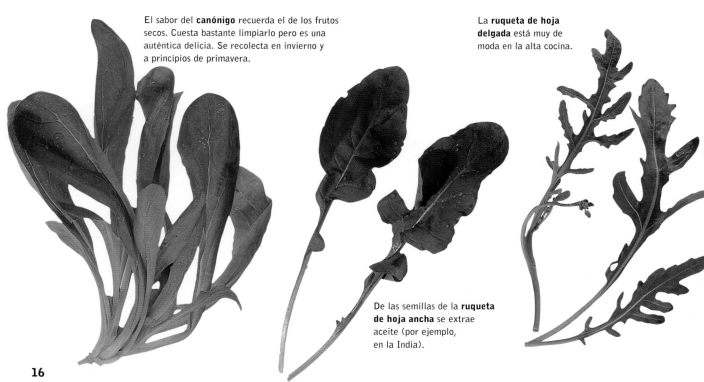

El sabor del **canónigo** recuerda el de los frutos secos. Cuesta bastante limpiarlo pero es una auténtica delicia. Se recolecta en invierno y a principios de primavera.

De las semillas de la **ruqueta de hoja ancha** se extrae aceite (por ejemplo, en la India).

La **ruqueta de hoja delgada** está muy de moda en la alta cocina.

El diente de león

El *diente de león (Taraxacum officinale)* ha tenido que luchar durante mucho tiempo con su inmerecida fama de mala hierba y de simple «comida de conejos», y hace poco que los gastrónomos han descubierto su enorme potencial. Las hojas de diente de león son hoy un ingrediente indispensable de una buena ensalada variada de hierbas silvestres, y también se aprecian por sí mismas. Las hojas, de color verde intenso, son dentadas como las de la rúcula, y también ligeramente amargas. El diente de león silvestre, que crece a partir de la primavera, tiene un aroma más intenso y acerbo que las numerosas variedades cultivadas. Estas últimas se cultivan sobre todo en invierno en invernaderos oscuros y se diferencian de las especies silvestres por su color verde claro.

La rúcula

La *rúcula (Eruca vesicaria)* o ruqueta (no suena tan poético) es una hierba anual de hojas lanceoladas, alargadas, de color verde intenso y de sabor penetrante a fruto seco, algo picante, que recuerda el diente de león. También se conoce como «oruga», pertenece a la familia de las coles y está emparentada con la mostaza y el rábano.

Esta hierba aromática ya la cultivaban los romanos, que no sólo la empleaban como condimento sino que también le atribuían ciertos poderes curativos. Es originaria de la cuenca mediterránea y Asia oriental, pero también crece en otras regiones. Hace pocos años que se ha redescubierto para la cocina. A diferencia de italianos y franceses, hasta hace poco los alemanes consideraban la ruqueta una hierba silvestre sin ninguna utilidad, aunque sí que se empleaba en alta cocina. Hoy se puede comprar en casi cualquier supermercado, y tampoco debe faltar en la carta de todo restaurante que se precie. El grado de acritud en boca depende mucho de la variedad de cultivo y puede abarcar desde tenue hasta muy picante y persistente.

La rúcula para ensaladas tiene que ser tierna y de color verde brillante. Hay que desechar las hojas con manchas. Su temporada principal va de primavera a entrado el otoño. Es una planta muy sensible que se marchita enseguida. Se conserva unos tres días en el frigorífico envuelta en papel o film transparente.

Antes de consumirla hay que lavarla bien y retirar los tallos gruesos. Se puede servir sola o con tomate u otras hortalizas de ensalada como lechuga flamenca, achicoria o canónigo. Un aliño muy simple pero que potencia el sabor de la rúcula consiste en vinagre balsámico y aceite de oliva. Se puede triturar con piñones y parmesano para preparar una salsa parecida al *pesto* que resulta excelente para acompañar carnes, pescados o platos de pasta. La rúcula también es ideal como acompañamiento de las pizzas. En ensalada, con jamón serrano y virutas de parmesano, es un auténtico manjar que se puede mejorar aún más con una nota afrutada, por ejemplo, trocitos de mango o tomates *cherry* amarillos. Para potenciar el particular sabor a fruto seco de la rúcula se recomienda emplear aceite de nuez.

La endibia

Las sustancias amargas de las **endibias** se localizan principalmente en la parte inferior de las hojas, que se debe desechar.

La **endibia roja** es un híbrido de endibia blanca y achicoria roja.

La endibia: nacida de la oscuridad

En su obra de 1912 *Histoire des légumes*, Gibault relata cómo en 1840 se descubrió la forma de blanquear las endibias. Luego se fueron haciendo pruebas, hasta que el botánico Brézier perfeccionó el método. Todo comenzó cuando un agricultor que estaba arando un campo se topó con una raíz de achicoria silvestre y descubrió que las hojas eran comestibles. Aquel hombre guardó el secreto hasta su muerte, y fue su mujer quien lo dio a conocer. Hoy, el cultivo de la endibia es muy sofisticado.

La endibia se siembra en mayo, y a finales de otoño se podan a fondo las hojas. Las raíces se entierran muy juntas entre sí en lugares de cultivo especializados. Al cabo de unas tres semanas se recolectan los brotes nuevos, que nacen en total oscuridad. Los renuevos se cortan casi a ras de la raíz, se lavan y se envasan protegidos de la luz.

La *endibia (Cichorium intybus),* que está extendida en Europa, Rusia central y Asia occidental, se cultiva principalmente en Bélgica y Holanda. Los brotes de endibia se cultivan bajo una capa de tierra o bajo un plástico opaco. En Holanda han ideado un método de cultivo en agua.

El historiador romano Plinio el Viejo ya mencionó el uso de la endibia con fines curativos y, también, el blanqueo de las hojas para las ensaladas. A principios del siglo XVIII, Federico el Grande promocionó el cultivo de la endibia silvestre en Prusia. Las raíces secas, tostadas y pulverizadas de esta variedad de achicoria se utilizaban como sucedáneo del café.

La endibia desarrolla un cogollo entre ovalado y alargado, apretado y de color amarillo con las puntas de un verde claro. Se cultiva privada de la luz solar en dos fases: enraizado y crecimiento de los brotes.

Las hojas de la endibia son crujientes y jugosas, y tienen un sabor ligeramente amargo. Los cogollos cerrados con los bordes de las hojas de color amarillo claro son un signo de frescura, mientras que las puntas verdes indican que tienen muchos días. Los expertos en nutrición recomiendan comer endibias porque contienen muchos minerales y vitaminas, además de proteínas. El principio amargo responsable de su peculiar sabor, la intibina, se ha reducido al mínimo en los cultivos actuales, aunque ejerce una acción positiva sobre el hígado, la vesícula biliar y los intestinos.

Hace ya unos años que existe en el mercado un híbrido de endibia y achicoria, la *endibia roja*, de sabor algo más suave que la variedad blanca.

Antes de consumirlas hay que lavar las endibias bajo el chorro de agua fría, secarlas y cortar el troncho amargo con un cuchillo. Después se separan las hojas y se comen con alguna salsa o rellenas de otros ingredientes. Las endibias troceadas y mezcladas con frutas agrias o dulces son deliciosas en ensalada. Con endibias también se preparan platos calientes, como sopas, y hechas al vapor y después gratinadas o envueltas con jamón o queso son deliciosas. Si se desea, se pueden aderezar con *curry*, jengibre o zumo de limón. No obstante, dado que la endibia cocida es más amarga que cruda, se recomienda escaldarla en agua o caldo antes de hacer el plato.

La achicoria roja

La *achicoria roja (Cichorium intybus var. foliosum)* o *radicchio*, pariente de la endibia y la escarola, es originaria de Italia, donde se cultiva desde el siglo XVI. Se distingue por sus hojas de color rojo vino con nervaduras blancas y de agradable sabor amargo. Su peculiar sabor se debe al activo amargo intibina, que se localiza sobre todo en los nervios. La mayor parte de la achicoria roja de nuestros mercados proviene de Italia. También se cultiva en Francia, Bélgica y Holanda.

Existen distintas variedades de esta llamativa hortaliza: la más común es la *achicoria roja de Verona*, que forma cogollos pequeños y redondos de entre 100 y 400 g de peso. En cambio, en Italia es más corriente la *achicoria roja de Treviso*, alargada y mucho más amarga que la redonda. También hay variedades de color amarillo verdoso y rojiblancas.

Al comprarla, debe fijarse en que los cogollos estén bien cerrados y no presenten manchas marrones. Antes de consumirla hay que retirar las hojas exteriores y el troncho. Si lo desea, puede sumergir brevemente las hojas en agua templada para eliminar las sustancias amargantes. Por el contrario, si lo que le gusta es ese peculiar sabor amargo, puede rallar el extremo inferior de las hojas y mezclarlo con el aliño, puesto que ahí es donde se encuentra la mayor parte de los activos amargos. La achicoria roja combina muy bien con distintos tipos de lechuga, creando un atractivo contraste de colores. Las hojas sueltas también se pueden rellenar con salsas cremosas condimentadas. Su temporada principal se prolonga de octubre a mayo, pero está disponible casi todo el año gracias a las importaciones.

Ensalada de achicoria roja

400 g de achicoria roja redonda
100 g de beicon
1 cucharada de aceite de oliva
2 cucharadas de vinagre balsámico
sal y pimienta negra

Lave la achicoria y sacuda bien toda el agua. Corte las hojas en trozos del tamaño de un bocado y repártalos en cuatro platos hondos. Corte el beicon en trozos pequeños y dórelos en aceite de oliva. Vierta por encima el vinagre, salpiméntelo y aliñe con ello la ensalada. Sírvala enseguida.

Achicoria roja empanada

300 g de achicoria roja redonda
2 huevos
5 cucharadas de pan rallado
harina
aceite de mesa
sal y pimienta negra

Retire las hojas exteriores de la achicoria. Lave los cogollos bajo el grifo, séquelos y córtelos por la mitad. Bata los huevos en un plato, ponga en otro la harina y en otro más el pan rallado. Pase las mitades de achicoria primero por la harina, luego por el huevo y, por último, por el pan rallado. Ponga abundante aceite en una sartén honda y fría la achicoria rebozada hasta que se dore. Escúrrala sobre papel de cocina y sazónela con sal y pimienta.

La achicoria roja está emparentada con la endibia. **La achicoria roja de Treviso,** de forma alargada, se considera una de las variedades más exquisitas.

Achicoria roja redonda *(radicchio rosso):* en general, es aconsejable desechar la parte blanca de las hojas para para que no amargue tanto.

Coca de espinacas

Para la masa:
500 g de harina
30 g de levadura desmenuzada
1 pizca de azúcar
200 ml de aceite de oliva
sal

Para el relleno:
750 g de espinacas
4 dientes de ajo
4 cucharadas de aceite de oliva
50 g de piñones pelados
sal y pimienta negra

Ponga 200 g de harina, la levadura y el azúcar en un cuenco y mézclelo con un poco de agua tibia. Deje leudar la masa, tapada, durante 20 minutos. A continuación, añada el resto de la harina, el aceite de oliva y la sal y amásela hasta que esté bien lisa. Precaliente el horno a 175 °C y extienda la masa sobre una bandeja de horno engrasada. Sumerja las espinacas 30 segundos en agua hirviendo con sal para que se ablanden. Pique el ajo y sofríalo en una sartén con las espinacas y los piñones. Salpimiéntelo, extienda el relleno de espinacas sobre la masa y eche unas gotitas de aceite por encima. Cueza la coca en el horno durante unos 40 minutos.

Escaldar las espinacas

Doble la hoja por la mitad y separe y deseche el nervio central y el tallo.

Ponga las hojas de espinaca en agua hirviendo y escáldelas unos dos minutos.

Ponga las espinacas en una olla con poco agua, cuézalas hasta que estén tiernas y exprímalas.

Las espinacas

La *espinaca (Spinacia oleracea)* es una planta anual de crecimiento rápido que probablemente ya se cultivaba en Persia antes de la era cristiana. Por eso no es de extrañar que la cocina persa cuente con tantas y tan variadas recetas con esta verdura. La espinaca fue introducida en España por los musulmanes alrededor del siglo XI, y desde ahí se extendió por toda Europa. Esta verdura de hojas verdes oscuras no tardó en popularizarse en todas partes gracias a la rapidez y la facilidad de su cultivo, y hoy crece en casi todas las regiones templadas del planeta. En Europa, la espinaca se cultiva sobre todo en Italia, Francia y Alemania y se puede comprar todo el año. Dependiendo de la estación podemos encontrar distintas variedades, a saber, de primavera, de verano y de invierno. En primavera y verano, las hojas son tiernas y delicadas, mientras que la espinaca de invierno se caracteriza por unas hojas aromáticas más gruesas. Todos sabemos lo beneficiosas que son las espinacas para la salud: en crudo contienen vitaminas A, B y C, ácido fólico, cobre y hierro en abundancia, aunque no contienen tanto hierro como se pensaba hace unos años. Otro de sus componentes es el ácido oxálico, que conlleva un efecto secundario no tan positivo: acelera la eliminación del calcio y hace que sintamos «dentera».

Las espinacas recién recogidas tienen las hojas frescas y crujientes y deben consumirse lo antes posible porque se conservan muy pocos días en la nevera. Las hojas marchitas, secas o amarillentas y los tallos endurecidos son signo evidente de falta de frescura. Antes de prepararlas hay que lavarlas a conciencia. Se pueden comer crudas en ensalada o cocer unos ocho minutos con muy poca agua, después de desechar los tallos. Las espinacas frescas se reducen mucho al escaldarlas o hervirlas. Por lo general, de cada 1 a 1,5 kg de espinacas crudas se obtienen unos 500 g o tres raciones. Las espinacas cocidas no se deben recalentar, porque el nitrato que contienen se transforma en el nocivo nitrito.

La acedera

La *acedera* es una planta silvestre de hojas lanceoladas y sabor ácido. Debe su peculiar sabor a su alto contenido en ácido oxálico, que si se consume en grandes cantidades tiene un efecto negativo sobre el metabolismo cálcico del organismo humano. Esta planta silvestre se encuentra en los mercados en primavera y tiene muchos incondicionales. Las hojas tiernas, picadas o cortadas en juliana fina, son excelentes en ensalada, pero nunca solas. La famosa «salsa de Frankfurt» debe su característico sabor a la acedera, entre otras hierbas. Otra especialidad muy apreciada es la tradicional sopa francesa de acedera, y tampoco hay que olvidar la *sauce à l'oseille*, cuyo ingrediente principal es la acedera triturada.

Las espinacas frescas contienen muchos minerales y vitaminas.

Cebollas rellenas de verdura

4 cebollas grandes
sal
300 g de espinacas congeladas
100 g de jamón cocido extra
sal y pimienta
4 cucharadas de nata fresca espesa
4 cucharadas de nata
250 g de queso gouda (semicurado)
1 cucharada de mantequilla

Pele las cebollas y cuézalas en agua hirviendo con sal durante 45 minutos. Escúrralas bien y déjelas templar. Corte la parte superior de cada cebolla a modo de tapa y vacíelas dejando unas tres capas. Pique fino el interior de la cebolla. Pique también las espinacas y mézclelas con la cebolla y el jamón en dados. Sazónelo con sal y pimienta. Bata la nata fresca espesa con la nata y el queso y añada unos 2/3 de la mezcla a las espinacas. Rellene las cebollas con la pasta de espinacas y póngalas en una fuente engrasada. Vierta el resto de la mezcla de nata y queso por encima de las cebollas y póngales la tapa. Cuézalas en el horno precalentado a entre 190 °C y 200 °C durante 25 minutos.

La **acelga de penca roja** italiana pierde su color rojo al cocinarla y su sabor se parece al de la de penca blanca.

Los **tipos básicos de acelga** son las **acelgas de hoja grande** y las **acelgas de penca ancha,** cuyas pencas van muy bien para rellenar.

Las acelgas

La *acelga (Beta vulgaris var. cicla),* que, como la espinaca, pertenece a la familia de las Quenopodiáceas y está estrechamente emparentada con la remolacha, se cultiva desde la antigüedad. Fueron los romanos quienes llevaron esta delicada verdura al norte y el centro de Europa, y en la Edad Media conquistó el Extremo Oriente. Los principales países exportadores son hoy Francia e Italia.

A diferencia de la espinaca, con la que se suele comparar, la acelga es una planta más frondosa, de hojas grandes y jugosas pencas blancas o rojas. Las acelgas son un poco más suaves que las espinacas. Se distingue entre la acelga de penca ancha (con tallos gruesos blancos o rojos y hojas relativamente pequeñas) y la de hoja grande, con las pencas más delgadas, parecidas a las de la espinaca, y hojas más anchas. Ambos tipos se recolectan de julio a septiembre.

Tanto las hojas como los tallos, o pencas, son comestibles. Al igual que la espinaca, la acelga debe ser lo más fresca posible, con las pencas crujientes y las hojas tersas, y consumirse cuanto antes, ya que las valiosas sustancias que contiene (entre otras, numerosas vitaminas, hierro, magnesio y calcio) se deterioran enseguida. Las pencas se pelan y preparan como los espárragos, el apio o la escorzonera. Las hojas se separan de los tallos y se preparan como las espinacas. Naturalmente, las pencas y las hojas se pueden cocinar juntas, pero hay que tener en cuenta que las primeras tardan más en cocerse que las hojas y por eso habrá que empezar guisando las pencas y añadir las hojas unos minutos después. Las acelgas están buenísimas con una salsa ligera de nata o queso. Los amantes de la cocina asiática preparan con ellas en el *wok* unos platos muy ligeros. Y con hojas de acelga también se pueden envolver o rellenar carnes y aves. Hay un plato de origen italiano que es un auténtico manjar: tarta dulce de acelgas con mermelada de albaricoque y piñones.

La **col lombarda** está emparentada con la col, a la que se asemeja en forma y sabor. Su contenido en vitamina C es relativamente alto, lo que la convierte en una variedad de col muy saludable.

La **coliflor** puede presentar distintas tonalidades, aunque el color apenas repercute en el sabor. La coliflor verde contiene mucha más vitamina C y otros minerales.

El **colinabo** se caracteriza por su sabor a fruto seco, y el color de las distintas variedades comercializadas apenas afecta al sabor.

Las formas del la **col china blanca** y **verde** son variadas, pero la más corriente es la alargada. La col china es un híbrido de nabo y *pak choi.*

El **brécol** es una verdura tan sabrosa como saludable que, por sus cualidades, se puede encontrar tanto en las cartas de restaurante como en una dieta. Desde hace un tiempo existe la teoría de que una dieta especial a base de brécol refuerza los tratamientos contra el cáncer.

La col

Existen muchísimos tipos de *col (Brassica oleracea)*, pero las más conocidas son el *repollo,* la *berza* y la *coliflor.* Estas tres variedades se pueden encontrar en nuestros mercados a lo largo de todo el año. Otra, la *col lombarda,* se encuentra en verano y en invierno. La col lombarda de verano es excelente para consumir en crudo, mientras que la de invierno se sirve en ciertos países, como Alemania, cocida a fuego lento con manzanas, mermelada o jalea y especias exóticas como guarnición del ganso asado y otros platos de caza. Con el *repollo,* de hojas de color verde blancuzco, y la *berza* se elaboran platos muy diversos, como rollitos rellenos de carne picada o la famosa *choucroute:* se trincha el repollo crudo, se sala en abundancia y se prensa para propiciar la formación de ácido láctico.

De la *col china,* cuyo cultivo se inició probablemente ya en el siglo V en la China Imperial y hoy se practica también en Europa en países como Alemania, Francia, Italia y Holanda, se aprovechan tanto las hojas como los tallos. Este magnífico suministrador de

vitaminas (contiene mucha vitamina C) se comercializa de agosto a mayo, es muy fácil de digerir y no tiene el sabor característico de las coles. Se puede preparar de muy diversas formas: crudo en ensalada o cocido o al vapor como la col rizada o la normal.

El *pak choi* es un tipo de col de pencas largas y hojas anchas y está estrechamente emparentado con la col china, que crece sobre todo en China, Corea y Japón. La exportación es escasa, puesto que se trata de una variedad muy delicada. El *pak choi* se cultiva en Holanda desde hace un tiempo pero el holandés no tiene la cabeza compacta y su sabor recuerda el de la acelga.

El *colinabo* puede ser blanco, verde claro o violeta, aunque el color no afecta al sabor, que es más parecido al de los frutos secos que al de la col. El colinabo se puede degustar crudo, al vapor, relleno o gratinado. Cuando vaya a comprarlo, fíjese en que la piel sea lisa y no esté agrietada y las hojas estén bien tersas. Los colinabos pequeños suelen ser tiernos, mientras que los más grandes pueden ser algo más duros.

El *pak choi* tiene un sabor parecido al de la acelga.

El **repollo** es una verdura de verano e invierno. En Centroeuropa se elabora con él la especialidad de col fermentada conocida como *Sauerkraut* o *choucroute*. En Alemania se sirve también como guarnición de los pies de cerdo, lo cual pone de manifiesto la predilección de los alemanes por los platos fuertes.

Los brotes florales bellamente cincelados de las **coles romanesco** cautivan por su espectacularidad. Las variedades de color violeta rojizo son aún más bonitas.

Orejitas con brécol

500 g de brécol
sal
1 guindilla roja
4 dientes de ajo
4 filetes de anchoa en salmuera
100 ml de aceite de oliva
25 g de piñones pelados
1 lata de tomate troceado
pimienta negra
300 g de orejitas (orecchiette)
60 g de queso rallado

Lave el brécol y escáldelo en agua hirviendo con sal durante 3 minutos. Sáquelo de la olla reservando el agua de cocción y escúrralo bien. Pique finos el ajo, la guindilla y los filetes de anchoa lavados y dore todos esos ingredientes con los piñones en una sartén con aceite de oliva. Añada el tomate y sazone con sal y pimienta. Déjelo cocer durante 15 minutos. Mientras tanto, ponga a hervir el agua de la olla y cueza las orejitas *al dente* (unos 12 minutos). Escurra la pasta e incorpórela a la salsa. Agregue las cabezuelas de brécol y 2 cucharadas de queso rallado y caliéntelo bien, tapado y a fuego lento, durante unos minutos. Espolvoree la pasta con el resto del queso y sírvala caliente.

La *coliflor* se cultiva hoy en todo el mundo. En Europa central, la temporada se extiende de mayo a octubre, mientras que en países más meridionales se puede encontrar todo el año. Una especialidad bastante rara y cara son las coliflores mini de color blanco, verde o violeta, que en Francia se cultivan especialmente para la alta cocina. En Italia, Francia y Holanda se cultiva una variedad de color verde amarillento muy rica en vitamina C y con brotes florales terminados en punta denominada *Romanesco*. Del *brécol*, como de la coliflor, se consumen tanto los tallos como los brotes florales. El brécol fresco, que se cultiva en España, Italia, Francia y Alemania, no debe presentar manchas amarillentas y se conserva en el frigorífico un máximo de dos días.

Salteado de verduras

La cocina al *wok* es una especialidad originaria de Tailandia y una forma excelente de cocinar verduras frescas *al dente* y sin demasiada grasa. Sirve para todas las verduras y hortalizas: espárragos trigueros, espinacas, zanahoria, calabacín, setas, apio, brécol, coliflor o remolacha. Al saltear, hay que remover los ingredientes con una espátula de madera grande, unos palillos chinos o una cuchara de madera. Cocinar al *wok* es muy fácil: primero se cortan las verduras en rodajas, tiras, dados o rombos con un cuchillo afilado, y luego se calienta el *wok*, se echa un poco de aceite y se saltean las verduras. Empiece siempre por la que necesite más tiempo de cocción.

Tomates de rama rellenos de feta

500 g de tomates de rama tipo cóctel

sal y pimienta negra

200 g de queso feta

1 ramillete de albahaca

2 cucharadas de aceite de oliva

Quite el rabillo a los tomates. Córteles la parte superior y vacíelos. Sálelos por dentro. Haga unas bolitas con el *feta* y rellene los tomates. Adorne cada uno con una hoja de albahaca y aderécelos con aceite de oliva y pimienta.

Cada año, a finales de agosto, el pueblo de Buñol celebra la Tomatina. Los participantes se lanzan tomates y bailan la danza tradicional de esta festividad.

Los tomates secos

Los que se secan al sol suelen ser tomates pera, y se ponen a secar partidos por la mitad hasta que adquieren una consistencia correosa. En Italia, también se conservan así los tomates tipo cóctel, redondos y de piel muy fina, que allí se conocen como *pomodori a grapolo*. Los frutos se ensartan por el rabillo y se dejan colgados hasta bien entrado el invierno en un lugar fresco y ventilado. Los tomates secos son muy apreciados por su sabor concentrado y se pueden comprar simplemente secos o conservados en aceite de oliva. Uno o dos tomates secos, cortados muy menudos, aportan a cualquier plato el característico sabor del tomate. Su aroma se puede acentuar aún más poniéndolos en remojo en agua caliente una media hora antes de preparar el plato.

Los tomates

Los *tomates (Lycopersicon esculentum)* son originarios de las regiones andinas de Sudamérica, y los indígenas los denominaban *tomatl* (fruto tosco). Estos frutos de color rojo intenso de la familia de las Solanáceas se introdujeron en Europa en el siglo XVI, y al principio se cultivaron como planta ornamental porque se creía que eran venenosos. El tomate no se introdujo en la cocina hasta la década de 1850. Italianos y españoles fueron los primeros que se atrevieron a probarlo. Hoy en día, la cocina internacional sería inconcebible sin este preciado fruto.

La oferta actual es muy amplia gracias a las múltiples hibridaciones. Pero, en general, cualquier tomate cultivado al aire libre es mucho más aromático que los de invernadero, y los pequeños son más sabrosos que los grandes. Entre los más sabrosos están los tomates de rama redondos y lisos, que se comercializan sobre todo en los meses de verano. Son ideales para servir en rodajas, rellenos o cocinados. En cambio, los tomates de ensalada son más gruesos, pesan entre 100 y 250 g, contienen menos zumo y pepitas y su aroma es menos marcado. El sabor de los tomates lisos o los pera, alargados y muy carnosos, se ve realzado sobre todo al cocinarlos, por lo que estas variedades son las más indicadas para elaborar sopas y salsas. Los tomates tipo cóctel (también los hay de color amarillo), de piel muy fina, no sólo tienen un sabor muy intenso y dulce sino que son muy decorativos. Los tomates verdes son ideales para hacer conservas y *chutneys* porque contienen la sustancia tomatina, afín a la solanina, pero la cocción en agua y vinagre la vuelve inactiva.

El tomate es el rey del verano: refrescante, aromático, hipocalórico, barato e increíblemente versátil. Los tomates son muy energéticos y aportan numerosas sustancias valiosas, tanto frescos y crudos como triturados, en ketchup o en conserva.

Los tomates deben ser consistentes, estar intactos y presentar un color uniforme. La pulpa endurecida alrededor del tallo es un signo de mala calidad. Los tomates de ensalada tienen que ser de color rojo claro, porque cuando están muy rojos quiere decir que ya están demasiado maduros para ese uso. Es preferible no guardar los tomates en la nevera para que no pierdan su aroma. Lo ideal es una temperatura de conservación de entre 14 y 16 °C. En esas condiciones, si alguno está un poco verde terminará de madurar. Los tomates se deben conservar siempre por separado, porque al madurar liberan una sustancia que altera el sabor de otras hortalizas.

Estos jugosos frutos rojos son muy apreciados en la cocina. Los amantes de la comida rápida pueden gozar de ellos gracias al ketchup, mientras que los paladares más exigentes se deleitan con el *concassé*, un guiso de tomates pelados, sin semillas y cocinados a fuego lento con ajo. Quienes están más preocupados por su salud los consumen por las sustancias saludables que contienen, y tampoco hay que olvidar a los apasionados de la cocina italiana, que sería inconcebible sin el *pomodoro* (manzana de oro).

Los **tomates tipo cóctel,** de piel fina, son apreciados sobre todo por su sabor dulce.

Los **tomates lisos,** relativamente carnosos, se utilizan sobre todo para hacer conservas. Las de concentrado de tomate o tomate crudo (entero, triturado o troceado) se elaboran casi exclusivamente con esta variedad.

Los **tomates tipo *beef*** son muy carnosos y muy apreciados por su pulpa consistente y porque tienen pocas pepitas.

El **tomate cherry** amarillo tiene un aroma intenso y es perfecto para adornar.

Los **tomates verdes** van muy bien para preparar conservas y *chutneys*. Son frutos sin madurar, no una variedad distinta.

Los **tomates de rama** tienen un sabor muy intenso. Son ideales para consumir en crudo.

Los **tomates pera,** por su penetrante sabor y pulpa consistente son un ingrediente indispensable de ensaladas y entrantes en todos los países mediterráneos. Con ellos también se elaboran salsas para pasta y pizzas, porque son muy fáciles de pelar y tienen pocas pepitas.

Los **tomates raf** parecen pimientos morrones, pero no tienen nada que ver con ellos.

Las berenjenas

Las *berenjenas (Solanum melongena)* pertenecen a la familia de las Solanáceas y, por consiguiente, están emparentadas con las patatas, los tomates y los pimientos. Se cree que podrían ser originarias de Asia, pero hoy están extendidas por toda Europa y América. Las berenjenas se diferencian por la forma, el tamaño y el color según su país de origen. En España preferimos la forma alargada a la ovalada. Unas pueden llegar a ser tan grandes como melones pequeños, mientras que otras son más pequeñas y alargadas. Hay variedades violetas, blancas, verdes, lilas y marrones claras, pero todas ellas son muy similares en sabor y consistencia. Esta hortaliza sólo se puede consumir cocida, puesto que contiene solanina, una sustancia muy tóxica. Sólo 400 mg de esa sustancia son mortales para el ser humano. El jugo de los frutos, sobre todo si están muy maduros (con muchas semillas en su interior), puede ser un poco amargo según la variedad. Por eso es habitual dejar «sudar» los frutos cortándolos en rodajas gruesas, salándolas bien y dejándolas reposar durante una media hora. Luego se aclaran con agua fría.

La temporada de las berenjenas va de mayo a octubre. Al comprarlas es aconsejable comprobar que estén frescas: los frutos maduros ceden un poco a la presión. Los productos de primera calidad tienen la piel lisa y brillante, sin manchas marrones. Si se compran algo verdes, terminan de madurar a temperatura ambiente, mientras que las berenjenas maduras se conservan en el cajón de las verduras de la nevera unos tres días.

La cocina mediterránea cuenta con más de un centenar de deliciosas recetas con berenjena. La crema de berenjenas, por ejemplo, es un clásico entre las recetas con esta hortaliza que se suele servir como entrante. Otro plato muy popular es la *musaka*, una especialidad griega elaborada con berenjenas, tomates y patatas. La berenjena también se puede preparar a la brasa, frita en aceite o rellena. La delicada pulpa de la berenjena no tiene un sabor demasiado intenso, por lo que se suele aderezar con otros condimentos. Aparte del aceite de oliva, el ajo y las hierbas aromáticas, también se le puede dar un toque de especias orientales.

Hortalizas en conserva

Son muchos los tipos de hortalizas que se puede conservar de un modo u otro. El único requisito es que todos los ingredientes tienen que ser muy frescos. Los vegetales más empleados en la elaboración de conservas son la berenjena, el calabacín, la alcachofa, el pimiento y las setas. Primero hay que lavar muy bien la hortaliza y, si se desea, trocearla. Luego se asa a la parrilla unos minutos. A continuación, se

introduce en un tarro de cristal limpio y se cubre de aceite de primera calidad, que la protegerá de la acción del aire y la conservará durante meses. El aceite siempre debe cubrir por completo las verduras. Por eso se recomienda revisar los tarros al cabo de unos días y añadir aceite si hace falta.

Berenjenas rellenas vegetarianas

2 berenjenas grandes

2 cebollas rojas cortadas en dados

3 dientes de ajo picados finos

7 cucharadas de aceite de oliva

1 tarro de alubias blancas cocidas

40 g de pasas

50 g de piñones pelados

150 g de queso feta en dados pequeños

1 cucharadita de orégano seco

sal y pimienta

200 ml de vino tinto seco

4 tomates pelados, sin pepitas y en dados

2 cucharadas de concentrado de tomate

Lave las berenjenas y córtelas por la mitad a lo largo sin quitar el tallo. Vacíe casi toda la pulpa y píquela bien. Precaliente el horno a 180 °C. Sofría la cebolla y el ajo en un poco de aceite de oliva, añada las alubias escurridas y suba un poco el fuego. Chafe la mezcla con un chafador de patatas. A continuación, incorpore las pasas, los piñones, la pulpa de berenjena picada y el *feta*. Sazónelo con orégano, sal y pimienta y rellene las berenjenas con la masa. Caliente un poco de aceite de oliva en una fuente de asar y fría un poco las berenjenas rellenas. Añádales el vino tinto, los tomates y el concentrado de tomate, tape la fuente y métala en el horno. Cuézalo durante 20 minutos y, al cabo de ese tiempo, quite la tapadera a la fuente, suba la temperatura del horno a 200 °C y deje que las berenjenas rellenas se doren de 8 a 10 minutos. Reserve las berenjenas calientes en una fuente y triture la salsa de tomate para servirla como acompañamiento.

Berenjenas al horno

1 kg de tomates
8 dientes de ajo
3 cucharadas de aceite de oliva
y aceite de oliva para freír
4 berenjenas maduras
2 calabacines
4 pimientos verdes
8 patatas medianas
que no se deshagan al cocerlas
sal y pimienta

Corte los tomates en daditos. Sofría cuatro dientes de ajo en aceite de oliva, añada el tomate y cuézalo a fuego lento durante 20 minutos. Corte las berenjenas y los calabacines en rodajas y sálelas. Corte los pimientos en anillos y las patatas peladas en rodajas, y déjelos escurrir sobre papel de cocina. Caliente el aceite y fría las rodajas de patata hasta que estén crujientes. Escurra las patatas sobre papel de cocina y póngalas en una fuente de hornear. Fría la berenjena y el calabacín en el aceite de las patatas. Déjelos escurrir y repártalos sobre las patatas.

Fría los aros de pimiento y los otros cuatro dientes de ajo, déjelos escurrir y póngalos sobre las verduras. Por último, sazónelo con sal y pimienta y vierta la salsa de tomate por encima. Hornéelo a 180 °C durante 15 minutos.

Hay berenjenas de muchos tamaños, formas y colores distintos, pero su sabor es parecido. Esta **berenjena mini** es ideal rellena como entrante.

Las *kits white tomate* recuerdan mucho a los tomates por su forma y tamaño, como lo indica la denominación inglesa de estas pequeñas berenjenas blancas.

La berenjena *slim jim* es una de las variedades de forma alargada. Al principio, se cultivaba sobre todo en Tailandia, donde hay variedades que pueden llegar a medir un metro de largo.

La **berenjena jaspeada** se caracteriza por su forma ovalada o globoide, como un melón, y el jaspeado blanco de la piel.

La **berenjena** es una de las hortalizas más apreciadas en los países asiáticos y mediterráneos. Sin embargo, no se puede consumir cruda porque contiene la sustancia tóxica solanina.

La **pulpa** de la berenjena es blanca pero tiende a ponerse marrón enseguida. Las semillas del fruto son comestibles, pero tienen que ser de color blanco lechoso al corte: los tonos marrones denotan falta de frescura. Las berenjenas se componen de aproximadamente un 92% de agua y, aunque son pobres en vitaminas, contienen potasio, manganeso y cobre.

El calabacín

El *calabacín (Curcubita pepo)* se parece al pepino por su aspecto, pero desde el punto de vista botánico es el fruto inmaduro de una cucurbitácea. Su nombre en italiano, *zucchini*, es el diminutivo de *zucca* (calabaza). Hace dos décadas aún era un producto exótico en Centroeuropa, pero hoy no falta en ningún mercado europeo y es muy apreciado. Los frutos del calabacín, de entre 10 y 20 cm de largo, se recolectan de mayo a octubre, y en invierno se cultivan en invernaderos. Muchos aficionados a la horticultura cultivan calabacines.

La variedad más conocida y comercializada es el calabacín Elite, de color verde oscuro y con manchas de un gris plateado en la piel. Las variedades italianas llaman la atención porque son muy alargadas. Además de las variedades verdes claras u oscuras, también se pueden encontrar en el mercado otras de piel amarilla, más rectas y de pulpa más consistente pero de sabor casi idéntico.

Los calabacines se deben comprar tersos y sin golpes. Se conservan en la nevera hasta una semana envueltos en papel. Antes de prepararlos hay que lavarlos un poco y cortarles las puntas. La piel es comestible. Los calabacines admiten múltiples preparaciones: se pueden comer crudos, a la brasa, macerados, rellenos, hervidos, fritos, gratinados, en sopa o salsa y al horno. Tampoco hay límites en los condimentos. El sabor de esta hortaliza se puede realzar con hierbas aromáticas mediterráneas (salvia, romero y tomillo) o especias orientales y asiáticas como jengibre, *curry* o azafrán.

Durante una breve temporada se pueden comprar calabacines mini con su flor, de color amarillo anaranjado. Las flores, de delicado aroma, son una exquisitez rellenas o rebozadas.

Las **flores de calabacín,** tan decorativas como sabrosas, admiten múltiples preparaciones. Las flores masculinas son más grandes y van mejor para rellenar.

Calabacines rellenos con salsa de acedera

400 g de patatas
4 calabacines medianos
2 cucharadas de mantequilla
150 g de pulpa de calabaza
50 g de queso fresco de cabra
3 yemas de huevo
80 g de pipas de calabaza
sal y pimienta

Para la salsa:
1 cebolla
1 cucharada de mantequilla
4 cucharadas de hojas de acedera
150 g de nata fresca espesa

sal
azúcar

Hierva las patatas unos 20 minutos. Parta los calabacines por la mitad, vacíelos y añada la pulpa a las patatas 5 minutos antes de que termine la cocción. Unte con cuidado las mitades de calabacín vaciadas con mantequilla y colóquelas en una fuente engrasada. Sofría los dados de calabaza en la misma sartén y añada un poco del agua de cocer las patatas. Rellene los calabacines con el queso fresco de cabra. Escurra las patatas y el calabacín y tritúrelo todo con el pasapurés. Incorpore en la pasta las yemas de huevo, las pipas y la calabaza, y sazónela con sal y pimienta. Rellene los calabacines con una manga pastelera.

Para la salsa: corte la cebolla en daditos y sofríala en la mantequilla. Añada las hojas de acedera cortadas en juliana, remueva un poco y añada la nata. Sazone la salsa con sal y una pizca de azúcar.

Flores comestibles

Pensamiento, rosa, salvia, clavelón de la India y capuchina (de izq. a der.).

Muchas flores son comestibles pero, cuidado, no todas nos sientan bien. Las flores comestibles admiten preparaciones muy sofisticadas y, además, son un elemento muy decorativo en el plato. Las flores de pétalos grandes, como las del calabacín o la capuchina, van muy bien para rellenar, por ejemplo de carne o queso condimentados. Las grandes flores masculinas del calabacín son las más idóneas, mientras que las pequeñas flores femeninas son ideales para freír. Las flores amarillas de las azucenas anteadas se comercializan secadas al aire. Las flores secas de azucena tienen una fragancia agradable y son muy sabrosas. Resultan un condimento muy apreciado por los vegetarianos y combinan a la perfección con platos de tofu, col china y carne. Los pétalos de violetas, rosas y prímulas se suelen vender caramelizados.

Las variedades de calabacín pequeñas y redondas, denominadas *rondini* o **calabacines mini,** también son calabazas, pero no se pueden comer crudas.

Los **calabacines-calabaza** no son más que el fruto más maduro de cierta variedad de calabacín. Se llaman así sobre todo por la forma que tienen.

Desde el punto de vista botánico, los **calabacines** son una variedad de calabaza que se recolecta cuando aún no está madura. Por eso los italianos los llaman *zucchini,* diminutivo de *zucca,* calabaza.

Los **calabacines amarillos** son bastante raros en nuestro país. El color de la piel no afecta al sabor.

Las calabazas

Existen cientos de variedades de calabaza, aunque muchas son simplemente decorativas, no comestibles. Desde el punto de vista botánico, las denominadas «calabazas gigantes» forman parte del grupo de las bayas y pueden alcanzar más de 70 kg de peso. Una de las más apreciadas es la calabaza Hokkaido (foto izq.), del grupo de las calabazas almizcleñas y piel fina, que en el pasado se consumía sobre todo en la India, China y Centroamérica pero que hoy también se puede encontrar en nuestros mercados. Su dulce aroma la convierte en un ingrediente ideal de sopas y platos de verdura. Su agradable sabor suave, y a la vez intenso, combina muy bien con muchos condimentos como el jengibre o la albahaca fresca y la nuez moscada.

Pimientos verdes y rojos de una variedad italiana.

Magníficos pimientos de Hungría, el país de origen clásico.

Los pimientos rojos maduran siempre en la planta.

La recolección sigue siendo manual.

Los recolectados en su maduración óptima son inigualables.

Casi todos los pimientos cultivados en el sur de Europa y Hungría se exportan.

Los pimientos

La planta del *pimiento (Capsicum annuum)* pertenece a la familia de las Solanáceas, como la patata y la tomatera, y es originaria de Centro y Sudamérica. Las zonas de cultivo más importantes se sitúan en los países mediterráneos, los Balcanes y Holanda.

La variada coloración de esta hortaliza (además de pimientos verdes, amarillos y rojos, también los hay de color naranja y violeta oscuro) no es indicativa de la variedad sino de distintos grados de maduración. Los pimientos verdes son frutos recolectados antes de su plena maduración, mientras que los amarillos y los rojos han sido recogidos cuando estaban semimaduros o maduros del todo. Los pimientos violetas oscuros son una excepción: esta variedad relativamente moderna originaria de Holanda es violeta al principio y se torna verde conforme va madurando. La diversidad cromática de los pimientos no sólo da pistas sobre su grado de maduración sino también sobre su sabor. Los pimientos verdes tienen un sabor entre intenso y amargo, mientras que los amarillos, los naranjas y los rojos son más bien dulces.

Con pimiento se elaboran platos muy variados. Se puede comer crudo y cortado en tiras en ensalada, o asado, pelado y aderezado como guarnición o entrante. Es un ingrediente indispensable del pisto en sus múltiples variantes, plato que se elabora con pimiento, tomate, berenjena, calabacín, ajo y hierbas aromáticas.

Otro clásico de las especialidades elaboradas con esta hortaliza, los pimientos rellenos de carne picada o arroz, es típico de Hungría. La cocina húngara incorpora el pimiento con gran maestría desde hace siglos, al igual que su variante picante, la guindilla (véase pág. 94).

Los pimientos frescos, que se pueden comprar todo el año, deben ser lisos y brillantes, fuertes al tacto y con el tallo tieso. Esta hortaliza, que es muy rica en vitamina C, se conserva hasta dos semanas en el frigorífico.

Pimientos rellenos de cordero

8 pimientos amarillos
Souflaki *(sofrito de carne picada de cordero con cebolla y especias)*
250 ml de caldo de carne instantáneo

Escalde los pimientos en agua hirviendo. Corte la parte superior de cada uno y el otro extremo. Quite las semillas y las membranas interiores. Rellene los pimientos con la preparación de carne picada de cordero, vuelva a ponerles la tapa y póngalos en una cazuela. Riéguelos con el caldo de carne, llévelo a ebullición y baje el fuego. Los pimientos estarán hechos cuando estén tiernos.

Desde el punto de vista botánico, los **pimientos** son bayas y, por lo tanto, frutos y no vainas como se suele pensar.

Según el grado de maduración, los pimientos pueden ser de color rojo, amarillo o verde. Los rojos y los amarillos tienen un sabor más suave.

Esta variedad puntiaguda y angulosa se cultiva en toda Europa y se asemeja a la guindilla por su forma.

Los **pimientos baby** o **mini** son un aperitivo perfecto por su delicado aroma.

Ojo, los pimientos **sivri** parecen guindillas.

El aguacate

El *aguacate* es el fruto de una planta laurácea *(Persea americana)* originaria de América central. Hoy se cultiva en muchas regiones tropicales y subtropicales, principalmente en Israel, Sudáfrica, Camerún y Madeira. Tiene forma de pera y la piel puede ser brillante y de color verde claro u oscuro, o entre morada y negra según la variedad. La pulpa amarillenta o verdosa del aguacate es blanda o mantecosa cuando el fruto está maduro y sabe a fruto seco. La piel y el hueso marrón de este fruto con un alto contenido de aceite no son comestibles. Algunas de las variedades más conocidas son el Ettinger o el Fuerte, ovalados y verdes, el Nabal, redondo y verde, y el Hass, casi negro y de piel arrugada. Los diminutos aguacates cóctel de Israel, que no tienen hueso, son un auténtico manjar.

La mayoría de aguacates se comercializan un poco verdes, pero terminan de madurar a temperatura ambiente en tres o cuatro días. Cuando están maduros, la piel cede al presionarla suavemente con los dedos, la pulpa se puede extender como si fuera mantequilla y el hueso se separa fácilmente. Los aguacates maduros se conservan varios días en el frigorífico.

La pulpa del aguacate se vuelve marrón enseguida después de cortarlos al contacto con el aire, pero se puede evitar echándoles unas gotas de zumo de limón recién exprimido nada más cortarlos. Los aguacates cortados en rodajas finas o daditos mejoran cualquier ensalada, sopa o postre. Esta fruta de delicado aroma es un entrante exquisito, ya sea aliñada con una vinagreta tradicional o rellena de marisco. Una receta muy popular es el guacamole, una crema de aguacate típica de México: se trata de una salsa que se elabora con pulpa de aguacate triturada, ajo, cilantro, pimienta de cayena y zumo de limón y se puede servir tanto para acompañar chips de tortilla y platos de carne como para rellenar tacos.

Saludable

Los aguacates contienen muchas más calorías que la mayoría de las frutas y verduras (160 kcal cada 100 g) pero son una auténtica maravilla para la salud: la pulpa mantecosa se compone de un 30% de grasa muy rica en ácidos grasos mono y poliinsaturados. Una ración de aguacate de unos 200 g cubre la cantidad necesaria diaria de ácido linoleico, motivo por el cual acostumbra a formar parte de las dietas indicadas para ciertas enfermedades cardiacas. El aguacate contiene potasio, ácido fólico y magnesio en abundancia, además de vitaminas E, B6 y biotina. Por eso es beneficioso para preservar la buena salud de las membranas celulares y el sistema nervioso y mantener la piel lisa, tersa y con buen color. Pero la sustancia estrella del aguacate es la manoheptulosa, un singular carbohidrato que ayuda a reducir el nivel de glucosa en sangre.

Guacamole

1 aguacate maduro
2 cucharadas de zumo de limón
2 tomates pequeños
1 cebolla roja
1 diente de ajo grande
1 guindilla
sal y pimienta
pimentón
cilantro

Corte el aguacate por la mitad y vacíelo con una cuchara. Cháfelo en un recipiente pequeño. Añada un poco de zumo de limón para evitar que se oxide. Pique los tomates, la cebolla, el ajo y la guindilla, mézclelos con la pasta de aguacate y sazone la salsa al gusto.

El aguacate requiere un clima tropical o subtropical.

Los frutos se seleccionan según el tamaño para su comercialización.

Hass, Pinkerton y Fuerte (de izq. a der.)

La patata **Maja** es una variedad alemana semitemprana y de carne bastante consistente.

La **Bintje**, de carne harinosa, es ideal para purés, croquetas de patata y guisos.

La patata temprana holandesa **Agata** no es adecuada para conservar durante meses.

La **Cilena**, de carne amarilla, es una patata temprana.

La variedad alemana **Agria** tiene un sabor intenso.

La **Vitelotte** es una patata trufada y una especialidad francesa con sabor a fruto seco.

La **Linda** es una patata de carne consistente ideal para freír.

La **Marabell** es algo harinosa y resiste bastante bien la cocción.

La **patata azul mini** es muy consistente.

El boniato

El boniato, al que también se da el nombre de «batata», es originario de los trópicos, aunque también se cultiva en España y Portugal. Estos tubérculos alargados y de sabor muy dulce y piel a menudo rojiza no pertenecen a la familia botánica de las patatas sino a la de las Convolvuláceas. Admiten distintos tipos de preparación, con o sin piel, y están deliciosos glaseados o con un toque de nuez moscada, pimienta de Jamaica o canela.

Las patatas

Las *patatas (Solanum tuberosum)* son los tubérculos de una planta solanácea originaria de las regiones andinas de Sudamérica. Fue introducida en Europa alrededor de 1560, aunque al principio se cultivó como planta ornamental por sus bonitas flores. Francis Drake dio a conocer el valor alimenticio de esta planta en Inglaterra unos años más tarde, y en el siglo XVIII Federico el Grande promovió en Prusia el cultivo del tubérculo, rico en almidón, proteínas y vitaminas. Hoy en día la patata es un alimento básico en muchas partes del mundo, y sólo en España existen más de 130 variedades.

La oferta incluye variedades tempranas, semitempranas o tardías, según momento de maduración. Las variedades tempranas suelen resistir bien la cocción. En cambio, las variedades recolectadas en otoño son por lo general más harinosas, pues debido a la maduración prolongada su contenido en almidón es mayor. Las primeras patatas llegan a los mercados a principios de junio y hay que consumirlas lo antes posible (en pocas semanas), mientras que las variedades tardías se conservan varios meses en un lugar fresco, seco y oscuro.

Las patatas de buena calidad tienen que ser duras y estar intactas, sin manchas verdes ni grillos, y no deben presentar partes arrugadas ni húmedas. La elección de la variedad dependerá del tipo de plato que vayamos a preparar: las de carne consistente (Sieglinde, Hansa, Nicola) están indicadas para gratinar, freír y preparar ensaladas. Las que lo son un poco menos (Christa, Hela, Clivia) están deliciosas cocidas enteras con o sin piel, en tortilla o *rösti* (tortita frita de patata). Las patatas harinosas (Bintje, Datura, Aula) son ideales para hacer purés, sopas, guisos, croquetas y buñuelos. La variedad alemana Bamberger Hörnchen es una exquisitez bastante rara y muy cara. Las patatas fritas hechas con esta variedad son inigualables.

Pastel de patata

1 kg de patatas
1 cucharada de mantequilla
100 g de queso emmental
sal y pimienta
1 diente de ajo
1 cucharadita de pimentón
2 sobres de hierbas aromáticas congeladas (variadas)
3 huevos
3 cucharadas de nata agria

Cueza las patatas con sal unos 10 minutos. Pélelas y rállelas finas. Precaliente el horno a 180 °C. Unte con mantequilla un molde en forma de corona y ponga un poco de queso rallado dentro. Mezcle la sal, la pimienta, el ajo, el pimentón y las hierbas con el resto del queso rallado. Mezcle muy bien la pasta de queso con las patatas ralladas, rellene el molde y presione bien. Bata los huevos y la nata agria y viértalo por encima. Hornee el pastel durante unos 45 minutos, hasta que esté dorado. Déjelo templar unos minutos antes de desmoldarlo, para que no se rompa.

Tubérculos y raíces

Además de las patatas, otros tubérculos y raíces enriquecen nuestra dieta, como las zanahorias, la chirivía, el apionabo, el nabo y la remolacha roja. La *zanahoria (Daucus carota)*, que está extendida en todo el mundo, se puede comprar en manojos con las hojas o limpia y sin hojas. Una variedad especial son las *zanahorias parisinas*, cortas y redondas, que casi nunca se venden frescas sino congeladas o en conserva. Las zanahorias de verano e invierno son alargadas, terminadas en punta o romas y de grosor variable. Cortadas en tiras, rodajas o dados, combinan muy bien con guisantes, espárragos, judías, puerro, apio, manzana, frutos secos y naranja.

La *chirivía (Pastinaca sativa)* está emparentada con la zanahoria y tiene un agradable sabor dulce e intenso. Puede ser alargada o redonda y aplastada, y se parece mucho a las raíces grandes de perejil. Su temporada principal se extiende de noviembre a febrero. Se recomienda comprar sólo chirivías pequeñas o medianas intactas, puesto que los ejemplares más grandes pueden ser amargos y correosos. Otra raíz comestible es el *apionabo (Apium graveolens)*, que se cultiva de julio a septiembre y es carnoso, de color claro o terroso y del tamaño de un puño. Los ejemplares adultos son algo más oscuros y pueden pesar hasta un kilo. El apio es una planta distinta sin raíz, y con él, crudo y cortado en bastones, se elabora una receta clásica, la ensalada Waldorf. También es habitual en las fiestas con bufé, con salsas para mojar. El particular sabor del apio da un toque intenso a sopas, salsas y estofados.

Los pequeños *nabos (Brassica rapa)* y la *rutabaga* o *colinabo (Brassica napus)*, un poco más grande y de carne amarilla, son dos hortalizas de raíz que pertenecen a la familia de la col. El nabo está emparentado con la *Teltower Rübchen*, una variedad alemana de remolacha blanca, de tonalidad verde (se comercializa de principios de verano a finales de otoño), y con los *navets* (nabos) franceses de color entre rosa y púrpura. Todos ellos comparten el característico sabor a nabo.

La *remolacha roja (Beta vulgaris)* se puede comprar todo el año, a partir de mayo las pequeñas raíces jóvenes y a partir de agosto las más grandes. La remolacha se suele consumir agria o en conserva, pero también hay quien la prefiere rallada en crudo.

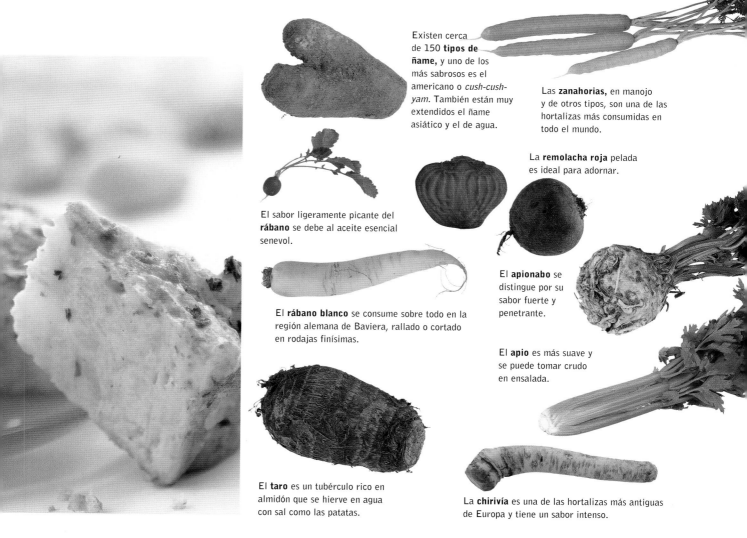

Existen cerca de 150 **tipos de ñame**, y uno de los más sabrosos es el americano o *cush-cush-yam*. También están muy extendidos el ñame asiático y el de agua.

Las **zanahorias**, en manojo y de otros tipos, son una de las hortalizas más consumidas en todo el mundo.

La **remolacha roja** pelada es ideal para adornar.

El sabor ligeramente picante del **rábano** se debe al aceite esencial senevol.

El **apionabo** se distingue por su sabor fuerte y penetrante.

El **rábano blanco** se consume sobre todo en la región alemana de Baviera, rallado o cortado en rodajas finísimas.

El **apio** es más suave y se puede tomar crudo en ensalada.

El **taro** es un tubérculo rico en almidón que se hierve en agua con sal como las patatas.

La **chirivía** es una de las hortalizas más antiguas de Europa y tiene un sabor intenso.

Suele bastar con pelar el tercio inferior de los espárragos trigueros.

En cambio, los espárragos blancos se pelan de arriba abajo porque tienen la piel más gruesa.

Soufflé de espárragos blancos y verdes

Para el *soufflé*:
250 g de espárragos trigueros o verdes con el tercio inferior pelado
250 g de espárragos blancos pelados
sal
40 g de mantequilla
50 ml de caldo de verduras
2 huevos medianos
4 yemas de huevo
2 cucharadas de nata espesa
pimienta recién molida
grasa para los moldes
cebollino

Para la *mousse*:
3 yemas de huevo
200 ml de fondo de espárragos
(lo preparará con el agua de cocción)
el zumo de un limón
sal y pimienta
nuez moscada molida

Corte el cuarto inferior de los espárragos en dados y cuézalos *al dente* en 350 ml de agua con sal. Sumérjalos en agua helada y resérvelos. Reduzca el agua de cocción hasta que queden unos 200 ml. Corte el resto de los espárragos en rodajas finas y sofríalas, separadas por colores, en sendas cazuelas con la mitad de la mantequilla. Reparta el caldo entre las dos y cuézalos hasta que estén tiernos. Triture los dos tipos de espárrago y deje enfriar los purés. Mezcle un huevo y dos yemas y una cucharada de nata espesa con cada puré y salpiméntelos.

Mezcle los dados de espárrago blanco con el puré verde y los verdes con el blanco. Engrase cuatro tazas o moldes y recorte cuatro trozos de cartulina para dividir los moldes en dos. Rellene los moldes con los dos purés y retire la cartulina con cuidado. Precaliente el horno a 160 °C y llene una fuente de agua caliente. Ponga los moldes dentro y hornee los *soufflés* al baño María durante unos 30 minutos.

Para la *mousse*, ponga agua a hervir en un recipiente adecuado para preparar un baño María. Ponga la yema, el fondo de espárragos y el zumo de limón en un recipiente más pequeño y bata los ingredientes al baño María hasta obtener una consistencia de espuma. Sazónelo con sal, pimienta y una pizca de nuez moscada. Vuelque con cuidado los *soufflés* en platos. Adórnelos con un poco de *mousse* de espárrago y cebollino.

El cultivo de los espárragos

Los espárragos crecen con facilidad si las condiciones son óptimas, es decir, en suelos arenosos y cálidos. La mayor parte de las superficies de cultivo se dedica al espárrago blanco, si bien la variedad verde está ganando terreno. El cultivo del espárrago está muy extendido en nuestro país, y cuenta incluso con una denominación de origen, la de «espárrago de Navarra», que engloba la producción de Navarra, La Rioja y Aragón. También se produce en otras comunidades, como Andalucía, Extremadura o Galicia.

El espárrago verde violáceo (triguero si es silvestre), crece muy deprisa cuando hace sol.

Cuando empieza a hacer calor, crecen en abundancia.

El espárrago verde se cultiva sobre todo en Italia, España, Francia y Grecia.

El espárrago blanco crece enterrado y se recolecta

(a mano) en cuanto asoma la yema.

Los espárragos de mejor calidad tienen un calibre uniforme.

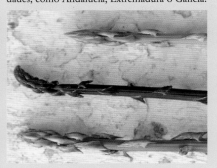
Las yemas de espárrago contienen muchas vitaminas, minerales y oligoelementos, como magnesio y cinc.

Así se separan los dos tipos de puré en los moldes.

Paso a paso: salsa holandesa

200 g de mantequilla, 3 yemas, 3 cuch. de limón, sal, pimienta.

Funda la mantequilla.

Bata al baño María las yemas y zumo de limón a punto de espuma.

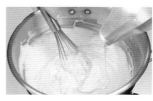
Poco a poco y sin dejar de batir, añada la mantequilla fundida.

Siga batiendo hasta que la salsa quede cremosa.

Sazónela con sal y pimienta y sírvala enseguida.

Los espárragos

El *espárrago (Asparagus officinalis)* es una planta liliácea que, como las alcachofas, el hinojo y el apio, forma parte de las hortalizas de tallo. El delicioso sabor y la delicada carne de sus brotes sorprenden año tras año a los paladares más exquisitos. Se cree que la esparraguera proviene del Mediterráneo oriental, aunque su origen no está del todo claro. Hoy se cultiva en muchos países de clima templado o cálido, como España, Grecia, Francia, Bélgica, Alemania y Holanda, pero también en África, Sudamérica y América Central. Según el tipo de cultivo, se obtienen espárragos blancos o verdes, o espárragos claros con la yema verde o violeta. El *espárrago blanco* crece en terraplenes elevados sin que le dé la luz. Los espárragos blancos se cortan por la base con un instrumento especial poco antes de que las yemas perforen la tierra. La recolección es manual y se realiza muy temprano por la mañana, lo que se refleja en su precio.

Los *espárragos verdes* crecen en superficie en bancales planos y han estado expuestos a la luz. Los que se encuentran en estado silvestre se llaman *espárragos trigueros*. No son tan delicados como la variedad blanca pero sí más aromáticos. Los espárragos blancos con la yema de color crecen en bancales elevados y están expuestos a la luz del sol durante un breve periodo.

Los espárragos blancos se comercializan enteros, troceados (sin yemas) o sólo la yema. Por regla general, cuanto más uniformes y gruesos son, mejor es su calidad. Los espárragos muy delgados se reducen bastante al pelarlos y denotan que sufrieron escasez de agua durante la fase de crecimiento. Los espárragos frescos son jugosos al corte y tienen las yemas duras y cerradas. Envueltos en un paño húmedo y guardados en el cajón de las verduras del frigorífico, se conservan frescos hasta cuatro días. Vale la pena congelarlos, porque la temporada es muy corta, en primavera. El tiempo de conservación del espárrago congelado, pelado y envasado en bolsas especiales, es de unos seis meses.

Los espárragos son muy fáciles de limpiar: primero hay que cortar las puntas inferiores y pelarlos de arriba a abajo con un pelador (incrementando la presión hacia abajo). A continuación se atan en manojos y se hierven en agua con sal, a poder ser de pie, entre 10 y 15 minutos. Los espárragos hervidos están buenísimos con diversas salsas, jamón y patatas nuevas, pero también en ensaladas y sopas o gratinados con otros ingredientes. Los espárragos con jamón o mayonesa son todo un clásico. También se pueden preparar a la brasa, en revuelto o en cremas.

Cynar

Cynar es un aperitivo muy popular no sólo en Italia: un licor de graduación relativamente baja (16% Vol.) elaborado con hojas de alcachofa. Sólo los más duros se atreven a tomar esta bebida de sabor muy amargo sola con hielo. Sin embargo, a muchos les encanta con soda, zumo o ginger ale.

Alcachofas rellenas

4 alcachofas medianas
el zumo de un limón
sal

Para el relleno:

2 aguacates
100 ml de nata
50 g de mascarpone
150 g de salami
1 cucharada de zumo de limón
2 cucharadas de parmesano rallado
1 cucharadita de pimienta verde
sal y pimienta

Corte con cuidado la punta de las alcachofas y el tallo e impregne las superficies de corte con zumo de limón para que no se oscurezcan. Corte la punta del resto de las hojas con unas tijeras. Sumerja las alcachofas en agua hirviendo con el zumo de limón sobrante. Al cabo de 20 minutos, escúrralas. Cuando estén frías, retire las hojas más claras y los pelos del interior con una cuchara.
Relleno:
parta los aguacates por la mitad, quíteles el hueso y vacíelos. Chafe la pulpa con la nata y el mascarpone y agregue el resto de los ingredientes (salvo la pimienta). Rellene las alcachofas con la mezcla y espolvoréelas con la pimienta verde.

La alcachofa

La *alcachofa (Cynara scolymus)* es una planta que se cultiva por sus cabezuelas florales comestibles. Los griegos y los romanos ya conocían esta planta de la familia de las Compuestas y la consideraban un manjar, igual que hoy. Esta refinada hortaliza (más correctamente, las cabezuelas recolectadas antes de desarrollarse la flor) sigue siendo una exquisitez para los sibaritas. Además de en España, la producción europea se concentra en Francia e Italia.

Los amantes de las alcachofas pueden elegir entre distintas variedades: la francesa *camus de Bretagne,* que se encuentra en los mercados entre julio y octubre, puede llegar a pesar 500 g y es grande y achatada. Su variante pequeña o mediana, la *petit violet* o *alcachofa violeta pequeña,* también se produce en Bretaña, pero es alargada y pesa entre 70 y 250 g. Las *alcachofas mini* proceden del sur de Francia e Italia y se recolectan entre mayo y agosto. Las cabezuelas, de hasta 35 g, se cortan antes de que desarrollen las vellosidades. Las mini son tan tiernas que se pueden comer crudas o cocidas enteras unos minutos. Otras variedades son las *romanas* o *romanesco,* de tamaño mediano y esféricas, las *catanesas,* cilíndricas, y las *violetas de Toscana,* de tonalidad rojiza. Todas ellas se cultivan en Italia y se recolectan de julio a noviembre.

Sólo alrededor del 20% de las variedades medianas y grandes son comestibles, porque las hojas de las otras son duras y fibrosas. Los paladares exigentes disfrutan con las alcachofas porque lo mejor siempre se reserva para el final: los corazones, de delicado y exquisito sabor, que se ve realzado con una salsa holandesa, una mayonesa con limón o una vinagreta. Los gastrónomos franceses son muy aficionados a las alcachofas rellenas de champiñones y queso y a los *artichaux à la vinaigrette.* En Italia prefieren las *carciofi alla romana,* cocidas al vapor con ajo y menta. En Grecia las sirven con judiones y en España, guisadas con piñones o salteadas con jamón. Quien no quiera tomarse la molestia de limpiar las alcachofas frescas puede recurrir a los corazones envasados en tarros de cristal o enlatados, aunque su sabor tiene muy poco que ver con el del producto fresco.

Después de desechar el tallo y las hojas duras de alrededor, se abre la alcachofa para limpiar el corazón, la parte más exquisita.

Antes de rellenar la alcachofa hay que retirar las vellosidades duras con una cuchara.

El hinojo

El *hinojo (Foeniculum vulgare)* es una hortaliza tierna de color blanco o verde blancuzco de la que se consume el bulbo. Es originario de la cuenca mediterránea, donde crece silvestre en regiones secas y pedregosas. El bulbo desprende un característico aroma anisado y no sólo se utiliza con fines culinarios sino que es uno de los remedios más antiguos que se conocen y ya era apreciado en la época clásica. Lo introdujeron en Centroeuropa los benedictinos, que lo empleaban contra los problemas digestivos y las molestias de los resfriados.

Las principales regiones productoras son España, el sur de Italia, el sur de Francia, Grecia y el norte de África. Según la variedad, puede ser alargado o redondo, y pesar entre 250 y 300 g. Las hojas del hinojo deben estar frescas y presentar una tonalidad verde lozana, mientras que los bulbos tienen que ser de un blanco inmaculado. Las partes cortadas no deben estar marrones ni resecas. Del hinojo sólo se consumen el bulbo y las hojas, no los tallos verdes y fibrosos.

El hinojo se puede preparar de muchas formas: crudo, cortado en juliana fina o rallado, aporta un toque especial a las ensaladas variadas. Se puede añadir a una salsa de nata o limón para acompañar carnes asadas, o servir en rodajas al vapor como guarnición de pescados y aves. El hinojo cocido y gratinado con jamón y queso también es un plato muy apreciado. El hinojo combina muy bien con el ajo, la nuez moscada y el zumo de limón. Las hojas, siempre bien picaditas, deben añadirse en el último momento.

Hinojo al gratén con piñones

4 bulbos de hinojo
2 cucharadas de mantequilla
2 cucharadas de harina
400 ml de leche
100 ml de nata
sal y pimienta negra
nuez moscada molida
150 g de mozzarella
50 g de piñones pelados
grasa para el molde

Lave los bulbos de hinojo, pártalos por la mitad y quíteles el troncho. Cuézalos en agua hirviendo durante 20 minutos, déjelos escurrir y colóquelos en una fuente de hornear. Funda la mantequilla y fría en ella la harina hasta que adquiera un color amarillo claro. Sin dejar de remover, añada la leche y la nata y deje que cueza a pequeños hervores. Sazone la salsa con sal, pimienta y nuez moscada y viértala sobre el hinojo. Corte la mozarella en rodajas y repártalas por encima del hinojo. Gratínelo en el horno precalentado a 250 °C unos 10 minutos. Mientras tanto, tueste los piñones sin nada de grasa, y antes de servir repártalos sobre el gratén.

Las **alcachofas** son las cabezuelas florales comestibles de una planta compuesta. En la Edad Media tenían fama de afrodisíacas. El sabor un tanto amargo de la alcachofa se debe al activo amargo cinarina.

El **hinojo mini** tiene un sabor refinado que lo convierte en un ingrediente perfecto para todo tipo de ensaladas.

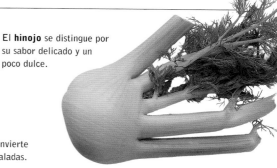

El **hinojo** se distingue por su sabor delicado y un poco dulce.

Los cerdos se han sustituido por perros adiestrados para buscar trufas.

Los perros no son herbívoros y no tienen ningún interés por los hongos, por muy exquisitos que sean.

Las trufas

La *trufa* está considerada la reina de las setas. Por eso se conoce entre los *gourmets* con nombres tan rimbombantes como «diamante negro», «piedra preciosa de los suelos pobres» u «oro comestible». Las trufas son las únicas setas comestibles que crecen bajo tierra. Los frutos tuberosos se desarrollan a cierta profundidad a partir del micelio, que vive en simbiosis con las raíces de diversos árboles (sobre todo robles y encinas), arbustos y hierbas. Muchas veces, el micelio absorbe tantos nutrientes de esas plantas que acaban marchitándose. Las trufas prefieren los suelos calcáreos y bien aireados que no retienen la humedad, como pendientes suaves de subsuelo pedregoso. El clima no debe ser excesivamente caluroso en verano ni demasiado gélido en invierno, como ocurre en las

Problemas de cultivo

Hasta ahora, todas las numerosas y costosas tentativas de cultivar trufas han fracasado. Sólo la plantación de nuevos encinares parece tener un éxito relativo. Antes se plantaban encinas corrientes y se esperaba diez años para obtener algún resultado. Hoy se utilizan encinas jóvenes a las que se ha inyectado micelio de trufa en las raíces. Pero la oferta de estos preciados hongos sigue siendo insuficiente debido al escaso conocimiento de su ciclo vital. Además, su difícil recolección hace que sean muy caras.

Historia y cultura

Los romanos eran ya unos fanáticos de las trufas. Entonces se creía que eran un tubérculo fruto de los rayos y las tormentas, una especie de mineral. Por así decirlo, «hijas de los dioses»... De la Edad Media no existe ningún testimonio. Sólo hacia finales del siglo XIV se vuelven a mencionar como presente a personajes nobles. Se cree que en tiempos de Luis XIV se celebraban en Francia auténticas orgías con trufas. Hasta mediados del siglo XVIII no se empezaron a estudiar los orígenes botánicos de la trufa, sobre todo en Francia, y se descubrió que eran el fruto de un micelio fúngico.

famosas regiones truferas del Périgord, en Francia, y el Piamonte, en Italia. Allí crecen las dos variedades de trufa más aromáticas y caras de todas.

Las *trufas de Périgord (Tuber melanosporum),* también llamadas *trufas negras,* pueden alcanzar el tamaño de una manzana, aunque por lo general son más pequeñas. Su superficie está recubierta de pequeñas verrugas de color negro. El interior de los tubérculos de color violeta negruzco está surcado de finas venas blanquecinas. Las trufas negras desprenden un aroma muy complejo que, entre otras cosas, recuerda el almizcle. También crecen en Umbría, cerca de Norcia y Spoleto.

Las *trufas blancas (Tuber magnatum)* de los alrededores de las poblaciones piamontesas de Alba y Acqualagna son más grandes que las trufas de Périgord y pueden llegar a pesar 1 kg. Tienen la superficie lisa, de color ocre o marrón grisáceo y, vistas de lejos, parecen patatas. El interior es de color avellana o rojizo y, al igual

Las **trufas negras** o **de Périgord** pueden llegar a ser grandes como manzanas, pero por lo general son mucho más pequeñas.

En las regiones truferas de Italia y Francia se organizan ferias especializadas con el «oro negro» como protagonista absoluto. El precio no sólo depende de la calidad sino del trabajo que ha costado recolectarlas. Las trufas son una preciada rareza, ya que no se pueden cultivar.

Las **trufas blancas** provienen sobre todo del Piamonte, en particular de los alrededores de Alba y Acqualagna.

que el de las trufas negras, está surcado de finas vetas blancas. Cuando están maduras, tienen un aroma parecido al del ajo.

Las *trufas de verano (Tuber aestivum)* crecen en toda Europa y, aunque no son tan aromáticas, salen algo más baratas. La recolección se inicia en el mes de mayo y se puede prolongar durante todo el verano. Las trufas de verano se parecen a las de Périgord pero son mucho más pequeñas. Las *trufas chinas (Tuber indicum)*, también llamadas *asiáticas*, son más económicas pero carecen del aroma de las variedades europeas.

Como es muy difícil dar con el lugar exacto donde crecen las trufas, desde hace generaciones se utilizan cerdos amaestrados para localizarlas. Pero como esos animales se pirran por las trufas, no siempre es fácil arrebatárselas a tiempo. Por eso, los cerdos se están sustituyendo por perros adiestrados en la búsqueda del preciado hongo.

Las trufas son un condimento perfecto para platos de huevo, arroz y pasta. Algunas de las especialidades que hacen la boca agua a los paladares más exquisitos son el *risotto* de bogavante con trufa, las trufas en hojaldre, los *tagliatelle* con trufas salteadas o la pularda trufada. Con sólo unos gramos también se puede realzar cualquier plato que lleve setas como champiñones de cultivo, setas de ostra u hongos silvestres. Antes de incorporar trufas frescas a un guiso hay que limpiar con un paño o un pincel los restos de tierra que suelen tener. Las trufas blancas se suelen consumir crudas, ralladas finas o cortadas en lonchas finísimas, mientras que las negras toleran mejor el calor y no pierden el aroma con tanta facilidad al cocinarlas.

Tortilla de trufas

2 trufas negras pequeñas

5 huevos

3 cucharadas de nata

40 g de mantequilla

sal

2 cucharadas de hierbas aromáticas picadas
(por ejemplo, berros amargos o albahaca)

Cepille muy bien las trufas bajo el chorro de agua templada, con mucho cuidado. A continuación, séquelas y córtelas en rodajas finas con un pelador o un rallador especial para trufas. Bata los huevos con la nata y sazónelo con sal. Funda la mantequilla en una sartén grande y sofría la trufa en lonchas a fuego lento durante unos minutos. Vierta la mezcla de nata y huevo en la sartén, espolvoréela con las hierbas aromáticas y remueva la tortilla con una cuchara de madera hasta que empiece a cuajar. Deje que se dore por un lado y dele la vuelta. Sirva la tortilla cuando esté bien dorada por ambos lados.

Breve introducción a la micología

Lo que nosotros saboreamos de las setas es sólo una pequeña parte del hongo, a saber, el denominado «cuerpo fructífero», formado por lo general por pie y sombrero. La mayor parte del vegetal se encuentra bajo tierra y es un complejo entresijo de células filamentosas muy delicadas y microscópicas (micelio) que absorben sustancias orgánicas de los vegetales en estado de putrefacción del suelo y aprovechan el agua para transformarlas en una sustancia rica en proteínas y minerales. Muchos hongos, como el boleto comestible, no se conforman con la materia muerta de la tierra. Su micelio recubre las raicillas de sus árboles predilectos sustrayéndoles los nutrientes que necesitan para vivir. «A cambio» suministran al árbol agua y minerales disueltos. Cuando las condiciones climáticas son favorables, las células filamentosas se agrupan a intervalos regulares (normalmente, en otoño), crecen en altura y emergen de la tierra en forma de seta. Ésa es la parte del vegetal que tiene valor culinario. El cultivo de la calabaza no ha sido posible hasta el momento debido al complejo ciclo vital del micelio. Esta especie y otras muchas sólo se recolectan en estado silvestre.

El boleto comestible

Los amantes de las setas se relamen con sólo ver un boleto comestible, o calabaza, evocando sus múltiples formas de preparación y su incomparable sabor. Piensan, por ejemplo, en la lasaña de calabazas del valle de Aosta, el *carpaccio* de calabaza del lago de los Cuatro Cantones, el faisán estofado con boletos, castañas y tocino del sur de Francia, el *gulash* con calabazas de Turingia y otras muchas especialidades.

La calabaza *(Boletus edulis)* es una seta de sombrero redondo y color pardo que pasa fácilmente desapercibida entre las hojas y el musgo del bosque. Los ejemplares más majestuosos pueden llegar a pesar 1 kg, con un sombrero de 30 cm de diámetro y un pie de unos 23 cm de largo. La calabaza crece en parajes muy diversos. Puede aparecer en bosques de coníferas y mixtos, bajo hayas, encinas, avellanos y castaños, pero también junto a brezales o entre hierbas al borde de los caminos. Estas setas desprenden una agradable fragancia y, al cocinarlas, despliegan todo su aroma característico. Al igual que todas las setas, su carne blanca contiene muchas proteínas valiosas, vitaminas (entre otras, niacina y vitamina C), numerosos minerales, como potasio, calcio, fósforo, magnesio, hierro, yodo y manganeso, y diversos oligoelementos. El boleto comestible también es muy apreciado por quienes quieren conservar la línea por su bajo contenido calórico: 100 g contienen sólo 34 kcal. El hecho de que la calabaza no esté disponible durante todo el año (la temporada se extiende entre verano y finales de otoño) hace que sea aún más preciada y cara. Por eso se recomienda preparar conservas. Los boletos secos, congelados o en aceite se conservan durante varios meses.

La conservación

La calabaza admite diversos métodos de conservación. El más corriente es el secado de las setas cortadas en lonchas finas. Los boletos comestibles secos son muy aromáticos, pero también se pueden congelar. Otro método es la conserva en aceite o vinagre, que se puede aromatizar con hierbas como romero, tomillo, albahaca o ajo.

La **calabaza** desprende un agradable olor a bosque y despliega un intenso sabor al cocinarla.

Boletos a la brasa

8 boletos comestibles grandes
el zumo de un limón
100 ml de aceite de oliva
1 cucharada de perejil picado
1 diente de ajo
sal y pimienta negra
rodajas de limón

Limpie cuidadosamente los sombreros de los boletos con un paño húmedo. Mezcle el zumo de limón, el aceite de oliva, el perejil, la sal y la pimienta y añada el ajo pelado y prensado. Ponga las setas en una fuente y vierta la marinada por encima. Déjelas macerar a temperatura ambiente durante 30 minutos (no se olvide de darles la vuelta). Después, saque las setas de la marinada, escúrralas y áselas al carbón de leña, unos 5 minutos por cada lado. Sirva las setas en una fuente, écheles unas gotas de la marinada por encima y adorne el plato con rodajas de limón.

Canapés de boletos con huevos de codorniz

Ingredientes para 20 canapés:
20 g de boletos secos
80 g de mantequilla ablandada
sal
pimienta blanca recién molida
10 huevos de codorniz duros
5 rebanadas de pan de molde
20 g de champiñones en láminas
20 ramitas de eneldo

Deje las setas en remojo en agua tibia una hora. Escúrralas con cuidado y píquelas bien. Mezcle las setas con la mantequilla y sazónelo con sal y pimienta. Pele los huevos de codorniz y pártalos por la mitad. Tueste un poco las rebanadas de pan, córtelas en 20 círculos y úntelos con la mantequilla de setas. Ponga una lámina de champiñón y medio huevo con la yema hacia arriba sobre cada canapé y presione ligeramente. Adorne los canapés con eneldo y sírvalos.

Los champiñones

Los *champiñones* son, probablemente, las setas más conocidas y consumidas en nuestro país. Casi todos los champiñones comercializados son de cultivo. Sus parientes silvestres, el champiñón silvestre, la bola de nieve y el champiñón silvícola, han sido relegados casi por completo al olvido. Sin embargo, las especies silvestres son mucho más aromáticas que las cultivadas. Sólo se pueden encontrar en tiendas especializadas o en el campo.

El *champiñón silvestre (Agaricus campestris)* necesita raíces de gramíneas para desarrollar su micelio y, según parece, también el abono que deja el ganado vacuno en los prados. Sus laminillas son de color rosa al principio y con el tiempo se tornan de color chocolate. La carne adquiere una tonalidad rosada al presionar con el dedo, mientras que en los ejemplares adultos puede teñirse de rosa grisáceo. La *bola de nieve (Agaricus arvensis)* también crece en superficies cubiertas de hierba y prados, y en el margen de los campos de cultivo. La carne adquiere una tonalidad ocre con el tiempo y huele a almendra. El *champiñón silvícola* o *de bosque (Agaricus silvícola)* crece en bosques de fronda y de coníferas de toda Europa. Huele a anís y almendras amargas.

A diferencia de estas especies silvestres, el *champiñón de cultivo (Agaricus bisporus)* no crece al aire libre sino en cuevas subterráneas, búnkeres o túneles en desuso. El sustrato está compuesto de restos vegetales desmenuzados, como hojas y paja, humedecidos y a los que también se puede añadir abono. Las setas de cultivo presentan una gran ventaja respecto a las formas silvestres: están a salvo de agresiones medioambientales como la lluvia ácida o la radioactividad. Aparte de las especies de champiñón blanco que todos conocemos, desde hace unos años también se producen variedades parduzcas conocidas como *champiñones de crema* o *pardos*. Son algo más consistentes y suelen tener un sabor mucho más fuerte que las variedades claras.

Los champiñones combinan a la perfección con casi cualquier plato, tanto crudos como guisados o fritos. Están deliciosos con huevos o platos de carne condimentados con tomillo, mejorana, romero, pimentón, perejil, albahaca y, en particular, ajo. También quedan muy bien crudos, cortados en láminas finas, con canónigo o rúcula. Por su alto contenido proteico, sofritos con beicon y chalote pueden sustituir un plato de carne.

Carpaccio caliente de setas con brotes de lenteja

100 g de canónigo
400 g de champiñones frescos
1 diente de ajo pequeño
2 cucharadas de aceite de girasol
sal
pimienta blanca recién molida
1/2 manojo de perejil
75 g de brotes de lenteja frescos
2 cucharadas de vinagre de vino blanco
1 cucharada de zumo de limón
miel
2 cucharadas de aceite de pepita de uva

Decore los platos con las hojas de canónigo. Corte los champiñones en láminas, pele el ajo y prénselo. Caliente un poco de aceite de girasol en una sartén, sofría un poco el ajo y añada las setas. Sazónelo con sal, pimienta y perejil picado.

Lave los brotes de lenteja y déjelos escurrir. Mezcle el vinagre, el zumo de limón, la pimienta, la sal y la miel, y añada también el aceite de pepita de uva.

Por último, ponga los champiñones en el plato en forma de abanico, esparza los brotes de lenteja por encima y aliñe la ensalada.

Los **champiñones de cultivo** dominan el mercado. En realidad, su aroma no es tan intenso, pero ofrecen la gran ventaja de que no están contaminados por sustancias tóxicas.

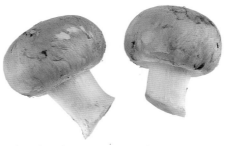

Los **champiñones campestres frescos** son una de las especies silvestres. Son más consistentes y de sabor más intenso, como sus parientes pardos.

Los rebozuelos

Los *rebozuelos* son de las setas silvestres más apreciadas y se pueden encontrar en los mercados en grandes cantidades en verano y otoño. Su cuerpo fructífero de color naranja amarillento, que crece entre el musgo verde oscuro del bosque, es un deleite para los amantes de las setas. Sus usos culinarios son diversos. Su aroma afrutado recuerda el del albaricoque o el melocotón, y su penetrante sabor es muy apreciado para acompañar carnes de ternera y caza. También se mezclan en platos con otras setas de otoño.

Además del *rebozuelo (Cantharellus cibarius)* propiamente dicho, también podemos encontrar el *rebozuelo anaranjado (Cantharellus xanthopus)*, con una tonalidad algo más parduzca en la parte superior y más pálida en la inferior, el *rebozuelo atrompetado*, de color violeta y pie ocre, y el *Cantharellus friesii,* con un delicado olor afrutado y sabor ácido y picante. Sin embargo, la especie más común en nuestros mercados es el *rebozuelo;* las demás son bastante raras.

Los rebozuelos aportan muy pocas calorías (100 g contienen unas 12 kcal) y, como todas las setas, se caracterizan por un alto contenido en proteínas y minerales, principalmente potasio. Los más aromáticos son los rebozuelos todavía pequeños, que aún no han desarrollado la característica forma de embudo del sombrero.

Liebre con rebozuelos

Para la carne:
8 patas de liebre

400 g de tocino ahumado con la corteza

sal y pimienta recién molida

2-3 cucharadas de harina

2 cebollas

1 cucharada de mostaza

2 cucharadas de jalea de grosellas o compota de arándanos

250 ml de vino tinto

Para los rebozuelos:
300 g de rebozuelos

sal y pimienta

1 cebolla

1 cucharada de mantequilla

1 cucharada de perejil picado

Despelleje las patas de liebre y córtelas en dos trozos. Fría el tocino en dados. Salpimiente las patas de liebre, páselas por harina y fríalas en la grasa del tocino. Añada la cebolla en rodajas, la mostaza y la jalea de grosellas, vierta el vino blanco y agua y estófelo todo junto durante una hora, hasta que la carne esté hecha. Retire la carne, pase la salsa y mantenga la liebre caliente. Sazone los rebozuelos con sal y pimienta y sofríalos en la mantequilla con la cebolla en dados. Sirva las patas de liebre en una fuente, écheles la salsa y los rebozuelos por encima y espolvoréelo todo con perejil picado.

Cómo limpiar y manipular las setas

Las setas deben consumirse lo antes posible después de comprarlas, aunque también resisten unos días en la nevera, en un recipiente sin tapa o en una bolsa de papel. No guarde nunca las setas en bolsas o recipientes de plástico, porque se pudrirían enseguida.

Por norma general, no hace falta lavar ni limpiar las setas de cultivo; como mucho, sólo hay que pasarles un paño de cocina seco. No es necesario pelar los sombreros: basta con cortar un poco la base del pie. En cambio, las setas silvestres pueden tener restos de tierra y material vegetal. La mayor parte se puede eliminar con un pincel de cocina seco. Las setas sólo deben lavarse con agua cuando es imprescindible. En tal caso, hay que limpiarlas lo más deprisa posible bajo el grifo y secarlas con papel de cocina. Las setas silvestres pueden estar agusanadas. Pártalas por la mitad de arriba abajo y saldrá de dudas.

Todas las especies de **rebozuelo** tienen algo en común: son excelentes comestibles de sabor afrutado.

Setas de ostra maceradas

4 ramas de albahaca
1/2 manojo de perejil
5 cucharadas de aceite
sal yodada
pimienta negra recién molida
500 g de setas de ostra
4 tomates pequeños
aceite para engrasar
2 cucharaditas de vinagre balsámico

Arranque unas cuantas hojas de albahaca y resérvelas. Pique el perejil y el resto de la albahaca, mézclelos con aceite y sazónelo con sal y pimienta. Macere las setas en la mezcla durante unos 30 minutos, dándoles la vuelta de vez en cuando.

Mientras tanto, haga un corte en forma de cruz en los tomates, póngalos en una fuente de hornear engrasada y áselos bajo el grill unos 5 minutos.

Aderece las setas con unas gotas de vinagre y áselas unos 2 minutos con los tomates dándoles la vuelta varias veces. Adorne las setas con las hojas de albahaca y sírvalas con los tomates.

La recolección de setas

Un requisito indispensable para que la salida en busca de setas tenga éxito es un buen libro de micología con fotografías de buena calidad. Además, es muy aconsejable que los principiantes enseñen a un experto las setas que han recolectado. Y es que hay muchas que tienen un «doble» venenoso que, a menudo, sólo se diferencia de la seta comestible por detalles muy pequeños. ¿Cuándo es la mejor época? Casi todos los hongos desarrollan el cuerpo fructífero a finales de verano y otoño en climas templados y húmedos. Pero también se pueden encontrar setas en otras épocas del año, incluso en invierno. ¿Dónde se encuentran? El hábitat se indica en los manuales de identificación. Los buscadores de setas experimentados memorizan los sitios donde han recogido más ejemplares para el año siguiente. ¿Cómo se recolectan? Es imprescindible llevar un cesto de mimbre: nunca hay que meter las setas en bolsas de plástico. Las setas se deben cortar con una navaja especial, nunca arrancar del suelo para no dañar el delicado micelio. Antes de ponerlas en el cesto hay que limpiarlas con un pincel o un paño seco. Las capas se separan con helechos.

Setas asiáticas

Los hongos asiáticos acostumbran a ser de cultivo. La *seta shiitake* o *seta perfumada (Lentinus edodes)* se cultiva sobre el tronco del árbol *shii*, emparentado con la encina. Su aromático perfume, su penetrante sabor y su carne consistente la convierten en una seta muy apreciada también en Europa occidental. Se utiliza en alta cocina de formas muy diversas, tanto fresca como seca. Además, en Japón y China se emplea como remedio curativo para reducir el nivel de colesterol y fortalecer las defensas ante infecciones gripales. Las *setas enokitake* son setas de cultivo muy pequeñas procedentes de China. Crecen en grupos y son un acompañamiento perfecto para verduras, ensaladas y sopas asiáticas. La *oreja de Judas (Auricularia auricula Judae)* es semicircular y ondulada y crece sobre troncos de árboles viejos. Tienen un sabor relativamente neutro y por eso se sirve con platos chinos tanto picantes como dulces. Esta seta se cultiva a gran escala en Asia oriental y representa la mayor parte de las setas chinas secas. Es muy apreciada en la medicina china para «purificar la sangre».

Huevos escalfados con setas del bosque

250 g de patatas
250 ml de aceite de oliva
1 cucharada de perejil picado
2 dientes de ajo
1 cebolleta
100 g de habas
100 g de guisantes
12 espárragos trigueros
200 g de setas silvestres variadas

Para la vinagreta:
125 ml de aceite de oliva
2 cucharadas de vinagre de vino
2 cucharaditas de zumo de limón
1 manojo de perejil
sal y pimienta

Para el sabayón:
1 yema de huevo
nata
vino blanco
unas hojas de hinojo

Pele las patatas, córtelas en rodajas y fríalas en aceite de oliva. Espolvoréelas con perejil picado, un diente de ajo picado y cebolleta. Prosiga la cocción a fuego lento durante 25 a 30 minutos. Hierva las habas y pélelas. Hierva los guisantes y los espárragos. Limpie las setas y saltéelas brevemente en aceite de oliva con el resto del ajo. Para preparar la vinagreta sólo hay que mezclar todos los ingredientes. El sabayón se prepara al baño María, también mezclando todos los ingredientes.

Reparta las patatas en cuatro platos y disponga una capa de espárragos, guisantes y habas en cada uno. Cúbralo todo con las setas y el sabayón. Por último, vierta la vinagreta alrededor y sírvalo.

Rebozuelo anaranjado

Setas *shiitake*

Boleto bayo

Boleto anillado

Seta de ostra

Colmenillas

Pie azul

Tricoloma acerbo

Trompetas de la muerte

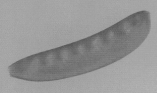

Los **tirabeques** presentan un alto contenido en azúcar y son vainas y semillas de guisante recolectados antes de su maduración.

Las **alubias blancas**, al igual que las **alubias de Lima**, quedan tiernas y harinosas al cocerlas y son perfectas en ensalada.

Las **alubias negras** también quedan tiernas una vez cocidas y su aroma es muy intenso. Se emplean en potajes.

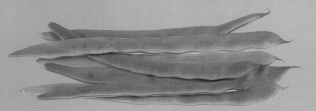

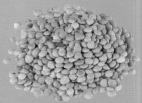

Las **alubias pintas** tienen un sabor suave.

Las **habas de soja** crecen dentro de vainas como los guisantes. Las semillas secas se remojan y no son aptas para su consumo en crudo.

Las judías Helda de la fotografía son una variedad de las **judías de enrame**, y también se conocen como **judías anchas** por su forma.

Las **judías Kenia** son una variedad de vaina muy delgada y sin semillas importada de África.

Las **lentejas rojas** peladas son muy delicadas, aunque su aroma es mucho más intenso con piel.

Las **lentejas verdes** van muy bien para preparar sopas y potajes.

Las legumbres
Judías frescas y tirabeques

Las *judías* y los *guisantes* pertenecen al grupo de las legumbres. La variedad de judía más conocida es la *judía verde (Phaseolus vulgaris)*, de la que se cultivan numerosas subespecies en casi todo el mundo. Entre ellas hay tanto *judías de enrame* trepadoras como *judías enanas*, que forman matas bajas. Las vainas, alargadas y por lo general verdes, se recolectan cuando aún son jóvenes y se comen enteras como verdura. Los paladares más finos sienten especial predilección por las *judías princesa* francesas (de vainas pequeñas, delgadas y sin semillas y delicado aroma) y las tiernas *judías Kenia,* que se venden en invierno.

Otros tipos de judías frescas son la *judía verde fina,* de vainas jugosas y carnosas, y la *judía de cera,* de color amarillo pálido. Las judías verdes no deben comerse nunca crudas porque contienen la sustancia fasina, que es perjudicial para la salud y se destruye a los 10 minutos de cocción.

Los *tirabeques* hacen las delicias de los paladares más exigentes. Se trata de una subvariedad de sabor dulce del *guisante (Pisum sativum)* que se consume entera como las judías verdes. Se comercializan de diciembre a septiembre, y los principales países exportadores son Kenia, Israel y Egipto. Los tirabeques también se deben comer escaldados, al menos durante dos o tres minutos, por motivos de salud. Hervidos con una pizca de azúcar y un poco de mantequilla durante unos cinco minutos son un plato de verdura exquisito y rápido de preparar.

Alubias y guisantes secos

Las judías y los guisantes no sólo se consumen frescos. Las semillas secas de las vainas maduras son desde siempre un alimento muy apreciado y nutritivo que cada vez está adquiriendo más popularidad también entre los paladares más selectos. La oferta de alubias secas es hoy muy amplia: las pequeñas *alubias perla* blancas son ideales para potajes y sopas. La *alubia cannellini* blanca mediana procede de Italia y se prepara principalmente en ensaladas con zumo de limón, ajo y aceite de oliva. Las *alubias flageolet,* de color verde pálido, son muy apreciadas sobre todo en Francia y se suelen tomar guisadas con cordero o en ensalada. Una vez cocidas, las *alubias rojas* tienen una consistencia harinosa y un sabor dulce, y son un ingrediente típico del chile con carne mexicano. Las *judías borlotto* con motitas rojas, procedentes de Italia, son tiernas y cremosas, se suelen cocinar con achicoria roja y son un ingrediente indispensable de la sopa *minestrone*.

También existen diversas variedades de *guisantes secos,* que son las semillas secas del guisante. Entre las variedades más corrientes, que se venden peladas o sin pelar, se encuentran los *guisantes redondos,* los *guisantes arrugados* verdes y amarillos y los *guisantes capuchino* grises. Con las variedades peladas se elaboran purés y sopas de guisantes, mientras que los guisantes secos con piel se preparan en potaje. Uno de los productos preferidos de los sibaritas son los *garbanzos,* con su delicado sabor. Estos parientes del guisante son un ingrediente habitual en las cocinas mediterránea y árabe.

Las **alubias rojas** se suelen estofar.

Los **guisantes arrugados** son particularmente dulces y se parecen bastante a los *redondos*.

Existen muchas variedades de **guisantes,** de distintas formas y colores: blancos, amarillos, verdes y hasta jaspeados.

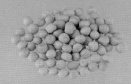

Los **guisantes amarillos** (y de otros colores) son legumbres con un valor nutritivo más alto que el del guisante fresco.

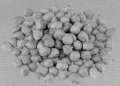

Los **garbanzos,** con un tenue sabor a fruto seco, van muy bien para preparar purés, como *hummus,* y *falafel.*

Los **guisantes redondos** son más dulces que los **guisantes arrugados**.

Las lentejas

Las *lentejas (Lens culinaris)* son las semillas normalmente planas de una papilionácea herbácea que se cultiva sobre todo en España, Rusia y Oriente Próximo. Esta legumbre, muy fácil de cultivar, es nutritiva y contiene muchas proteínas. Durante mucho tiempo la alta cocina consideró las lentejas un alimento de gente pobre, pero en los últimos años han conseguido encontrar un sitio en los fogones más prestigiosos.

Las variedades más comunes son las lentejas verdosas y marrones, que se comercializan en varios tamaños (desde la *lenteja castellana* hasta la *pardina*). Por lo general, cuanto más pequeña es la lenteja, mejor sabe, puesto que casi todos los aromas se concentran en la piel. Una de las variedades más exquisitas es la *lenteja de Puy*, de color verde oscuro, que se cultiva en Francia. De Oriente proceden las aromáticas *lentejas amarillas* y *rojas*. Estas últimas suelen comercializarse peladas (entonces son de color violeta). A diferencia de las lentejas verdes y marrones, no necesitan remojo, y se cuecen en unos 20 minutos.

Las lentejas admiten todo tipo de preparaciones. Se pueden estofar con patatas y comino, con orejones de albaricoque y nueces o en salsa agridulce, pero también se pueden tomar en ensalada aliñadas con vinagre o zumo de limón y hierbas aromáticas. También se pueden comer en puré como acompañamiento de platos de carne adobada, o combinadas con pasta, patatas o arroz. Asimismo, los brotes de lenteja son muy saludables, puesto que la germinación incrementa el contenido en vitaminas y minerales (tardan entre 3 y 5 días en germinar).

Sopa de verduras y legumbres

200 g de alubias blancas
1 cebolla
1 diente de ajo
2 patatas
3 zanahorias
1 rama de apio
4 cucharadas de aceite de oliva
2 calabacines
2 tomates
150 g de guisantes
125 g de cebada perlada
sal y pimienta
50 g de parmesano rallado
1 cucharada de albahaca picada

La víspera, ponga en remojo las alubias blancas. Pique las cebollas y el ajo y pele las patatas, las zanahorias y el apio. Córtelo todo en daditos. Sofría la cebolla y el ajo en un poco de aceite de oliva hasta que estén transparentes. Añada las hortalizas en dados y saltéelas brevemente. Agregue las alubias blancas y dos litros de agua, tápelo y déjelo hervir a fuego lento durante una hora. Corte los calabacines en rodajas finas. Escalde los tomates, pélelos, quíteles las semillas y córtelos en dados. Añada a la sopa el calabacín, el tomate, los guisantes y la cebada, sazónela con sal y pimienta y déjela hervir entre 20 y 25 minutos más removiendo de vez en cuando. Para darle un toque especial, espolvoree la sopa con la albahaca y el parmesano antes de servirla.

CEREALES, PASTA Y ARROZ

Introducción

Los *cereales* son uno de los alimentos básicos más importantes del planeta, ya que forman parte de la dieta diaria del ser humano desde los orígenes de la agricultura hace unos 10000 años. Los platos elaborados con cereales siguen siendo el alimento principal en los países en vías de desarrollo y cubren el 90% de la alimentación diaria. El *mijo* y el *sorgo* son los cereales del continente africano. El cultivo del *maíz* está muy extendido en Norte y Sudamérica. El *centeno* y la *avena* son típicos del nordeste de Europa. El cultivo del arroz siempre ha desempeñado un papel dominante en Asia, mientras que en Europa meridional y en Oriente Próximo prefieren el *trigo* y la *cebada*.

Pero ¿qué son en realidad los cereales, esa maravilla de la naturaleza, tan nutritiva, oculta dentro de granos aparentemente insignificantes? Pues no son otra cosa que las semillas comestibles de plantas de la familia de las herbáceas. A pesar de que las distintas variedades puedan diferir mucho tanto en su aspecto como en su sabor, la estructura de los granos es más o menos idéntica. Básicamente, se componen de tres partes: la envoltura exterior, el cuerpo harinoso y el germen. La envoltura exterior, llamada cascarilla, está formada por diversas capas de celulosa y contiene muchas vitaminas, minerales y fibra. El cuerpo harinoso *(endosperma)* constituye el grueso del grano del cereal y en él se localizan los hidratos de carbono. Contiene principalmente almidón y es el responsable de la sensación de saciedad que proporcionan los cereales. En la parte inferior del grano se encuentra el embrión de la nueva planta. Aquí es donde se concentra la mayor parte de las proteínas, vitaminas, minerales y grasas del cereal.

Los cereales (de Ceres, la diosa romana de los frutos del campo) contienen sustancias nutritivas y vitales en la proporción ideal y poseen un alto valor nutritivo sobre todo sin pelar, puesto que gran parte de las vitaminas y minerales saludables se almacenan en las capas más externas del grano.

Existen casi tantas variedades de cereales como formas de prepararlos. Prácticamente no hay ninguna comida que no incluya algún producto cereal. Ya sea un desayuno con pan, panecillos u otros productos de panadería, *muesli* integral, un bol de *copos de maíz* o, en los países anglosajones, un plato de gachas de avena. O una comida con un primer plato a base de pasta, un segundo con guarnición de arroz y una ensalada con brotes de algún cereal. O la merienda con algún tipo de pasta o pastel. O una cena acompañada de cerveza y un buen vaso de whisky al final del día. Éstos son sólo algunos ejemplos elegidos al azar, pero lo que queda claro es que no podríamos concebir la cocina sin los cereales.

El arroz necesita mucho calor y humedad.

Cereales y harinas

El **trigo** es el cereal panificable más importante del mundo y se cultiva desde hace milenios.

El **alforfón** o **trigo sarraceno** se cultiva sobre todo en Siberia, China, Japón y Corea. Es el ingrediente principal del *blini*, las crepes rusas.

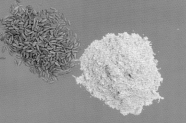

En **centeno** es muy adecuado para hornear gracias a su alto contenido en gluten. Contiene muchas vitaminas del grupo B y minerales.

La **cebada perlada**, a diferencia de la cebada con cáscara, presenta un alto contenido en vitaminas del grupo B y ácido silícico.

La **avena perlada** aporta mucha energía, como todas las variedades de avena, contiene ácidos grasos esenciales y es rica en vitaminas y minerales.

La **espelta** o **escanda** exige pocos cuidados y sustituye al trigo en las regiones frías porque resiste bien las bajas temperaturas. De ella se obtiene una harina proteica con mucho gluten.

La **espelta verde** son los granos sin madurar de la espelta ahumados tras su recolección. Está muy buena en albóndigas o platos gratinados.

El **mijo** es el cereal más rico en minerales. Los copos de mijo son ideales para preparar platos al horno salados o dulces, *muesli*, púdines y albóndigas.

Tipos de cereales

Existen muchos tipos diferentes de cereales. Uno de los principales es el *trigo (Triticum)*, del que se distinguen dos especies. El trigo duro es particularmente rico en gluten y por eso se emplea sobre todo para elaborar pastas alimenticias. En cambio, el trigo blando o candeal es el cereal panificable más importante del mundo. La harina que se obtiene de él absorbe la humedad y confiere elasticidad al producto final. Otro cereal panificable es el *centeno (Secale)*, en cuyo grano se almacena gran cantidad de potasio, minerales y vitaminas. Es costumbre mezclar ambas variedades de cereal, puesto que la harina de centeno contiene menos gluten que la de trigo. Por otra parte, el centeno se emplea para la fabricación de aguardientes.

La *cebada (Hordeum)* también tiene mercado en Europa, sobre todo para la elaboración de cerveza y whisky y la fabricación de preparados de cereales sustitutivos del café. Sin embargo, la cebada no es del todo desconocida en cocina, ya que se utiliza pelada y pulida (cebada perlada) para la elaboración de nutritivas sopas y potajes.

La *avena (Avena)* es una excelente fuente de energía gracias a sus ácidos grasos esenciales y a su elevado contenido en proteínas, vitaminas (sobre todo vitamina B1) y minerales. Los copos de avena no deben faltar en ningún buen *muesli*. Un cereal con una larga tradición es la *espelta (Triticum spelta)*, que durante mucho tiempo apenas se utilizó en nuestras latitudes hasta que experimentó un resurgimiento con la aparición de los productos integrales. La espelta es muy fácil de digerir y aporta muchos minerales, sobre todo calcio y fósforo. También se consumen los granos de espelta todavía verdes.

Otro cereal muy interesante desde el punto de vista nutricional es el *mijo (Panicum)*, que es muy nutritivo y cuyo prestigio se ha visto incrementado gracias a la cocina integral. Tampoco podemos olvidar el versátil *maíz (Zea mays)*, cuyos granos frescos pueden comerse como verdura, mientras que los secos se emplean como harina para preparar polenta o tortillas.

La cebada pertenece a la familia de las gramíneas y es un cereal resistente y fácil de cultivar.

Tipos de harinas

Cuando se habla de «harina», por lo general se hace referencia a la *harina de trigo,* pero cualquier cereal, ya sea maíz, centeno, avena, cebada o espelta, puede ser transformado en harina. Durante el proceso de molienda, el cereal se transforma en salvado grueso, sémola, semolilla y, por último, harina en polvo.

El tipo de harina utilizado depende del uso que se le vaya a dar en la cocina. La harina de trigo blanca y molida fina es la más adecuada para masas tiernas y ligeras como las de las tartaletas. La base de los tipos de pan salados y consistentes es la harina de centeno. Un producto típico elaborado con harina de maíz son las tortillas.

Los consumidores preocupados por el valor nutritivo de los alimentos no se fijan únicamente en el tipo de harina sino también en el grado de molienda, que figura en el paquete con un número. Éste indica el contenido en minerales de la harina. Por ejemplo, si en el paquete pone «Harina de trigo tipo 405», quiere decir que 100 g del contenido del paquete contienen 405 mg de minerales. Por lo tanto, cuanto más alto es el número de tipo, mayores propiedades tiene la harina. En el caso de la harina de trigo, los tipos más corrientes son el 405, de color claro, y los tipos 1050 y 1700, más oscuros. La harina de centeno suele ser del tipo 997, y es una harina poco molida.

Asimismo, es importante revisar la fecha de caducidad. La harina integral, más grasa, se estropea con mayor facilidad y debe consumirse antes. En cualquier caso, es recomendable conservar la harina en un recipiente hermético cerrado dentro del frigorífico, especilamente si el clima es caluroso.

Otros tipos de harina, utilizados sobre todo en las cocinas africana y oriental, son las harinas elaboradas con *mijo* o *sorgo* (una variedad de mijo) y el *bulgur. El bulgur,* un elemento indispensable de la cocina con cereales de Oriente Próximo se obtiene del trigo duro cocido y secado y se cocina junto con carne, verduras y especias, como el cuscús de sémola de trigo duro.

La polenta

La polenta (que en italiano quiere decir «lo molido») es un plato rico en hidratos de carbono y saciante que, en el norte de Italia, casi siempre se sirve antes del plato principal pero que también está delicioso como acompañamiento de carnes y salsas picantes. La polenta se elabora con sémola de maíz (en italiano, *farina gialla*) o sémola de alforfón (en italiano, *farina nera scaracena*).

Se sirve caliente y con mantequilla y parmesano rallado por encima. La masa también se puede dejar enfriar sobre una tabla de picar húmeda (para que no se pegue), cortarla en rodajas con un hilo y freírlas en aceite o mantequilla hasta que están crujientes, como si fueran croquetas. Las rodajas de polenta también quedan muy bien a la brasa o a la parrilla.

Polenta de queso

1 cucharadita de sal
250 g de sémola de maíz
2 cucharadas de aceite de oliva
150 g de queso fontina
mantequilla para el molde
pimienta blanca recién molida
50 g de mantequilla

Lleve a ebullición 1 litro de agua con la sal y el aceite en una cazuela grande. Añada la sémola de maíz, en forma de lluvia, removiendo y cuézala durante unos 5 minutos. Deje espesar la masa a fuego lento sin dejar de remover durante unos 20 minutos y, si fuera necesario, añádale más agua. Vierta el puré de maíz en un molde redondo lavado con agua fría, extiéndalo bien y déjelo enfriar. Desmolde la polenta y córtela en tres capas horizontales. Corte el queso en lonchas finas. Engrase el molde con mantequilla y rellénelo con una capa de polenta. Reparta una tercera parte de las lonchas de queso por encima, sazónelo con pimienta y ponga otra capa de polenta encima. Repita los mismos pasos y cubra la última capa de polenta con el resto del queso. Ponga unas nueces de mantequilla por encima. Hornéelo durante 15 o 20 minutos y sírvalo enseguida.

El **pan de torta** se elabora con masa fermentada y se suele espolvorear con sésamo o semillas de amapola.

El **pan de centeno** se elabora con masa fermentada y tiene un sabor muy fuerte.

La **ciabatta**, o chapata, se elabora con harina de trigo duro y una cucharada de aceite. La miga de poro grueso es el resultado de una fermentación prolongada de la masa.

El **pan blanco** es la variedad de pan más consumida en muchos países y admite múltiples variantes.

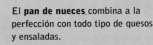

El **pan de semillas** se puede elaborar con las mezclas más diversas, como avena, centeno, alforfón, cebada, mijo y linaza.

El **pan de nueces**, combina a la perfección con todo tipo de quesos y ensaladas.

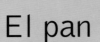

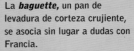

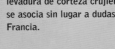

La *baguette*, un pan de levadura de corteza crujiente, se asocia sin lugar a dudas con Francia.

El **pumpernickel** es una especialidad de Westfalia, Alemania, elaborada con centeno grueso. Se hornea a baja temperatura durante 20 horas, lo que le confiere su característico sabor entre dulce y amargo.

El pan

Detrás de las tres letras que conforman la palabra pan se esconde uno de los alimentos más indispensables y con una mayor variedad del mundo. Es muy importante en la vida diaria del ser humano, como demuestra la expresión «ganarse el pan». El pan puede adoptar formas muy diversas: de hogaza, de torta, de panecillo, de rosca, de molde o de barra. Puede ser blando o crujiente, dulce o salado. Sólo en Alemania existen cerca de 400 tipos de pan. La variedad suele ser menor en otros países, pero algunos países como Francia, Italia o Turquía han conseguido popularizar en todo el mundo especialidades como la *baguette*, la *ciabatta* o chapata o la *pita* o tortas de pan.

La consistencia y el sabor del pan vienen determinados por los ingredientes con los que se prepara. Un factor decisivo es el tipo de fermento utilizado, ya que se encarga de que los ingredientes casi siempre simples de la masa de pan suban. Los fermentos más corrientes son la levadura y la masa ácida. Ésta es una masa ya fermentada preparada con harina de centeno que se conserva indefinidamente en el frigorífico y que se puede completar una y otra vez con agua y harina. Se emplea sobre todo para productos de sabor fuerte elaborados con harina de centeno. En cambio, la levadura se suele emplear para los panes blancos de harina de trigo. Aparte de los panes fabricados con uno o dos tipos de harina, los *panes de semillas* son cada vez más populares. Además de una mezcla de harina también contienen granos de cereales enteros, pipas de girasol, linaza y otros ingredientes y son muy ricos en fibra.

El pan se puede come de muy diversas formas. Es uno de los ingredientes principales de desayunos y meriendas, ya sea en bocadillo o untado con distintos productos. No hay comida que no vaya acompañada de pan. Se dice que la mesa no está puesta si falta el pan. Muchas festividades tanto laicas como religiosas tampoco podrían concebirse sin sus panes de fiesta especiales, como el *Christstollen* de Dresde, la *fougasse* de Provenza, el *bolo rei* portugués o el *panettone* italiano.

El *Schüttelbrot*, unas tortas de pan crujientes, es una especialidad del sur del Tirol que también tiene fama al norte de los Alpes.

La elaboración de pan

Para hornear un buen pan hacen falta buenas manos, paciencia, un horno y unos cuantos ingredientes sencillos. No basta con seguir la fórmula «mezclar la harina, el agua, la sal y el fermento (levadura, masa fermentada, levadura de panadero)». No obstante, tampoco hace falta ser un maestro panadero para llevar a la mesa un pan casero recién hecho y todavía caliente. Sólo hay que tener en cuenta los siguientes factores: la masa de pan es una materia viva que reacciona al ambiente que le rodea. Prefiere una cocina cálida. Los utensilios y los ingredientes deben estar a temperatura ambiente, y la harina debe ser lo más fresca posible. Además, las cantidades deben estar en la proporción correcta, porque sólo así se obtendrá el resultado deseado. Pero aunque no salga bien a la primera, todo el que ha experimentado alguna vez cómo la presión de las manos al amasar transforma los humildes ingredientes en una masa aromática y que aumenta de volumen siente el deseo de preparar su propio pan.

Pan casero

1. Prepare los ingredientes según la receta: harina, fermento (levadura de panadero, masa fermentada, levadura en polvo) y agua.

2. Para hacer la masa madre, mezcle la levadura con 3 cucharadas de harina hasta obtener una papilla y déjela leudar en un lugar cálido 1 hora.

3. Forme un volcán con la harina mezclada con sal y ponga la masa madre diluida con agua y bien mezclada en el centro.

4. Amase bien todos los ingredientes con el pulpejo de la mano de 10 a 15 minutos hasta que la masa se ablande. No tiene que quedar pegajosa.

5. Sujete el extremo de masa con una mano y estire hacia fuera con la otra. Si la masa todavía está pegajosa, añádale un poco de harina.

6. Repita este proceso varias veces. A continuación, dé forma de hogaza a la masa.

7. Deje fermentar la masa en un lugar cálido hasta que haya duplicado su volumen.

8. Vuelva a amasar la masa con energía y prepárela para hornear. Dele forma de hogaza, engrase la bandeja o cúbrala con papel vegetal.

9. Unte el pan con agua, leche o yema de huevo poco antes de que finalice la cocción para que se dore por encima. También se puede espolvorear con harina después de sacarlo del horno.

Canapés con queso fresco

350 g de queso fresco a las hierbas
1 cucharada de eneldo picado
1 pizca de sal
1 pizca de pimentón dulce
1 cucharadita de comino molido
1 cucharada de nata dulce
20 crackers *(galletitas saladas)*
5 aceitunas negras
unas ramitas de eneldo

Mezcle bien el queso fresco con el eneldo, una pizca de sal, el pimentón dulce, el comino y la nata hasta obtener una crema homogénea. Unte las *crackers* con esta crema. Corte las aceitunas deshuesadas en rodajas finas y adorne los canapés antes de servirlos con las aceitunas y las ramitas de eneldo.

Sándwich de atún

1 lata de atún en aceite
1 cucharada de alcaparras
2 huevos duros
4 hojas de lechuga flamenca
8 rebanadas de pan de molde
4 cucharadas de tapenade
aceitunas para decorar

Escurra el aceite del atún y desmenúcelo con un tenedor. Descascarille los huevos y córtelos en rodajas finas. Lave la lechuga y escúrrala bien. Corte la corteza de las rebanadas de pan y úntelas con la *tapenade*. Reparta el atún sobre cuatro rebanadas de pan y cúbralo con las rodajas de huevo y una hoja de lechuga en cada una. Ponga las otras cuatro rebanadas de pan encima. Corte cada sándwich en diagonal por la mitad. Adorne los sándwiches con aceitunas pinchadas en un palillo.

Sopa de pan

200 g de tomates pera maduros
1 rama de apio
1 diente de ajo
100 ml de aceite de oliva
2 hojas de laurel
sal y pimienta negra
4 rebanadas de chapata
4 huevos
50 g de parmesano rallado
1 cucharada de perejil picado

Escalde y pele los tomates, quíteles las semillas y córtelos en dados. Corte el apio lavado en rodajas finas. Pele el ajo y píquelo. Sofría las hortalizas en 4 cucharadas de aceite de oliva y añádales 1 litro de agua y las hojas de laurel. Sazónelo con sal y pimienta y hiérvalo a fuego lento alrededor de 30 minutos. Cuele el caldo en otra olla. Quite la corteza de las rebanadas de pan, córtelas en trozos pequeños y fríalas en el resto del aceite. Reparta los picatostes en cuatro platos soperos. Vuelva a hervir el caldo de verduras. Escalfe los huevos en el caldo. Ponga un huevo en cada plato y vierta el caldo por encima. Espolvoree la sopa con un poco de parmesano y perejil y sírvala caliente.

Las **albóndigas de pan de Baviera** se elaboran con pan blanco remojado en leche, perejil y cebolla. Son un plato muy popular en el sur de Alemania y Austria.

Hamburguesa de fiesta

3 cebollas
3 tomates
$^{1}/_{2}$ pepino
5 cucharadas de aceite de oliva
3 cucharadas de vinagre de vino blanco
1 pizca de azúcar
sal y pimienta recién molida
1 kg de carne de ternera picada
2 huevos
4 cucharadas de aceite de oliva
4 panecillos grandes para hamburguesa
2 cucharadas de mayonesa y otras
2 de ketchup

Pele las cebollas y córtelas en dados; reserve una tercera parte. Corte los tomates en trozos pequeños, y el pepino, en rodajas finas. Mezcle un poco de agua con aceite, vinagre, azúcar, sal y pimienta. Ponga los dados de dos cebollas, los tomates y los pepinos en la vinagreta, mézclelo todo bien y déjelo macerar durante una hora y media. Precaliente el horno a 200 °C. Incorpore el resto de la cebolla, los huevos y un poco de sal y pimienta a la carne picada. Forme ocho hamburguesas igual de grandes. Caliente el aceite de oliva en una sartén grande y fría las hamburguesas unos 5 minutos por cada lado. Retírelas y resérvelas calientes. Caliente los panecillos en el horno y ábralos por la mitad. Ponga un poco de lechuga y una hamburguesa en la mitad inferior de cada panecillo y unte la hamburguesa con *ketchup* y mayonesa. Ponga encima el resto de la lechuga, otra hamburguesa, *ketchup* y mayonesa. Tápelo con la otra mitad del panecillo y sirva las hamburguesas.

Derecha: los **bocadillos** son típicos de muchos países.

Pan de torta oriental

1 dado de levadura (42 g)
1 pizca de azúcar
400 g de harina
1 cucharadita de sal
125 ml de aceite de oliva
14 hojas de salvia fresca
2 cucharadas de sal marina gruesa

Desmenuce la levadura en 250 ml de agua caliente y disuélvala junto con el azúcar. Agregue 4 cucharadas de harina y deje fermentar la masa madre tapada durante 15 minutos en un lugar cálido. Tamice el resto de la harina en un cuenco, forme un volcán en el centro y ponga la masa madre dentro. Añada la sal y entre 3 y 4 cucharadas de aceite de oliva y amase la preparación hasta que sea flexible. Forme una bola con la masa, cúbrala y déjela fermentar durante 1 hora para que duplique su tamaño. Incorpore con cuidado las hojas de salvia picadas a la masa. Unte una bandeja de horno con aceite de oliva. Extienda la masa sobre una superficie de trabajo enharinada hasta que tenga un grosor de unos 2 cm Ponga la masa en la bandeja de horno, presione ligeramente con los dedos, úntela con un poco de aceite de oliva, espolvoréela con la sal gruesa y hornéela durante 20 o 25 minutos a 250 °C. Cuando el pan esté cocido, córtelo en trozos cuadrados. Este pan está delicioso caliente.

Breve historia de la pasta

Los expertos no se ponen de acuerdo sobre quiénes inventaron la pasta, si los chinos o los italianos. De hecho, en el relato que hace Marco Palo de su viaje a China en el año 1270 se refiere con entusiasmo a ciertas especialidades de pasta, lo que lleva a la conclusión de que Marco Polo conoció allí la pasta y la importó a Italia. Pero también es cierto que la pasta ya era corriente entre los antiguos griegos y romanos. Los *vermicelli* (unos espaguetis finísimos), por ejemplo, ya eran populares en Italia antes del siglo XIII. Por eso es de suponer que la pasta italiana fue creada sin influjos orientales y que a lo largo de los siglos fueron surgiendo innumerables variantes. Sicilia está considerada la cuna de los macarrones, mientras que la invención de la clásica *pasta lunga* (espaguetis y tallarines) se atribuye a la región de Nápoles. A partir del siglo XV, Nápoles y Liguria se consolidaron como los líderes indiscutibles de la fabricación industrial de pasta.

La pasta
Tipos y generalidades

Los italianos, igual que nosotros, llaman «pasta» a esa masa en principio simple pero que adopta formas muy diversas e imaginativas. Existen dos tipos fundamentales de pasta: la *pasta de trigo duro*, elaborada con sémola de trigo duro, agua y sal y la *pasta al huevo*, que también incorpora huevos. A primera vista puede sonar algo soso. ¿Entonces por qué la pasta es un invento tan genial? Porque cobra vida al cocerla en agua con sal y puede transformarse en un primer plato o un plato único exquisito con un poco de imaginación y cariño. La pasta se convierte en un plato delicioso acompañada de una salsa adecuada y coronada con parmesano recién rallado.

En Italia, el paraíso de la pasta, se conocen unos 600 tipos o formas de pasta pero, afortunadamente, las que se suelen

Ruedas de colores. Se suelen emplear en sopas.

Tortellini. Anillos de pasta rellenos de verduras o carne. Los más grandes se llaman *tortelloni*.

Macarrones. Los hay de distintas longitudes y grosores.

Tagliatelle (tallarines). Originarios de la región de Emilia-Romaña. Es muy popular la versión con espinacas.

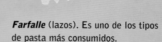

Farfalle (lazos). Es uno de los tipos de pasta más consumidos.

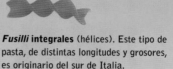

Fusilli integrales (hélices). Este tipo de pasta, de distintas longitudes y grosores, es originario del sur de Italia.

Conchiglie (conchas).

Penne. Pasta cilíndrica cortada al bies muy indicada para combinar con salsas contundentes y espesas.

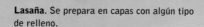

Lasaña. Se prepara en capas con algún tipo de relleno.

consumir a diario son bastantes menos. Es casi imposible conocer el nombre de cada una de ellas. Sin duda, el tipo de pasta más conocido son los espaguetis, de forma alargada y relativamente finos, y los macarrones, en forma de canuto más o menos alargado. Entre los tipos de *pasta plana* están los *tallarines* o *tagliatelle* blancos y verdes (de espinacas). Los *macarrones* o *maccaroni*, los *penne* o los *rigatoni* son tipos de *pasta cilíndrica*. Los *ravioli* y los *tortellini* pertenecen al grupo de la pasta rellena. Pero la pasta no sólo es un ingrediente importante en la cocina occidental también desempeña un papel fundamental en la asiática, donde, por lo general, se consumen unos fideos larguísimos que simbolizan una larga vida y se elaboran con harina de trigo o arroz, soja o alforfón.

Además de la pasta de fabricación industrial, cada vez es más habitual la pasta fresca casera.

Uno de los tipos de pasta fresca más populares son los tallarines.

Pasta casera

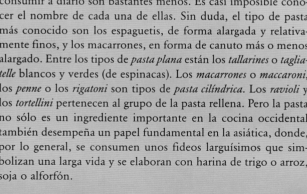

Macarrones largos. Variedad larga y más delgada de pasta cilíndrica.

Spätzle **integrales.** Especialidad de Suabia, normalmente de elaboración casera, caracterizada por su forma irregular.

Fideos *lungkow*. Fideos de soja o harina de trigo, son muy importantes en la cocina asiática.

Canelones. Se rellenan con diversos ingredientes (carne o verduras) y se cocinan en el horno, como la lasaña.

Los **fideos chinos al huevo** (*mie*) se utilizan en toda Asia para sopas y platos fritos en sartén.

Espaguetis. Literalmente, cuerda o cordón fino. Están considerados los reyes de la pasta, sobre todo fuera de Italia.

Pasta a Riso. Pasta con forma de granos de arroz. Se utilizan en sopas y guisos.

1. Para 1 kg de harina de trigo necesitará 10 huevos. Tamice la harina, sálela y eche los huevos.

2. Amase la pasta con fuerza hasta que sea flexible (si se pega, añada más harina). Déjela reposar.

3. Estire la pasta sobre una superficie enharinada a un grosor de unos 5 mm y espolvoréela con harina.

4. Dele la vuelta con la ayuda de un paño de cocina o papel vegetal y extiéndala hasta unos 3 mm de gro-

5. Con un cuchillo grande, corte la pasta en tiras de 8 mm de ancho para los tallarines y 5 mm para los *fettucine*.

6. Coloque los tallarines sobre el mango de una cuchara (en paralelo) y forme nidos haciéndolos girar.

7. Ponga los nidos en una fuente plana.

8. Déjelos secar alrededor de 1 hora y cuézalos en agua con sal. ¡Buen provecho!

Lazos con espárragos y salsa de gorgonzola

1 tomate maduro pelado, despepitado y en dados

1 cucharada de cebollino picado

Cueza la pasta al dente en agua hirviendo con sal. Cueza también los espárragos, con las puntas peladas y cortados en trozos, en agua hirviendo con sal, azúcar y 1 cucharada de mantequilla. Escurra los espárragos, mézclelos con la pasta y resérvelo caliente. Sofría los chalotes, el ajo y el tomillo en una cazuela con el resto de la mantequilla. Añada la nata y la leche y caliéntelo todo junto. Baje el fuego en cuanto la salsa empiece a hervir y agregue el queso en dados hasta que la salsa se espese. Sazónela con abundante pimienta. Mezcle la salsa con la pasta y los espárragos y reparta los dados de tomate por encima. Sirva el plato decorado con cebollino picado.

350 g de lazos (farfalle)

sal y pimienta

400 g de espárragos verdes

2 cucharadas de mantequilla

1 pizca de azúcar

2 chalotes en dados

1 ajo grande, picado fino

2 cucharaditas de hojas de tomillo

200 ml de nata líquida

200 ml de leche

200 g de gorgonzola

Lasaña italiana

1 cebolla

2 dientes de ajo

1 zanahoria

1 rama de apio

2 cucharadas de aceite de oliva

400 g de carne picada

500 ml de tomate triturado

sal y pimienta negra

2 cucharaditas de orégano

600 ml de salsa bechamel

300 g de mozzarella

12 láminas de lasaña verde

50 g de parmesano rallado

grasa para el molde

Pele la cebolla y los dientes de ajo y píquelos finos. Pele la zanahoria y el apio y córtelos en daditos. Sofría las hortalizas en aceite de oliva, añada la carne picada y dórela bien. Agregue el tomate, sazone con sal, pimienta y orégano y cuézalo todo junto a fuego lento 15 minutos. Caliente la salsa bechamel. Corte la mozzarella en lonchas finas. Engrase el molde y cubra el fondo con una capa delgada de salsa bechamel. Vaya poniendo capas de lasaña, la salsa con la carne picada, las lonchas de mozzarella, lasaña y salsa bechamel. La última capa debe ser de salsa bechamel con queso parmesano por encima. Gratínela al horno durante 25 o 30 minutos a 200 °C. Deje reposar la lasaña unos 5 minutos antes de cortarla para servirla.

Espaguetis carbonara

200 g de beicon

400 g de espaguetis

sal y pimienta

2 cucharadas de aceite de oliva

4 huevos

4 cucharadas de nata líquida

100 g de parmesano rallado

Corte el beicon en daditos. Cueza los espaguetis al dente en agua con sal. Mientras tanto, fría el beicon en una sartén con aceite de oliva. Bata los huevos con la nata y agregue el parmesano. Cuele los espaguetis y escúrralos bien. Viértalos en la sartén con el beicon y báñelos con la salsa de huevo, nata y parmesano. Mézclelo todo bien. Retire la sartén del fuego en cuanto el huevo empiece a cuajar. Sazone los espaguetis con pimienta y sírvalos calientes.

Salsas deliciosas

Las salsas para pasta son infinitas, no existen límites a la imaginación del cocinero. Pero es importante saber qué salsas, ya sean a base de verduras o de carne, combinan con cada tipo de pasta. Las formas como los *penne* o los *rigatoni* están más buenas con salsas espesas que se adhieren bien a la pasta. La *pasta lunga,* es decir, los espaguetis o los tallarines, combinan mejor con salsas menos consistentes. Basta un poco de experiencia para saber qué salsa hay que servir acompañando cada tipo de pasta. Un clásico indiscutible es la salsa boloñesa, un ragú de carne picada, pulpa de tomate, verduras y diversas especias. Una salsa veraniega es el *pesto alla genovese,* una mezcla de albahaca fresca, piñones, ajo, queso pecorino y aceite de oliva. Otra salsa muy popular es la carbonara, que se prepara con panceta de cerdo ahumada y una salsa de huevo y queso. Sin embargo, otras veces lo que queda mejor es una sencilla mezcla de aceite y ajo *(aglio e olio),* sobre todo cuando la pasta está hecha en casa.

Raviolis con queso de oveja

120 g de harina
120 g de sémola de trigo duro
3 huevos
$^1/_2$ cucharadita de sal
3 manojos de hojas de cilantro
100 g de cacahuetes
5 cucharadas de aceite de oliva virgen extra
4 cucharadas de queso pecorino, rallado muy fino
sal y pimienta
2 cucharadas de mantequilla

Ponga la harina y la sémola en una superficie de trabajo en forma de volcán, haciendo un hueco en el centro. Eche 1 yema de huevo, 2 huevos enteros, sal y 2 cucharadas de agua en el hueco. Mézclelo todo a partir del centro y amáselo con las manos durante unos 8 minutos hasta que la preparación sea flexible. Envuelva la pasta en film transparente y déjela reposar al menos 1 hora.

Para preparar el relleno:
Trocee el cilantro y póngalo en la picadora con los cacahuetes, 1 cucharada de aceite de oliva y 2 cucharadas de queso pecorino rallado. Sazónelo con sal y pimienta.
Divida la pasta obtenida en cuatro trozos y pase cada trozo por la máquina de hacer pasta hasta tener cuatro placas largas. Bata la clara sobrante con agua y unte las placas de pasta con la mezcla. Reparta el relleno con una cucharita de café sobre una placa de pasta y cúbrala con otra. Presione bien y corte las dos láminas de pasta con un cortapastas dejando el relleno en el centro de cada corte. Caliente un poco el resto del aceite y la mantequilla. Cueza los raviolis unos 3 minutos en agua hirviendo con sal. Escúrralos bien, repártalos en platos calientes y báñelos con la mezcla de mantequilla. Espolvoréelos con el pecorino restante.

Especialidades de pasta de Suabia

En Alemania también se elaboran especialidades de pasta, sobre todo en Suabia. La más típica son los *spätzle,* trozos de pasta irregulares hechos con harina, huevo, sal y un poco de agua que se cuecen en agua hirviendo con sal sin dejarlos reposar. Los *spätzle* están deliciosos sobre todo con platos de caza y salsas espesas.
En cambio, los *Maultashen* («paquetitos») se sirven preferentemente en sopas. Se trata de piezas de pasta cuadradas parecidas a los raviolis que se pueden rellenar con carne, verduras y cebolla y transforman una sopa ligera en un plato completo.

Spätzle con queso

375 g de harina
3 huevos
1 cucharadita de sal
150 g de emmental rallado
2 cebollas
3 cucharadas de mantequilla

Prepare una masa pegajosa con la harina, los huevos, la sal y el agua. Hierva agua con sal. Corte la pasta sobre una tabla de picar y échela en el agua hirviendo. Cuando la pasta flote en la superficie, retírela con una espumadera y déjela escurrir. Ponga la pasta en una fuente refractaria precalentada, cúbrala con el queso y ponga otra capa de pasta encima. Pique las cebollas, sofríalas en la mantequilla y espárzalas sobre la pasta.

La recolección manual del arroz se realiza tallo por tallo.

Después de la recolección, el arroz pasa por una fase de secado.

El arroz
Tipos y generalidades

El *arroz (Oryza sativa)* es una gramínea que precisa mucho calor y humedad para crecer. La mayor parte del arroz se produce en Asia, pero en Europa también existen algunas zonas de cultivo importantes, como la comunidad valenciana, el sur de Francia y el Piamonte italiano. En todo el mundo existen unas 7000 variedades de arroz. Sus orígenes se remontan a hace más de 6000 años en el sudeste asiático. El arroz es hoy el cereal más cultivado en todo el mundo después del trigo, y el 94% de la producción se localiza en Asia.

Se distingue entre *arroz salvaje* y *arroz cultivado*. El arroz salvaje, hoy una exquisitez, es la semilla de una gramínea acuática que crece en Norteamérica y era muy apreciada por los indios. El arroz cultivado comprende el *arroz de grano largo*, alargado y fino, que queda suelto al cocer, y el *arroz de grano medio* y *de grano redondo*, que quedan blandos y pegajosos al cocer y son de grano corto y grueso. Cada país o región prefiere uno u otro tipo de arroz. Los cocineros de la India prefieren el arroz largo, mientras que el *risotto* italiano queda mejor con arroz redondo. Los platos japoneses o chinos se preparan con un arroz de consistencia pegajosa para poder comerlo con los palillos.

En el mercado se pueden encontrar distintos tipos de arroz en diversas presentaciones. El *arroz integral* conserva todos sus nutrientes, mientras que el arroz blanco limpio y pulido ha perdido una parte de su valor nutritivo. Entre los tipos de arroz más selectos destacan el *carnaroli* italiano (imprecindible para un buen *risotto*), el *arroz basmati* muy aromático y cotizado en India y Pakistán, y el *arroz de jazmín*, un *arroz aromático* de grano largo de Tailandia y Vietnam.

Platos de arroz asiáticos

La cocina asiática ofrece una inmensa variedad de platos de arroz; algo lógico si tenemos en cuenta que la dieta se basa en el arroz y en los fideos. El arroz glutinoso desempeña un papel importante en el nordeste de Tailandia, Camboya y Laos, donde lo comen formando bolitas con los dedos. El *sushi* japonés tampoco se puede concebir sin el arroz glutinoso. Para la elaboración de las especialidades indias como el *pulao* (arroz con pasas y anacardos) se emplea el arroz basmati. Uno de los platos de arroz más populares, el *nasi goreng*, es típico de Indonesia y Malasia. Consiste en arroz hervido sofrito con cebollas y salsa de soja y enriquecido con guindilla, verduras en juliana, gambas o trocitos de pechuga de pollo. El *nasi goreng* se sirve acompañado de un huevo frito y/o lonchas de carne de ternera y aderezado con *sambal*, una pasta picante de especias.

Tipos de arroz

El **arroz salvaje negro** proce de la semilla de una gramíne acuática.

El **arroz de grano largo** es un arroz de cultivo y queda suelto al cocerse.

El **arroz integral de jazmín** forma parte de los arroces aromáticos.

Lave los tirabeques y los espárragos y escúrralos. Elimine las puntas duras de los espárragos, corte las yemas y resérvelas. Trocee el resto. Lleve a ebullición el caldo de carne y escalde las yemas de espárrago y los tirabeques. Retírelos con una espumadera, enfríelos con agua helada y resérvelos. Cueza los trozos de espárrago en el caldo durante unos 20 minutos. Cuele el caldo en otra cazuela y resérvelo caliente. Pele la cebolla, píquela y sofríala en 20 g de mantequilla hasta que quede transparente. Vaya añadiendo el arroz poco a poco, rehóguelo con la mantequilla y rocíelo con el vino blanco. Cuando el vino se haya evaporado, agregue 1/3 del caldo caliente de espárragos sin dejar de remover. Repita esta operación dos veces más. Transcurridos unos 15 minutos, incorpore el resto de la mantequilla y las yemas de espárrago y los tirabeques. Salpiméntelo, apártelo del fuego y déjelo reposar tapado unos minutos.

Los mejores arroces para el *risotto*

El secreto de un buen *risotto* reside en la calidad del arroz, que debe quedar cremoso y, al mismo tiempo, al dente. Los expertos recomiendan el arroz *carnaroli*. Las variedades más comunes son *arborio* y *roma*. En cambio, los granos del *vialone nano* son más cortos y gruesos que los del resto de variedades, por lo que el grano es capaz de absorber más líquido sin quedar pastoso. Esta variedad es apreciada por su consistencia cremosa, como en el caso del *carnaroli*.

Risotto con espárragos

500 g de espárragos verdes
200 g de tirabeques
1 litro de caldo de carne
1 cebolla pequeña
50 g de mantequilla
300 g de arroz de grano redondo
300 ml de vino blanco
sal
pimienta blanca

El **basmati** se considera un arroz de calidad suprema en India.

El **arroz natural** con cáscara contiene muchas vitaminas y minerales.

El arroz de grano redondo para *risotto* absorbe mucho líquido.

Arroz de grano medio *shinode* de Japón.

El **arroz natural** ha sido desprovisto de su cáscara.

La **harina de arroz** se utiliza para espesar salsas y sopas.

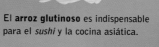

El **arroz glutinoso** es indispensable para el *sushi* y la cocina asiática.

HIERBAS, ESPECIAS Y CONDIMENTOS

Introducción

El arte de la condimentación es tan antiguo como la propia cocina. Los restos de alimentos y bebidas hallados en yacimientos de miles de años de antigüedad demuestran que los hombres del paleolítico medio ya condimentaban sus frugales comidas con sal, hierbas, bayas y frutos silvestres, semillas secas o bulbos y raíces. Con la aparición de las primeras civilizaciones desarrolladas las especias se convirtieron en un codiciado artículo de lujo, y se importaban a través de denominadas «rutas de las especias», que iban de la India y Oriente a Egipto, Grecia y la antigua Roma. Allí, quienes podían permitírselo empleaban hierbas tanto autóctonas como exóticas, polvos y extractos sin temor al derroche: se abusaba tanto de la pimienta, la canela, el cardamomo, los granos de mostaza y otras potentes especias que enmascaraban por completo el sabor propio de los alimentos. El efecto era absolutamente intencionado puesto que alimentos perecederos como la carne o el pescado acostumbraban a estar descompuestos debido a las malas condiciones de conservación. Ya entonces, las especias no servían sólo para condimentar los platos. Los egipcios descubrieron que los aceites esenciales y las sustancias picantes, astringentes y amargas de las plantas aromáticas a menudo tenían también propiedades conservantes y medicinales. Los olfatos más finos, a su vez, estimaban las especias por un motivo completamente distinto: era costumbre quemar nuez moscada, clavo o ramas de canela en pequeños recipientes o untarse el cuerpo con extractos fragantes de plantas para enmascarar los malos olores.

Los aromas y sabores exóticos también eran muy apreciados en la Edad Media, y muchas ciudades comerciales como Génova y Venecia, y posteriormente Lisboa y Londres, florecieron, prosperaron y se hicieron inmensamente ricas gracias a ello. Los gustos culinarios de los europeos también fueron responsables, en parte, del descubrimiento de rutas marítimas, países y continentes hasta entonces desconocidos: en la segunda mitad del siglo XV, el pujante y lucrativo negocio de las especias procedentes de la India amenazaba con venirse abajo a causa de los acontecimientos políticos, y navegantes como Colón, Vasco de Gama, Cabral y Magallanes exploraron por encargo de los monarcas portugueses nuevas rutas marítimas que permitieran transportar las valiosas mercancías directamente a Europa. En sus viajes, Colón no descubrió una nueva ruta a las Indias sino un nuevo continente, América, repleto de nuevos productos como el pimentón, la cayena, la pimienta de Jamaica, la vainilla y el cacao.

Hoy las especias son más fáciles de conseguir y más baratas que nunca. La oferta de especias tanto autóctonas como exóticas es amplísima en cualquier supermercado. Las especias nos permiten preparar multitud de platos diferentes con un mismo producto, como el pollo: pollo húngaro al pimentón, pollo al estragón, curry de pollo, cuscús marroquí de pollo o pollo con mole mexicano.

Por muy aficionados que seamos a las especias exóticas y los aromas penetrantes, su aplicación actual, sobre todo en alta cocina, difiere bastante de las recetas de la antigua Roma o la Edad Media: hoy en día los cocineros se rigen por el lema «menos es más» y prefieren realzar el sabor de los ingredientes principales con una selección de unas cuantas especias, sin enmascararlo.

El tomillo

El *tomillo (Thymus vulgaris)* es una planta típica de la cuenca mediterránea que no puede faltar en ningún ramillete de hierbas de los países meridionales. Es un arbusto vivaz de hasta 30 cm de altura, y sus hojas, lineales o elípticas, de bordes enrollados y fragancia aromática, tienen un sabor acre y penetrante. El tomillo conserva su peculiar sabor tanto seco como congelado o en aceite.

El tomillo combina muy bien con alubias blancas, hortalizas meridionales (berenjenas, tomates, aceitunas, pimientos,

Tomillo

calabacines), carne picada, carne a la brasa (sobre todo cordero) y pescado. Con él se pueden aderezar sopas y guisos (de patatas, lentejas, etc.) porque admite una cocción larga. También se suele añadir a guisos grasos y fuertes porque favorece la digestión.

Un pariente del tomillo es el *tomillo limonero*, de color verde oscuro, cuyo aroma fresco y alimonado realza cualquier plato de ave, ternera o marisco. El tomillo limonero es más delicado que el común.

Sus hojas pierden gran parte del sabor al secarlas. Además, no tolera el calor, por lo que hay que añadirlo fresco poco antes de servir el plato.

La albahaca

La *albahaca (Ocimum basilicum)* es uno de los condimentos más apreciados y antiguos que existen. De aroma intenso, ya gozaba de prestigio en la antigua Grecia como condimento y hierba medicinal, y se conocía por el nombre de «hierba de los reyes» (*basileus* = rey). La historia de su difusión es también regia: se cree que fue Alejandro Magno quien, durante sus campañas militares en la India, descubrió esta planta, anual y de hojas de un verde oscuro, ovaladas por la base y redondeadas, y que la trajo consigo al sur de Europa. Desde allí, Carlomagno la llevó a Europa central.

La principal zona de cultivo de la albahaca sigue siendo la cuenca mediterránea, donde el clima cálido y seco le confiere un aroma particularmente intenso. Hoy existen muchas variedades híbridas de albahaca, que se diferencian ligeramente por el color, la forma y el sabor. Las variedades italianas se distinguen por las hojas grandes, alargadas y más oscuras, mientras que las plantas griegas y españolas *(albahaca de mata)* las tienen pequeñas, redondeadas y de color verde claro. La *albahaca alimonada*

desprende un aroma parecido al del limón, y la *albahaca opalina*, de hojas color púrpura, recuerda el clavo de olor. En comercios asiáticos se puede encontrar la denominada *albahaca tailandesa*, cuyas hojas alargadas y terminadas en punta huelen a anís o limón según la variedad.

La albahaca se vende tanto en rama como seca o deshojada. Sin embargo, la albahaca seca carece del aroma intenso, fresco y dulce de la fresca, que no sólo es un condimento ideal para platos a base de tomate (ensalada *caprese*) sino que también realza el sabor de todo tipo de ensaladas y platos de hortalizas (calabacines, berenjenas, pistos...), pasta, pescados y carnes tiernas (pollo, ternera). La albahaca combina muy bien con el aceite de oliva y el zumo de limón. Nunca hay que cocinar las hojas demasiado porque el calor hace que pierdan su aroma: hay que añadirlas poco antes de finalizar la cocción.

Albahaca roja

La salsa *pistou* o *pesto* es típica de Provenza e Italia y se elabora con albahaca, aceite de oliva, ajo y queso rallado. Con ella se condimentan sobre todo guisos de verduras, y en Italia con *pesto* hecho con piñones y diluido en aceite se sazona la clásica *pasta al pesto*.

Cómo secar hierbas

Las hierbas que mejor aceptan el secado son aquéllas que tienen un sabor fuerte, como el tomillo, el orégano, el romero, el laurel, la menta y la ajedrea. Las hierbas se recolectan antes de la floración y se cuelgan en ramilletes pequeños boca abajo durante una semana en un lugar sombreado, seco y aireado. Durante ese tiempo, la temperatura no debe superar los 30 °C para que no se evaporen los aceites esenciales aromáticos. Cuando las hojas se han secado del todo, hay que desprenderlas del tallo y meterlas en recipientes herméticos y opacos, a poder ser enteras.

Ensalada *caprese*

500 g de tomates de rama
1 mozarella de leche de búfala (unos 300 g)
1 ramillete de albahaca
4 cucharadas de aceite de oliva
sal y pimienta negra

Lave los tomates, quíteles el rabillo y córtelos en rodajas. Corte la *mozarella* en lonchas. Ponga la *mozarella* en cuatro platos y cúbrala con las rodajas de tomate. Lave la albahaca, séquela y reparta las hojas por encima de la ensalada. Mezcle el aceite de oliva con sal y pimienta y aliñe la ensalada.

Pesto de albahaca

2 cucharadas de piñones pelados
3-4 dientes de ajo
2 ramilletes de albahaca
$1/2$ cucharadita de sal
1 cucharada de parmesano rallado
1 cucharada de pecorino rallado
100 ml de aceite de oliva

Tueste los piñones en una sartén sin aceite y, cuando estén fríos, trocéelos. Pele los dientes de ajo y trocéelos también. Lave la albahaca, séquela bien y corte las hojas en juliana. Ponga todos estos ingredientes en el mortero con una pizca de sal y májelos hasta obtener una pasta. Poco a poco, vaya añadiendo el parmesano y el pecorino. Por último, agregue el aceite muy despacio, y remueva hasta que la salsa tenga una consistencia cremosa.

Ponga los ingredientes en el mortero.

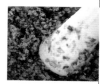

Májelos hasta obtener una pasta fina.

Incorpore el queso y el aceite.

Salvia

«Quien salvia planta, la muerte espanta». Con elogios como éste se alababa antiguamente esta hierba meridional que durante siglos no se utilizó como condimento sino como versátil planta medicinal. La *salvia* debe su nombre a la acción curativa de sus aceites esenciales (salvia viene del latín *salvare,* curar). No se empezó a usar como condimento hasta la Edad Media, y son muchos los platos que se benefician de su penetrante sabor, además de la cerveza y el vino, que se aromatizan con salvia en ciertos países.

La *salvia (Salvia officinalis)* es una mata vivaz que crece sobre todo en los países mediterráneos cálidos. Sus hojas aterciopeladas y de color verde plateado tienen un sabor muy acerbo y un poco amargo que recuerda un poco el alcanfor. Hoy también hay híbridos de hojas verdes blanquecinas, rojizas o verdes con vetas blancas y rojas. Sin embargo, esas variedades no son tan aromáticas y por eso son más adecuadas para decorar que como condimento.

La salvia es una de las hierbas que hay que usar lo más frescas posible. Las hojas secas pierden rápidamente su aroma, y una vez deshojadas incluso pueden tener un sabor jabonoso. Como ocurre con el romero y el laurel, la salvia despliega todo su aroma al cocinarla. Las hojas crudas son más ásperas que aromáticas, y bastante duras. La salvia combina muy bien con platos de pasta, carnes, aves y pescados. La cocina italiana domina a la perfección el uso de esta hierba aromática. La *saltimboca* (filetes de ternera con jamón serrano y salvia), el *fegato alla veneziana* (hígado de ternera frito con salvia) y los *gnocchi* con salsa de mantequilla y salvia son algunos de los platos con salvia más característicos de la cocina italiana. En Provenza es costumbre preparar *agio boulido* después de una noche de juerga (tal vez por las propiedades curativas de la salvia). Se trata de una consistente sopa de ajo y salvia que resucita a los muertos.

Saltimbocca

8 filetes de ternera delgados y pequeños (de unos 75 g)

8 lonchas de jamón de Parma (o serrano)

16 hojas de salvia

harina para rebozar

50 g de mantequilla

sal y pimienta negra

100 ml de vino blanco seco

Lave la carne, séquela con papel de cocina y aplánela. Ponga una loncha de jamón y dos hojas de salvia encima, doble el filete por la mitad y ciérrelo con un palillo. Enharine los filetes (sacuda el exceso de harina). Funda la mantequilla en una sartén grande y fría la carne por ambos lados a fuego fuerte durante unos dos minutos. Sazónela con sal y pimienta y vierta un chorrito de vino blanco por encima. Cuando el vino se haya evaporado, retire los filetes de la sartén y póngalos en una fuente caliente. Desprenda el fondo con el resto del vino, removiendo, páselo por un colador y viértalo sobre la carne.

Las hojas de salvia rebozadas y fritas *(müslis)* eran muy apreciadas en la Edad Media y se han redescubierto hace unos años. Constituyen un entrante ligero que en Italia a veces se sirve como aperitivo. Las hojas de salvia envueltas en la pasta y con el tallo desnudo parecen ratoncitos.

Hojas de salvia fritas

3 huevos

2 cucharaditas de aceite de oliva

250 ml de cerveza de malta

sal y pimienta

200 g de harina de trigo

24 hojas de salvia

aceite de cacahuete para freír

sal

Separe las claras de las yemas. Bata las yemas con el aceite de oliva, la cerveza, sal y pimienta e incorpore la harina poco a poco. Deje reposar la pasta al menos 30 minutos. Lave las hojas de salvia y séquelas bien. Caliente el aceite de cacahuete en una freidora o una cazuela grande a 170 °C. Reboce las hojas de salvia con la pasta y dórelas en el aceite. Deje que se escurran sobre papel de cocina y sálelas.

El romero

El *romero (Rosmarinus officinalis)* está ligado a las cocinas italiana y francesa como ningún otro condimento. Su aroma penetrante es casi indispensable en ambos países para la preparación de cordero, conejo, caza y estofados.

Este arbusto de hasta 150 cm de alto es típico del paisaje mediterráneo, y sus hojas aciculares de color verde oscuro desprenden un aroma intenso y ligeramente resinoso. El romero se puede comprar tanto fresco como seco y molido. Las ramas frescas poseen un aroma más delicado que la hierba seca, que es muy dominante y, a veces, hasta acerba, por lo que hay que emplearla con moderación.

Al igual que la salvia, el romero se debe cocinar, puesto que las hojas, bastante duras, no son aptas para consumir en crudo. Por otra parte, la acción del calor potencia los aceites esenciales de esta planta. El aroma acre e intenso del romero combina a la perfección con el cordero y la caza, y también es un complemento ideal para aves, pescados, verduras y hortalizas meridionales (tomates, berenjenas, calabacines) y patatas. En los platos que requieran un tiempo de cocción corto se recomienda poner una rama entera en la grasa de freír y retirarla antes de servir. Las ramas de romero más endurecidas se pueden usar como espetón para ensartar trozos de carne y verduras y asarlos a la brasa.

Si no quiere renunciar al sabor del romero en las ensaladas, puede aliñarlas con aceite aromatizado, que confiere un sabor incomparable a las alubias blancas, los garbanzos, las patatas y algunas ensaladas de verduras (zanahorias, judías verdes). Pero, como tiene un sabor muy intenso, es mejor usarlo con moderación y mezclarlo con otros tipos de aceite.

Patatas al romero

800 g de patatas

4 dientes de ajo

4 ramas de romero

80 ml de aceite de oliva

sal y pimienta negra

Lave, pele y corte en dados las patatas. Pele el ajo y píquelo fino. Deshoje las ramas de romero y pique las hojas. Unte una fuente llana resistente al calor con aceite de oliva y cubra el fondo con una capa de dados de patata. Sazónelos con un poco de ajo, romero, sal y pimienta. Vaya extendiendo capas hasta que se terminen los ingredientes. Por último, vierta unas gotas de aceite de oliva sobre las patatas y hornéelas a 200 °C durante unos 45 minutos, removiendo de vez en cuando.

El penetrante aroma de la **salvia** es ideal para platos de carne y pasta italianos. El sabor de las hojas aterciopeladas es particularmente intenso poco antes de la floración.

El **romero** es un ingrediente indispensable de muchos platos mediterráneos de cordero, aves y pescados. Sin embargo, hay que usarlo con moderación porque el aroma de las estrechas hojas es muy intenso.

La mejorana
y el orégano

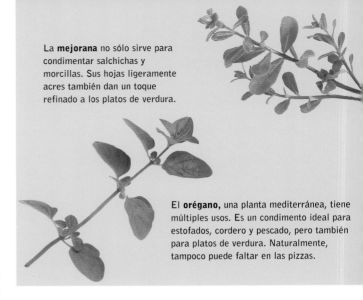

La **mejorana** no sólo sirve para condimentar salchichas y morcillas. Sus hojas ligeramente acres también dan un toque refinado a los platos de verdura.

El **orégano,** una planta mediterránea, tiene múltiples usos. Es un condimento ideal para estofados, cordero y pescado, pero también para platos de verdura. Naturalmente, tampoco puede faltar en las pizzas.

La mejorana y el orégano, dos hierbas aromáticas con múltiples usos, comparten unos orígenes botánicos afines. Ambas son plantas arbustivas de delicadas hojas de color verde oscuro con un aroma muy intenso tanto frescas como secas. La *mejorana (Origanum majorana)* es originaria del norte de África y Oriente Próximo, pero se cultiva en toda Europa desde la Edad Media. Las hojas tienen un sabor acre que recuerda vagamente a la pimienta y un poco amargo. El *orégano (Origanum vulgare),* también llamado *díctamo,* tiene un sabor aún más fuerte y crece silvestre sobre todo en la cuenca mediterránea, aunque también medra en las regiones más cálidas del norte de Europa. También se cultiva en Norteamérica desde hace tiempo.

La mejorana es un condimento ideal para platos fuertes como ganso asado, guisos y legumbres estofadas, y no sólo por su sabor: contiene ciertas sustancias amargas y astringentes que sosiegan el estómago y favorecen la digestión. También es un ingrediente indispensable en la elaboración de ciertos embutidos alemanes: no falta nunca en la *Bratwurst de Turingia* ni en las morcillas y embutidos de hígado. Esta hierba aromática confiere asimismo un toque especial a otros platos más ligeros, como sopas de verduras, carne de ternera y platos a base de tomate.

El orégano seco es el condimento clásico de la pizza, pero no sólo confiere un sabor característico a esta especialidad italiana mundialmente famosa sino que es una hierba muy versátil. Además de condimentar de maravilla el tomate y otras hortalizas meridionales, combina muy bien con carne picada, estofados, cordero y pescado frito. Con orégano también se aderezo el queso de cabra macerado en aceite de oliva al ajo y hecho al horno, y queda muy bien con otras hierbas meridionales como el romero, la salvia y el tomillo, aunque hay que procurar no mezclarlo con su pariente próximo, la mejorana.

Pan frito con tomate y albahaca

Para 15 piezas

1 maceta o 1 ramo de albahaca
50 ml de aceite de oliva
6 tomates de rama
2 dientes de ajo picados finos
sal y pimienta
2 cucharadas de perejil picado fino
1/2 cucharadita de orégano picado fino
1 barra de pan pequeña

Afrodisíaco

En la antigüedad la mejorana no sólo se empleaba como condimento en cocina sino que también simbolizaba la felicidad y el amor. Las parejas de novios recibían una corona de mejorana el día de su boda. A su vez, los enamorados trataban de ganarse el favor de sus damas untando su puerta con aceite de mejorana. Los médicos griegos también la consideraban un remedio útil para las cuestiones amorosas y recetaban un vino aromatizado con mejorana a los maridos «desanimados». El efecto afrodisíaco de la mejorana encontraba su justificación en la mitología: esta planta estaba consagrada a la diosa del amor, Afrodita.

Las **hojas de laurel frescas** se emplean principalmente para platos macerados. Aunque tienen un perfume agradable, son muy amargas, y por eso hay que retirarlas antes de servir.

El **laurel seco** tiene un aroma mucho más intenso que el fresco y hay que emplearlo con moderación.

El laurel

Las hojas del *laurel (Laurus nobilis)*, coriáceas y de fragancia penetrante, proceden de una planta arbórea o arbustiva perenne, a menudo podada en forma piramidal, originaria de Oriente Próximo y que se da en la cuenca mediterránea. Su aroma acre y un tanto amargo ya era muy apreciado entre los griegos y los romanos, que además de las hojas, verdes oscuras y de hasta 10 cm de largo, también aprovechaban las flores claras del árbol.

El laurel se utiliza en muchas cocinas del mundo, aunque desempeña un papel muy especial en la francesa. Las hojas de laurel se pueden comprar frescas, secas o molidas y tienen múltiples usos. Frescas, huelen un poco a limón y nuez moscada y se emplean para condimentar ingredientes macerados como verduras, aceitunas o queso. El laurel se retira antes de servir el plato, porque es demasiado amargo como para consumirlo en crudo. Las hojas enteras secas (de aroma más acerbo y el doble de fuerte que el de las frescas) también van bien para hacer estofados de todo tipo, salsas, sopas y guisos. Cuanto más tiempo permanece en la cazuela, más intenso es el aroma que despliega. Por eso suele bastar con una hoja. El laurel molido es ideal para aderezar rellenos, ragús y patés.

Las hojas de laurel combinan muy bien con otras hierbas aromáticas y especias. Por ejemplo, con perejil y tomillo constituyen la base del *bouquet garni*, un ramillete de hierbas clásico que se echa en la cazuela al preparar ciertos platos de cocción lenta y que se puede complementar con otras hierbas según el tipo de plato. Las hierbas, frescas o secas, se ponen en la cazuela atadas en un ramillete y se retiran al finalizar la cocción.

Lave unas 15 hojas de albahaca y córtelas en juliana fina, póngalas en un cuenco, vierta el aceite de oliva por encima y déjelas macerar a temperatura ambiente durante una hora. Mientras tanto, haga un corte en forma de cruz en los tomates y escáldelos unos 15 segundos en agua hirviendo. Sáquelos del agua, refrésquelos de inmediato bajo el grifo, pélelos y quíteles el rabillo. Córtelos por la mitad, despepítelos y córtelos en dados. Exprima con cuidado los dados de tomate en un colador fino para que desprendan toda el agua posible. Póngalos en una fuente, añádales el ajo y alíñelos con el aceite aromatizado con la albahaca. Sazónelo con sal y pimienta y añada las demás hierbas. Corte el pan en rebanadas y fríalas en una sartén hasta que estén crujientes. Escúrralas sobre papel de cocina. Ponga una cucharada de la mezcla de tomate y hierbas sobre cada rebanada de pan y decórelas con una hoja de albahaca.

Historia y cultura

El laurel, uno de los atributos del dios griego Apolo, se considera desde la antigüedad símbolo de la sabiduría, la victoria y la fama. Deportistas, artistas y generales eran honrados con una corona tejida con ramas de esta planta mediterránea. En Delfos, el principal santuario de Grecia consagrado a Apolo, el simbolismo del laurel era omnipresente: Pitia, la sacerdotisa, profería los oráculos que le inspiraba Apolo sentada en un trípode adornado con ramas de laurel y masticando una hoja de la planta sagrada. Los consultantes que recibían una respuesta favorable del oráculo se tocaban con una corona de laurel en señal de agradecimiento.

El laurel se denominaba *dáphnee* en griego en alusión a la ninfa Dafne, que se había transformado en laurel para huir del acoso de Apolo, enamorado de ella. Después, Apolo tomó la costumbre de llevar siempre consigo ramas de laurel en recuerdo de su amada.

El espliego

El *espliego (Lavandula angustifolia),* o *lavanda,* se conoce sobre todo como una planta olorosa con cuyas esencias se fabrican perfumes y jabones. Sin embargo, esta planta mediterránea se emplea desde siempre en la cocina de Provenza, y su uso culinario está cada vez más extendido en Europa. El espliego confiere un toque muy peculiar a los platos fuertes y con sabores marcados.

El espliego es una planta semiarbustiva de aspecto parecido al del romero que vive varios años. Tanto las hojas, estrechas y de color verde grisáceo, como las flores, violetas azuladas y que parecen pequeñas espigas de cereal, tienen un aroma muy intenso. Se cultiva principalmente en Provenza, donde entre junio y agosto, cuando está en flor, cubre los campos de violeta.

En cocina se emplean tanto las puntas de los brotes y las hojas jóvenes como los capullos florales. El sabor acre de esta planta, debido a los aceites esenciales que contiene, armoniza, por ejemplo, con el cordero estofado y las sopas de pescado y de verduras. Además, realza el sabor de los adobos (aceitunas, queso de cabra) y los dulces (helados, jaleas de frutas). El espliego se debe dosificar muy bien porque su intenso aroma y sabor enmascara enseguida los otros ingredientes, sobre todo si es seco.

Aceite perfumado

El aceite de lavanda, al que se atribuyen propiedades relajantes, se obtiene mediante destilación por vapor de agua de las flores y los tallos de la planta. Para elaborar un litro de esencia hacen falta entre 200 y 300 kg de flores. En su fabricación sólo se utiliza *espliego «spica» (Lavandula angustifolia),* que es el de aroma más intenso y delicado. La esencia, balsámica, dulce y de olor floral y a hierbas, interviene en la elaboración de numerosos perfumes y jabones.

Hierbas provenzales

Las *herbes de Provence* son una mezcla muy aromática y famosa de hierbas mediterráneas. Se compone básicamente de tomillo, romero, albahaca, ajedrea y flores de espliego. Según la región y el plato, también se le pueden añadir mejorana, laurel, cilantro, hisopo, piel de naranja o un poco de nuez moscada. Con la mezcla, que se suele comercializar molida, se condimentan estofados, platos de verduras (*ratatouille*) y sopas consistentes.

El perifollo

El *perifollo (Anthriscus cerefolium)*, una delicada hierba de primavera, es muy apreciado, sobre todo en la cocina francesa. Condimento suave de sabor un tanto parecido al anís, mezclado con perejil, cebollino y estragón forma parte de la famosa mezcla de *finas hierbas*. Esta planta umbelífera anual proviene del sudeste de Rusia, pero hoy crece en toda Europa. Sus hojitas acanaladas verdes claras recuerdan el perejil (con el que está emparentado), pero están más dentadas y su aroma es más delicado.

El perifollo es un ingrediente clásico de salsas de hierbas, aliños de ensalada y mantequillas a las hierbas. También combina muy bien con platos de huevos, queso fresco y yogur. Otros platos que se pueden condimentar con perifollo son pescado al vapor, verduras (zanahorias), patatas, setas salteadas y sopas con nata.

El perifollo se debe utilizar lo más fresco posible. Seco o congelado pierde gran parte de su sabor. Tampoco tolera bien el calor, por lo que se suele añadir picado poco antes de que finalice la cocción, o al final para decorar el plato. El perifollo es una de las hierbas aromáticas que mejor combinan con otras. Además de con perejil, cebollino y estragón, queda muy bien con acedera, eneldo, albahaca y berros.

Recetas con perifollo

Es probable que la receta con perifollo más conocida sea la sopa alemana de nata con perifollo, cuya elaboración varía un poco de una región a otra. Otra receta exquisita son los tomates rellenos de perifollo: los tomates se vacían, se rellenan de perifollo picado y se gratinan en el horno. Mezclado con otras hierbas suaves y queso *ricota*, es un relleno delicioso para raviolis o *tortellini*. La «pasta de hierbas» es un deleite tanto para el paladar como para la vista: se ponen hojas de perifollo entre dos placas de pasta fresca muy delgadas y se vuelve a extender todo junto tanto como sea posible para que las hojas se vean a través de la pasta. Se corta en trozos pequeños, se cuece y se sirve con mantequilla dorada y parmesano rallado. Este plato también se puede hacer con otras hierbas, como albahaca o eneldo.

De aspecto parecido al perejil pero de sabor mucho más delicado, el **perifollo** es una de las hierbas aromáticas más apreciadas de la alta cocina.

Sopa de espárragos con perifollo y tirabeques

800 g de espárragos blancos
1 patata grande
2 chalotes
2 cucharaditas de aceite de girasol
750 ml de caldo de gallina
100 g de tirabeques
sal y pimienta
la ralladura de un limón de cultivo biológico
1 puñado de perifollo picado

Corte el extremo inferior duro de los espárragos, pélelos y córtelos en trozos. Pele las patatas y los chalotes y córtelos en dados. Caliente el aceite de girasol en una cazuela y sofría los chalotes. Añada los espárragos y las patatas. Agregue el caldo de gallina y cuézalo todo a fuego lento durante 15 minutos. Sazone la sopa con la ralladura de limón, sal y pimienta, y añada el perifollo picado antes de servir.

El estragón

El delicado y a la vez intenso sabor del *estragón (Artemisia dracunculus)* es muy apreciado en Europa desde hace siglos, sobre todo en la cocina francesa. Esta hierba es, por ejemplo, el principal ingrediente de la famosa salsa bearnesa francesa. Esta planta vivaz crecía originariamente en el sur de Rusia y Asia central, desde donde fue introducida en Europa o bien por los árabes, o bien durante las Cruzadas.

Las hojas, largas y estrechas, tienen un olor penetrante y un sabor que recuerda la pimienta y el anís. Existen dos tipos de estragón: el *ruso* o *estragón de Siberia* tiene las hojas pálidas y velludas y es de aroma acre, a menudo también un poco amargo. El *estragón francés*, también llamado *estragón verdadero* por los paladares más exquisitos, se considera más refinado porque su sabor es más delicado y equilibrado. Sus hojas son más oscuras, ligeramente plumadas, y carecen de vello.

El estragón adereza muy bien el pollo, las carnes blancas, el pescado, el queso fresco y las tortillas. Esta hierba despliega todo su aroma en salsas de mantequilla o nata. El estragón, uno de los componentes principales de la mezcla de «finas hierbas», da un toque delicado a salsas de hierbas y ensaladas. Tampoco puede faltar en la «salsa verde» de Frankfurt, una salsa de yogur, nata fresca espesa y siete hierbas a la que Goethe era muy aficionado.

El estragón se debe consumir lo más fresco posible, ya que seco pierde gran parte de su aroma. Hay que picar las hojas y rehogarlas un poco para que con el calor desplieguen todo su aroma. Si se mezcla con otras hierbas hay que poner muy poco, porque su intenso sabor puede enmascarar los otros.

El **estragón** es muy apreciado sobre todo en la cocina francesa. La salsa bearnesa sería inconcebible sin esta delicada hierba.

La salsa bearnesa, que toma el nombre de la región de Bearne, en el sudoeste de Francia, se considera de las más exquisitas de la cocina europea: se pone yema de huevo, mantequilla clarificada y vino blanco al baño María y se prepara una crema espumosa y ligera que luego se condimenta con hojas picadas de estragón. Esta salsa caliente es perfecta para acompañar un filete de ternera al punto, pero también queda muy bien con pescado al vapor, cordero o espárragos.

Salsa bearnesa

Reducción:
- **5 granos de pimienta**
- **2 cucharadas de vinagre (5%)**
- **4 cucharadas de vino blanco**
- **1 cucharadita de perifollo picado**
- **1 cucharadita de estragón picado**

Salsa:
- **250 g de mantequilla**
- **4 yemas de huevo**
- **sal**
- **cayena molida**
- **zumo de limón**
- **1 cucharada de fondo de carne**
- **1 cucharada de cada de perejil, perifollo y estragón picados**
- **un poco de salsa Worcestershire**

Espárragos:
- **1 kg de espárragos blancos o verdes**
- **sal**
- **azúcar**
- **10 g de mantequilla**

Maje la pimienta en grano en el mortero y póngala en una cazuela pequeña con el vino blanco, el vinagre y las hierbas. Llévelo a ebullición y reduzca el fuego al medio. Cuélelo por un colador fino.

Corte las puntas duras de los espárragos y pélelos (del todo si son blancos, sólo el tercio inferior si son verdes). Ponga abundante agua en una cazuela y cueza los espárragos con sal, azúcar y mantequilla durante unos 10 a 15 minutos. Escurra los espárragos y resérvelos calientes en el horno a 90 °C. Caliente la mantequilla en un cazo pequeño hasta que se funda pero sin dejar que se dore. Ponga agua a hervir en una cazuela grande. Ponga las yemas en un cazo pequeño y añádales la mitad de la reducción. Ponga el cazo al baño María en la cazuela con agua hirviendo y bata las yemas con unas varillas hasta que les cueste soltarse de las mismas. Retire el cazo del baño María y añada la mantequilla gota a gota (debe estar más o menos a la misma temperatura que la salsa). Si la mantequilla se solidificara un poco, también se puede agregar el suero. Cuando haya añadido toda la mantequilla, sazone la salsa con sal, una pizca de cayena, zumo de limón y un chorrito de salsa Worcestershire. Por último, incorpore el fondo de carne y las hierbas. Reserve la salsa caliente y sírvala con los espárragos.

El eneldo

Mucha gente relaciona el *eneldo (Anethum graveolens)* con salsas de pescado y con los pepinillos en conserva. Esta planta umbelífera anual originaria del Mediterráneo crece hoy en toda Europa. El intenso aroma de sus hojas finamente plumadas y sus semillas marrones ya se apreciaba en la antigüedad. Los romanos, por ejemplo, perfumaban con él aves, carnes a la parrilla, legumbres y vinos. Hoy es una hierba muy utilizada sobre todo en la cocina del norte de Europa.

El sabor dulzón de las hojas, que recuerda vagamente el anís y el hinojo, combina a la perfección con el pescado (salmón, arenque, caballa) y el marisco. Por eso se aderezan con ellas distintas salsas (en particular a base de nata) para pescado y salsas suaves de mostaza, así como encurtidos y adobos. Sin embargo, el eneldo también va muy bien con ragús ligeros de carne, verduras (calabacines), huevos, ensaladas (pepino, lechuga) y queso fresco.

El eneldo se debe consumir lo más fresco posible, ya que seco resulta insípido. Es muy sensible al calor, por lo que es preferible incorporarlo en el momento de servir. Es importante no picar las finas hojas con el cuchillo sino cortarlas con las tijeras para que no se hagan una pasta.

Las semillas ovaladas de esta hierba (de sabor parecido al de las hojas pero que evocan más el comino que el anís) son el condimento clásico de los pepinillos encurtidos. También quedan bien con adobos y guisos de col o carne. En los países escandinavos las semillas molidas confieren un toque picante a diversos tipos de pan.

Ensalada agria de pepino

100 g de pepino lavado y cortado en dados

50 g de pepinillos en vinagre a la mostaza cortados en dados

80 g de cebollitas en vinagre partidas por la mitad

50 g de apio picado

sal y pimienta recién molida

1 cucharada de mostaza dulce

1 cucharada de eneldo picado

4 cucharadas de aceite de oliva

4 huevos duros

rodajas de pepino y eneldo para adornar

Mezcle las hortalizas en una fuente, sazónelas y añádales la mostaza, el eneldo y el aceite de oliva. Remuévalo todo bien. Pique los huevos y agréguelos a la ensalada. Sírvala en una ensaladera, adornada con un poco de eneldo fresco.

Con **eneldo,** que durante mucho tiempo sirvió sólo para condimentar pescados y salsas para pescado, se realzan hoy numerosos platos, por ejemplo de verduras y patatas.

Hígado de corzo con ensalada de hierbas silvestres

1 ramillete de diente de león
1 ramillete de acedera
1 ramillete de berros
1 ramillete de flores de maya
4 flores de diente de león
1 ramillete de albahaca
600 g de hígado de corzo
50 g de mantequilla derretida
1 cebolla roja en daditos
5 cucharadas de vinagre de frambuesa
125 ml de caldo de verduras
sal y pimienta
1 pizca de azúcar

Lave la albahaca y las hierbas y escúrralas sobre papel de cocina. Limpie el hígado, fríalo brevemente por los dos lados en la mantequilla y resérvelo en el horno precalentado. Prepare una vinagreta con los daditos de cebolla, el vinagre de frambuesa, el caldo, la sal, la pimienta y el azúcar. Reparta las hierbas silvestres en cuatro platos grandes. Ponga una o dos rodajas de hígado caliente encima. Decore la ensalada con flores de maya y de diente de león y aliñela con la vinagreta.

Los berros

En ciertos países llaman «berros» a tres tipos distintos de hierbas culinarias que no están directamente emparentadas entre sí: el *mastuerzo*, el *berro* y la *capuchina*, que tampoco comparten el nombre por casualidad. Las tres plantas tienen un sabor parecido, fresco y picante con un ligero toque a pimienta, y se emplean de forma similar en cocina.

El tipo de berro más conocido y corriente es el *mastuerzo o berro de jardín (Lepidium sativum)*. Esta hierba, de crecimiento muy rápido y poco exigente, con tallos blancos y hojas verdes oscuras, se vende fresca todo el año en cajitas de germinado, aunque también se puede cultivar fácilmente en casa sobre algodón húmedo. El mastuerzo queda muy bien en salsas frías de hierbas, en ensalada y con huevos duros y requesón. Es importante no lavar ni picar los berros de jardín.

El *berro (Nasturtium officinale)* propiamente dicho, también llamado *balsamita mayor*, está emparentado con el mastuerzo o berro de jardín y crece a la orilla de arroyos y fuentes. Sus hojas, también verdes oscuras pero más grandes y carnosas que las del mastuerzo, tienen un sabor más intenso. Troceadas, quedan muy bien en ensalada, salsas de hierbas y con requesón, pero también están deliciosas con salmón ahumado, pescado frío y sopas.

La *capuchina (Tropaeolum maju)* no guarda ninguna relación botánica con las dos hierbas anteriores. Los holandeses la introdujeron en Europa en el siglo XVII procedente de Perú, y al principio se utilizaba como planta medicinal y ornamental. Tanto las grandes hojas redondas con su característico sabor a berros como las flores amarillas anaranjadas con aroma a pimienta fresca son comestibles. Con las hojas picadas finas se condimentan ensaladas, salsas, platos de huevos y requesón, mientras que con las flores atrompetadas se adornan muchas veces ensaladas y postres.

Estas tres hierbas se deben consumir lo más frescas posible, pues tanto las hojas como las flores se marchitan enseguida. No hay que calentarlas para que no pierdan su aroma, y tampoco son aptas para el secado.

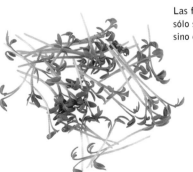

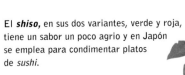

Las frescas y aromáticas hojas del **mastuerzo** no sólo sirven para decorar platos fríos y ensaladas sino que contienen mucha vitamina C.

El *shiso*, en sus dos variantes, verde y roja, tiene un sabor un poco agrio y en Japón se emplea para condimentar platos de *sushi*.

La **capuchina** brinda doble placer: tanto las hojas redondas y de sabor agrio como las bonitas flores son comestibles.

El ajo

Ningún otro condimento tiene tantos adeptos y detractores como el ajo *(Allium sativum):* mientras unos se conforman con un toque muy sutil de su penetrante aroma o lo rechazan de lleno, otros son insaciables. Esta contradicción ha acompañado al ajo a lo largo de su milenaria historia. Los constructores de las pirámides del Antiguo Egipto eran remunerados con ajos por su trabajo, y en Asia se componían canciones que elogiaban sus poderes curativos y sus virtudes como sazonador, mientras que en otros lugares el desagradable olor que dejaba el ajo se asociaba a la gente pobre y no se consideraba digno de la cocina refinada. Hoy en día la concepción del ajo ha cambiado mucho, en parte por motivos de salud: el consumo regular de ajo fresco protege de las enfermedades intestinales, la hipertensión y la arteriosclerosis.

El ajo, originario de Asia central, es una planta liliácea como la cebolla, el puerro, el cebollino y el chalote, sus parientes botánicos. El bulbo está formado por varios dientes de color blanco, rosa o violeta dispuestos en círculo alrededor de un tallo principal central. Debe su sabor a los aceites esenciales sulfurosos que contiene, que por una parte son los causantes del desagradable olor del ajo pero por otra encierran sus principios activos beneficiosos para la salud. El ajo tierno, cuya membrana exterior aún es blanda, es el más aromático: es jugoso, más suave y en la cocina mediterránea se come frito o a la brasa.

Las cocinas mediterránea y asiática serían inconcebibles sin el ajo: con él se condimentan guisos de cordero, conejo y aves, pero también verduras, sopas, ensaladas y salsas *(pesto,* alioli). En la cuenca mediterránea hay numerosos aderezos a base de ajo con aceite de oliva, zumo de limón y hierbas frescas, mientras que en Asia llevan jengibre, limoncillo, cilantro fresco y guindillas. Los dientes se sofríen brevemente enteros, prensados o picados y se cocinan con el resto de los ingredientes. Cuanto más larga sea la cocción, más perderá su penetrante aroma.

Sopa picante de ajo

1 diente de ajo
3 rebanadas gruesas de pan blanco sin corteza
300 ml de leche
3 cucharadas de aceite de oliva
3 tomates, pelados, despepitados y picados
1,5 l de caldo de carne
½ guindilla
2 huevos
1 pizca de pimentón picante
5 ramas de perejil, picadas finas

Pele el diente de ajo y májelo en el mortero. Sumerja las rebanadas de pan en la leche templada. Caliente un poco de aceite de oliva en una cazuela mediana y rehogue el ajo y el tomate. Saque el pan de la leche, escúrralo con los dedos y añádalo a la cazuela. Mézclelo todo bien, vierta el caldo de carne y llévelo a ebullición. Pique la guindilla, añádala a la sopa y cuézala a fuego lento durante 10 minutos. Cuele la sopa y póngala a hervir de nuevo. Bata los huevos con el pimentón, retire la sopa del fuego y añádale los huevos sin dejar de remover. Espolvoréela con el perejil y sírvala.

Tostada de ajo

4 rebanadas de pan de hogaza
2 dientes de ajo
5 cucharadas de aceite de oliva
sal y pimienta negra

Tueste el pan. Pele los ajos y córtelos por la mitad. Frote las rebanadas con las mitades de ajo. Vierta un chorrito de aceite de oliva sobre cada rebanada y salpiméntelas al gusto.

La menta

La *menta (Mentha)* es una de las hierbas culinarias más antiguas del mundo. Los pueblos que habitaban a orillas del Mediterráneo antes de Cristo no eran los únicos que utilizaban las hojas de color verde oscuro de la menta como ambientador natural, remedio curativo y condimento, sino que también los japoneses y los chinos la conocían ya. Esta planta vivaz se cultiva hoy en todas las regiones templadas del planeta.

Los botánicos distinguen más de cincuenta especies de menta. Algunas son producto de la hibridación o el bastardeo, pero todas contienen un aceite mentolado (aunque en distinta proporción) que es el responsable del refrescante aroma, del sabor tan característico y de las propiedades medicinales de la menta. La *menta piperita (Mentha piperita)* es la especie con un contenido en mentol más elevado y la más conocida y aromática de su género. Con sus hojas ovaladas y vellosas se elaboran sobre todo infusiones y se fabrica aceite de menta, aunque la menta piperita también se utiliza como condimento en cocina.

Otros tipos de menta no tan fuertes y de sabor algo más delicado son la *hierbabuena (Mentha spicata)* y sus variantes la *menta rizada*, la *hierbabuena morisca* (también *menta marroquí*), el *mastranzo (Mentha rotundifolia)* y el *mentastro (Mentha suaveolens)*. Se diferencian, entre otras cosas, por la forma de las hojas y el aroma. Al igual que la menta piperita, aportan un sabor refrescante a los platos de cordero, pescado y verduras (guisantes, zanahorias, calabaza) y a las salsas de hierbas, pero también a las macedonias y otros postres dulces. La menta, como la melisa, también se suele emplear en la elaboración de combinados y cócteles. Es una planta muy apreciada sobre todo en los países asiáticos y orientales, donde se utiliza para condimentar *currys*, platos de lentejas, *taboulé*, *chutneys*, bebidas de yogur *(raita)* y salsas fuertes.

En cocina, la menta se debe usar lo más fresca posible. Seca, es más indicadas para infusiones. La acción prolongada del calor hace que pierda sabor, y por eso es mejor añadir la menta hacia el final de la cocción. Combina de maravilla con ajo y otros condimentos, como el perejil, el cilantro, el jengibre, el comino, la cayena y el clavo, pero hay que usarla con moderación porque tiende a enmascarar otros aromas.

Pechuga de pollo en salsa de naranja

2 pechugas de pollo
aceite de oliva, sal, pimienta
2 chalotes pequeños picados finos
2 zanahorias cortadas en rodajas finas
1 copa pequeña de jerez
el zumo de 3 naranjas y 1 limón
1 ramita de menta picada fina
gajos de naranja

Lave las pechugas, séquelas, filetéelas y salpimiéntelas. Caliente el aceite en una sartén y fría los filetes por los dos lados con los chalotes y la zanahoria durante 5 o 6 minutos. Retire los filetes de la sartén y resérvelos. Diluya el fondo con el jerez y dele un hervor. Añádale los zumos de naranja y limón y la menta. Cuando la salsa haya hervido un ratito, cuélela. Ponga los filetes en la salsa y cuézalos a fuego medio. Adorne el plato con gajos de naranja.

Salsa inglesa de menta

En Inglaterra se prepara una salsa de hierbas que los paladares no acostumbrados necesitan un tiempo para apreciar: se hace con hojas de menta picadas, azúcar, vinagre y agua. En Gran Bretaña, esta pasta fresca y dulzona acompaña tradicionalmente platos de cordero, pero también se sirve con pescado, aves y pasteles de carne. La aromática salsa también se puede comprar hecha.

Mojito

6 cl de ron blanco
2 cl de zumo de lima
1 cucharadita de azúcar lustre
hielo picado
agua de soda
menta fresca
1 ramita de menta para decorar

Maje unas hojas de menta y mézclelas con el ron, el zumo de lima, el azúcar y un poco de soda. Llene el vaso con hielo picado y mezcle bien la bebida.

La **menta** fresca es un condimento muy apreciado sobre todo en los países asiáticos y orientales.

La melisa

La *melisa* o *toronjil* (Melissa officinalis) es una planta vivaz mediterránea de la familia de las Labiadas con un aroma muy refrescante. Las hojas, de color verde claro y en forma de corazón, desprenden un intenso olor a limón en cuanto se frotan o majan. Es probable que esta planta llegara a Alemania y Francia en la Edad Media procedente de Oriente. En Europa se cultivaba en los monasterios por sus propiedades medicinales y como condimento.

El fuerte aroma de la melisa no sólo armoniza muy bien con cualquier pescado blanco, ensaladas y platos de arroz sino que también otorga un toque refrescante a postres de frutas, pasteles, combinados y cócteles. Con las hojas enteras se suelen decorar helados y postres de frutas.

La melisa se puede comprar fresca o seca. Sin embargo, en cocina es preferible utilizarla fresca porque su aroma es más fino. Las hojas se deben añadir justo antes de servir, mejor sin trocear pues el aroma acre a limón se evapora con el calor. La melisa, utilizada con moderación, también combina con otras hierbas aromáticas. Se emplea, por ejemplo, para mejorar salsas de hierbas como la salsa verde de Frankfurt, que se elabora con acedera, perejil, cebollino, berros, pimpinela, perifollo y eneldo, aportándole un toque muy peculiar.

Con las hojas, frescas o secas, se elabora una infusión de sabor refrescante que también tiene un efecto sedante y antiespasmódico. Una acción medicinal similar se atribuye al licor de melisa o agua del Carmen, que se elabora con extractos de esta planta. Además, la melisa es un ingrediente de muchos licores de hierbas, como el Chartreuse y el Bénédictine.

Tarta de naranja

Para la masa quebrada:
300 g de harina de trigo
1 huevo
100 g de azúcar
1 pizca de sal yodada
un poco de ralladura de un limón
de cultivo biológico
200 g de mantequilla o margarina fría
harina para espolvorear
grasa para el molde

Para el relleno:
3 naranjas medianas
2 cucharadas de azúcar
1 cucharada de mantequilla
1 cucharada de azúcar lustre
1 rama de melisa

Tamice la harina en un cuenco, añádale el huevo, el azúcar, la sal y la ralladura de limón y ponga la mantequilla encima. Amáselo todo junto hasta obtener una pasta homogénea. Haga una bola, envuélvala con film transparente y déjela reposar en el frigorífico durante 30 minutos. A continuación, extiéndala sobre una superficie de trabajo enharinada y forre con ella un molde rectangular engrasado. Dé forma a un borde de unos cuatro centímetros de alto y pinche varias veces el fondo con un tenedor. Precaliente el horno a 200 °C. Pele las naranjas y córtelas en rodajas finas. Caramelice el azúcar en una sartén y funda la mantequilla en el caramelo. Sumerja las rodajas de naranja en el caramelo y repártalas sobre el fondo de la tarta. Hornéela unos 20 minutos en el horno precalentado. Desmóldela, espolvoréela con azúcar lustre y sírvala caliente, adornada con hojas de melisa.

El agua del Carmen

Casi más famoso que la hierba aromática es el destilado que se obtiene de ella, un aguardiente muy apreciado en muchos lugares conocido como «agua de toronjil» o «del Carmen». Este remedio de alta graduación (el contenido en alcohol oscila entre el 70 y el 80% Vol.) fue inventado hacia 1611 por los monjes de un monasterio carmelita francés. La producción industrial del codiciado licor se inició ya en el siglo XIX. Debido a la gran demanda, el agua del Carmen ya no se elabora sólo con melisa sino que incorpora otras sustancias vegetales afines. Su uso tópico favorece el riego sanguíneo y la cicatrización, mientras que su ingestión en gotas ayuda a combatir la migraña, el agarrotamiento muscular y los resfriados (o así reza en el prospecto).

Con las hojas verdes de la **melisa** se decoran muchos platos.

El limoncillo

El *limoncillo (Cymbopogon citratus)* era desconocido en Europa hasta hace muy pocos años, pero la situación ha cambiado gracias al creciente interés en Occidente por las cocinas tailandesa e indonesia: este condimento tropical se puede encontrar hoy no sólo en comercios asiáticos sino también en los mercados mejor surtidos y en ciertos supermercados grandes.

El limoncillo es una planta herbácea similar a la caña, originaria del sudeste asiático y que por su aspecto recuerda un poco la cebolleta. Su intenso aroma a limón se debe a una sustancia denominada «citral» que también está presente en los aceites esenciales de la cáscara de limón. Esta planta tropical se vende fresca, seca o molida. En este último caso, se comercializa con el nombre de *«polvo sereh»*. Pero el limoncillo fresco es el más aromático.

Del limoncillo se aprovecha sobre todo la parte blanca, y con él, entero o cortado en rodajas finas, se realza el sabor de sopas, guisos y escabeches, y también se pueden aromatizar aves, pescado y marisco. La parte superior, de color verde claro, es demasiado fibrosa como para comerla y se suele aprovechar para aromatizar sopas o salsas, retirándola antes de servir el plato. El sabor dulce y alimonado del limoncillo, que recuerda un poco la hierba mojada, armoniza muy bien con ajo, cebolla, pimienta, guindilla y cilantro fresco. Hay que usarlo con moderación porque tiene un aroma muy intenso.

Del limoncillo sólo se aprovecha la parte blanca, cortada en rodajitas finas.

La cocina asiática

La cocina europea ha sido una gran impulsora de la afición por los platos y los aromas asiáticos: no ha adoptado sólo numerosos condimentos exóticos, como el limoncillo, el cilantro, la albahaca tailandesa o diversas salsas de pescado, sino también nuevos utensilios de cocina, como el *wok* o las cestas de bambú para cocer al vapor. Esos dos utensilios de cocina están asociados a una forma muy sana de preparar los alimentos: los ingredientes troceados se cocinan al vapor (sin nada de grasa) en un cesto de bambú o se saltean en el *wok* caliente unos minutos, sin dejar de remover. Esos métodos de cocción, cortos y respetuosos, preservan gran parte de las vitaminas y minerales de los alimentos.

Sopa de pimiento y cilantro con picatostes de sésamo

El cilantro

El *cilantro (Coriandrum sativum)* es uno de los condimentos más antiguos del mundo. En el Antiguo Testamento ya se mencionan las semillas de esta planta umbelífera anual, y los egipcios y los romanos lo empleaban como condimento. El cilantro es una hierba originaria de la cuenca mediterránea que hoy se cultiva en todo el mundo y de la que se aprovechan tanto las hojas como las semillas, como ocurre con sus parientes botánicos, el hinojo y el eneldo.

Las hojas de esta hierba que también se conoce como *coriandro,* de un verde claro y finamente plumadas, parecen las del perejil. Pero el aroma del cilantro resulta un tanto sorprendente para los paladares europeos: por su olor y su fuerte sabor característico, mucha gente lo encuentra repugnante. En cambio, en los países asiáticos, orientales y centroamericanos el cilantro se utiliza con la misma asiduidad que en Europa el perejil. Con las hojas frescas picadas se condimentan ensaladas, sopas y salsas, pero también *currys,* aves y pescados. Hay que añadirlas poco antes de que finalice la cocción para que no pierdan el aroma. En la India y Tailandia también se utilizan las raíces picadas, que tienen un sabor aún más intenso.

Las semillas de color marrón amarillento del cilantro, que se pueden comprar enteras o molidas, encierran un aroma completamente distinto, entre dulzón y picante con un toque de acitrón, y tienen múltiples usos. Con ellas se pueden condimentar tanto verduras, legumbres, guisos, carnes y pescados como postres, panes y pasteles. Además, el cilantro molido es un ingrediente fundamental de las mezclas asiáticas de especias *curry* y *garam masala.*

Las semillas de cilantro combinan con muchas especias asiáticas y orientales, como el jengibre, el comino y el cilantro y la menta frescos, pero también con ajo, perejil y limón. Su aroma se acentúa friendo los granos enteros en aceite durante unos minutos con otras especias antes de añadirlas al plato principal (carne, pescado o verdura).

Para los picatostes:

1 huevo

sal, pimienta blanca

2 rebanadas de pan tostado integral

5 cucharadas de semillas de sésamo

Para la sopa:

1 cebolla pequeña

300 g de pimiento rojo

100 g de pimiento amarillo

20 g de margarina de girasol

¹/2 ramillete de cilantro

50 g de nata dulce

600 ml de caldo de verduras

sal

pimienta blanca

Precaliente el horno a 200 °C. Forre una bandeja de horno con papel vegetal. Bata el huevo en un plato hondo y sazónelo con sal y pimienta. Ponga el sésamo en un plato llano y pase las tostadas primero por el huevo y luego por el sésamo. Coloque las rebanadas en la bandeja y tuéstelas a media altura unos 10 minutos, 5 por cada lado. Déjelas enfriar.

Corte en daditos los pimientos y la cebolla pelada. Caliente la margarina en una cazuela y sofría las hortalizas durante unos 10 minutos. Pique el cilantro y añádalo a la cazuela. Agregue la nata y llévelo a ebullición. Vierta unos 100 ml de caldo y pase la sopa por la batidora. Añada el resto del caldo. Deje hervir la sopa a fuego lento durante 5 minutos más y sírvala con los picatostes de sésamo.

El **cilantro** fresco no puede faltar en los platos asiáticos, y cuando no se está acostumbrado su sabor puede resultar desagradable.

El jengibre

El *jengibre (Zingiber officinale)*, una de las especias más antiguas y apreciadas del mundo, durante mucho tiempo apenas se utilizó en la cocina europea más que para elaborar galletas y otros dulces. La creciente popularidad de los platos asiáticos ha hecho que las cosas cambien, y la raíz fresca de jengibre se considera hoy un ingrediente un tanto particular pero delicado que no debe faltar en ninguna cocina.

El jengibre es originario del sudeste asiático pero desde hace muchos siglos se cultiva también en otros países tropicales. La parte de la planta que se emplea como condimento son los rizomas, de pulpa amarilla, muy ramificados y que contienen hasta un 3% de aceites esenciales; son los que le confieren un sabor penetrante y afrutado que recuerda un poco el limón. Aparte de los rizomas frescos, los de aroma más intenso, el jengibre también se comercializa seco, molido, confitado o conservado en vinagre o almíbar. El jengibre es asimismo componente indispensable de diversas mezclas de especias como el *curry*, la *garam masala* y las *quatre épices*.

El jengibre fresco, que, dicho sea de paso, combina de maravilla con el ajo y el cilantro, aromatiza sobre todo platos asiáticos de pescado, carne y verduras. La raíz, pelada y cortada en daditos o rallada, se añade al freír o hervir el resto de los ingredientes. El jengibre también sirve para condimentar escabeches. El jengibre fresco se debe dosificar bien porque tiene un aroma muy fuerte y un exceso podría estropear el plato.

El jengibre molido es mucho más suave y se suele emplear para condimentar platos dulces como pasteles, galletas, *soufflés* y macedonias de frutas, aunque también aporta un toque picante a los platos de pescado, aves y arroz. El jengibre encurtido o en almíbar se emplea para condimentar platos agridulces y, cortado en láminas muy delgadas, es una de las guarniciones de los platos japoneses *sushi* y *sashimi*.

Jengibre saludable

El jengibre es un remedio muy apreciado desde la antigüedad. El médico griego Dioscórides recomendaba consumir la pulpa de las raíces para combatir los envenenamientos, y en la Edad Media existía la creencia de que esta especia prolongaba la vida y tenía un efecto afrodisíaco. Según parece, la mismísima Cleopatra lo incluyó en una pócima destinada a ayudarla a seducir al general romano Marco Antonio que también llevaba nuez moscada. Incuestionables son las propiedades estimulantes de la circulación sanguínea y del apetito de la raíz de jengibre. Sus aceites esenciales favorecen la digestión y bajan la fiebre. Se cree que el consumo regular de jengibre previene los resfriados y alivia los dolores reumáticos.

Jengibre molido

Ragú de jengibre y ciruelas

600 g de ciruelas maduras
200 g de azúcar
1 cucharada de mantequilla
125 ml de vinagre de frambuesa
$^{1}/_{2}$ rama de canela
3 clavos
1 cucharadita de jengibre fresco rallado
125 ml de vino tinto
1 sobre de aroma de limón
50 g de pasas lavadas
50 g de piñones tostados

Lave y deshuese las ciruelas. En una cazuela ancha, prepare un caramelo con el azúcar. Añádale la mantequilla y agregue el vinagre de frambuesa. Déjelo hervir a fuego lento para que se disuelva el caramelo pero sin que se oscurezca demasiado. Añada las especias y las ciruelas y remueva bien. A continuación, añada el vino tinto, el aroma de limón y las pasas. Tape la cazuela y déjelo cocer 3 minutos, con cuidado de que no se queme. Cuele el jugo en otra cazuela y déjelo reducir un poco. Viértalo de nuevo sobre la mezcla de ciruelas y reparta los piñones por encima. Sirva el ragú templado en platos hondos.

El cardamomo

El *cardamomo (Elettaria cardamomum),* la especia más cara del mundo después del azafrán y la vainilla, es un desconocido para la mayoría de los europeos, aunque los alemanes lo conocen porque es un ingrediente del *Lebkuchen* o galletas especiadas de Navidad. Por el contrario, en los países asiáticos y árabes el cardamomo es uno de los condimentos más habituales. También es muy apreciado en la cocina escandinava.

El cardamomo es una planta cingiberácea tropical de hojas lanceoladas. En las matas, de hasta cinco metros de alto, crecen unos folículos cuyas semillas de color entre marrón oscuro y negro (la especia propiamente dicha) encierran un aroma fuerte y dulzón, un poco amargo pero a la vez refrescante. Las cápsulas se ponen a secar inmediatamente después de su recolección y se comercializan enteras o molidas (las semillas).

Los botánicos y los paladares refinados distinguen varios tipos de cardamomo: el *cardamomo verdadero,* también llamado *cardamomo de Malabar,* es originario del sur de la India y Sri Lanka, pero también se cultiva en Vietnam, Tailandia, Camboya, Tanzania y Guatemala. Sus folículos, de un verde claro, contienen unas 20 semillas oscuras. A veces las cápsulas se blanquean por motivos estéticos para comercializarlas. Aparte del *cardamomo verdadero* existe el *cardamomo pardo* o *negro*, que procede de otras plantas de la misma familia botánica. Sus cápsulas, de un marrón oscuro, son más grandes que las verdes y contienen más semillas. Sin embargo, éstas tienen un sabor más acerbo y ahumado y se consideran de peor calidad que las del *cardamomo de Malabar.*

Los folículos molidos son un ingrediente primordial de las mezclas de *curry* en los países asiáticos y orientales. El aroma refrescante del cardamomo también combina de maravilla con carnes, pescados y arroces, así como con postres, panes y pasteles. Muchos árabes gustan de añadir unas semillas de cardamomo al café molido. En los países escandinavos (los únicos de Occidente con una larga tradición en el uso del cardamomo), con esta especia se aromatizan vinos calientes y compotas, y se condimentan embutidos y platos de carne.

La **raíz de jengibre** fresca tiene la piel lisa y brillante, la carne dura y un intenso aroma a limón.

El **cardamomo pardo** es mucho más barato que el **cardamomo verdadero,** de color verde.

Cada folículo puede contener hasta 40 semillas, según la variedad. Las semillas, majadas o molidas, son un ingrediente básico de las mezclas de *curry*.

El *chutney* de mango, de sabor agridulce, es originario de India. Se elabora con frutas o verduras hervidas con vinagre, azúcar y especias.

Existen infinitas variantes de la mezcla india de especias *garam masala*. Algunos de sus ingredientes principales son la canela, el clavo, el cardamomo verde, el comino y la nuez moscada.

Mezclas de especias

El *curry en polvo* es una mezcla picante de especias que contiene hasta 40 ingredientes, como cayena, cilantro, jengibre y cúrcuma.

La **guindilla** o **cayena molida** se mezcla a veces con otras especias, como comino, ajo y pimentón.

La **salsa de soja** es una masa fermentada de habas de soja que madura durante varios años en toneles.

La **salsa Worcestershire** es una salsa inglesa elaborada con vinagre de malta, melaza, cebolla, anchoas y especias.

La **salsa de ostras** se obtiene del extracto de la carne de las ostras.

El *sambal oelek* lleva guindilla fresca, azúcar y sal.

El *tabasco* se elabora con guindilla roja, sal y vinagre.

La **salsa de guindilla** está hecha de vinagre de arroz y guindilla (40%) y suele ser de consistencia espesa.

El clavo

Los *clavos (Syzygium aromaticum)* o, más correctamente, los clavos de olor son los capullos secos de la flor de una planta mirtácea tropical originaria de las islas Molucas, un archipiélago de Indonesia. Los capullos de penetrante fragancia de este árbol perenne son, desde muy antiguo, un condimento y sahumerio muy apreciado en el mundo entero. Los cortesanos y funcionarios de la dinastía china Han estaban obligados a masticar clavos antes de mantener una audiencia con el emperador para que éste no tuviera que sufrir el mal aliento de sus interlocutores.

Esta aromática especia llegó a la antigua Roma a través de distintas rutas que también pasaban por Sri Lanka y el Bajo Egipto. El clavo se extendió desde Roma por el resto de los países europeos, donde no tardó en convertirse en una de las especias más preciadas y caras junto con la nuez moscada, la pimienta y la canela. El cultivo y la exportación de los capullos secos del clavero estuvieron controlados durante siglos por las potencias coloniales que gobernaron sucesivamente el archipiélago de las Molucas. Hoy se cultivan también en Zanzíbar y Madagascar.

Los clavos tienen múltiples usos: su aroma intenso y ligeramente punzante combina muy bien con compotas de frutas, pasteles o galletas de Navidad *(Lebkuchen)*, pero también con estofados de carne, caza y aves, guisos, verduras (col lombarda), escabeches o patés. Los clavos también son un ingrediente imprescindible del vino caliente, el vino con ron quemado y el ponche. Su sabor armoniza muy bien con otras especias y condimentos como el ajo, la pimienta y la cebolla. No en vano los clavos son parte integrante de varias mezclas de especias como el *garam masala* y la *quatre épices*. Se puede comprar seco entero o molido, aunque así pierde rápidamente su aroma. Es recomendable moler los clavos justo antes de su uso o añadirlos enteros al guiso y retirarlos antes de servir. No hay que abusar de ellos porque tienen un aroma muy intenso.

El anís

Diversas excavaciones demuestran que el *anís (Pimpinella anisum)* era conocido ya a comienzos de la edad de bronce, lo que lo convierte en una de las especias más antiguas del mundo mediterráneo. El anís era muy apreciado en la antigüedad para condimentar pan y pasteles pero también como remedio curativo. El escritor romano Plinio el Viejo ya conocía las propiedades calmantes y digestivas de esta especia y recomendaba las semillas, entre otras cosas, para los problemas respiratorios y las pesadillas.

El anís es una planta umbelífera anual originaria del Mediterráneo oriental pero que hoy se cultiva en casi todas las regiones cálidas de nuestro planeta. A diferencia de sus parientes el eneldo y el cilantro, lo que se emplea como condimento son, exclusivamente, las semillas alargadas ovaladas. Su aroma dulzón y acerbo es apreciado sobre todo en Europa, Turquía y el norte de África.

En la cocina europea el anís es un condimento típico de postres, panes y pasteles que aporta un toque inconfundible a compotas, macedonias, púdines, flanes, rosquillas y galletas. En el norte de África y Asia, el anís también se utiliza para condimentar sopas, verduras, pescados y aves. Las semillas de anís se pueden comprar enteras o molidas. Sin embargo, es preferible utilizar semillas secas y machacarlas en el mortero antes de usarlas porque molidas pierden gran parte de su aroma.

El **anís estrellado** es el fruto seco de un árbol perenne de unos diez metros de alto emparentado con el magnolio *(Illicium verum Hooker filius)*. Su aroma recuerda al anís.

El **clavo molido** se emplea para realzar el sabor de pastas y galletas y condimentar rellenos de carne.

Los **capullos secos de clavo** mejoran tanto platos salados como postres.

Cigarrillos de clavo

En Indonesia son muy aficionados a los cigarrillos de clavo *(kretek)*, en los que el tabaco está mezclado con los pequeños tallos de los clavos. Las propiedades calmantes del aceite esencial del clavo suavizan la acción del tabaco.

Las **semillas de anís** son mucho más aromáticas molidas. Hay que machacarlas conforme se necesitan.

Licores de anís

Una especialidad de los países mediterráneos son las bebidas alcohólicas aromatizadas con el aceite dulce de las semillas de anís. Algunos de los tipos más conocidos son el Anís del Mono, el *pastís* francés, el *raki* turco y el *ouzo* griego. Todos ellos se sirven solos o diluidos con agua helada. Si el licor contiene más de 44% de alcohol, la bebida adquiere un color blanco lechoso (como el aceite de anís) al añadirle agua.

La nuez moscada

La *nuez moscada (Myristica fragrans)* es una de las codiciadas especias exóticas, junto con la pimienta, el clavo y la canela, que impulsaron a los navegantes españoles y portugueses a explorar nuevas rutas marítimas en el siglo XVI.

La nuez moscada es el fruto de la mirística, un árbol de hoja perenne originario de las islas Molucas, en el este de Indonesia. Sus frutos de color amarillo dorado, que recuerdan al albaricoque por su aspecto, revientan cuando están maduros y liberan al mismo tiempo dos especias: un hueso que encierra una semilla ovalada (la nuez moscada) y una corteza reticular o arilo que envuelve el hueso y que, seco y molido, es también un apreciado condimento: el *macis* o *macia*. Esta corteza naranja tiene un sabor parecido al de la nuez moscada pero más aromático y delicado.

Una vez recolectados, los frutos son desprovistos de la pulpa y el arilo y puestos a secar al sol durante varias semanas. A continuación, se rompen los huesos, se extraen las semillas pardo claro y se sumergen en una solución calcárea para protegerlas de los insectos. La nuez moscada se comercializa entera o molida. Es preferible comprarla entera y rallarla cuando hace falta, ya que una vez molida pierde enseguida su aroma (a diferencia del macis).

La nuez moscada y el macis, que es un poco más caro, tienen múltiples aplicaciones: pueden usarse para condimentar verduras (espinacas, acelgas, coliflor, coles de Bruselas), platos de patatas y pasta, carnes, embutidos y patés o, también, para realzar el sabor de algunos postres, como compotas y pasteles. La nuez moscada debe añadirse hacia el final de la cocción, ya que los aceites esenciales que contiene son muy sensibles al calor.

La **nuez moscada** se debe rallar siempre justo antes de su uso, puesto que enseguida pierde su aroma.

Postre de papaya

3 papayas maduras	
2 limas	
150 g de azúcar	
2 clavos	
1 cucharadita de raíz de jengibre	

Para decorar:
1 vaso de nata espesa (125 g)
1 lima (lavada con agua caliente)

Pele las papayas, quíteles las pepitas (y resérvelas) y corte la pulpa en trozos irregulares. Ralle fina la cáscara de las 2 limas y exprímalas. Vierta el zumo sobre la pulpa de papaya. Escalde la ralladura en agua hirviendo y cuélela (déjela escurrir muy bien). Ponga a hervir 1/4 de litro de agua con el azúcar y los clavos y manténgalo en el fuego entre 2 y 3 minutos hasta obtener un almíbar. Deje enfriar el almíbar y reserve la mitad. Retire los clavos y mezcle las pepitas de papaya con la mitad del almíbar. Cuele la pulpa macerada en el zumo de lima y reserve el jugo. Mezcle la otra mitad del almíbar con la ralladura de lima, el jengibre rallado y el zumo escurrido. Pique bien la pulpa de papaya con un cuchillo grande y forme una montañita, dejando un hueco en el centro. Retire las pepitas de papaya del almíbar y rellene el hueco. Vierta unas gotas de almíbar de jengibre alrededor de la fruta. Ponga unas bolitas de nata espesa sobre el almíbar. Decore el postre con la lima restante cortada en medias rodajitas finas.

Quatre épices

La **quatre épices** es una mezcla de especias tradicional francesa integrada fundamentalmente por cuatro especias, como su nombre indica: pimienta blanca o negra, nuez moscada, clavo y jengibre. La mezcla se puede completar con pimienta de Jamaica o canela según la región y las preferencias personales. Es ideal para condimentar guisos fuertes, estofados y patés.

El enebro

Las *bayas de enebro (Juniperus communis)* son los frutos de un arbusto conífero perenne que pertenece a la misma familia que los pinos o los cipreses y crece silvestre en todo el hemisferio norte. En realidad, la denominación «bayas» es errónea, puesto que los frutos violeta oscuro del tamaño de un guisante son los estróbilos maduros de esta planta conífera. Las falsas bayas son inicialmente verdes y adquieren el característico color negro azulado a lo largo de su maduración (que puede durar entre dos y tres años). Una vez recolectadas, las bayas de enebro se ponen a secar y se comercializan enteras. De acuerdo con sus orígenes botánicos, las bayas negras azuladas huelen un poco a madera de pino, y su sabor es aromático, dulce y ligeramente resinoso. Son un ingrediente clásico de los asados de caza, ya sean de liebre y aves, corzo y ciervo o jabalí, pero también se pueden usar para condimentar otros platos de carne y patés, escabeches, adobos, pescados al vapor o col fermentada. El famoso jamón al enebro de Westfalia debe su aromático sabor no a las bayas sino a la madera de este arbusto que se utiliza para ahumar el jamón.

Las bayas secas deben ser trituradas antes de su uso y añadidas a la cazuela al principio de la cocción. Basta con entre cinco y siete bayas por cazuela, puesto que poseen un aroma muy intenso. El enebro combina muy bien con otros condimentos de aroma penetrante como el ajo, el laurel, el clavo, la pimienta y el tomillo.

La ginebra

La destilación de las aromáticas bayas del enebro transforma un simple aguardiente de cereales en una bebida exquisita y perfumada. La bebida más famosa de todas las que se elabora con bayas de enebro es la ginebra, originaria de Inglaterra y derivada de la *genever* o ginebra holandesa que Guillermo de Orange llevó consigo a Londres en el siglo XVII. Este aguardiente de cebada y centeno (con una graduación alcohólica de entre 38 y 45%, dependiendo de la marca) no sólo se consume puro, sino que también es la base de numerosos combinados como el *gin-tonic* o el *gin fizz* (ginebra, soda, zumo de limón y azúcar). Además, muchos cócteles llevan un chorrito de ginebra que les confiere su sabor característico.

La **ginebra**: imprescindible en muchos cócteles.

Pechuga de faisán asada con piña

1 piña mini
4 pechugas de faisán
sal y pimienta
4 bayas de enebro trituradas
50 g de mantequilla
80 g de azúcar
20 g de mantequilla fresca
1 cucharada de zumo de limón
$^{1}/_{2}$ cucharada de cointreau
100 ml de fondo de caza
1 pastilla de caldo de carne

Lave la piña y córtela a lo largo en cuatro trozos con el penacho incluido. Lave las pechugas de faisán, séquelas con papel de cocina y sazónelas con sal, pimienta y enebro. Fría las pechugas de 10 a 12 minutos en los 50 g de mantequilla caliente. Caramelice el azúcar en una sartén e incorpore la mantequilla fresca. Dore la piña en cuartos por la superficie cortada y retírela de la sartén. Añada el zumo de limón, el cointreau y el fondo de caza al caramelo y déjelo hervir a fuego lento. Añada la pastilla de caldo, remueva la salsa con cuidado y salpiméntela. Ensarte los trozos de piña en cuatro brochetas. Disponga la pechuga de faisán frita en un plato con la brocheta de piña.

Satays
de pechuga de pato

2 pechugas pequeñas de pato (unos 300 g)
2 cucharaditas de curry *rojo*
sal
1 cucharadita de pimienta negra
1/4 de cucharadita de comino molido
2 cucharadas de aceite de soja

Parta las pechugas de pato por la mitad a lo largo. Caliente una sartén y fría las pechugas de pato durante unos minutos por ambos lados a fuego fuerte. Retire la carne y déjela enfriar. Prepare un adobo mezclando bien el resto de los ingredientes.

Corte las pechugas de pato en lonchas delgadas y déjelas macerar en la salsa en el frigorífico durante al menos 12 horas. Ensarte la carne en las brochetas de madera colocando los trozos piel con piel. Áselos en la parrilla o una sartén.

El comino

El *comino (Cuminum cyminum)* se emplea principalmente como condimento de panes y quesos en Alemania, Francia y Holanda. No hay que confundirlo con la alcaravea, cuyas semillas ovaladas alargadas (llamadas carvi) son muy parecidas. Sin embargo, el sabor es muy diferente. El comino posee un aroma más perfumado, penetrante y un tanto amargo. Incluso hay quien no soporta su olor. El *comino negro* es algo más suave. Crece en Pakistán e Irán y sólo se puede conseguir en tiendas especializadas.

El comino, al igual que la alcaravea, es una planta umbelífera originaria del Mediterráneo oriental. Es apreciada, sobre todo, en la cocina oriental, la india, la de Norte y Centroamérica y la andaluza. Los árabes y los indios utilizan el comino para condimentar sopas, verduras y platos de carne (cordero, carnero, carne picada), pero también arroz, legumbres y bebidas de yogur. El comino es un condimento indispensable de los platos de cuscús y *tajine* del norte de África, los *currys* asiáticos o el chile con carne texano. El comino combina muy bien con otros condimentos como el ajo, el cilantro (hojas y semillas), la menta fresca o las guindillas, y suele formar parte de mezclas de especias (*cajun*, chile, *harissa, garam masala,* etc.).

El comino se comercializa seco en semillas y molido. Las semillas deben triturarse en un mortero antes de su uso; luego hay que tostarlas en un poco de aceite para que desplieguen todo su aroma. Por cierto, el olor un tanto molesto que desprenden al calor desaparece enseguida. De todos modos, es conveniente no abusar del comino, ya que es un condimento muy potente.

Historia y cultura

El comino, de sabor fuerte y acerbo, es una de las especias más antiguas del mundo y, antaño, no sólo se empleaba como condimento. Las semillas se usaban en el proceso de momificación de los faraones del Antiguo Egipto, mientras que en la Grecia y la Roma clásicas existía la creencia de que el penetrante olor de esta especia ahuyentaba los fantasmas y las plagas de escorpiones y mosquitos. Según parece, los escolares romanos le daban un uso completamente diferente: se fumaban esta especia de olor incisivo para aparentar agotamiento y desaliento.

Los estigmas de color rojo intenso del azafrán son una de las especias más preciadas y caras del mundo desde hace 2000 años.

El azafrán

El azafrán ha tenido fama desde siempre de ser la especia más cara del mundo. En la antigüedad y la Edad Media se pagaba casi cualquier precio por este condimento, remedio curativo y colorante, y 1 kg de estas hebras de un intenso rojo brillante se cotiza hoy hasta a 13000 euros. El hecho de que, aun así, el azafrán intervenga en tantas recetas de todos los rincones del planeta se debe a que cunde muchísimo: basta con entre 15 y 20 hebras –alrededor de 0,1 g– para dar a cualquier plato el sabor y el color amarillo característicos de este condimento.

Las hebras de azafrán son los delicados estigmas de una especie de croco de color violeta azulado, *Crocus sativus*. Esta planta originaria de Asia Menor fue introducida en Europa por los moros y los cruzados, y aquí es donde se concentran hoy las zonas principales de cultivo: España (nuestro azafrán se considera el mejor), Francia, Italia y Grecia. La recolección de los preciados estigmas se sigue realizando a mano. En cuanto las plantas de azafrán empiezan a florecer en otoño, los estigmas son extraídos cuidadosamente de las flores previamente cortadas y puestas a secar. Para obte-

ner 100 g de azafrán hacen falta hasta 15000 flores. Los estigmas se comercializan enteros o molidos.

El azafrán es un ingrediente importante de la cocina oriental y asiática. *Currys*, cuscús, arroces, sopas y guisos son condimentados con azafrán. Esta aromática especia de intenso color amarillo es, también, un condimento indispensable tanto desde el punto de vista culinario como estético de muchos platos europeos, como la paella, el *risotto* a la milanesa o la sopa bullabesa. Además se suele añadir a platos de pescado, pollo y cordero y a dulces, como pasteles,

La recolección de las **hebras de azafrán** se sigue realizando a mano. Las flores violeta azulado se cortan a finales de otoño, y de ellas se extrae cuidadosamente los tres estigmas que contiene cada una. Se trata de una tarea muy laboriosa que realizan sobre todo mujeres y niños.

Risotto
a la milanesa

1 cebolla pequeña
50 g de tuétano de buey
50 g de mantequilla
300 g de arroz para risotto
250 ml de vino blanco seco
1 litro de caldo de carne
azafrán
50 g de parmesano rallado
sal, pimienta blanca

Pique muy fina la cebolla pelada, derrita la mitad de la mantequilla en una cazuela y rehogue el tuétano y la cebolla hasta que esté transparente. Añádale el arroz y rehóguelo removiendo sin parar. Incorpore el vino blanco y deje que el líquido se evapore a fuego medio. Caliente el caldo de carne en otra cazuela y vierta una tercera parte sobre el arroz. Cuézalo todo junto sin dejar de remover hasta que el arroz haya absorbido casi todo el caldo. Repita dos veces este procedimiento. El *risotto* tiene que cocer en total unos 20 minutos para que quede cremoso pero no demasiado pastoso. Mezcle las hebras de azafrán en un poco de agua caliente y agréguelas al *risotto* junto con el resto del caldo y el parmesano. Salpimiéntelo.

galletas o púdines, tiñéndolos de un bonito amarillo intenso.

Es aconsejable comprar el azafrán en hebras, porque el molido a veces está mezclado con cúrcuma amarilla o pétalos de caléndula. Antes de su uso, hay que majar las hebras en el mortero o remojarlas en caldo. Después, se añade al guiso (con el caldo) y se cocina un poco. El azafrán debe utilizarse con moderación, no sólo por motivos económicos sino porque, si se pone demasiado, puede amargar el plato.

La cúrcuma

La especia del sudeste asiático *cúrcuma (Curcuma longa),* también llamada *azafrán de las Indias,* es de color amarillo subido como el azafrán. En cambio, es mucho más barata, y por eso a veces se mezcla un poco de cúrcuma molida con el caro azafrán. La planta de la cúrcuma no tiene nada que ver con el azafrán, sino que pertenece a la familia de las Cingiberáceas. La cúrcuma empleada como condimento se obtiene de los rizomas (como el jengibre), que, una vez recolectados, son cocidos, puestos a secar y molidos. Sin embargo, a diferencia del jengibre, la cúrcuma carece de un sabor propio característico. Su aroma amargo suave, tenuemente terroso, es un elemento secundario de las mezclas de especias asiáticas (como el *curry*). En Europa, la cúrcuma se emplea principalmente para teñir de amarillo ciertos alimentos, como la mostaza o distintas salsas y escabeches.

Cúrcuma

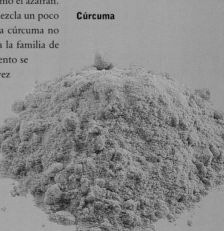

El pimentón y las guindillas

La familia del pimiento nos brinda tanto sus frutos frescos como diversos condimentos aromáticos y picantes. Esta planta solanácea originaria de Centro y Sudamérica fue importada a Europa desde Colombia a finales del siglo XV. Al principio se cultivaba como planta ornamental por sus frutos de vivos colores (desde el punto de vista botánico, bayas), y unas décadas más tarde la planta se empezó a apreciar también como sabrosa hortaliza y condimento picante. El picante de ciertos pimientos se debe a la sustancia capsaicina, que se concentra sobre todo en las semillas y las membranas divisorias del interior de los frutos. Dos de los productos más conocidos de esta familia botánica son el *pimentón picante* y la *pimienta de cayena* o *cayena molida.*

El pimentón se obtiene de los frutos rojos maduros del *pimiento (Capsicum anuum).* Los frutos, estrechos y apuntados, se ponen a secar y, después, se muelen. El color, el aroma y el grado de picante del polvo obtenido dependen de las partes del pimiento empleadas para su elaboración: cuantas más semillas y membranas divisorias, más picante. El *pimentón dulce,* de un rojo subido, tiene un aroma dulce suave, mientras que el *pimentón picante,* rojo amarillento, es endiabladamente picante y tiene un regusto ligeramente amargo. El pimentón es un condimento que admite todo tipo de aplicaciones, como la pimienta negra. Es un ingrediente imprescindible de ciertas especialidades húngaras como el salami, el *goulash* y el pollo al pimentón, pero también se puede añadir a otros guisos, verduras, requesones y quesos. Nunca hay que freír el pimentón en aceite caliente (amarga enseguida) sino añadirlo después de retirar la cazuela del fuego.

La pimienta de cayena se obtiene del fruto desecado de la especie *Capsicum frutescens* y es mucho más picante que el pimiento *C. anuum.* Los frutos oblongos, finamente molidos o desmenuzados, se suelen utilizar para condimentar platos indios y orientales. Además, no pueden faltar en algunos condimentos picantes como el tabasco, la salsa de guindilla, el *sambal oelek* y el *curry.* El picante de la pimienta de cayena se acentúa durante la cocción, por lo que hay que dosificarla con cuidado. El polvo comercializado con el nombre de chile o guindilla en polvo (se dice que fue inventado por colonos texanos) no sólo lleva cayena, sino que es una mezcla de distintas especies de *Capsicum,* comino, orégano, ajo y pimienta de Jamaica.

También pertenecen a la familia *Capsicum* los distintos pimientos pequeños que se vende conservados en vinagre o salmuera. El aroma y el picante de estas variedades también depende de la especie y el grado de madurez. Los pimientos *anaheim* de color aceituna, por ejemplo, son relativamente suaves, mientras que las guindillas tipo *peperoncini* o los pimientos *tepin* son tremendamente picantes.

No todos los **pimientos picantes** pican lo mismo.

Los más picantes son los **pimientos habaneros** rojos maduros.

Las **guindillas secas** son ideales para preparar platos de pasta picantes.

Las **guindillas** o **chiles frescos** se emplean para aderezar sopas guisos y salsas.

El **pimentón picante** es la variedad más mordaz de todos los tipos de pimentón.

El **pimentón dulce** no pica.

La **pimienta de cayena** se elabora con guindillas de cayena secas.

Truco de cocina

Muchas especies de guindilla contienen un porcentaje muy elevado de capsaicina, una sustancia muy picante. Una forma de mitigar el picante consiste en poner los frutos en remojo con agua durante una hora o retirar las semillas. ¡No olvide lavarse las manos a conciencia después de manipular los pimientos! Y, sobre todo, no se toque la cara ni los ojos antes de lavarse las manos, porque la capsaicina es muy irritante. Las personas sensibles deberían ponerse guantes de látex para manipular las guindillas.

Espaguetis *peperoncino*

| 400 g de espaguetis |
| sal, pimienta negra |
| 1 manojo de perejil |
| 4-6 dientes de ajo |
| 2-3 guindillas secas |
| 75 g de parmesano rallado |

Cueza los espaguetis al dente en abundante agua hirviendo con sal. Lave el perejil y píquelo. Pele y pique los ajos y sofríalos en aceite de oliva junto con las guindillas enteras. Retire las guindillas. Escurra los espaguetis y mézclelos con el aceite con ajo caliente. Sirva la pasta en platos precalentados y sazonada con pimienta recién molida y perejil picado. Sirva los espaguetis enseguida y, aparte, el queso parmesano. Si le gusta la comida muy picante puede dejar las guindillas en el aceite.

Sopa de calabaza

| 1 chalote en daditos |
| 500 g de pulpa de calabaza en dados |
| 2 cucharadas de mantequilla |
| 1 cucharadita de jengibre fresco rallado |
| 1 guindilla roja sin pepitas y picada fina |
| $^{1}/_{2}$ cucharadita de curry en polvo |
| 1 pizca de clavo molido |
| 50 ml de vino blanco |
| 200 ml de caldo de ave |
| sal y pimienta |
| $^{1}/_{2}$ cucharadita de azúcar de caña |
| 1 cucharadita de zumo de lima |
| 1 pizca de nuez moscada |

Dore el chalote y la pulpa de calabaza en una cazuela con la mantequilla. Añádales el jengibre, la guindilla, el clavo y el *curry*. Vierta el vino blanco y el caldo de ave, llévelo a ebullición y sazónelo con el resto de los ingredientes. Déjelo hervir a fuego lento durante unos 15 minutos. Retire la sopa del fuego y tritúrela. Póngala a hervir un poco más y sírvala.

La pimienta

La *pimienta*, el condimento más utilizado en todo el mundo junto con la sal, es el fruto de un arbusto piperáceo tropical, el pimentero, originario del sur de India. Las pequeñas bayas de esta planta trepadora crecen en panículas y cambian del verde al rojo durante el proceso de maduración. El responsable de su característico sabor picante es el alcaloide piperina, que se localiza sobre todo en la pulpa de los frutos. La especie más popular de pimentero es *Piper nigrum*, con cuyos frutos se elaboran tres productos distintos: la pimienta negra, la blanca y la verde.

La pimienta negra se obtiene secando las bayas cuando todavía están verdes y, al cabo de unos días, se tornan negras y arrugadas. El complejo aroma de los granos negros se percibe mejor cuando están recién molidos, mientras que los granos de pimienta triturados o pulverizados pierden el aroma y sólo conservan el picante.

La pimienta blanca se obtiene conservando las bayas rojas y maduras en salmuera hasta que la pulpa se desprende de la semilla blancuzca del fruto. A continuación, se secan las semillas y se comercializan enteras o molidas. La pimienta blanca, que es algo más suave que la variedad negra, admite casi tantas aplicaciones como ésta. Se suele emplear para salsas claras, aves y pescados por motivos estéticos.

Los granos de pimienta verde son las bayas recolectadas antes de su maduración, liofilizadas o conservadas en vinagre o salmuera. Son mucho más suaves que la pimienta negra o la blanca, pero poseen un aroma mucho más perfumado al paladar. La pimienta negra combina a la perfección con carnes rojas, salsas, ragús y escabeches, si bien también confiere un toque picante a los postres de frutas.

La pimienta roja, rosa o falsa pimienta no pertenece a la familia del pimentero, sino que se trata del fruto del turbinto *(Schinus molle)*, un árbol anacardiáceo que crece en Sudamérica. Las bayas secas tienen un sabor muy aromático y no son demasiado picantes.

Molinillos de pimienta

Ninguna marca de pimienta molida posee un sabor picante y un aroma tan sublimes como la pimienta recién molida. Por esta razón, en ninguna cocina debe faltar un molinillo de pimienta. Los molinillos de madera, acero o metacrilato están provistos de un mecanismo de cerámica o acero que, normalmente, se puede regular y permite obtener desde el polvo más fino hasta trozos gruesos. En principio, no se puede decir qué molinillo es mejor pero un factor importante es que permita introducir los granos enteros de forma fácil.

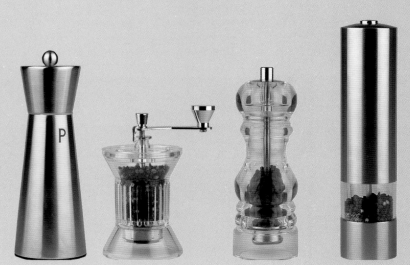

La **pimienta verde** se vende liofilizada o en conserva.

La **pimienta multicolor** es una mezcla de pimienta negra, blanca, verde y rosa.

La **pimienta negra** es una de las especias más consumidas del mundo.

Platos con pimienta

El plato con pimienta más conocido de todos es el entrecot a la pimienta, que algunos restaurantes de lujo ofrecen como *filet au poivre*. La carne se unta con pimienta negra triturada gruesa antes de cocinarla y se sirve tal cual o acompañada del fondo oscuro del asado. Una salsa picante ideal para carnes rojas y, también, pescados blancos es la salsa de pimienta, que se elabora con nata, brandy y granos de pimienta verde. La combinación de los granos picantes con postres elaborados con sandía, fresas u otras frutas ácidas y jugosas resulta muy atrevida y original. Otro manjar es el helado de auténtica vainilla Bourbon espolvoreado con pimienta negra.

La **pimienta blanca** es ideal para salsas claras y platos de pescado y aves.

La **pimienta negra** debe molerse justo antes de su uso para que conserve todo su aroma.

La mostaza

La *mostaza (Sinapis alba)* se utilizaba ya hace varios milenios en la cuenca mediterránea como condimento y planta medicinal, y pronto se extendió por toda Europa. Los granos de mostaza eran uno de los pocos condimentos de los que podían servirse las clases más pobres en la Edad Media, y su consumo estuvo en auge hasta el siglo XVI, cuando sufrió un descenso debido a la importación a Europa de especias exóticas en grandes cantidades.

Los granos de mostaza son las semillas de la planta crucífera del mismo nombre, y crecen dentro de unas vainas alargadas. Los botánicos distinguen cerca de cuarenta variedades, de las cuales las más conocidas son la mostaza blanca, de semillas amarillentas, y la mostaza negra *(Brassica nigra)*, de semillas oscuras. Los granos de mostaza sólo desprenden su característico aroma al machacarlos y mezclarlos con agua fría. Sólo entonces se forman en pocos minutos las esencias de mostaza responsables del sabor agrio y ligeramente picante. La mostaza negra es mucho más picante que la blanca, puesto que no comparten la misma composición química.

Los granos de mostaza tienen muchos usos en cocina: se emplean enteros para condimentar escabeches y encurtidos (pepinillos, etc.) o, triturados y ligeramente tostados, en *currys* y platos de legumbres. Los granos molidos, que se conocen como «harina de mostaza», se añaden a salsas, aliños y platos de carne. Sin embargo, su principal aplicación es, desde hace siglos, la elaboración de salsa de mostaza: la harina de mostaza se pone en remojo en agua, vinagre o mosto de uva, y se prepara una pasta fina o granulosa. El grado de picante, el sabor y el color dependen de la proporción de mostaza negra y otros ingredientes, entre los que pueden figurar las especias y hierbas más diversas pero, también, azúcar, miel, jerez, vino o whisky.

En el mercado existe un número casi infinito de tipos de mostaza, y las fabricadas en Francia figuran entre las más famosas del mundo. La *mostaza de Dijon* tiene fama de ser particularmente exquisita, y se elabora con granos negros y el mosto de uvas verdes. Se recomienda para enriquecer salsas y condimentar aves y caza. La *mostaza dulce* es una especialidad de Baviera de sabor suave y excelente para acompañar salchichas blancas *(Weisswurst)* y pastel de hígado *(Leberkäse)*. Los amantes de los aromas fuertes pueden echar mano de la mostaza picante o extra picante (mostaza de Düsseldorf). Combina muy bien, por ejemplo, con salchichas, pies de cerdo y otros platos fuertes.

Historia y cultura

«La mostaza aguza la inteligencia». Esta frase fue pronunciada por el famoso filósofo griego Pitágoras, quien nació en la isla de Samos alrededor del año 570 a.C. y, a lo largo de su vida, visitó Babilonia y Egipto. La mostaza, que ya se cultivaba en China hace 3000 años, había llegado a la Antigua Grecia a través de Asia Menor. Posteriormente fue introducida en Roma y terminó cruzando los Alpes en dirección al norte. Al principio, los granos de mostaza se consumían molidos y espolvoreados sobre los platos. Hasta la Edad Media no se empezó a calibrar el potencial de este condimento en polvo.

En el siglo XIII, la ciudad de Dijon se aseguró el derecho exclusivo de la elaboración de la mostaza. La demanda era tan grande que se creó un gremio independiente.

La palabra «mostaza», al igual que *moutarde* en francés y *mustard* en inglés, recuerda que, antiguamente, la mostaza se solía fabricar con mosto y no con vinagre, como se suele hacer en la actualidad. Al fin y al cabo, las palabras latinas *mustum ardens* quieren decir, ni más ni menos, «mosto ardiente».

Tipos de mostaza

La **mostaza de Düsseldorf** es un tipo de mostaza particularmente picante que se elabora con granos de mostaza parda.

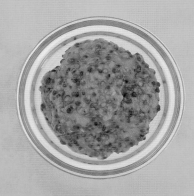

En la **mostaza a la antigua,** o *à l'ancienne,* los granos blancos y negros apenas están triturados.

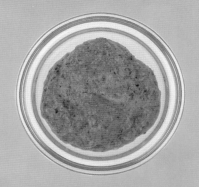

La **mostaza de Dijon**, la más famosa de todas, puede ser más o menos picante. Realza salsas para carnes y ensaladas.

La **mostaza dulce de Baviera** es el acompañamiento obligatorio de las típicas salchichas blancas bávaras o *Weisswurst*. Los granos no se trituran del todo y se endulzan con azúcar.

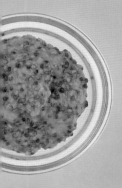

...staza al estragón es ...ostaza de color claro ...cremosa perfumada con ...ón. La mostaza también ...a bien con otras hierbas.

El rábano rusticano

Un pariente botánico de la mostaza es el *rábano rusticano (Armoracia rusticana).* La carne blanca de su raíz también contiene esencias de mostaza que le confieren un aroma picante. Con la raíz pelada y finamente rallada, aceite vegetal, nata, vinagre y manzanas se elabora una crema sabrosa y más o menos picante.

...anos de mostaza se puede ...entar tanto escabeches ...ras en conserva como (triturándolos un poco).

El **rábano rusticano** es muy sano y contiene mucha vitamina C.

Conejo con salsa picante de mostaza al estragón

4 patas de conejo
sal y pimienta
4 cucharadas de mostaza de Dijon
3 cucharadas de aceite de oliva
3 cebollas rojas en dados gruesos
3 dientes de ajo picados finos
1 cucharadita de concentrado de tomate
250 ml de vino blanco seco
1 ramita de tomillo
3 ramitas de estragón, troceadas
200 g de nata agria
1 cucharadita de azúcar de caña
200 ml de brandy
2 cucharadas de hojitas de estragón, picadas

Lave la carne, séquela y úntela con sal, pimienta y mostaza de Dijon. Caliente el aceite de oliva en una cazuela para asados y dore el conejo. Retire la carne y resérvela caliente. Sofría la cebolla y el ajo en el mismo aceite hasta que estén transparentes. Añada el concentrado de tomate. Riéguelo con el vino blanco y añada el tomillo y el estragón. Vuelva a colocar el conejo en la cazuela y cuézalo todo junto a fuego lento durante 45 minutos. Dé la vuelta al conejo de vez en cuando. Cuando esté hecho, retírelo y resérvelo caliente envuelto en papel de aluminio.

Cuele la salsa y póngala a reducir en otra cazuela junto con la nata agria. Sazónela con azúcar y, si fuera necesario, rectifíquela de sal y pimienta. Vierta el brandy en la salsa. Vuelva a calentar el conejo en la salsa y sírvalo con estragón picado esparcido por encima.

Tipos de vinagre

El **vinagre de vino tinto** tiene un sabor más intenso que el **vinagre de vino blanco**.

El **vinagre de jerez** se suele utilizar para aliñar hortalizas amargas porque tiene un sabor fuerte, pero también está indicado para macerar carnes oscuras.

El **vinagre de manzana** es apreciado sobre todo por su aroma suave y afrutado. Combina muy bien con aquellos tipos de hortalizas, como el canónigo, cuyo sabor propio podría verse enmascarado por otro tipo de vinagre más fuerte.

El **vinagre de arroz** se elabora con vino de arroz fermentado y es imprescindible en la preparación del *sushi*. El vinagre de arroz chino es muy ácido; los japoneses prefieren una variedad más suave.

Fresones con vinagre balsámico

500 g de fresones frescos
2 cucharadas de azúcar refinado
2-3 cucharadas de vinagre balsámico
unas cuantas hojas de menta

Lave los fresones y déjelos escurrir. Córteles los tallos y trocéelos en dos o en cuatro según su tamaño. Póngalos en una fuente, endúlcelos y vierta unas gotas de vinagre balsámico por encima. Mézclelo todo con cuidado. Cúbralos con film transparente y déjelos macerar durante al menos 1 hora. Remueva de nuevo los fresones y decórelos con hojas de menta antes de servirlos.

La elaboración

El *Aceto Balsamico Tradizionale* es un tipo de vinagre carísimo de las regiones italianas de Módena y Emilia-Romaña (por una botellita de 100 ml se paga al menos sesenta euros) que se obtiene del mosto de la variedad de uva dulce Trebbiano. El proceso de elaboración es tan complicado como lento. A diferencia del vinagre de vino convencional, el mosto se cuece a fuego lento hasta que adquiere la consistencia de un almíbar antes de la fermentación. Una vez fermentada y transformada en vinagre, esta noble esencia pasa al menos doce años madurando en diversas barricas de madera, lo que le confiere un aroma inconfundible. Mucho más asequible es el vinagre balsámico de Módena o *Aceto Balsamico di Modena*. Detrás de esta denominación (no pro-

La maduración de un buen vinagre balsámico en las barricas lleva al menos doce años.

tegida) se esconden algunas mezclas excelentes de vinagre tradicional y de vino, pero también otras tantas de pésima calidad de vinagre de vino y mosto de uva a las que se les añade colorante de azúcar para que tengan el típico color marrón oscuro del original.

El vinagre balsámico

El **Aceto Balsamico Tradizionale** se considera el mejor tipo de vinagre y por eso es tan caro.

El *aceto balsamico* es el rey de los vinagres. Los paladares más exquisitos aliñan con este vinagre de vino oscuro y de sabor dulce no sólo ensaladas sino también verduras al vapor, salsas para pasta y asados, carnes a la parrilla o fresones frescos. No obstante, a la hora de comprarlo hay que tener en cuenta una cosa: detrás de esta atractiva denominación se ocultan vinagres balsámicos de calidades muy diversas, y no todo lo que se hace llamar «*Aceto Balsamico*» es un auténtico vinagre balsámico italiano. Éste se vende únicamente en frascos abombados con la denominación de origen controlada «*Aceto Balsamico Tradizionale*».

Los vinagres aromáticos

Existen muchos tipos de vinagre aromatizados o perfumados con hierbas o extractos. Aparte de los afrutados (por ejemplo, vinagre de frambuesa), los que gozan de mayor popularidad son los que llevan hierbas aromáticas frescas.

Estos tipos de vinagre también se pueden preparar en casa: sólo hacen falta una botella con tapón de rosca, las hierbas correspondientes, un vinagre base y un poco de paciencia. Por ejemplo, ponga estragón, hojas de laurel y granos de pimienta en una botella y rellénela con vinagre de vino tinto o blanco. Deje reposar la botella cerrada en un lugar cálido durante dos semanas. Transcurrido este tiempo se filtra el contenido, se le añade una rama de estragón fresca ¡y listo! El vinagre se debe conservar en una botella que cierre bien.

Arriba: Hace ya varios milenios que se extrae
aceite de oliva de los frutos maduros del olivo.

El aceite es tan aromático como saludable y se
comercializa tanto filtrado como turbio natural.

De arriba abajo:

Las aceitunas se cosechan entre noviembre
y febrero.

Los frutos, junto con los huesos, son triturados
en un molino de aceite para obtener una pasta
espesa que, acto seguido, se extiende sobre unos
capachos. Éstos se apilan en número de 30
a 40 y se prensan con una prensa hidráulica.

El resultado es una emulsión turbia de aceite
y jugo de aceituna.

Tras centrifugar y filtrar este líquido se obtiene
el aceite puro y transparente.

Los olivos, con sus hojas verdes plateadas, son característicos del paisaje mediterráneo.

El aceite de oliva

Los egipcios, los fenicios y los griegos ya hacían uso del jugo dorado que se obtiene de los frutos del olivo hace 4500 años. Para ellos el aceite no sólo era un valioso alimento, remedio curativo y cosmético sino que también servía de ofrenda, ungüento, combustible para las lámparas de aceite y lubricante. Los nudosos olivos con sus relucientes hojas plateadas ya se cultivaban en toda la cuenca mediterránea en la época romana, y los navegantes europeos terminaron por introducirlo en el Nuevo Mundo. Sin embargo, los principales productores de este aromático aceite vegetal siguen siendo los países mediterráneos, encabezados por España, Italia y Grecia.

El aceite de oliva es un producto muy diverso en cuanto al color, el aroma y el sabor. Puede ser amarillo claro o verde oliva, suave o intenso, dulce y afrutado o áspero y avellanado; todas estas características dependen tanto del clima y la zona de cultivo, como ocurre con el vino, como de la variedad, el grado de maduración y los procesos de transformación de los pequeños frutos ovalados. La cosecha de la aceituna tiene lugar entre octubre y febrero dependiendo de la región, cuando las aceitunas todavía verdes empiezan a madurar. Las aceitunas se recolectan a mano o mediante unas máquinas que zarandean los árboles y, a continuación, son transportadas al molino de aceite o almazara. Allí son lavadas y trituradas con hueso y todo. El aceite contenido en la pasta obtenida se separa por presión y centrifugación del resto del fruto. Este método, que tiene lugar sin aporte de calor ni aditivos químicos, se denomina presión en frío, a pesar de que se

generen temperaturas de hasta 36 °C. Después se filtra el aceite y se envasa para su comercialización.

Existen aceites de oliva de distintas calidades: el más caro y de mejor calidad es el aceite de oliva virgen extra, que en Italia se conoce como «*Olio di oliva extra vergine*». Se obtiene exclusivamente de olivas intactas mediante procesos de elaboración muy meticulosos y tiene una acidez máxima del 1%. Los aceites más delicados y aromáticos son los de Andalucía, Toscana, Liguria y Creta. Un aceite de oliva más barato pero de calidad aceptable es el aceite virgen con una acidez de hasta el 2%. En cambio, los denominados «aceite de oliva» a secas son de peor calidad. El sabor de esos aceites después de la presión en frío no es bueno, o tienen un grado de acidez demasiado elevado, y por eso los refinan y mezclan con aceite virgen para devolverles el aroma que han perdido a causa de la refinación.

El aromático aceite de oliva es un elemento indispensable de la cocina mediterránea. Las variedades suaves realzan mucho el sabor de ensaladas, alimentos crudos, vinagretas y salsas finas, mientras que los tipos de sabor intenso son ideales para aderezar platos de pasta, carnes y pescados, escabeches o brochetas. El aceite de oliva se conserva hasta dos años en un lugar fresco y oscuro. El aceite prensado en frío debe consumirse en el transcurso de pocas semanas una vez abierto el envase, mientras que los aceites refinados duran hasta seis meses. Con el frío, el aceite se enturbia e incluso se solidifica y endurece, pero sin que ello afecte a la calidad.

Las alcaparras

Alcaparrones

Otro manjar mediterráneo son los botones verde aceituna del arbusto caparidáceo alcaparra *(Capparis spinosa)*. Las alcaparras se utilizan como aderezo de ensaladas y de las salsas y pastas más variadas. Los capullos se recolectan a mano, se secan y se ponen en sal, vinagre muy salado o aceite durante varias semanas, como las aceitunas. De este modo adquieren su peculiar sabor acre y especiado. Posteriormente se conservan en vinagre o salmuera. También se consumen de igual forma los alcaparrones o frutos en forma de higo pequeño que se desarrollan a partir de las flores. Son un aperitivo muy popular en Europa meridional y acostumbran a servirse con aceitunas y otros encurtidos. Cuanto más pequeños son los alcaparrones, más delicado es su sabor.

Alcaparras

Cocina mediterránea saludable

La incidencia de enfermedades cardiovasculares, úlceras gástricas y cáncer es mucho menor entre los habitantes de los países mediterráneos que entre los centro y norteeuropeos. Los científicos opinan que uno de los motivos de esta baja incidencia es la dieta mediterránea: abundancia de verduras y frutas ricas en vitaminas y fibra, pocas grasas animales, hierbas frescas, vino tinto con moderación y, sobre todo, consumo regular y abundante de aceite de oliva. Se trata de un aceite vegetal fácil de digerir y que reduce considerablemente la presión arterial, mejora las funciones biliar y hepática y ejerce una acción beneficiosa sobre los niveles de colesterol gracias a su alto contenido en ácidos grasos insaturados. En definitiva: menos arteriosclerosis, infartos cardíacos, embolias y otras enfermedades propias del primer mundo. Por otra parte, los antioxidantes contenidos en el aceite de oliva protegen nuestras células de los denominados radicales libres, que pueden ser causa de cáncer.

Las aceitunas

Alrededor del 90% de la cosecha anual de aceitunas se destina a la fabricación de aceite y únicamente el 10% restante llega al mercado en forma de frutos. Como ocurre con los aceites, existen muchas diferencias de color, sabor y tamaño entre las aceitunas que vienen determinadas por la variedad, el grado de maduración y los factores climáticos. Las *aceitunas (Olea europaea)* verdes, recolectadas antes de su maduración, tienen la pulpa consistente y un sabor entre acre y un poco amargo. Los frutos pardos y negros, es decir, semimaduros y maduros, son más suaves, blandos y oleosos. Entre las mejores variedades destacan la aceituna negra pequeña *niçoise* y la verde *picholine* de Francia, la oscura *kalamata* de Grecia, la negra *ponentine* de Italia, y la verde y fina manzanilla de España.

Para poder saborear los frutos al principio todavía duros y muy amargos del olivo, previamente hay que sumergirlos, ya sean enteros o cascados, en una solución de carbonato sódico que suprime gran parte de los amargos durante el proceso de fermentación y ablanda la pulpa. Las aceitunas están listas para consumir y adquieren su característico sabor acre al cabo de dos o tres meses (las negras tardan menos que las verdes). Después se conservan en salmuera o se adoban con aceite, zumo de limón, hierbas aromáticas, ajo y guindillas. Las aceitunas también se pueden comprar deshuesadas y rellenas de almendra, pasta de pimientos o anchoa.

Los frutos adobados se suelen tomar como aperitivo, mientras que las aceitunas neutras también se emplean como ingrediente de platos tanto calientes como fríos: para acompañar ensaladas y pizzas (a menudo combinadas con queso de cabra, cebolla, alcaparras y atún) o aderezar guisos y salsas. Una especialidad francesa es la pasta de aceitunas *tapenade*, una crema de sabor fuerte elaborada con aceitunas negras, alcaparras, anchoas y ajo que está deliciosa untada en pan recién horneado y con huevos duros.

Aceitunas rellenas de pimiento: una combinación casi tan perfecta como las aceitunas rellenas de anchoa.

Existe una variedad infinita de **aceitunas adobadas**.

Aceitunas con almendras: uno de los rellenos típicos de los países mediterráneos.

Las **aceitunas negras** son más blandas que las verdes y algo más suaves.

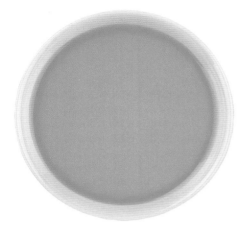

El **aceite de germen de maíz** es de sabor neutro y contiene mucha vitamina E.

El **aceite de girasol** se puede obtener de las semillas peladas o sin pelar, lo que afecta básicamente al color.

Otros aceites

Los aceites son grasas líquidas que, a diferencia de la mantequilla o la manteca, son de origen vegetal y se obtienen sobre todo de semillas, gérmenes y pepitas oleaginosas, pero también de frutos secos y del sarcocarpio de frutas de hueso. La extracción de los aceites se realiza por presión en frío (el método más respetuoso), por aplicación de altas temperaturas o mediante disolventes.

En el método de presión en frío, las semillas oleaginosas se prensan por medios mecánicos sin tostarlas previamente. Los aceites así obtenidos tienen un sabor característico y genuino y contienen más vitaminas, aunque en comparación con el resto son más caros y se conservan durante menos tiempo. Entre los tipos más apreciados figuran, además del aceite de oliva, los aceites de sésamo, de girasol y de pipas de calabaza, que son aromáticos pero suaves, y el aceite de nuez, de aroma intenso. Dichos aceites se utilizan sobre todo para ensaladas, alimentos crudos y vinagretas pero también quedan bien con verduras al vapor, mariscos, pescados y aves. Se recomienda aderezar los platos calientes con unas gotas de aceite crudo antes de servirlos.

Los aceites refinados se someten a un proceso de refinación durante el cual el aceite crudo es purificado, blanqueado y desprovisto de sabores y olores inoportunos. Dicho proceso tiene lugar después del prensado, cuyo rendimiento es mucho mayor gracias al calentamiento de las semillas y al uso de ciertos aditivos. Estos aceites suelen tener un sabor neutro, pero no son tan delicados y por eso van mejor para asar, guisar y freír.

Casi todos los aceites vegetales se distinguen por un alto contenido en ácidos grasos mono o poliinsaturados, y por ello son más saludables que las grasas animales, que contienen principalmente ácidos grasos saturados. Los ácidos grasos poliinsaturados como los ácidos linoleico y linolénico reducen el nivel de colesterol. Los ácidos grasos monoinsaturados también ejercen una acción beneficiosa sobre el nivel de grasas en sangre, puesto que previenen los depósitos del perjudicial colesterol LDL en los vasos sanguíneos. En los aceites de cardo, linaza, nuez y girasol predominan los ácidos grasos poliinsaturados, mientras que los de oliva y colza contienen más ácidos grasos monoinsaturados; estos últimos son más sanos.

El **aceite de sésamo** se emplea sobre todo para postres en la cocina oriental.

El **aceite de pipas de calabaza** se caracteriza por su aroma a frutos secos intenso pero delicado.

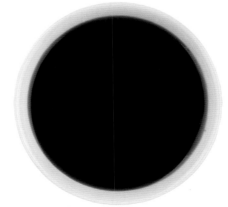

El **aceite de oliva virgen** es un ingrediente indispensable de la cocina mediterránea.

El **aceite de pepita de uva** tiene un sabor suave y afrutado y es ideal sobre todo para ensaladas.

El **aceite de avellana** es muy aromático y se utiliza sobre todo para aderezar platos fríos.

Alioli

4 dientes de ajo

sal

unos 200 ml de aceite de oliva

Pele los ajos y máchaquelos con un poco de sal en el mortero. Cuando el ajo esté bien majado, incorpore el aceite de oliva sin dejar de remover y muy lentamente, primero gota a gota y después en un hilo constante y fino, hasta conseguir una salsa homogénea y espesa. Rectifique el punto de sal, si fuera necesario. Si lo prefiere, retire el germen de los ajos para que el alioli resulte menos picante.

El **aceite de linaza** se obtiene del lino y tiene un aroma fuerte y un poco amargo.

El **aceite de soja** tiene un sabor neutro, tolera bien el calor y es perfecto para freír.

El **aceite de nuez** tiene un delicado aroma y se puede mezclar con otros aceites neutros.

PESCADO
Y MARISCO

Introducción

El pescado y el marisco han formado parte de la dieta humana desde el principio de los tiempos. Los indicios más antiguos que así lo atestiguan son los restos de un esqueleto de siluro encontrado en las excavaciones de una cueva habitada por humanos en Kenia. Se calcula que tiene una antigüedad de 1,5 millones de años. En otra cueva del paleolítico situada en las inmediaciones de Niza, en el sur de Francia, se han encontrado gran cantidad de fósiles de moluscos y caracoles de mar, lo que induce a pensar que nuestros antepasados ya eran aficionados a las ostras frescas.

Las primeras representaciones pictóricas de escenas de pesca son egipcias y datan del cuarto milenio a. C. En ellas aparecen varios hombres con lanzas, cañas de pescar, nasas y redes. El pescado fresco y el marisco gozaban de enorme popularidad en la antigua Grecia. No en vano una de las recetas más antiguas que se conservan hace referencia a la preparación de un delicioso pescado: «Coge la cinta y córtale la cabeza. Lava el pescado y córtalo en trozos. Ponle queso y aceite por encima». Éstas eran las recomendaciones de Mithaikos de Sicilia, que en el siglo V a. C. era considerado algo así como un Fidias de la cocina. Griegos y romanos eran ávidos consumidores de pescado de mar. En la Roma decadente los pudientes se hacían llevar la codiciada mercancía a la ciudad en cubos de agua portados por corredores que se iban relevando durante el trayecto.

El consumo de pescado fresco fue durante mucho tiempo privilegio exclusivo de las poblaciones costeras, hasta que se aprendió a conservar la perecedera presa con métodos como el secado, el ahumado y la salazón. Las técnicas modernas de congelación nos permiten disfrutar del pescado fresco en cualquier época del año y en cualquier lugar.

El pescado desempeña hoy un papel más importante que nunca en la alimentación humana, y no sólo desde el punto de vista culinario: es un producto cien por cien natural que contiene, sobre todo el de mar, numerosas vitaminas y minerales esenciales. Además, es rico en proteínas de alta calidad que nuestro organismo asimila mejor que cualesquiera otras. Del pescado es sana hasta la grasa, que está presente en mayor o menor cantidad según la clase: contiene los denominados ácidos grasos omega-3. Según descubrimientos recientes, esos ácidos grasos reducen el nivel de colesterol y, por consiguiente, también el riesgo de padecer enfermedades cardiovasculares.

Pero, por encima de todo, el éxito del pescado y el marisco se debe a su incomparable sabor. Además, son productos que no presentan demasiadas complicaciones en la cocina. Lo principal para asegurarse de que un plato de pescado salga bien es que sea lo más fresco posible.

El pescado fresco ha ocupado desde siempre un lugar fundamental en la dieta de los pueblos costeros de Europa.

Conservas de pescado

El pescado es un producto que se echa a perder enseguida, y por eso existen diversos métodos de conservación, todos ellos de larga tradición, que permiten disfrutar de él durante más tiempo. El más sencillo y antiguo es el secado al aire: así se preparan por ejemplo el *bacalao salado* (abadejo) y el *seco*. El principal recurso para la conservación es la sal, porque absorbe el líquido de los tejidos. En particular los pescados grasos o azules admiten muy bien la salazón. Los boquerones, por ejemplo, se conservan en salazón, al igual que el *gravlaks* o salmón salado noruego. Otra salazón de larga historia es el arenque en salmuera. La conservación con vinagre admite múltiples variantes y se emplea, por ejemplo, con los arenques y las sardinas. Primero se pone el pescado en remojo en vinagre y sal durante unos días, y a continuación se conserva en vinagre sazonado con azúcar y especias. Pero, de todos los métodos de conservación, el ahumado es el que permite obtener unos resultados más exquisitos: el *salmón*, la *anguila*, la *trucha*, el *arenque* y la *barbada* adquieren un delicado aroma y el característico color dorado mediante el ahumado.

Gran parte de los boquerones se comercializa en conserva. Las anchoas fabricadas en España son las de mejor calidad.

Los boquerones y las sardinas

Los *boquerones* y las *sardinas* pertenecen a la familia de los *arenques*. Ambos prefieren las aguas templadas y acostumbran a vivir en grandes bancos en el Mediterráneo y el Atlántico nororiental. En la época de desove emprenden largas migraciones. Las dos especies son muy parecidas: su cuerpo es largo y estilizado, el lomo, recto, tiene un brillo verde azulado, y los costados y el vientre, ligeramente abombado, son de un blanco plateado. Los boquerones suelen medir unos doce centímetros de largo. Las sardinas son algo más grandes, y su rasgo característico son la cola simétricamente hendida y las manchas irregulares e irisadas en el lomo.

Tanto los boquerones como las sardinas se pueden comprar frescos y en conserva: los boquerones, en salazón *(anchoas)*, y las sardinas, en aceite. Las sardinas fueron el primer pescado que se conservó en lata, a principios del siglo XIX. Las sardinas en aceite pueden ser de calidades muy diversas. Las mejores son las conservadas en aceite de oliva virgen.

Las mejores anchoas se producen en España. Las capturan los barcos que faenan por aguas del Golfo de Vizcaya y atracan en los puertos de Zumai y Ondarroa, y también pescadores del Mediterráneo. En España, el sur de Francia e Italia, anchoas y boquerones se suelen comer como aperitivo. Un clásico de la cocina provenzal es la *pissaladière*, una especie de pizza con anchoas, cebolla y aceitunas. Con anchoas también se pueden elaborar sabrosos condimentos. Para ello hay que desalarlos y triturarlos. Con el puré así obtenido se puede condimentar una simple salsa de tomate o aromatizar una sopa de pescado, aunque también va muy bien con los asados de cordero.

Las anchoas también son un ingrediente indispensable de la *tapenade*, una sabrosa pasta de aceitunas, alcaparras, anchoas y aceite de oliva que se sirve como acompañamiento de verduras, huevos duros o pasta. Otra salsa con mucho sabor es la *anchovada*, un puré de anchoas y ajo ligado con aceite de oliva.

El boquerón se caracteriza por un maxilar superior prominente.

La sardina se reconoce por el vientre en forma de quilla.

Después de eliminar el exceso de sal, los filetes de anchoa se introducen a mano, uno a uno, en tarros de cristal.

Las mejores anchoas son las que se elaboran con aceite de oliva de primera calidad.

Los boquerones y las sardinas frescos

A diferencia de lo que ocurre en los países centroeuropeos, los boquerones y las sardinas frescos son muy habituales en nuestros mercados. Su sabor es excelente y, gracias a un contenido en grasa relativamente elevado, quedan muy bien a la parrilla. Cuando son pequeños y muy frescos, no hace falta descabezar los pescados: basta con escamarlos. En particular los boquerones, quedan muy buenos fritos enteros. Para freírlos, hay que abrirlos, quitarles la espina (pero no la cabeza ni la cola), enharinarlos y luego sumergirlos en abundante aceite de oliva hirviendo. Los *boquerones en vinagre* son un aperitivo refrescante.

Hojas de parra con sardinas y salsa de aceitunas

Salsa:
100 g de yogur desnatado
50 g de mayonesa
20 aceitunas rellenas de pimiento
2 dientes de ajo prensados
2 cucharaditas de granos de pimienta verde
sal yodada

Sardinas:
25 sardinas (unos 800 g)
pimienta blanca recién molida
25 hojas de parra de lata
25 lonchas delgadas de beicon
4 cucharadas de aceite de oliva

Mezcle el yogur con la mayonesa. Corte las aceitunas en rodajas finas e incorpórelas a la mezcla. Añada también el ajo prensado y los granos de pimienta escurridos. Mezcle bien todos los ingredientes y sale la salsa.

Sazone las sardinas con abundante pimienta. Lave las hojas de parra y déjelas escurrir. Envuelva cada sardina con una loncha de beicon y, a continuación, con una hoja de parra, dejando a la vista la cabeza y la cola. Unte las sardinas con aceite y áselas a la parrilla o fríalas durante unos 5 minutos por cada lado. Sirva las sardinas acompañadas de la salsa de aceitunas.

El pescado ahumado

El ahumado sirve para prolongar la conservación del pescado, que es muy perecedero. La pieza, entera o troceada, se introduce en un horno con troncos en llamas o brasas, donde pierde el agua y absorbe las sustancias bactericidas del humo. Al mismo tiempo, la carne adquiere un sabor muy peculiar. El pescado azul es el más indicado para ahumarlo.

Existen dos tipos de ahumado: en caliente y en frío. El ahumado en caliente consiste en dejar colgado el pescado hasta cuatro horas en un horno a una temperatura mínima de 60 °C. Mediante este procedimiento, el pescado se conserva alrededor de una semana. En el ahumado en frío, primero se sala y se lava el pescado, y a continuación se deja colgado en un horno de humo a una temperatura de unos 20 °C hasta seis días. Los pescados así conservados duran al menos dos semanas.

El salmón es uno de los pescados ahumados en frío más conocidos. Se ahúman sobre todo salmones de piscifactorías noruegas, las cuales garantizan una oferta constante a precios moderados. Una especialidad de Prusia oriental es el *Stremellachs*, porciones o tiras de salmón ahumadas en caliente. El *kipper* es un arenque ahumado en frío típico de Inglaterra que se prepara sin la cabeza y abierto por el lomo. El tiempo de ahumado es bastante corto, por lo que hay que consumirlo en poco tiempo. Se suele servir frito para desayunar, y a veces lo remplaza la barbada ahumada en frío. Los arenques ahumados en caliente del mar del Norte y el Báltico que se consumen en Alemania se denominan «*Bückling*», y se ahúman sin destripar y con la cabeza. Con tiras de galludo sin piel, que se enrollan en espiral al ahumarlas, se elaboran los denominados «tirabuzones» *(Schillerlocken).*

Uno de los pocos pescados de agua dulce adecuados para el ahumado es la anguila, porque tiene la carne grasa. Primero se frota con sal para eliminar la capa mucilaginosa, y luego se destripa y se ahúma durante unas horas. El pescado ahumado más magro de todos es la trucha, que se suele comercializar destripada y sin piel.

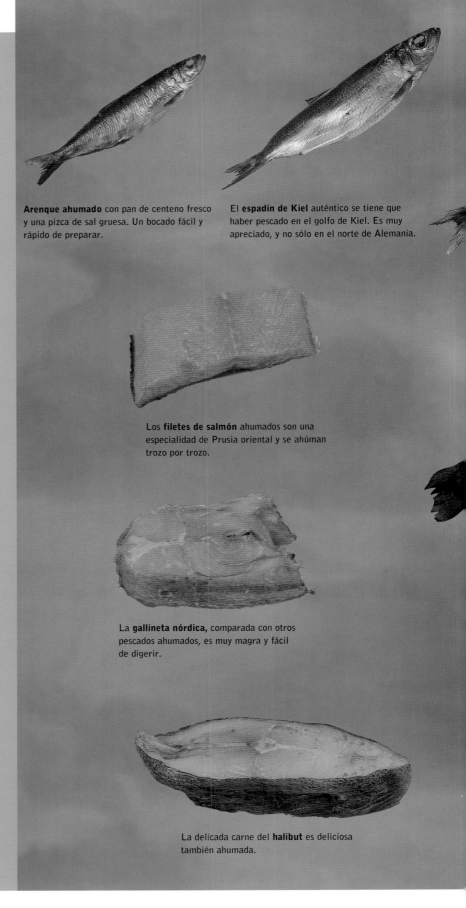

Arenque ahumado con pan de centeno fresco y una pizca de sal gruesa. Un bocado fácil y rápido de preparar.

El **espadín de Kiel** auténtico se tiene que haber pescado en el golfo de Kiel. Es muy apreciado, y no sólo en el norte de Alemania.

Los **filetes de salmón** ahumados son una especialidad de Prusia oriental y se ahúman trozo por trozo.

La **gallineta nórdica,** comparada con otros pescados ahumados, es muy magra y fácil de digerir.

La delicada carne del **halibut** es deliciosa también ahumada.

Espadines
y pescados ahumados

La **caballa,** dorada y jugosa, es ideal para ahumar porque tiene la carne grasa.

Las **truchas** ahumadas con madera de enebro tienen un sabor muy delicado. Una salsa cremosa de rábano rusticano es un acompañamiento perfecto.

Una especialidad poco común son las **huevas de pescado** ahumadas, muy apreciadas en los países escandinavos.

El *espadín*, como la sardina y el boquerón, pertenece a la familia de los arenques. Tiene el cuerpo alargado y el vientre aquillado. El lomo es azulado, y los costados presentan una franja de color bronce. El espadín vive en el Atlántico noroeste, el mar del Norte, el Báltico y el mar Negro. Los pececitos, de unos 16 centímetros de largo, nadan cerca de la costa y de la desembocadura de los ríos.

Por su elevado contenido en grasa, son ideales para ahumar. Una de las variedades más apreciadas y consumidas en el norte de Europa son los espadines de Kiel. Los auténticos se tienen que haber pescado en el golfo del mismo nombre. Los espadines son de mejor calidad en otoño e invierno, y no se destripan antes del ahumado: sólo se lavan, se escaman y se dejan en una salmuera ligera durante alrededor de una hora. A continuación se ahúman en el horno a una temperatura de entre 70 y 90 °C. El bonito color dorado aparece hacia el final del proceso de ahumado, cuando las brasas se cubren con astillas húmedas, lo que produce un humo denso, que también confiere al pescado un aroma muy intenso. El ahumado en caliente se puede prolongar hasta cuatro horas, según el tipo y el tamaño del pescado.

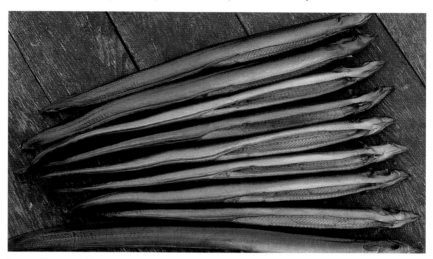

La anguila va muy bien para ahumar porque tiene la carne grasa.
Las anguilas más exquisitas son las del lago Steinhuder, en Alemania.

Los **espadines** de mejor calidad son los que se pescan en los meses de otoño e invierno.
Suelen comercializarse en cajas de madera pequeñas.

La **platija** se caracteriza por los grandes puntos naranjas o rojos que tiene en la parte superior. Este pescado puede llegar a medir 90 cm de largo y a pesar 3 kg.

La piel marrón grisácea del **rodaballo** encierra una carne muy aromática y de deliciosa textura.

Peces planos

A diferencia de sus congéneres, los *peces planos* no se desplazan por el agua con el lomo hacia arriba sino de lado. Ambos ojos se localizan en la parte superior, la que presenta una coloración oscura. La parte inferior es de color blanco o crema. A los sibaritas se les hace la boca agua al pensar sobre todo en dos especies de este orden: el lenguado y el rodaballo. Son dos de los pescados con más renombre de todos, lo cual se refleja en el precio.

El área de distribución de las distintas especies de peces planos es muy amplia. Lenguados y platijas, por ejemplo, viven en el Atlántico y el Mediterráneo, y el rodaballo, además, en el Pacífico. El halibut habita los mares septentrionales.

El *lenguado* debe la exquisitez de su carne a una dieta compuesta de crustáceos, moluscos, estrellas de mar y peces pequeños. Los ejemplares grandes pueden llegar a medir 60 cm y a pesar 3 kg. Sin embargo, el lenguado se suele servir en ejemplares de ración o en filetes sin espinas. En Francia se prepara la *sole normande*, lenguado en una salsa de nata con marisco, mientras que en los países mediterráneos se prefiere entero a la plancha. Con todo, la receta más famosa de todas es el lenguado *à la meunière*, rebozado en harina, frito en mantequilla y con salsa de cítricos.

El *rodaballo*, romboidal, tiene la piel marrón grisácea, y no la tiene cubierta de escamas sino de pequeñas tuberosidades rugosas que parecen piedrecitas. Puede medir alrededor de 1 m de largo y pesar hasta 25 kg, aunque los que se vende en las pescaderías suelen medir entre 40 y 80 cm y pesar y entre 1 y 5 kg. También hay rodaballos de ración. La carne, consistente y blanca, conserva toda su jugosidad y aroma después de cocinarla. El pescado se puede filetear o preparar entero. Su exquisito sabor se aprecia sobre todo a la parrilla o al vapor (existe en el mercado una olla especial para prepararlo, la *turbotière*) y a la sal.

Cómo preparar los peces planos

Para pelar el pescado, haga primero una incisión en la cola y separe la piel con la punta del cuchillo.

Sujete el extremo de la piel con una mano y estire en dirección a la cabeza.

Para filetear el pescado, haga un corte a lo largo de la espina central y separe los dos filetes con ayuda del cuchillo, a ras de las espinas.

Dele la vuelta y separe los otros dos filetes de la misma forma.

Consejos generales

Para respetar al máximo el delicado sabor de los peces planos hay que cocinarlos con piel y espinas. Quedan muy bien al vapor, a la parrilla o fritos. Lo ideal son las piezas de ración de entre 350 y 400 g. Los peces planos más pequeños también se pueden filetear y rellenar. Para hacerlo, hay que practicar un corte en uno de los lados y retirar la espina central. Sobre todo con los estrechos filetes del lenguado, se pueden elaborar deliciosos rollitos de pescado. La parte de la piel debe quedar siempre hacia dentro, porque al encogerse como lo hace durante la cocción mantiene la forma del rollito.

El **lenguado** es un pescado plano y de color poco llamativo que entusiasma a los paladares más exquisitos. Los romanos lo llamaban «sandalia de Júpiter».

El más grande de los peces planos es el *halibut*. Puede llegar a medir 4 m de largo y a pesar alrededor de 300 kg. Normalmente se vende en filetes sin espinas, o en trozos con piel y la espina central. La carne del halibut es blanca y de consistencia muy tierna, por lo que resulta excelente para hacer muselinas espumosas y croquetas o albóndigas de pescado.

La *platija* se distingue por los grandes puntos rojos o naranjas que tiene en la parte superior. Puede medir hasta 90 cm de largo y pesar hasta 3 kg. En las pescaderías se suelen vender piezas de ración, pero los filetes ultracongelados son quizá más prácticos. La platija está buenísima a la parrilla o frita, y se acostumbra a preparar con beicon.

Rollitos de platija rellenos

Rollitos de platija:

600 g de filetes de platija

el zumo de $1/2$ lima

sal

pimienta blanca recién molida

100 g de gambitas peladas de tarro

100 g de pulpa de aguacate

2 cucharadas de mostaza un poco picante

2 cucharadas de pan rallado

3 cucharadas de parmesano o pecorino rallado fino

harina para rebozar

4 cucharadas de aceite de girasol

Otros ingredientes:

400 g de col china

1 cebolla pequeña

1 diente de ajo

2 cucharadas de mantequilla

sal

pimienta blanca recién molida

nuez moscada recién rallada

3 cucharadas de nata fresca espesa

Lave los filetes de pescado con agua fría, séquelos con un paño y rocíelos con el zumo de lima. Déjelos macerar unos minutos. Vuelva a secar el pescado con un paño y corte los filetes a lo largo en tiras de 5 cm de ancho. Sazónelas con sal y pimienta por su cara interior. Escurra las gambitas y póngalas en un cuenco. Pique la pulpa de aguacate y añádala a las gambas; añada también la mostaza. Triture la mezcla en la batidora. Incorpore el pan rallado y el queso. Unte los filetes de pescado con la pasta de gambas, enróllelos y sujételos con un palillo. Enharínelos.

Caliente el aceite en una sartén y fría los rollitos por todos los lados. Precaliente el horno a 180 °C.

Corte la col china en juliana muy fina. Pique el ajo y la cebolla y sofríalos en mantequilla caliente en una cazuela. Añada la col china y rehóguelo sin dejar de remover. Sazone con sal, pimienta y nuez moscada. Ponga los rollitos de pie en una fuente de horno. Reparta la verdura entre los rollitos de pescado y vierta la nata por toda la fuente. Hornéelo a altura y temperatura medias durante 25 minutos.

Bullabesa

1 kg de marisco limpio y preparado (cangrejos, gambas, langostinos, mejillones)

1 kg de pescados mediterráneos limpios y preparados (por ejemplo, gallo, salmonete, halibut, trilla, rape)

2 cebollas grandes bien picadas

6 cucharadas de aceite de oliva

4 tomates pequeños

1 ramillete de hierbas (perejil, tomillo, hoja de laurel)

1 trozo de piel de naranja

3 dientes de ajo prensados

1-2 g de azafrán majado

sal y pimienta negra recién molida

2-4 cl de pastís

4 rebanadas de pan de hogaza tostado

Lave el marisco y el pescado con agua fría. Sofría la cebolla en una cazuela grande con 4 cucharadas de aceite de oliva. Escalde los tomates, pélelos y córtelos en daditos. Ponga el tomate con la cebolla y añada el ramillete de hierbas, la piel de naranja, el ajo y el azafrán. Salpimiéntelo. Incorpore los crustáceos más grandes y los pescados de carne más consistente, rocíelo con el resto del aceite de oliva y vierta agua hirviendo hasta cubrir todos los ingredientes. Llévelo a ebullición y déjelo hervir a fuego lento durante 5 minutos. Añada el resto de los crustáceos y pescados y prosiga la cocción otros 5 o 7 minutos. Sazone la sopa con pastís, sal y pimienta. Ponga el pan tostado en el fondo de cuatro platos hondos y sirva la bullabesa encima.

El pez de san Pedro se alimenta básicamente de sardinas y arenques.

El pez de san Pedro

Aunque el *pez de san Pedro* parece un pez plano, no pertenece al orden de los Teleósteos. Su cuerpo es ovalado, de lomo prominente y delgado, gris y salpicado de dorado. Presenta una mancha redonda característica en ambos flancos. Cuenta la leyenda que esos puntos oscuros son la marca que dejaron los dedos del apóstol Pedro cuando lo sacó del agua conminado por Jesús y halló un puñado de monedas dentro de su boca con las que pudo pagar los impuestos que debía.

El pez de san Pedro vive en el Atlántico este, el Mediterráneo, el mar Negro y el Pacífico. Tiene fama de voraz y suele vivir solo o en bancos pequeños. Se alimenta básicamente de sardinas, espadines y arenques. Suele medir entre 20 y 50 cm y pesar de 2 a 3 kg. Por su carne sabrosa y con pocas espinas, es un pescado muy apreciado. No es muy abundante, lo que encarece su precio.

Cuando compre un ejemplar entero, tenga en cuenta que la gran cabeza y las tripas representan la tercera parte del peso total. Por eso hay que ser generoso al calcular la cantidad que se va a necesitar. Tenga cuidado cuando vaya a limpiarlo, porque la aleta dorsal está armada con unas espinas muy afiladas. La mejor forma de apreciar el delicado sabor característico del pez de san Pedro son las preparaciones más sencillas: frito en mantequilla, al vapor o cocido en papillote en su propio jugo. Si lo prepara entero, no se le ocurra despreciar las mejillas, que son bastante grandes y exquisitas.

Filetes de lenguado con berenjena

8 filetes de lenguado de 150 g
2 cucharadas de zumo de limón
sal, pimienta recién molida
8 cucharadas de harina
1 hoja de laurel
1 diente de ajo pequeño, pelado
8 cucharadas de mantequilla clarificada
2 berenjenas pequeñas
5 cucharadas de mantequilla derretida
1 cucharada de perejil picado

Ponga los filetes sobre una superficie de trabajo y rocíelos con el zumo de limón. Salpimiéntelos. Ponga 4 cucharadas de harina en un plato. Caliente el ajo con la hoja de laurel en una sartén grande con 4 cucharadas de mantequilla fundida. Enharine los filetes sazonados y póngalos enseguida en la grasa caliente. Fríalos un minuto por cada lado. Coloque los filetes en diagonal en el centro de una fuente de porcelana grande precalentada. Manténgalos calientes. Filtre la grasa con un colador forrado con un paño de hilo, limpie la sartén y vuelva a poner la grasa con 4 cucharadas más de mantequilla fundida. Caliéntela.

Corte las berenjenas a lo largo en lonchas de 7 mm de grosor. Salpimiéntelas. Enharine las berenjenas y fríalas en la mantequilla caliente hasta que estén crujientes. Ponga las berenjenas alrededor de los filetes de lenguado como si fueran tejas. Rocíe el pescado con el resto de la mantequilla y espolvoréelo con perejil picado.

Sopas de pescado

Las sopas de pescado, como la bullabesa, la *bourride,* la *cacciucco* o la *brodetto,* son platos típicos de todos los países mediterráneos. Por lo general llevan varios tipos de pescado y marisco, tomate, cebolla y diversos condimentos. Tiempo atrás, estas sopas eran el plato que los pescadores elaboraban con todo lo que no habían podido vender de las capturas del día. La bullabesa y otras sopas de pescado gozan hoy de gran aceptación entre los paladares más exigentes.

Especies de espáridos

Franjas transversales oscuras surcan el lomo del **sargo.** Se suele vender ultracongelado.

La **dorada** debe su nombre a una franja dorada que tiene entre los ojos. En Francia la llaman *«dorade royale».*

El **dentón** se caracteriza por un perfil pronunciado. Presenta unos puntos oscuros sobre los costados de color plateado azulado.

El **pagel** o **breca** se distingue por sus escamas rojizas. En cambio, el interior de la boca y las agallas son negros.

El papillote

La cocción al papillote es muy respetuosa con los alimentos y apta tanto para pescados enteros como en filetes o rodajas. El papel protege el pescado del calor del horno, evitando que se reseque. Para prepararlo, con un pincel, unte un trozo de papel de estraza con mantequilla líquida o aceite de oliva. Coloque el pescado sazonado encima y condiméntelo con las hierbas o ingredientes que desee. Cierre el papel por todos los lados y coloque el paquete en el horno precalentado a una temperatura de 175 °C. Cueza el pescado de 15 a 25 minutos, según el tamaño. Abra el paquete en la mesa.

Los espáridos

La familia de los *espáridos* es muy amplia, y algunos de sus integrantes son muy apreciados en la mesa, sobre todo la *dorada*. Todas las especies se caracterizan por el cuerpo ovalado, el lomo prominente y los costados planos. Hay que tener cuidado a la hora de limpiarlos: la parte delantera de la larga aleta dorsal está provista de espinas. La mayoría de estos peces son herbívoros u omnívoros y viven en aguas cálidas y templadas. Son muy abundantes sobre todo en el Mediterráneo y la costa atlántica oriental.

La especie de espárido más apreciada, con diferencia, es la dorada. La franja dorada que tiene entre los ojos y que le da nombre empieza a palidecer una vez pescada. La carne tersa y delicada de la dorada, que puede medir hasta 70 cm de largo, tiene pocas espinas y un aroma mucho más marcado entre julio y octubre. El *pagel* o *breca* tiene el cuerpo y las aletas de color rojizo, mientras que el interior de la boca y las agallas son negros. Es un pescado bastante apreciado sobre todo en la cuenca mediterránea.

La *chopa*, «*dorade grise*» en francés, está recubierta de escamas grises oscuras y entre los ojos presenta una franja irisada de color verde azulado. La carne de este pescado de como máximo 50 cm de largo es ideal para asar a la plancha. El *pagro* o *pargo*, de carne muy sabrosa, no es demasiado habitual en nuestros mercados. Las escamas de este pescado de hasta 75 cm de largo tienen un brillo rosa grisáceo. En invierno, el pagro se refugia en aguas profundas y alejadas de la costa.

El *dentón* se caracteriza por una cabeza imponente y unos dientes que delatan que es un depredador. Las escamas son entre plateadas y azuladas, con las aletas pectorales rosas. La *herrera* se distingue por unas bandas transversales oscuras que recorren el lomo y los costados. Habita las aguas del mar Negro, el mar Rojo y el océano Pacífico. Su carne es de color gris claro y consistente, aunque no tan delicada como la de otros espáridos.

La sal marina

La sal de mejor calidad se sigue obteniendo del mar según métodos tradicionales. Una de las más famosas es la sal de Guérande, en la Bretaña francesa, de la que se producen dos calidades distintas: *gros sel,* o sal gruesa, y *fleur de sel,* flor de sal. El agua acumulada en salinas a orillas del mar se evapora. Los cristales de sal se depositan y luego se recogen a mano. La sal gruesa es la sal marina sin más que se deposita en el fondo de las salinas, mientras que la flor de sal es la que se extrae a diario de la superficie de la salina. La flor de sal es muy apreciada por su singular sabor, y representa sólo el 4% del rendimiento de una salina. La tonalidad grisácea de la sal marina no es un signo de mala calidad sino todo lo contrario: se debe al terreno arcilloso de las salinas.

Dorada a la sal

1 dorada (de alrededor de 1,2 kg)
pimienta blanca recién molida
1 limón de cultivo biológico
3 ramas de eneldo
3 claras de huevo
2 kg de sal marina gruesa
grasa para la placa de horno

Lave muy bien el pescado y séquelo con un paño de cocina. Sazónelo por dentro y por fuera con pimienta. Corte el limón en rodajas gruesas e introdúzcalas, con el eneldo, en la cavidad abdominal. Monte las claras a punto de nieve. Incorpóreles poco a poco la sal marina, y añada un poco de agua si fuera necesario. Doble una hoja de papel de aluminio en tres capas para formar una tira de unos 5 cm de ancho. Prepare cinco tiras en total y entrelácelas. Deles la forma del pescado pero un poco más grande. Coloque el molde de papel de aluminio sobre una placa de horno engrasada y rellénelo con una tercera parte de la masa de sal. Ponga el pescado encima y cúbralo con el esto de la sal.

Cueza el pescado en el horno precalentado a 200 °C durante 40 minutos.

La cocción a la sal

Los pescados enteros quedan muy bien hechos al horno bajo una capa de sal. Este tipo de preparación acentúa el aroma del pescado y hace innecesarios otros condimentos. Por cada kilo de pescado hacen falta unos 2 kg de sal marina gruesa, a ser posible sin refinar y que conserve algo de humedad. Se coloca la mitad de la sal sobre una placa de horno o una fuente de hornear grande y se pone el pescado sazonado encima. Se cubre con el resto de la sal y se asa durante unos 30 minutos en el horno precalentado a 250 °C. Al cabo de ese tiempo, se saca el pescado del horno y se deja reposar 5 minutos. Se rompe la capa de sal, se pone el pescado en una fuente, y se le quitan las espinas. Es fundamental no dejar el pescado en la capa de sal durante más tiempo para que no se sale demasiado y se vuelva incomestible.

¿Es fresco?

Hay unos indicios que nos permiten saber sin ningún género de duda si un pescado es fresco. Lo primero que hay que mirar son los ojos: el pescado fresco tiene las pupilas cristalinas y abombadas, nunca turbias ni hundidas. Luego se examinan las agallas: tienen que ser de un color rojo brillante. La piel debe tener un brillo húmedo. Presione el pescado con el pulgar y fíjese en que no quede ninguna marca. Por último, compruebe el olor: el pescado fresco desprende un agradable olor a mar y algas. Comprobar si un pescado es fresco resulta mucho más difícil si se compra en porciones. Fíjese sobre todo en el buen olor. La carne debe tener un aspecto ligeramente vítreo. Los bordes resecos y los cambios de color son mala señal.

Sugerencia:
Si quiere conservar pescado fresco durante un tiempo en casa, guárdelo en la nevera a 0 °C envuelto en film transparente (sin apretar demasiado) y cubierto de hielo. Si está entero, es imprescindible limpiarlo antes. Por lo general el pescado azul, como el arenque, el salmón o la caballa, se estropea antes que el blanco.

Al vapor en cesta de bambú

Cocinar al vapor en cesta de bambú es habitual en las cocinas asiáticas. El pescado no entra en contacto directo con el agua caliente sino que se cuece al vapor. Así, absorbe perfectamente los aromas de las hierbas o condimentos (como hojas de lima kafir o limoncillo). Las cestas de bambú entretejido se pueden comprar en comercios especializados bien surtidos o en tiendas asiáticas. Un pescado entero de unos 500 g tardará entre 15 y 20 minutos en cocerse al vapor, mientras que las rodajas o los filetes se hacen enseguida.

Cómo preparar el pescado

1. Casi todos los pescados se tienen que escamar, lo que se puede hacer con un instrumento especial, el escamador.

2. Pero el pescado también se puede escamar con un cuchillo de cocina grande, mejor con el lomo. Siempre hay que trabajar de la cola a la cabeza.

3. Por lo general, los pescados se destripan practicando un corte en el abdomen de la cola a la cabeza.

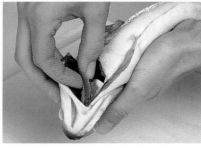

4. Saque primero las agallas, porque pueden amargar un poco el plato.

5. Por último, extraiga las vísceras, procurando no romperlas. Puede ayudarse de una cuchara.

6. Para preparar ciertos platos hay que limpiar el pescado por el lomo.

7. Para retirar la espina central hay que separarla justo por detrás de la cabeza y por delante de la cola.

8. Así, las espinas y las vísceras salen con facilidad.

El pargo rojo

Este pez de llamativo color rosado vive en las aguas del Atlántico oeste. Se pesca en las zonas más cálidas, desde Carolina del Sur hasta Brasil y en el Caribe. A veces lo podemos encontrar en nuestros mercados. También se conoce como *pargo colorado*. El principal mercado de este delicado pescado son los Estados Unidos, donde es de los más apreciados.

El pargo rojo suele pesar entre 2 y 3 kg y se puede preparar de muy diversas formas. Su carne es consistente y blanca, y tiene pocas espinas y grandes. Es perfecto para rellenar. En Estados Unidos existen numerosas recetas con este pescado como ingrediente principal. Las más interesantes proceden de la cocina criolla de los estados sureños, que combina influencias europeas y africanas. Este pescado se suele preparar condimentado con hojas de sasafrás, cayena molida y lima.

El *pargo de mangle* o *pargo gris* suele caer en las redes de los pescadores con mucha más frecuencia que su hermano mayor rojo. Por lo general no supera los 500 g, pero su carne es igual de sabrosa. Otro pescado de la familia es el *emperador rojo*, que vive en aguas del mar Índico y el océano Pacífico. Este exquisito pescado, muy parecido al pargo rojo pero que puede medir hasta 1 m de largo, abunda sobre todo frente a las costas de Australia.

La palometa

La *palometa* también se conoce como *«palometa negra»*, *«japuta»* o *«zapatero»*. En Francia recibe el nombre de *«hirondelle de mer»*, «golondrina de mar». Vive tanto en aguas del Atlántico como del Pacífico. El área de distribución de la palometa atlántica se extiende desde Noruega hasta el Mediterráneo pasando por Madeira, mientras que la del Pacífico habita desde aguas del mar de Bering hasta el sur de California pasando por Japón.

El cuerpo entre ovalado y trapezoidal de este pez presenta flancos muy aplanados y está recubierto de escamas plateadas. La palometa suele medir unos 60 cm de largo, aunque la atlántica puede ser algo más grande. Vive en las profundidades y sube a la superficie por la noche para cazar calamares y abordar bancos de peces pequeños.

La palometa es muy apreciada sobre todo en Asia, donde es objeto de veneración por su carne consistente y sabrosa. Las más codiciadas son las *palometas chicas*, que no suelen pesar más de 150 g y se preparan en un santiamén. En cambio, las *palometas plateadas* son más grandes y se reservan para platos más elaborados.

Sea cual sea su tamaño, la palometa admite todo tipo de preparaciones. Es un pescado con muy pocas espinas que queda delicioso frito en mantequilla o hecho al vapor con especias asiáticas.

En China es costumbre ahumarla antes de cocinarla, lo que le confiere un color pardo rojizo y un aroma muy peculiar.

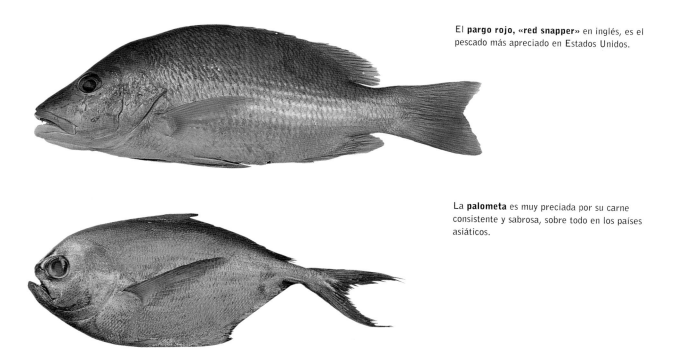

El **pargo rojo, «red snapper»** en inglés, es el pescado más apreciado en Estados Unidos.

La **palometa** es muy preciada por su carne consistente y sabrosa, sobre todo en los países asiáticos.

La lubina

La *lubina* o *róbalo* es un pez de la familia de los Serránidos que vive en el Mediterráneo y el Atlántico. Es muy apreciado y desde hace unos años se ha conseguido criarlo con éxito en piscifactorías.

Este delicado pescado de mar puede llegar a medir 1 m y pesar 12 kg. Es esbelto y oblongo, de color gris metálico, oscuro en la parte superior y casi blanco en el abdomen, y está totalmente recubierto de escamas bastante grandes, incluso en la cabeza. Se pesca en el Atlántico norte, el Mediterráneo y el mar Negro, donde caza calamares y asalta bancos de peces pequeños cerca de la costa. En verano también remonta las desembocaduras de los ríos. La mejor temporada de la lubina son los meses de agosto y septiembre.

La lubina es uno de los pocos pescados que no se pesca con red sino con anzuelo. Por eso la oferta es más escasa que la demanda y es un pescado caro. Hay que limpiarlo y prepararlo con mucho cuidado, porque la parte delantera de su aleta dorsal está armada con unas espinas muy afiladas. Los opérculos de las agallas están dentados con diminutas espinas que hay recortar antes de escamar la pieza.

La lubina está exquisita asada entera a la parrilla o al horno. Se le ponen unas hierbas en el vientre, se hacen unos cortes en los costados y se unta con aceite de oliva de buena calidad. La lubina hervida o al vapor acompañada de una mayonesa condimentada también es ideal para un bufé frío.

Cómo escamar un pescado

Casi todos los pescados se tienen que escamar antes de guisarlos. Por lo general, en la pescadería escaman y destripan el pescado que venden, pero si tiene la suerte de que le regalen una pieza recién pescada tendrá que hacerlo en casa.

1. Extienda el pescado sobre una superficie de trabajo. Sujételo por la cola, si hace falta con un paño para que no se le escurra.

2. Raspe las escamas de la cola y la cabeza. Existe en el mercado un utensilio especial para hacerlo, pero también se puede hacer con el lomo de un cuchillo de cocina grande.

3. Limpie de vez en cuando el pescado con agua para desprender las escamas sueltas. Para que no se le llene la cocina de escamas, puede escamar el pescado en el fregadero.

Mero relleno

Pida en la pescadería que le abran el mero por el lomo y le quiten las espinas y las vísceras.

10 g de boletos comestibles (calabazas) secos
100 g de gambas cocidas peladas
1 cucharada de tomillo picado
1 huevo
1-2 cucharadas de pan rallado
nuez moscada rallada
1 mero (de alrededor de 1,4 kg)
sal y pimienta negra recién molida
1 cebolla
grasa para la fuente
30 g de mantequilla
250 ml de vino blanco

Deje las setas en remojo en agua caliente 15 minutos y píquelas bien. Pique también las gambas. Mezcle esos dos ingredientes con el tomillo, el huevo y el pan rallado y sazone la pasta con nuez moscada. Lave el pescado y séquelo con un paño. Sazónelo con sal y pimienta por dentro y por fuera y rellénelo con la mezcla de gambas y setas. Cierre la abertura con un palillo. Pele la cebolla, córtela en aros y espárzala en una fuente de horno engrasada. Coloque el pescado en medio y ponga unas nueces de mantequilla por encima. Riéguelo con el vino blanco. Hornee el pescado a 180 °C durante unos 45 minutos, mojándolo varias veces con el líquido de la cocción.

El mero

La familia de los *Serránidos*, a la que pertenece el mero, está integrada por numerosas especies que habitan en mares templados y tropicales. Algunas de ellas no sólo son muy apreciadas en cocina sino también por los naturalistas, porque son auténticos camaleones, capaces de cambiar de color en un abrir y cerrar de ojos para engañar a sus enemigos o atraer a sus presas. Su hábitat natural son los arrecifes rocosos y coralinos, lo que dificulta su captura. Se alimentan principalmente de crustáceos y moluscos y su carne es consistente y muy sabrosa.

El *mero común* es una de las especies más habituales en nuestras latitudes. Vive en el Mediterráneo y en las costas atlánticas españolas y francesas. Es muy apreciado sobre todo en Italia. Entre las numerosas recetas con mero que existen, hay una que llama la atención por su sencillez y exquisitez: el *carpaccio di cernia*, es decir, de mero. La delicada carne, de color blanco rosado, se corta en crudo en lonchas finísimas y se condimenta con pimienta, sal y un poco de aceite de oliva y zumo de limón.

El miembro más atractivo de la familia es el *mero de coral*. Tiene la piel de color rojo brillante moteada de puntos de un verde azulado. Vive en el mar Rojo y el Pacífico, donde se suele preparar a la plancha o guisado con otros ingredientes. El *mero de Nassau* es un habitante del Atlántico oeste tropical que tiene cierta relevancia en cocina, sobre todo en Estados Unidos. Otra especie de serránido, el *mero gigante*, habita en las cálidas aguas del golfo de México y a lo largo del litoral sudamericano. Puede llegar a pesar más de 300 kg, aunque los expertos prefieren los ejemplares más pequeños porque cuanto mayor es el pez, más basta es la consistencia de la carne.

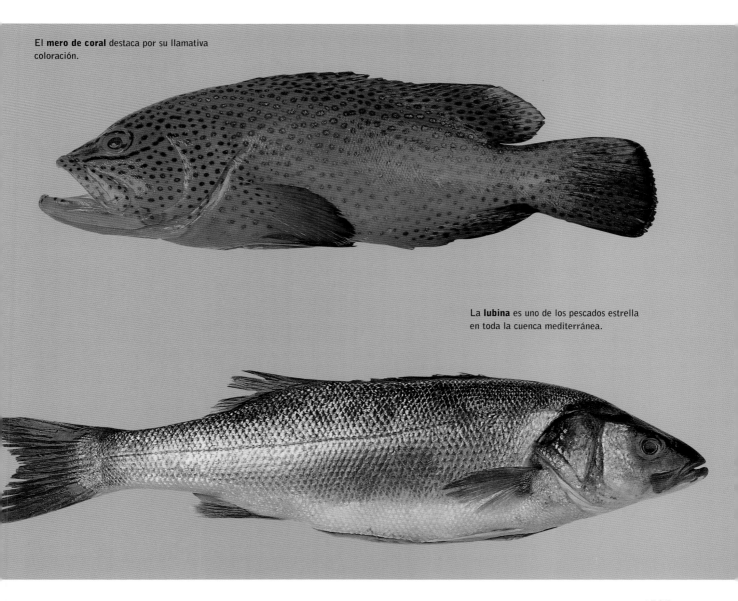

El **mero de coral** destaca por su llamativa coloración.

La **lubina** es uno de los pescados estrella en toda la cuenca mediterránea.

El *vientre* corresponde a la carne del abdomen, de fibras largas. También se conoce como *oreja* por su forma triangular.

El bacalao

El *bacalao* es, desde hace siglos, el pescado que mayor volumen de negocio mueve en Europa y Norteamérica. Se sabe que los galos ya lo pescaban en las costas bretonas. Sin embargo, durante mucho tiempo no se le dio mucho valor en cocina. La situación ha cambiado desde hace unos años, y el bacalao se ha abierto camino en los fogones más prestigiosos.

Los caladeros se localizan en el Atlántico norte y el mar del Norte. El cuerpo del bacalao, relativamente esbelto, puede llegar a medir 2 m y alcanzar un peso récord de más de 45 kg. Según la zona, su color varía entre el marrón rojizo y el verdoso con manchas y una línea lateral blanca y sinuosa. La fisura branquial es notablemente grande. Se consideran bacalaos jóvenes los ejemplares de hasta 1 m de largo.

La carne del bacalao es muy poco grasa y de consistencia blanda. Es perfecto para cocer, tanto entero como en filetes, y se sirve acompañado de salsas sustanciosas o mantequilla derretida.

También se recomienda cocinarlo al horno, por ejemplo con patatas, hierbas aromáticas y nata.

Sin duda, uno de los factores que han contribuido a la buena fama del bacalao es que se puede secar con unos resultados excelentes. Así conservado es fácil de transportar y dura varios meses.

Los pescados se destripan y descabezan antes de secarlos. El *bacalao seco* se cura al aire sin añadir otros ingredientes. En cambio, para elaborar el *bacalao salado* hay que salar el pescado fresco y retirar las espinas principales.

Los métodos tradicionales de conservación siguen en pleno vigor en los países escandinavos y latinos. Las recetas con bacalao abundan sobre todo en España, Portugal, Italia y Noruega, y todas ellas tienen algo en común: antes de cocinar el pescado hay que ponerlo en remojo durante unas horas o dejarlo bajo un fino y constante chorro de agua. El bacalao seco puede necesitar hasta tres días de rehidratación, mientras que el salado se puede guisar al cabo de 24 horas. Una receta italiana clásica es el *bacallà alla vicentina*, que se elabora con cebolla, anchoas, aceite y ajo, y en España se prepara *a la vasca*, *al pil-pil* o *al ajoarriero*, entre otras muchas recetas. Otra especialidad muy típica de todos los países del Mediterráneo son los buñuelos de bacalao.

El **bacalao** se consume tanto fresco como seco y en salazón.

Bacalao al pil pil

800 g de bacalao salado
8 dientes de ajo enteros
1 guindilla roja seca
125 ml de aceite de oliva
pimienta negra

Corte el bacalao en trozos regulares y desálelo durante 24 horas cambiando el agua dos veces. Lávelo bien y déjelo escurrir. Corte la guindilla y el ajo en rodajas y dórelos en una cazuela de barro con el aceite. Sáquelos de la cazuela y resérvelos. Deje enfriar el aceite. Ponga los trozos de pescado con la piel hacia arriba en el aceite templado y caliéntelos a fuego lento, sacudiendo la cazuela. La gelatina del bacalao se emulsionará con el aceite de oliva al vaivén de la cazuela, y así se formará una salsa espesa. Esparza el ajo y la guindilla por encima del bacalao y llévelo a la mesa bien caliente.

Wok exótico de pescado

500 g de filetes de bacalao fresco
1 diente de ajo
1 trozo de jengibre fresco del tamaño de una nuez
el zumo de un limón
5 cucharadas de aceite de soja
125 ml de vino blanco seco
400 g de calabacines
300 g de zanahorias
1 manojo de cebolletas
5 cucharadas de salsa de soja picante
1 cucharada de ketchup
1 cucharadita de almidón alimentario
sambal oelek

Lave los filetes de bacalao con agua fría, séquelos con un paño y córtelos en trozos del tamaño de un bocado. Coloque los trozos de pescado en una fuente llana, pique el jengibre y el diente de ajo y espárzalos por encima. Mezcle el zumo de limón con 4 cucharadas de aceite y el vino y viértalo por encima del pescado. Déjelo macerar en el fri-gorífico durante 30 minutos. Mientras tanto, prepare las verduras. Corte los calabacines y las zanahorias peladas en tiras del grosor de un lápiz. Corte la parte verde de las cebolletas en aros, y en juliana los bulbos blancos. Caliente el aceite restante en una sartén antiadherente grande o un *wok*. Saque los trozos de pescado de la marinada, déjelos escurrir y saltéelos hasta que se doren. Resérvelos calientes. Eche las verduras en el mismo aceite y sofríalas, removiendo de vez en cuando, durante 5 minutos. Añada el pescado y la salsa de maceración y llévelo a ebullición. Mezcle la salsa de soja con el ketchup y el almidón y viértalo en el *wok* para ligar la salsa. Deje que borbotee un momento y retírelo del fuego. Sazónelo con *sambal oelek*.

El salmón

«Por muy refinado que sea el banquete, tú siempre eres el bocado más exquisito»; con estas palabras encomiaba el escritor romano Ausonio en el siglo IV los méritos de este noble pescado. El *salmón* ha tenido fama de manjar desde siempre, y los ríos de Europa estuvieron un día repletos de ellos. La contaminación y la navegación fluvial hicieron descender notablemente la población en el siglo XX. La inmensa demanda actual sólo se puede satisfacer gracias a la cría de salmones en cautividad, en piscifactorías. En cambio, el auténtico salmón salvaje se ha convertido en un manjar delicado y muy raro.

Los salmones son peces migratorios y sólo viven en el hemisferio norte. Pasan la mayor parte de su vida en mar abierto y remontan los ríos para desovar. Según su área de distribución se distingue entre *salmones del Pacífico* y *salmones del Atlántico* o *europeos*. Los primeros se consumen casi exclusivamente en Estados Unidos y Canadá.

El estilizado cuerpo del salmón lo convierte en un nadador excelente. Los ejemplares adultos son de color gris plateado y presentan unas manchitas negras irregulares. El salmón puede llegar a medir 1,5 m de largo y pesar 35 kg, aunque el peso de un ejemplar normal suele oscilar entre los 3 y los 4 kg. La bonita tonalidad rosa de la carne del salmón salvaje se debe a su alimentación, que consiste en gambas y pequeños crustáceos. El salmón de piscifactoría ingiere unas mezclas de pienso especiales para lograr el mismo efecto.

La carne del salmón es tan sabrosa como rica en grasa. Por eso es un pescado ideal para ahumar o asar a la parrilla, aunque también está delicioso frito, cocido o crudo. En los países escandinavos se pirran por el *gravlaks*, salmón macerado en seco con sal, azúcar y hierbas aromáticas.

El salmón salvaje y de piscifactoría

El salmón criado en cautividad y su pariente salvaje no se diferencian demasiado en cuanto a aspecto. El de piscifactoría suele ser más grueso y menos musculoso. Procede sobre todo de Noruega, Irlanda y Escocia, y su mejor temporada está entre octubre y diciembre. El salmón salvaje es más esbelto y ágil y tiene unas aletas más fuertes. Se captura en su mayor parte en las costas de Irlanda, y sólo se puede comprar fresco en los meses de junio y julio.

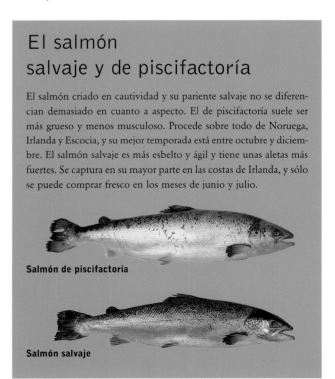

Salmón de piscifactoría

Salmón salvaje

Salmón gratinado con rábano rusticano y salsa de vodka

70 g de mantequilla blanda
5 cucharaditas de rábano rusticano recién rallado
90 g de pan rallado
sal y pimienta recién molida
4 filetes de salmón de 140 g
1 puerro grande
2 cucharadas de mantequilla
el zumo de un limón
200 ml de zumo de naranja recién exprimido
4 cucharadas de vodka
1/2 cucharadita de almidón Mondamin
1 cucharada de eneldo picado fino

Precaliente el horno a 200 °C. Bata la mantequilla en un cuenco con el batidor de varillas hasta que adquiera una consistencia espumosa, y luego agregue poco a poco el rábano rusticano, el pan rallado, la sal y la pimienta. Sale el salmón y extienda la pasta de rábano por encima. Coloque el pescado en una bandeja de horno engrasada y resérvelo. Lave el puerro y córtelo en rodajas. Funda la mantequilla en una cazuela y sofría el puerro durante unos 8 minutos. Encienda el gratinador del horno y ase el pescado a media altura durante unos 5 minutos. Mientras tanto, lleve a ebullición los zumos de limón y naranja, disuelva el almidón en el vodka y viértalo en el zumo, sin dejar de remover. Aparte la salsa del fuego y añádale el eneldo. Reparta el puerro en cuatro platos hondos, ponga un filete de salmón gratinado en cada plato y adórnelo con la salsa de vodka.

Nigri-sushi

3 cucharadas de vinagre de arroz o vino

50 g de azúcar

10 g de sal

30 ml de sake dulce

100 g de arroz japonés (o bien, arroz cocido en leche)

1 lámina de algas nori de unos 2 x 2 cm

400 g de salmón fresco sin filetear

1 ración de arroz para sushi

wasabi

12 tiras de puerro, de unos 8 cm de largo, escaldadas

salsa de soja suave al gusto

Ponga a hervir el vinagre y el *sake* con la sal y el azúcar en una cazuela. Retire la salsa del fuego y déjela enfriar a temperatura ambiente. Lave el arroz bajo el grifo y póngalo en una cazuela. Añada unos 300 ml de agua y las algas. Déjelo en remojo 30 minutos. Después, póngalo a hervir, baje el fuego y cueza el arroz a fuego lento hasta que haya absorbido toda el agua. Reduzca la temperatura al mínimo y déjelo 15 minutos más. Saque las algas, ponga el arroz en un recipiente llano, reparta la salsa de *sushi* por encima y mezcle bien. Deje enfriar el arroz a temperatura ambiente.

Corte el salmón al bies en láminas rectangulares muy finas de unos 6 x 8 cm. Humedézcase las manos para que no se le pegue el arroz, póngase una cucharada sopera en una mano y dele forma de croqueta. Unte un trozo de pescado con un poco de *wasabi*, colóquelo sobre la croqueta de arroz con la parte untada hacia abajo y presione con cuidado para que se adhiera. Ate el rollito de *sushi* con una tira de puerro y haga un nudo. Sirva el *sushi* con salsa de soja para mojarlo.

El *sushi*

El *sushi*, que en los últimos años se ha puesto muy de moda, es originario de Japón, donde el pescado es un alimento básico que también se consume crudo. Prepararlo en casa requiere cierta habilidad y, sobre todo, el pescado más fresco. Los más indicados son el salmón, el atún y el calamar. Los trozos de pescado crudo se acompañan con arroz al vinagre. Se le puede dar forma de albóndiga, o bien enrollar con el pescado y algas con la ayuda de una estera de bambú para, a continuación, cortarlo en rodajas. El *sushi* se sirve acompañado de jengibre encurtido y salsa de soja con *wasabi* (pasta de rábano rusticano). La elaboración del *sushi* es un arte muy sofisticado en Japón, y los apetitosos bocados son un deleite tanto para el paladar como para la vista.

Merluza estofada

600 g de merluza
harina para rebozar
1 kg de patatas
1 cebolla grande
1 diente de ajo
1 ramito de perejil
4 tomates maduros
sal y pimienta recién molida
5 cucharadas de aceite de oliva
1 taza de caldo de pescado

Lave el pescado, sálelo y séquelo con un paño. Pele las patatas y córtelas en rodajas gruesas. Corte la cebolla también en rodajas. Pique el ajo y el perejil. Haga un corte en forma de cruz en la piel de los tomates, escáldelos en agua hirviendo y pélelos. Corte la merluza en rodajas, enharínelas y fríalas en una sartén con aceite de oliva. Ponga el pescado en una cazuela y resérvelo. Fría las patatas y después agregue la cebolla. Añada el perejil, el ajo y los tomates picados y vierta la mezcla de la sartén sobre el pescado. Sazónelo con sal y pimienta y riéguelo con el caldo de pescado. Cuézalo a fuego lento durante unos 12 minutos.

Pescado estofado

El estofado es un método de cocción muy indicado para pescados de carne tierna y delicada. El pescado se guisa a fuego lento con poca grasa, condimentos aromáticos y algo de líquido (vino blanco, fondo de pescado o nata), tapado y en su propio jugo. Así no se seca, y además se obtiene una riquísima salsa. Según la receta se le pueden añadir hortalizas o marisco. El estofado es ideal para pescados de ración y, sobre todo, filetes y rodajas con la espina central.

Pez espada a la plancha

2 rodajas de pez espada de 300 g
sal y pimienta negra recién molida
1 cebolla pequeña
2 hojas de laurel
1 rama de romero
250 ml de aceite de oliva
2 dientes de ajo
1 cucharada de alcaparras
2 cucharadas de zumo de limón
1 cucharada de perejil picado

Lave el pescado, séquelo con un paño, salpimiéntelo y póngalo en una fuente. Corte la cebolla en rodajas finas. Ponga las hojas de laurel troceadas, el romero y los aros de cebolla sobre el pescado. Vierta 200 ml de aceite de oliva por encima y déjelo macerar en el frigorífico, tapado, durante unas horas, dándole la vuelta de vez en cuando. Saque el pescado de la marinada y póngalo en la parrilla caliente. Áselo por los dos lados a fuego medio durante unos 10 minutos. Vaya untándolo con el aceite de la maceración durante la cocción. Pele el ajo y píquelo muy fino. Pique también las alcaparras. Mezcle ambos

ingredientes con el aceite de oliva restante, el zumo de limón, el perejil, la sal y la pimienta. Vierta la salsa por encima del pescado.

El pez espada

El *pez espada* o *emperador* habita en todos los mares templados y cálidos del mundo. Tiene una prominencia ósea en la mandíbula superior que lo hace inconfundible y a la que debe su nombre. La «espada» puede llegar a alcanzar la tercera parte de su longitud total. El emperador tiene el cuerpo en forma de torpedo, con unas aletas pectorales largas y bien desarrolladas, lo que lo convierte en uno de los mejores nadadores de todos los mares. La piel, completamente desprovista de escamas, es de color gris oscuro, clara por el vientre. Los peces espada suelen medir entre 2 y 3,5 m, pero pueden alcanzar los 4,5 m y un peso de cerca de 600 kg. Su impresionante tamaño es uno de los motivos por los cuales es una presa tan codiciada entre los pescadores de altura.

La carne del pez espada se considera una exquisitez en todo el Mediterráneo. La mejor forma de prepararla es, al mismo tiempo, la más sencilla: cortado en rodajas, asado a la brasa y servido con un buen aceite de oliva, zumo de limón, sal y pimienta.

La merluza

La *merluza* es a los países meridionales lo que el *bacalao* es a las cocinas del norte de Europa. Ambos peces pertenecen a la misma familia. Los principales caladeros de este exquisito pescado están en el Atlántico, frente a las costas de Francia, España y Portugal.

La merluza tiene el cuerpo alargado. La cabeza es parecida a la del lucio, con la boca grande y mandíbulas fuertes. El lomo presenta un brillo metálico de tonalidad gris verdosa, mientras que los costados y el abdomen son plateados. La boca y las agallas son negras. Alcanza una longitud máxima de 1 m y puede llegar a pesar unos 10 kg. Es un depredador voraz que persigue los bancos de arenques, sardinas y caballas, y también se alimenta de moluscos.

La carne de la merluza es blanca, muy magra y de consistencia tierna, por lo que requiere métodos de cocción suaves, como el típico estofado en salsa verde o «merluza a la vasca». La merluza es uno de los pescados que más se consumen en España. Las recetas de merluza abundan en todo el país, pero sobre todo en el norte, y se aprovechan todas las partes del animal: la cocina vasca es experta en las cocochas en salsa verde, las protuberancias carnosas de la parte baja de la cabeza, mientras que en Navarra prefieren las quijadas estofadas con vino tinto. En Madrid se suele servir rellena, por ejemplo, de gambas. Las huevas de merluza también son muy apreciadas y se suelen utilizar como sustituto del caviar para adornar tapas. Por supuesto, la merluza también se considera un pescado excelente en otras regiones de Europa.

Las poderosas mandíbulas de la **merluza** la convierten en un voraz depredador.

La *bottarga*

La *bottarga* es un producto muy popular sobre todo en el sur de Italia. Se trata de huevas de atún o mújol en salazón, prensadas y secadas al sol. Quedan tan duras que se pueden rallar o cortar en lonchas finas. La *bottarga* tiene un sabor fuerte y salado muy peculiar. Un plato típico siciliano son los espagueti con *bottarga*, aceite de oliva y guindillas *peperoncini*.

La *mattanza*

Cada año, en primavera, tiene lugar en el litoral siciliano un sangriento ritual de tradición centenaria cuyos orígenes se remontan a los fenicios: la *mattanza*. Los pescadores, desde sus barcas, acorralan con una red un banco de atunes. El cerco se estrecha cada vez más, hasta que los centenares de peces que quedan encerrados en ese espacio tan reducido son atacados con arpones y garfios. Es un arte no exento de peligro, puesto que las poderosas aletas caudales de los atunes pueden infligir daños muy severos.

El **atún común** se suele consumir conservado en aceite, aunque está muchísimo más bueno fresco.

El **bonito** se distingue por su carne consistente y de color claro.

El atún

El *atún*, como el pez espada, puebla todos los mares cálidos del planeta. También habita el Mediterráneo, en bancos o grupos. Los peces se acercan a la costa y a las islas grandes en primavera para desovar. Después, siguen las corrientes marinas calientes en dirección norte en busca de alimento. La gran migración cruza el golfo de Vizcaya hasta Irlanda, y no retorna al sur hasta principios de otoño.

La especie más abundante en Europa es el *atún común*. Puede medir hasta 3 m y pesar más de 600 kg. Su carne es de color rojo oscuro, y la piel, de un azul brillante. Es un excelente nadador que puede alcanzar velocidades de hasta 50 km/h.

El *atún blanco* o *albacora* es muy apreciado por su carne clara, sobre todo para elaborar conservas. Mide hasta 1 m de largo y puede pesar 30 kg. Se distingue por unas aletas pectorales largas y falciformes.

El más pequeño de entre los atunes es el *bonito*, con tan sólo 80 cm. Se le reconoce por las franjas oscuras que le recorren el vientre. Tiene mucha relevancia comercial sobre todo en Japón y Estados Unidos.

Los atunes, a diferencia de la mayoría de los peces, son animales de sangre caliente y requieren un tratamiento especial inmediatamente después de su captura. Su carne es bastante grasa, de estructura fuerte y sabor exquisito. Las partes más magras se localizan en el lomo, mientras que el vientre es la porción más grasa y muy apreciada en Japón para hacer *sashimi*. El atún fresco se puede preparar de muy diversas formas: guisado, frito, a la plancha o estofado. La cocción no debe ser demasiado larga, porque la carne se reseca enseguida. Lo ideal es que quede un poco cruda por el centro.

Sólo una pequeña parte de las capturas se comercializan frescas. Casi todo el atún que se pesca se transforma a bordo de los atuneros y se vende en conserva.

Cuando vaya a comprar atún de lata, fíjese en los indicativos «pescado con artes tradicionales» o «*dolphin safe*». Sólo así podrá estar seguro de que ha sido capturado sin las polémicas redes arrastre.

El **atún crudo** tiene que tener un color rojo fresco.

El **atún en conserva** está delicioso con cebolla picada y limón.

La costa atlántica española brinda las condiciones climáticas ideales para el secado de los atunes.

La mojama se sirve cortada en lonchas finas y es mejor comerla sola, a lo sumo con unas gotas de aceite de oliva.

La mojama

La mojama es una especialidad española que se elabora principalmente con atún común. El pescado fresco se trocea y se pela, y los filetes se ponen en salazón. Al cabo de unos días se lavan bien y se ponen a secar al sol hasta que se vuelven de un marrón oscuro y se endurecen. La mejor forma de degustar la mojama es cortada en lonchas finas y con unas gotitas de aceite de oliva.

Los trozos de atún se impregnan bien de sal marina gruesa

Cuando se secan son de color marrón rojizo.

Atún en salsa de tomate

800 g de atún fresco rociado con unas gotas de vinagre

4 cucharadas de aceite de oliva

2 cebollas picadas

1 diente de ajo picado

500 g de tomates cortados en dados

sal

pimienta

azúcar

3 ramas de perejil picado

Corte el pescado en rodajas de 4 cm de grosor. Lávelo y sálelo. Caliente el aceite de oliva en una cazuela de barro y dore la cebolla y el ajo. Añada el pescado y rehóguelo por los dos lados a fuego lento durante unos minutos. Retire el pescado de la cazuela. Agregue el tomate, sazónelo con sal, pimienta y una pizca de azúcar y rehóguelo bien. Pase la salsa por un colador. Vuelva a poner las rodajas de pescado en la cazuela y vierta la salsa por encima. Caliéntelo en el horno durante 10 minutos antes de servir. Espolvoréelo con el perejil picado.

Rape sin piel en un puesto de mercado.

La trigla, la escorpina y el rape

La *trigla,* la *escorpina* o *escórpora* y el *rape* o *sapo* son muy apreciados en la cocina. La trigla es un pez capaz de emitir sonidos chirriantes con la vejiga natatoria. La escorpina, que también se conoce como «diablo marino», tiene la cabeza grande, provista de una coraza tuberosa que la convierte en una criatura terrible y primitiva. Las dos se distinguen por una carne particularmente exquisita, aunque lo que se puede aprovechar de ellas es bastante poco en proporción dado el tamaño de la cabeza y las numerosas espinas. Por eso se suelen reservar para hacer sopas. No pueden faltar en una buena bullabesa, por ejemplo. El tercero, el rape, es tan feo que antiguamente los pescadores se asustaban cuando caía en sus redes y volvían a arrojarlo por la borda. Al igual que la trigla y la escorpina, el rape se pesca sobre todo en el Atlántico y el Mediterráneo. La cabeza, desproporcionada, está dominada por una boca enorme con dientes muy afilados. El rape es una criatura voraz capaz de zamparse a otros peces casi de su tamaño.

Y tampoco hace ascos a las aves marinas. Pero, a pesar de su aspecto, el rape es un pescado muy apreciado. De carne blanca, dulce y de inconfundible textura, por su sabor y consistencia recuerda un poco el bogavante.

El rape se vende entero o bien pelado y sin cabeza (que puede representar más de la mitad del peso de la pieza). Está provisto de una única espina central cartilaginosa que es muy fácil de quitar. La carne resiste bien la cocción. Los filetes se pueden preparar fritos, en salsa o a la plancha, y la carne no se desmenuza ni siquiera frita en dados. La cola se puede preparar entera al vapor o al horno, por ejemplo, con tomates y hierbas aromáticas. El rape también está delicioso crudo en *carpaccio.*

Lasaña de verduras con rape

200 g de puerro cortado en rodajas

3 calabacines en dados

4 zanahorias en dados

1 bulbo de hinojo en dados

2 cebollas en dados

3 cucharadas de mantequilla

harina para espolvorear

150 ml de fondo de pescado

125 ml de vermut seco

2 dientes de ajo prensados

500 ml de nata

2 yemas de huevo

sal, pimienta blanca

1 cucharada de mostaza picante

el zumo de un limón

80 g de pan rallado

placas de lasaña

500 g de rape en filetes

1 ramito de eneldo y otro de perejil, picados

nueces de mantequilla para hornear

Escalde todas las hortalizas excepto la cebolla. Sofría la cebolla en mantequilla y espolvoréela con un poco de harina. Añada el fondo de pescado y el vermut y baje el fuego. Añada un diente de ajo y 2 cucharadas de verduras y cueza la salsa, tapada, a fuego lento durante 20 minutos. Si se espesara demasiado, dilúyala con fondo de pescado. Cuele la salsa, añádale la nata y las yemas de huevo y póngala al fuego para que se espese más. Sazónela con sal, pimienta, mostaza y zumo de limón y déjela reposar tapada al lado de los fogones. Precaliente el horno a 200 °C. Fría el pan rallado con un diente de ajo en una cucha-rada sopera de mantequilla y resérvelo. Cueza las placas de lasaña hasta que estén blandas y escúrralas. Mezcle las verduras con la mitad de la salsa. Engrase con mantequilla una fuente resistente al calor y espolvoréela con pan rallado fresco. Cubra el fondo con placas de lasaña. Extienda el pan rallado frito por encima y cúbralo con una ter-cera parte de las verduras. Ponga otra capa de placas de lasaña y vuelva a cubrirla con pan rallado al ajo. Coloque una capa de filetes de rape, sale el pescado y espolvoréelo con un poco de eneldo. Reparta otra tercera parte de verduras por encima. Coloque otra capa de pasta, cúbrala con pan rallado frito, reparta el resto de las verduras y tápelo todo con placas de lasaña. Vierta por encima una fina capa de salsa y esparza unas nueces de mantequilla por encima.

Dore la lasaña en horno durante 20 minutos.

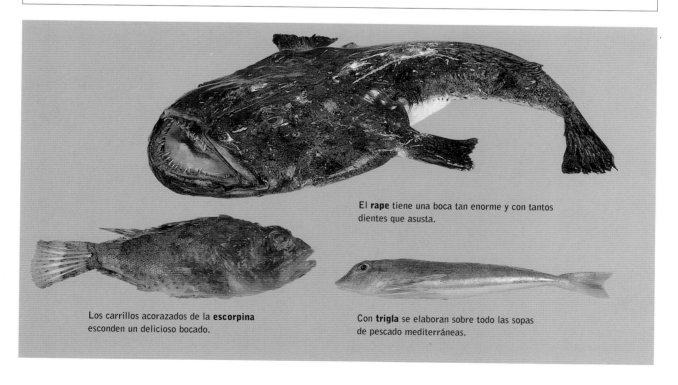

El **rape** tiene una boca tan enorme y con tantos dientes que asusta.

Los carrillos acorazados de la **escorpina** esconden un delicioso bocado.

Con **trigla** se elaboran sobre todo las sopas de pescado mediterráneas.

Los peces cartilaginosos

Los tiburones y las rayas pertenecen a la clase de los peces cartilaginosos o condroíctios: a diferencia de los teleósteos (que constituyen la mayoría de las especies), carecen de espinas y están provistos de un esqueleto de cartílago. Además, su piel no tiene escamas, y es gruesa y correosa. De hecho, se puede transformar en cuero (piel de zapa). Mientras que las agallas de los peces teleósteos están protegidas por un opérculo, los órganos respiratorios de los condroíctios consisten en unas estrechas hendiduras que tienen en la parte inferior.

El valor culinario de la **raya** reside en las aletas.

Los «**tirabuzones**» *(Schillerlocken)* son tiras ahumadas de la piel del vientre del galludo.

Raya en salsa de alcaparras

1 kg de aletas de raya
1 chalote picado fino
sal y pimienta negra recién molida
$^{1}/_{2}$ cucharadita de comino molido
4 cucharadas de aceite de oliva
125 ml de vino blanco
80 g de mantequilla fría
40 g de alcaparras pequeñas
1 cucharada de perejil picado
unos cuantos alcaparrones para adornar

Lave las aletas de raya con agua fría, séquelas con un paño y córtelas en trozos de ración.

En un mortero, maje el chalote con $^{1}/_{2}$ cucharadita de sal, pimienta, comino y 2 cucharadas de aceite de oliva hasta obtener una pasta homogénea. Unte los trozos de pescado con la pasta por los dos lados y déjelos macerar a temperatura ambiente durante 20 minutos. Caliente el resto del aceite en una sartén antiadherente grande y fría el pescado por los dos lados durante 5 o 6 minutos, a fuego lento. Retire el pescado de la sartén y póngalo en platos calientes. Añada vino blanco a la grasa de la sartén y agregue la mantequilla en bolitas para ligar la salsa.

Incorpore a la salsa las alcaparras y el perejil y salpiméntela. Viértala sobre el pescado y adorne el plato con alcaparrones.

La raya

Uno de los peces más bellos que existen es la *raya,* que parece deslizarse sin esfuerzo por el agua con sus anchas aletas. La peculiar forma del cuerpo de la raya se debe a las aletas pectorales, que están muy desarrolladas y unidas al cuerpo sin transición alguna. La raya vive en aguas frías y caza peces pequeños, cangrejos, moluscos y equinodermos cerca del fondo. Habita casi todos los mares, y la más grande, con una envergadura de 8 m y 2 t de peso, es la manta gigante.

Muy pocas especies son aptas para el consumo humano. Las principales son la noriega y la raya común o de clavos, que presenta tres hileras de espinas sobre el lomo. Otras especies que se comercializan son la raya estrella y la raya picuda. La raya es un pescado bastante corriente sobre todo en Francia, pero también se aprecia en Inglaterra y la cuenca mediterránea. Por lo general,

en las pescaderías sólo se venden partes de la cola y las aletas pectorales. La receta francesa *aile de raie au beurre noisette et aux capres* consiste en aletas cocidas servidas con mantequilla fundida y alcaparras. El hígado de raya es un manjar para quien sabe apreciarlo.

La carne de la raya es muy magra, pues sólo contiene un 0,2% de grasa. La urea se transforma en amoníaco cuando los animales mueren: si al comprar raya fresca nota el característico olor del amoníaco, no se preocupe. Guarde el pescado en el frigorífico durante uno o dos días y verá cómo el amoníaco se evapora por sí solo. Los posibles restos se neutralizan en la cocción. Además, el reposo mejora la consistencia de la carne.

El tiburón

El *tiburón* tiene fama de peligroso depredador, pero muy pocos saben que también tiene cualidades culinarias. Los tiburones pueblan todos los mares del planeta, pero sólo alrededor de una docena de las más de 200 especies se aprovechan en la cocina. Unas son muy apreciadas en muchos países europeos, pero en Alemania, por ejemplo, es habitual que se escondan sus orígenes de escualo. La carne de estos peces cartilaginosos recuerda la del atún o el pez espada tanto por consistencia como por color, y a veces se intenta engañar al cliente. Se sirve a la plancha, frita o guisada, condimentada con hierbas de aroma intenso.

El tiburón más común en nuestras latitudes es el *galludo*. Este pez tiene una espina de grandes dimensiones en cada una de las aletas dorsales. El galludo puede medir hasta 1,2 m de largo y suele desplazarse en grandes bancos. La carne fresca se suele vender en filetes de color grisáceo que se vuelven blancos al cocinarlos. La piel del vientre del galludo se vende ahumada en forma de «tirabuzones» *(Schillerlocken)*.

La *musola* se consume durante los meses de invierno, sobre todo en Italia. Su carne es de buena calidad y se suele vender pelada y sin cabeza ni cola, como la de todos los tiburones. La musola es un pez que mide entre 1,5 y 2 m de largo y vive en el Mediterráneo y el Atlántico. La *cañabota gris,* que puede llegar a medir 5 m de largo, también es conocida por su sabrosa carne. El *cazón* se acostumbra a confundir con la musola porque tienen un aspecto muy similar, pero su carne desprende un olor fuerte que recuerda el de los perros; sin embargo, ese olor desaparece al cocinarla. La carne del *cailón* es muy delicada y de excelente calidad. Este pez de hasta 4 m de largo vive tanto en el océano Atlántico como en el Pacífico.

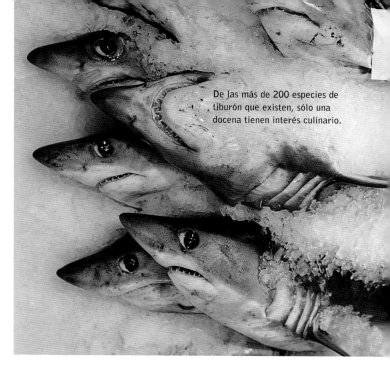

De las más de 200 especies de tiburón que existen, sólo una docena tienen interés culinario.

Las pequeñas *pintarrojas* abundan en el Mediterráneo y el Atlántico este. En Inglaterra se comercializan con el nombre de *rock salmon* o *rock eel*. El *pez martillo* es muy fácil de identificar porque, como su nombre lo indica, tiene el cráneo ensanchado en forma de martillo. Esta especie habita en mares tropicales y templados y puede alcanzar una longitud de entre 4 y 5,5 m. Es muy apreciado sobre todo en Japón y China, donde sus aletas se consideran una exquisitez.

Ensalada de escarola con «tirabuzones»

1 escarola
3 patatas hervidas con la piel la víspera
300 g de «tirabuzones»
2 cucharadas de aceite de germen de maíz
2 cucharadas de vinagre de vino blanco
1 cucharada de zumo de limón
1 cebolla pequeña picada fina
sal
1 pizca de azúcar
pimienta negra recién molida
1 cucharada de cebollino picado
1 cucharada de perejil picado
1 cucharada de eneldo picado
100 g de nata espesa

Lave la escarola, córtela en tiras y déjela en remojo en agua templada durante unos minutos si desea quitarle amargor. Pásela a un colador, aclárela con agua fría y déjela escurrir. Corte las patatas en daditos y los tirabuzones en trozos de 2 cm. Mézclelos con la escarola. Mezcle el aceite con el vinagre y el zumo de limón, añada la cebolla y sazónelo con sal, azúcar y pimienta. Viértalo por encima de la ensalada y remueva bien. Sirva la ensalada en cuatro platos. Mezcle las hierbas frescas con la nata y ponga una nuez de nata a las hierbas en cada plato. Sirva la ensalada enseguida, con una barra de pan tierno para acompañar.

Las aletas de tiburón

Las aletas de tiburón secas son a la cocina china lo que las trufas a la europea. Las más consumidas son las aletas dorsales del *pez martillo* y el *tiburón tigre*. Antes de cocinarlas hay que ponerlas en remojo, y después, cocerlas hasta que se desprende la piel. A continuación se separa la carne y se seca el cartílago restante. Existen tres calidades de aleta de tiburón: *«most superior»,* de la punta de la aleta; *«very superior»,* de la parte central, y *«superior»,* de la parte de la aleta más próxima al cuerpo. La famosa sopa de aleta de tiburón se elabora con este producto, jengibre y cebolleta.

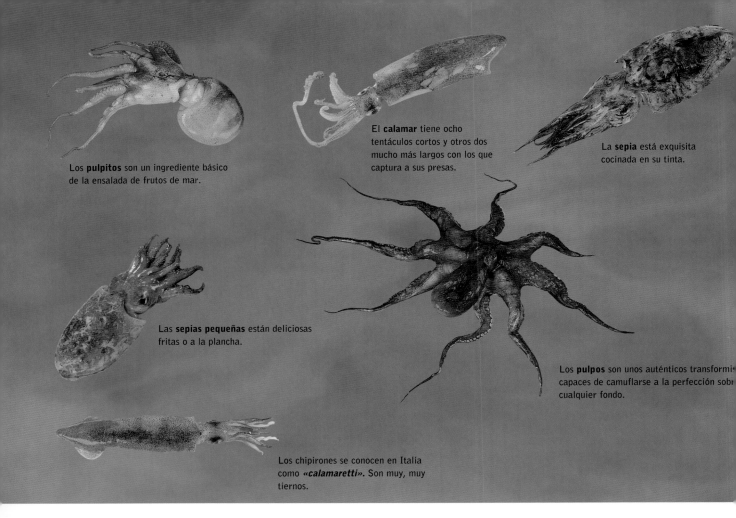

Los **pulpitos** son un ingrediente básico de la ensalada de frutos de mar.

El **calamar** tiene ocho tentáculos cortos y otros dos mucho más largos con los que captura a sus presas.

La **sepia** está exquisita cocinada en su tinta.

Las **sepias pequeñas** están deliciosas fritas o a la plancha.

Los **pulpos** son unos auténticos transformi capaces de camuflarse a la perfección sob cualquier fondo.

Los chipirones se conocen en Italia como «*calamaretti*». Son muy, muy tiernos.

Los cefalópodos

Los *cefalópodos* no son peces sino moluscos y, por consiguiente, más afines a los caracoles que a los peces. Carecen de esqueleto interno y, en su mayoría, sólo cuentan con una pluma calcárea porosa o una lámina de quitina. Tienen entre ocho y diez tentáculos con ventosas que les permiten capturar a sus presas con impresionante rapidez. Asimismo, cuentan con una bolsa de tinta que expulsa un líquido oscuro que enturbia el agua cuando necesitan huir. Los cefalópodos que se emplean en la cocina son la sepia, el calamar y el pulpo.

El cefalópodo por excelencia es la *sepia* o *jibia*. Tiene el cuerpo ovalado o redondo, ligeramente aplanado y rodeado de una estrecha aleta. Ocho de sus diez tentáculos son cortos, y los otros dos, largos. Uno de sus rasgos característicos es el diseño acebrado de la parte superior del cuerpo, que puede cambiar de color. Este cefalópodo de entre 15 y 30 cm vive en el Atlántico, desde Noruega hasta la costa africana. La *sepia enana* habita principalmente en el Mediterráneo y mide entre 3 y 6 cm.

A veces la sepia se confunde con el *calamar*, aunque son muy fáciles de distinguir: la sepia es redondeada, mientras que el cuerpo del calamar es alargado y tiene forma de torpedo y sección redonda. Como la sepia, también tiene ocho tentáculos cortos y dos largos. En la parte posterior del cuerpo presenta dos aletas triangulares. Los calamares, que pueden llegar a medir 50 cm, se pescan sobre todo en el Atlántico y el Mediterráneo.

El miembro de mayor tamaño de la familia es el *pulpo*. Sus tentáculos tienen una doble hilera de ventosas, como se aprecia en las fotografías de la página siguiente, y pueden llegar a medir 8 m. El cuerpo es más corto que los tentáculos, y carece de pluma o lámina de quitina. Los pulpos cambian de color para adaptarse al entorno, y por eso los hay de muchos colores distintos.

Los tres cefalópodos se preparan de forma similar. Se comen el cuerpo vacío y limpio y los tentáculos, y la carne es dura, blanca y muy magra. El pulpo requiere una cocción larga para que quede tierno, y su piel adquiere al cocer una tonalidad roja. Cualquiera que sea la receta que se escoja, se debe cocer entre 30 y 40 minutos en caldo condimentado pero sin sal.

La tinta de la sepia se aprovecha para teñir de negro ciertos tipos de pasta o el *riso nero* italiano, entre otros platos. La forma del calamar hace que sea perfecto para rellenarlo, muchas veces con los propios tentáculos picados. Los chipirones, las sepias pequeñas y los pulpitos quedan muy bien fritos enteros. Los calamares más grandes se pueden freír cortados en anillas y rebozados (calamares a la romana). En una buena sopa de pescado mediterránea tampoco pueden faltar los cefalópodos.

Calamares rellenos

16 mejillones cocidos

16 calamares

4 rebanadas de pan blanco

1 cebolleta cortada en aros

3 cucharadas de aceite de oliva

6 higos secos

50 g de aceitunas negras

2 dientes de ajo

sal y pimienta negra

500 ml de fondo de pescado, 500 ml de vino tinto

3 zanahorias y 3 patatas cortadas en dados

una rama de tomillo y otra de romero

Saque los mejillones de la concha y píquelos. Lave los calamares, quíteles la piel, deseche la cabeza y pique los tentáculos. Desmenuce el pan. Sofría la cebolleta en el aceite de oliva. Añada el picadillo de mejillones y el de tentáculos, los higos y las aceitunas picadas y un diente de ajo prensado. Mezcle la mitad del pan con el sofrito, salpiméntelo y rellene con él los calamares. Ponga el fondo de pescado, el vino, las hortalizas y las hierbas aromáticas en una cazuela y cuézalo destapado hasta que el líquido se haya reducido a la mitad. La patata y la zanahoria tienen que quedar *al dente*. Agregue el resto del pan y salpi-

miéntelo. Ponga la salsa de hortalizas en una fuente refractaria y coloque los calamares encima dejando que se vea un poco del relleno. Hornéelo durante 30 minutos.

La trucha y la trucha alpina

Sin duda, la *trucha* es el pescado de agua dulce que más frecuenta las cocinas. La población de truchas, que en el pasado era muy numerosa en los ríos y lagos fríos y bien oxigenados del centro y el norte de Europa, ha descendido de forma considerable debido a la creciente contaminación de los acuíferos. Las piscifactorías cubren hoy la mayor parte de la demanda. Lo mismo ocurre con otro pariente cercano de la trucha, la *trucha alpina*.

Por su resistencia, la *trucha arco iris* es la especie más común en la cría en cautividad. Se distingue por las franjas de los colores del arco iris que tiene en los costados. Las truchas arco iris son originarias de Norteamérica y no se introdujeron en Europa hasta finales del siglo XIX. La forma originaria es un pez migratorio que habita cerca de litorales marítimos y remonta los ríos para desovar. También existe otra variedad que sólo vive en agua dulce. Las truchas arco iris pueden medir 70 cm y pesar 7 kg, como máximo.

La *trucha de mar* también es un pez migratorio. Su carne rosada y sus escamas plateadas recuerdan mucho al salmón. Mide hasta 1,4 m de largo y se puede encontrar desde el mar Blanco hasta el norte de España. Esta especie abandona el mar y remonta los ríos y arroyos para la puesta. La contaminación de su hábitat la ha convertido en un pescado raro, como la *trucha común* y la *trucha lacustre*. La *trucha común*, que se distingue por los puntos oscuros o rojizos que salpican su lomo, mide hasta 40 cm y prefiere los riachuelos fríos y limpios de Centroeuropa. En cambio, el hábitat natural de la trucha lacustre son los lagos grandes y profundos de los Alpes y los países escandinavos. Puede medir hasta 1,4 m.

La *trucha alpina lacustre* comparte sus hábitats con la anterior. Su color varía de una zona a otra, y su carne es de color rosa asalmonado. Está extendida desde el centro y el norte de Europa hasta Norteamérica pasando por Rusia y Japón. El *salvelino* o *trucha de arroyo* no se introdujo en Europa hasta finales del siglo XIX, como la trucha arco iris. Con este pescado de color gris verdoso con manchas rosa salmón irregulares se repueblan muchos estanques.

Tanto la trucha como la trucha alpina pertenecen a la familia de los salmónidos. Como el salmón, tienen una carne tierna y aromática, pero menos grasa. La acidez del limón, el vino blanco y el vinagre va muy bien a ambos tipos de trucha. También combinan a la perfección con hierbas verdes frescas como perejil, perifollo, eneldo y acedera. Recetas clásicas son la trucha azul (en escabeche), la trucha a la navarra (rellena de jamón) y la trucha enharinada y frita en abundante mantequilla, a veces con almendras fileteadas. También quedan muy bien al vapor y acompañadas de una salsa consistente.

Filetes de trucha con pan integral

4 rebanadas de pan integral
2 cucharadas de mantequilla blanda
4 filetes pequeños de trucha ahumada
4 cucharadas de queso fresco muy cremoso
4 cucharaditas de nata fresca espesa
2 cucharaditas de mostaza un poco picante
4 cucharadas de eneldo picado
4 cucharadas de caviar de salmón
2 rodajas de limón cortadas por la mitad
4 ramitas de eneldo

Unte el pan con la mantequilla. Corte los filetes de trucha en diagonal y póngalos encima. Mezcle el queso fresco, la nata, la mostaza y el eneldo picado y unte los filetes con la crema. Ponga una cucharada de caviar y sírvalo con media rodaja de limón y una ramita de eneldo.

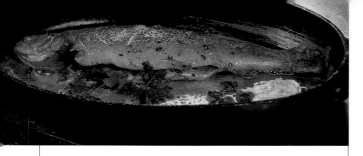

Trucha a la mantequilla

4 truchas de 350 g cada una

sal y pimienta blanca

4 cucharadas de zumo de limón

1 manojo de perejil

harina, para rebozar

6 cucharadas de mantequilla clarificada

75 g de mantequilla

1 limón

Lave las truchas y séquelas con un paño. Sazónelas con sal y pimienta por dentro y por fuera y salpíquelas con unas gotas de zumo de limón. Lave el perejil, escúrralo bien y meta unas ramas en el vientre de las truchas. Páselas por harina y sacuda el exceso. Caliente la mantequilla clarificada en dos sartenes grandes y fría las truchas a fuego lento por los dos lados durante unos 8 minutos. Ponga la mantequilla en otra sartén más pequeña y deje que se dore un poco. Sirva las truchas en platos precalentados con el limón cortado en octavos y el resto del perejil. Vierta la mantequilla dorada por encima de las truchas.

Trucha azul

Para sujetarla arqueada, cosa la trucha por la cola y la cabeza con una aguja grande y un cordel.

Pase la aguja por la aleta caudal y luego por las agallas y tense un poco el cordel.

Cueza el pescado en un caldo con vinagre para que adquiera la característica tonalidad azul.

La trucha y la trucha alpina

La piel de la **trucha** es plateada y está salpicada de manchitas oscuras. Su carne es clara.

La carne de la **trucha asalmonada** es de color rosa debido a su alimentación.

La **trucha alpina** se caracteriza por una piel oscura y una carne de color rosa claro.

La perca

La extensa familia de los *Pércidos* (a la que pertenecen la perca y la lucioperca) comprende más de 100 especies y está presente en casi todo el mundo. La *perca de río* es propia de Europa central y septentrional y Asia, y muy apreciada. A pesar de su nombre, no vive sólo en ríos sino también en aguas quietas. Según los distintos hábitats donde se puede encontrar este pez, se habla de *perca de hierbas,* la que prefiere nadar entre plantas acuáticas, *perca cazadora,* a la que le gusta perseguir a sus presas en aguas abiertas, y *perca de las profundidades,* la que vive a una profundidad de unos 50 m.

El cuerpo de la perca es un poco rechoncho y puede alcanzar los 40 cm de largo y unos 3 kg de peso. El lomo es de color gris oscuro o verde aceituna con franjas transversales oscuras. Los costados son amarillentos, y el vientre, blancuzco. Antes de poder degustar su carne tersa y jugosa hay que superar ciertas trabas naturales: su piel está recubierta de escamas puntiagudas muy difíciles de quitar. Sumergir el pescado en agua hirviendo durante unos segundos facilita la tarea. Otra alternativa consiste en quitarle la piel y prepararla en filetes.

Las percas pequeñas se suelen comer fritas, y los filetes se pueden freír, cocer al vapor o guisar. La perca no es un pescado muy

habitual en nuestros mercados a pesar de su indiscutible calidad. Sólo en Suiza es una especialidad muy popular que se comercializa con el nombre de «*Egli*».

La cría de percas en piscifactorías tiene un gran peso económico en muchos países del denominado «tercer mundo». De los *cíclidos* o *percas de colores* de esas regiones tropicales y subtropicales, la más conocida para nosotros es la *perca del Nilo.* Sus apetitosos filetes de color rosa se importan a Europa por vía aérea.

Una peculiaridad de la **lucioperca** es la aleta dorsal dividida en dos partes. Los ejemplares de mejor calidad proceden del lago húngaro Balaton.

La lucioperca

La *lucioperca* es un pez voraz originario de los ríos y lagos de Europa oriental, Rusia, el mar Báltico y la región del Danubio. Gozó de muy buena fama durante la monarquía imperial en Austria: se pescaba en el lago Balaton y se enviaba a los mercados de Viena en grandes cantidades, e incluso había ejemplares procedentes de la lejana desembocadura del Volga. Este delicado pescado se introdujo en Alemania en el siglo XVIII, cuando unos monjes bávaros liberaron unas parejas en el lago Ammer para poder disponer de él siempre fresco. Hoy está extendido por toda Centroeuropa, y es el pescado de agua dulce preferido de la alta cocina.

Por su cuerpo alargado y su boca grande y dentada, la lucioperca se suele confundir con el lucio. Es gris verdosa o plateada con bandas o púas oscuras y tiene dos aletas dorsales, de las cuales la anterior está provista de afiladas espinas. Este ágil depredador de hasta 70 cm de largo se alimenta de peces pequeños como albures y cachos. Prefiere las aguas cálidas y limpias de fondo estable.

La delicada carne de la lucioperca es magra y tiene pocas espinas. Al guisarla adquiere un sabor un poco dulzón. Admite muchas formas distintas de preparación: en Hungría la suelen comer con pimiento, cebolla y col fermentada, mientras que en Alemania prefieren aderezarla con una salsa de vino blanco y nata. Los filetes fritos con piel también están deliciosos, sobre todo si están bien crujientes.

Lucioperca con puré de salmón y salsa de romero y curry

Para el pescado:

4 filetes de lucioperca de 100 g cada uno
sal
100 g de salmón en filetes
2 yemas de huevo medianas
1 cucharada de nata fresca espesa
1 zanahoria mediana pelada
la parte blanca de 1 puerro
1 cucharadita de curry
1/2 cucharadita de pimentón dulce
1 pizca de cayena molida
6 cucharadas de aceite de oliva
virgen extra
2 cucharadas de mantequilla clarificada

Para la salsa:

1 chalote
1 cucharadita de mantequilla
1/2 cucharadita de curry
100 ml de fondo de pescado (en conserva)

50 ml de vino blanco
1 cucharadita de hojas de romero
1/4 de cucharadita de pimienta majada
100 g de nata espesa
sal

Corte el chalote en daditos y sofríalo en un cazo con la mantequilla hasta que esté transparente. Añádale el *curry* y vierta el fondo de pescado y el vino blanco. Sazónelo con el romero y la pimienta y reduzca la salsa a una cuarta parte de su volumen. Añádale la nata espesa y déjelo hervir un poco más. Sale la salsa y resérvela.

Lave los filetes de lucioperca, séquelos y sálelos. Triture el salmón y mézclelo bien con las yemas de huevo y la nata. Corte la zanahoria a lo largo, primero en láminas y luego en juliana muy fina. Corte el puerro también en juliana fina. Mezcle las hortalizas en un cuenco con el *curry*, el pimentón y la cayena molida, y espárzalas en un plato llano.

Con un cuchillo, unte uno de los lados de los filetes de lucioperca con la pasta de salmón. Coloque los filetes por el lado untado sobre las hortalizas en juliana, presione ligeramente y aplánelos un poco con el cuchillo. Caliente un poco el aceite y la mantequilla clarificada en una sartén, ponga los filetes de lucioperca con el lado «empanado» hacia abajo y fríalos a fuego lento durante unos 4 minutos, hasta que empiecen a dorarse. Deles la vuelta y fríalos otros 4 minutos por el otro lado. Mientras tanto, caliente la salsa y bátala hasta que adquiera una consistencia espumosa. Reparta la salsa en cuatro platos precalentados y sirva los filetes encima.

Fondo de pescado

Un buen fondo de pescado es imprescindible para guisar con salsa pescados enteros o en filetes, y para elaborar salsas y sopas. Para preparar el fondo, se hierven las espinas, la piel y la cabeza del pescado con hortalizas para el caldo, cebolla, especias, vino blanco y agua. Después, se cuela el caldo con un colador fino, y ya está listo para usar. También se puede congelar. Para elaborar una salsa de vino blanco clásica, perfecta para acompañar unos filetes de lucioperca, por ejemplo, sofría unos chalotes en mantequilla, rocíelos con vino y fondo de pescado, déjelo reducir y ligue la salsa con nata. Esta salsa se puede aromatizar con hierbas, azafrán o mostaza según el uso que se le vaya a dar.

El **siluro** busca su alimento con sus dos llamativos bigotes.

El siluro

El *siluro* es un gigante entre los peces de agua dulce: puede llegar a medir 3 m, y un ejemplar tan magnífico y raro como ése pesaría unos 250 kg. Sin embargo, en cocina se prefieren los siluros más pequeños.

El *siluro* tiene la cabeza grande y el cuerpo cilíndrico, lo que lo convierte en un animal impresionante. Uno de sus rasgos característicos son los dos largos bigotes que tiene en el maxilar superior y que le sirven para rastrear a sus presas. Su lomo es muy oscuro, casi negro, mientras que los flancos son más claros y con manchas oscuras. El vientre es de color blanco sucio. Vive en los lagos y ríos de aguas cálidas del centro y el este de Europa. Nada en solitario cerca del fondo a la caza de peces, cangrejos y ranas, aunque tampoco hace ascos a las aves acuáticas y otros animales pequeños. En invierno no se alimenta e hiberna enterrado en los fondos lodosos.

La mejor carne es la de los siluros de menos de 3 kg de peso. Recuerda un poco la del rape por su consistencia y sabor, pero es más grasa y por eso es ideal para freír o cocinar a la plancha. El siluro tiene muy pocas espinas y admite todo tipo de especies fuertes y métodos de preparación poco delicados, aunque también está delicioso hervido en un caldo de verduras.

El *catfish,* una especie de *siluro enano,* es el principal pescado de cría en Estados Unidos. Los siluros enanos miden a lo sumo 50 cm de largo y son relativamente robustos y poco exigentes. Hoy también se producen en piscifactorías de Europa. En América son muy aficionados a los jugosos filetes, que se suelen servir empanados y fritos.

La anguila es un manjar tanto ahumada como fresca.

¿Cuánto pescado por persona?

La ración dependerá de la cantidad de carne que se pueda aprovechar de cada porción de pescado: en el caso de los filetes, basta con entre 150 y 250 g por persona, mientras que en el de los pescados enteros hay que contar con entre 250 y 350 g. Para las rodajas con espina en el centro y los peces planos, habrá que calcular unos 300 o 400 g por ración. En cuanto a los pescados secos, como el bacalao seco o salado, que hay que remojar, es suficiente con unos 150 g por persona.

La anguila

La anguila se puede consumir fresca o ahumada.

La *anguila* es un pez migratorio que, a diferencia del salmón, viaja del agua dulce a mar abierto para desovar. Cuando alcanzan nuestras costas, las *angulas* (así se llaman las crías), del tamaño de una cerilla, han recorrido la increíble distancia de 6000 km, viaje que han tardado dos o tres años en hacer. Las angulas se convierten en adultas en los lagos y mares de Centroeuropa, y cuando han alcanzado la madurez sexual, al cabo de unos años, regresan al mar de los Sargazos, en el Atlántico oeste, para desovar y después morir.

Este pez con forma de serpiente y una vida tan inusual era venerado como un dios por los antiguos egipcios. Los sacerdotes cebaban anguilas con las vísceras de los animales sacrificados y las adornaban con oro y piedras preciosas. En la antigua Grecia, la anguila se consideraba ya un bocado exquisito al alcance sólo de los más acaudalados: se sabe que una anguila podía costar el equivalente a tres días de salario de un artesano. Sin embargo, donde este pescado es más apreciado, con diferencia, es en Japón. Allí se cría en grandes cantidades. Los ejemplares que se vende en los mercados son más bien pequeños, de unos 150 g, y reciben el nombre de *anguilas amarillas*.

La carne grasa de la anguila es muy apreciada en Europa sobre todo ahumada, aunque las recetas con anguila fresca abundan en las cocinas belga y francesa: con hierbas en salsa verde, estofada en vino tinto o cerveza o con otros pescados en *matelote,* una especie de zarzuela. Una receta muy típica en Alemania es la sopa de anguila de Hamburgo, y también se suele comer fría en aspic.

Una especialidad muy apreciada sobre todo en España e Italia son las angulas, o *cieche* en italiano (literalmente, «ciegas»), hechas con aceite de oliva, ajo y guindilla en cazuelitas de barro.

El congrio, pez de agua salada, se llama «anguila de mar» en lenguas como el alemán.

Congrio en salsa de eneldo

800 g de congrio fresco
sal, pimienta blanca
2 cucharadas de zumo de limón
1 manojo de hortalizas para el caldo
75 ml de vinagre de vino blanco
5 granos de pimienta blanca
1 cebolla mechada con una hoja de laurel y 2 clavos
40 g de mantequilla
2 cucharadas de harina
125 ml de vino blanco
2 ramitos de eneldo, picados finos
125 g de nata
1 yema de huevo

Lave el congrio con agua fría, séquelo con un paño y trocéelo. Sazónelo con sal, pimienta y el zumo de limón y déjelo macerar durante 15 minutos. Ponga 1 l de agua, las hortalizas, el vinagre, la pimienta y la cebolla mechada en una cazuela, llévelo a ebullición y hiérvalo 10 minutos. Baje el fuego, sumerja el congrio en el agua hirviendo y cuézalo a fuego lento durante 20 minutos. Saque los trozos de pescado y resérvelos calientes. Cuele el caldo y reserve 600 ml. Funda la mantequilla, añada la harina y dórela. Vierta el caldo de pescado sin dejar de remover, agregue el vino blanco y déjelo hervir durante 5 minutos. Mezcle el eneldo picado con la salsa y sazónela con sal y pimienta. Bata la nata con la yema de huevo y ligue la salsa con la mezcla. No deje que vuelva a hervir. Ponga los trozos de congrio en la salsa y déjelos 5 minutos a fuego lento. Rectifique el plato de sal y pimienta antes de servirlo y acompáñelo con patatas hervidas con la piel.

Cómo preparar las anguilas

1. Haga un corte en la piel detrás de la cabeza y las aletas pectorales y despréndala un poco.

2. Ate un cordel alrededor del corte y hágale un nudo fuerte. Sujételo a un gancho.

3. Tire con fuerza de la piel hacia atrás con la ayuda de un trapo de cocina.

4. Corte la carne por detrás de las agallas hacia la cola.

5. Separe el filete y haga lo mismo en el otro lado.

Albóndigas de lucio en salsa verde

500 g de filete de lucio
sal, pimienta blanca
3 claras de huevo
1 cucharadita de almidón
alimentario
250 g de nata
1 chalote picado fino
60 g de mantequilla
2 cucharadas de harina
1 l de caldo de verduras
250 ml de vino blanco
250 ml de fondo de pescado
200 g de nata fresca espesa
azúcar
1 cucharadita de zumo
de limón
2 ramilletes de eneldo
picado fino

Lave el filete de lucio, séquelo con un paño y envuélvalo en film transparente. Déjelo enfriar durante 20 minutos en el frigorífico y luego córtelo en daditos. Salpiméntelos. Triture una tercera parte con una yema de huevo en la batidora y pase la pasta por un colador muy fino. Bata el almidón con la nata e incorpore la mezcla a

la pasta de pescado. Déjela reposar en la nevera, tapada, durante 1 hora. Mientras tanto, sofría el chalote en la mantequilla hasta que esté transparente, espolvoréelo con la harina y rehóguela un poco. Añada la mitad del caldo de verduras y llévelo a ebullición sin dejar de remover. Déjelo hervir a fuego lento durante 15 minutos. En otra cazuela, hierva el resto del caldo de verduras con el vino y el fondo de pescado. Forme las albóndigas de pescado con dos cucharas y sumérjalas con cuidado en el caldo. Cuézalas a fuego lento durante unos 10 o 12 minutos. Agregue la nata fresca espesa a la salsa y sazónela con sal, pimienta, azúcar y zumo de limón. Espolvoréela con el eneldo. Reparta las albóndigas en los platos precalentados y vierta por encima la salsa de eneldo. Sírvalas enseguida. Puede acompañarlas de arroz hervido o patatas nuevas salteadas en mantequilla.

El **lucio** tiene muchas espinas pero es muy sabroso.

El lucio

El *lucio* tiene una boca enorme provista de 700 afilados dientes, lo que hace de él un voraz depredador. Vive en ríos, lagos y estanques de fondo estable y aguas claras, donde se oculta entre la vegetación al acecho de sus presas: peces, ranas, aves acuáticas pequeñas y, a veces, hasta sus congéneres si se le ponen a tiro.

El color de su cuerpo alargado varía entre verdoso y azulado según la zona, salpicado de motas claras irregulares y con el vientre más claro. Los ejemplares jóvenes suelen presentar una llamativa coloración verde, por lo que también se conocen como *lucios verdes*. Los lucios pueden alcanzar el 1,5 m de largo y los 35 kg, aunque en cocina se prefieren los ejemplares más pequeños y, por consiguiente, más jóvenes, de hasta 3 kg, porque su carne es de mejor calidad. La mejor temporada del lucio es el otoño y principios de invierno.

La carne es tierna y sabrosa, pero se reseca enseguida porque es muy poco grasa. Por eso se recomiendan todas aquellas preparaciones que aportan algo de grasa al pescado, por ejemplo, relleno con una pasta que lleve nata o mantequilla. También queda muy bien envuelto en tocino y horneado. En Alsacia, este plato se sirve sobre un lecho de col fermentada en vino.

Otra delicia son las albóndigas de lucio guisadas en una fina salsa de nata, un clásico de la alta cocina francesa conocido como *quenelles de brochet*. Para su elaboración, la carne del lucio se tritura y se pasa por un colador fino. Así se resuelve de paso el problema de las espinas, que son muy abundantes sobre todo en los pescados de más edad. Las espinas son relativamente finas y hay que retirarlas con sumo cuidado con unas pinzas antes de cocinar los filetes de lucio.

El escalfado correcto

El escalfado es un método de cocción indicado sobre todo para pescados de carne tierna. Los trozos de pescado pequeños y los filetes se escalfan siempre en el caldo ya caliente, mientras que los trozos grandes o los pescados enteros se ponen en frío y luego se llevan a ebullición. Así se cuecen de manera uniforme sin resecarse. Se pueden escalfar con un caldo de verduras o un buen fondo de pescado.

La **carpa de espejos**, que casi no tiene escamas, es un bocado exquisito.

La carpa

El pescado favorito de los chinos se cría con éxito en el Imperio del Centro desde hace más de 2500 años, lo que lo convierte en la especie que lleva más tiempo criándose en cautividad. La carpa se introdujo en todo el territorio gobernado por el Imperio romano, y a partir de la Edad Media se extendió por toda Europa. En los monasterios era un pescado muy apreciado para la cuaresma por un motivo muy simple: durante el periodo de ayuno, el pescado no debía sobresalir del borde del plato, y el cuerpo jorobado de la carpa llenaba mucho mejor el plato de los monjes que la delgada trucha.

La forma primitiva de la que proceden todas las demás carpas criadas mediante hibridación y selección es la *carpa común reina* o *de escamas*, que tiene el cuerpo recubierto por completo de escamas grandes y bien pegadas. La *carpa de espejos* tiene muy pocas escamas y distribuidas de forma irregular, mientras que la piel de la *carpa de cuero* o *desnuda* apenas tiene.

Las carpas que viven en estado salvaje pueden llegar a cumplir los 40 años de edad y a alcanzar 1 m de largo y 30 kg de peso. Las carpas criadas en piscifactoría suelen medir unos 30 cm y pesar entre 1 y 2 kg. El hábitat natural de la carpa son las aguas cálidas de corrientes pausadas o quietas y fondos blandos con abundante vegetación. Se alimenta de plantas y animales pequeños que viven en el fondo.

Las recetas para preparar la carpa son tan variadas como su área de distribución. Sólo en China cuentan con recetas tanto agridulces como condimentadas con guindilla, preparación típica de la cocina de Sichuan. Una receta clásica de la cocina europea es la carpa azul cocida entera, aunque también se aprecia la carpa frita en dados. La carpa polaca es una especialidad en la que el pescado se sirve cortado en pedazos grandes y estofado en una salsa de cerveza negra con especias.

Carpas de Año Nuevo

Las carpas pueden vivir muchos años. Por eso en la China antigua se consideraban símbolo de la estabilidad y no podían faltar en ningún banquete de Año Nuevo.

La carpa es también un plato típico de Año Nuevo y Navidad en muchas regiones de Europa, pero por un motivo diferente: antiguamente, el de Nochebuena era un día de ayuno en el Occidente cristiano y estaba prohibido comer carne.

Carpa a la polonesa

1 carpa de unos 1,5 kg, limpia
sal y pimienta negra recién molida
1 hoja de laurel
5-6 granos de pimienta negra
4 bayas de enebro majadas
1 puerro cortado en rodajas
1 zanahoria en dados
1 cebolla en cuartos
6 cucharadas de vinagre de vino
60 g de mantequilla
2 cucharadas de harina
250 ml de fondo de asado
250 ml de cerveza negra

Lave muy bien la carpa. Córtele la cabeza y las aletas caudales y póngalas a hervir en 2 litros de agua fría con 1 cucharadita de sal, la hoja de laurel, los granos de pimienta, las bayas de enebro, el puerro, la zanahoria y la cebolla. Añádale el vinagre y déjelo cocer durante unos 20 minutos. Mientras tanto, corte la carpa en trozos de ración. Ponga el pescado en el caldo y cuézalo a fuego lento durante 20 o 25 minutos. Funda la mantequilla en una cazuela y rehogue la harina hasta que se dore. Rocíela con el fondo de asado y la cerveza y deje cocer la salsa durante 15 minutos. Sazónela con sal y pimienta. Saque los trozos de carpa del caldo con una espumadera, déjelos escurrir y colóquelos en platos precalentados. Vierta la salsa por encima y espolvoree con perejil picado.

Blinis de alforfón con salmón y caviar

20 g de levadura fresca
3 cucharadas de agua tibia
100 g de harina de alforfón
100 g de harina de trigo
1 cucharadita de sal
150 ml de leche templada
125 ml de yogur entero
2 huevos
mantequilla clarificada para freír
1 latita de caviar
12 lonchas de salmón ahumado
12 aceitunas negras sin hueso
12 huevos duros de codorniz
12 tallos de cebollino
12 ramitas de eneldo

Disuelva la levadura en el agua tibia. Ponga los dos tipos de harina y la sal en un cuenco y añada la levadura disuelta, la leche y el yogur. Separe las claras de las yemas y añada las yemas a la mezcla de harina. Mézclelo todo bien hasta que se formen burbujas en la masa. Tape el cuenco con un paño de cocina y deje fermentar la masa en un lugar cálido durante al menos 30 minutos. Mientras tanto, monte las claras a punto de nieve. Incorpórelas con cuidado a la masa fermentada. Caliente un poco de mantequilla clarificada en una sartén antiadherente. Divida la masa en doce porciones y fría unos *blinis* redondos y pequeños. Hágalo a fuego medio o bajo para evitar que se doren demasiado por fuera y queden crudos por dentro. Deje escurrir los *blinis* sobre papel de cocina.
Ponga una cucharadita de caviar encima de cada loncha de salmón ahumado, enróllelas y colóquelas sobre los *blinis*. Pele los huevos de codorniz, córtelos por la mitad y ponga dos mitades sobre cada *blini*. Adórnelos con cebollino y eneldo.

El esturión

El *esturión*, que antes poblaba todas las costas de Europa, es hoy un pez muy raro. La contaminación de las aguas y, sobre todo, su fama como productor de caviar han dificultado mucho su supervivencia. El esturión es, como el salmón, un pez migratorio que remonta los ríos para desovar. En el siglo XIX aún se podía encontrar en el Elba y el Danubio pero hoy día, sólo existen poblaciones relevantes en el mar Negro y el Caspio. En la Gironde (Francia) y el Guadalquivir aún viven unas cuantas colonias reducidas.

El cuerpo alargado del esturión está formado por varias filas de placas óseas que, junto con la cabeza acorazada y el morro en forma de pico, le confieren una apariencia primitiva. El mayor y más apreciado de los esturiones es la *beluga*. Puede alcanzar los 9 m de longitud, y de ella se obtiene el caviar más exquisito. El *osietra* es mucho más pequeño, ya que no suele superar los 2 m de largo. El tercero de la lista es el *sevruga*, que rara vez supera el 1,5 m. A diferencia de la beluga, que es rapaz, los otros esturiones son omnívoros.

El esturión no sólo es apreciado por sus huevas sino también por su carne, que es exquisita. Los antiguos romanos ya lo consideraban una exquisitez: siempre que se servía esturión, adornaban las mesas con flores, y un silbador anunciaba su llegada cuando el pescado entraba en el comedor. La carne de esturión admite múltiples preparaciones; se puede ahumar como la del salmón, pero también existen muchas recetas con el pescado fresco, sobre todo en la cocina rusa. Muy apreciado en la época imperial, el esturión se convirtió en un rareza durante el comunismo. Hoy está recuperando su fama poco a poco, y no sólo en su patria sino en toda Europa.

Las huevas saladas del esturión, el caviar, son sinónimo de lujo. El caviar se produce en su mayor parte en Rusia. Las hembras de esturión capturadas se trasladan a una fábrica transformadora donde primero las numeran, para que después se pueda saber cuáles son los orígenes de cada lata de caviar comercializada. Las huevas se lavan en un tamiz grueso para eliminar posibles restos de tejidos. Luego, se enjuagan y se catalogan. Los criterios determinantes son, aparte del tamaño y el color, el sabor, la consistencia y la integridad de cada uno de los huevos. El caviar se conserva en salazón, y la cantidad de sal debe ser exacta: si faltara se pudrirían enseguida y un exceso comportaría que se resecaran.

El caviar fresco es muy delicado y se debe conservar a una temperatura constante de -2 °C. Hoy se ofrece también caviar pasteurizado en tarros de cristal para facilitar su conservación, pero su sabor no tiene nada que ver con el del caviar fresco.

El **esturión** es un pescado muy apreciado, y no sólo como productor de caviar.

El caviar

El *caviar* es, sin lugar a dudas, una exquisitez para ocasiones muy especiales. Las relucientes «perlas» negras se presentan sobre hielo y se sirven con una cuchara especial de cuerno o nácar, ya que la plata o el acero les dan sabor a pescado. El caviar se degusta tal cual, sobre una tostada untada con un poco de mantequilla. Otra versión bastante extendida y originaria de Rusia es el caviar con *blinis* (tortitas de alforfón pequeñas y delgadas) y nata agria.

El mejor tipo de caviar es el de *esturión beluga*. Las huevas son gruesas y de color gris oscuro. Las *caviar osietra* son más pequeñas y duras, y se caracterizan por cierto aroma a fruto seco. El *caviar sevruga* se obtiene de la especie de esturión más pequeña de todas. Las huevas, pequeñas y de color gris medio o azulado, tienen la piel muy fina (lo que hace que sean muy delicadas) y un aroma intenso. Aparte del famoso caviar auténtico ruso, hoy también se comercializan con éxito huevas de otros pescados: el denominado *caviar alemán* se elabora con huevas rojas o negras de lumpo, y el *caviar Keta* es el nombre genérico de los productos elaborados con huevas de salmón, trucha y farra.

El **caviar osietra** persa no tiene nada que envidiar al ruso.

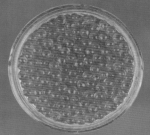

Beluga. El caviar más caro de todos. Las huevas son grandes y de un gris oscuro.

Caviar osietra ruso. Huevas de tamaño medio, color pardo y aroma delicado.

Sevruga. Huevas pequeñas y muy delicadas pero de sabor particularmente fuerte.

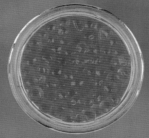

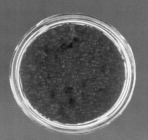

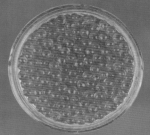

El **caviar de salmón** se elabora con huevas de salmón, que son bastante grandes.

Las huevas de lumpo teñidas y saladas se denominan «**caviar alemán**».

El **caviar Keta** se obtiene de diversas especies de salmónidos, también de la trucha.

Rábanos rellenos

2 manojos de rábanos
150 g de queso fresco tipo quark
2 cucharadas de perejil picado
sal, pimienta recién molida
3-4 cucharadas de caviar o sucedáneo de caviar

Corte las hojas de los rábanos dejando un trocito del tallo. Corte las raíces de la base en diagonal. Mezcle el queso con el perejil, la sal y la pimienta. Vacíe los rábanos con cuidado y rellénelos con la mezcla de queso. Reparta el caviar entre los rábanos rellenos. Enfríelos en la nevera durante unos 30 minutos antes de servirlos.

En el puerto mallorquín de Andratx las langostas se pescan con nasas.

1. Las langostas, que deambulan por el fondo del mar, se pescan en todo el Mediterráneo con nasas o redes provistas de cebos.

2. Un magnífico ejemplar ha caído en la red. Las langostas europeas pueden pesar hasta 3 kg y medir hasta 50 cm.

3. Los expertos saben cómo coger las langostas por el lomo para que no les hagan daño con las antenas, que tienen unas púas muy afiladas.

La langosta

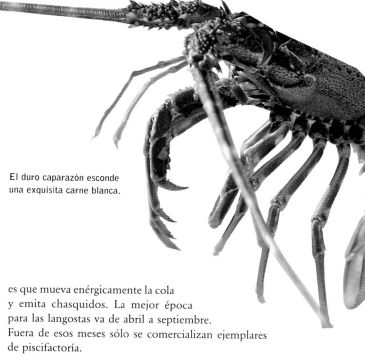

La *langosta* acostumbra a esconderse en las grietas de las rocas o entre los arrecifes de coral, por lo que no siempre resulta fácil hacerse con este bocado tan exquisito. En nuestras latitudes el codiciado crustáceo se suele pescar con nasas con cebo, mientras que en aguas tropicales lo capturan a mano buzos profesionales.

La langosta está bien protegida por una gruesa coraza provista de púas que le permite enfrentarse a cualquier enemigo con confianza. Aunque carece de las impresionantes pinzas del bogavante, la langosta cuenta entre sus cinco pares de patas con un par anterior tremendamente afilado con el que abre la concha de los moluscos. También se alimenta de caracoles y otros animalitos, a los que rastrea durante sus cacerías nocturnas con sus inmensas antenas, que pueden ser más largas que el cuerpo. También le sirven para producir chasquidos destinados tanto a comunicarse como a asustar a sus enemigos.

Las langostas habitan los litorales rocosos de todos los mares templados, tropicales y subtropicales. La *langosta europea* se pesca de Noruega al Mediterráneo pasando por Escocia. Se reconoce por el color rojo subido de su caparazón y por una doble hilera de manchas blancas claramente visibles en los segmentos de la cola. Puede pesar hasta 3 kg y medir 50 cm de largo, aunque los ejemplares que se suele encontrar en el mercado oscilan entre 800 g y 1,5 kg. La *langosta portuguesa* o *mauritana* es mucho más grande, y pesa hasta 5 kg. El área de distribución de esa especie de color rojo ladrillo claro se extiende desde el litoral portugués y el norte de África hasta el delta del río Congo. Las langostas que pueblan las costas occidentales americanas son famosas por las largas migraciones que emprenden en grupos de varios centenares en busca de mejores condiciones de alimentación. Pueden recorrer distancias de más de 100 km.

Por lo general, las langostas se venden vivas. Pueden sobrevivir unos días refrigeradas y guardadas en cajas con virutas húmedas. A veces, cuando llegan al comercio las ponen en peceras. Para saber si una langosta es fresca hay que levantarla: una buena señal

El duro caparazón esconde una exquisita carne blanca.

es que mueva enérgicamente la cola y emita chasquidos. La mejor época para las langostas va de abril a septiembre. Fuera de esos meses sólo se comercializan ejemplares de piscifactoría.

Para matarlas hay que sumergirlas en agua hirviendo a borbotones, con la cabeza por delante, el único método permitido en ciertos países. La cantidad de agua debe ser abundante para que el animal muera enseguida y el líquido no se enfríe demasiado al introducirlo. Luego se prepara según la receta. La parte comestible de la langosta es la carne de la cola, que se saca del caparazón.

La langosta, simplemente hervida o a la parrilla, se considera un auténtico manjar en todo el mundo y se suele servir acompañada de salsas frías o calientes. En los países del Mediterráneo tienen mucha fama los guisos de langosta en caldo condimentado, como la «caldereta», pero también figura en la carta de muchos restaurantes como ingrediente de ensaladas frías.

Cazuela de langosta

4 cucharadas de aceite de oliva
2 cebollas grandes picadas
500 g de cigalas
1 cucharada de concentrado de tomate
2 langostas (1 kg)
2 dientes de ajo picados
5 tomates grandes, pelados y troceados
2 cucharadas de coñac
sal y pimienta negra
2 ramas de perejil, picadas
4 rebanadas de pan moreno tostado

Sofría la mitad de la cebolla en 2 cucharadas de aceite de oliva. Corte las cigalas en trozos y añádalas a la cebolla junto con el concentrado de tomate. Saltéelo durante 5 minutos.

Remójelo con agua fría y déjelo cocer durante 30 minutos. Retire las cigalas y páselas enteras por el pasapurés. Añada el puré al caldo y cuélelo. Hierva las langostas en 3 litros de agua durante 20 minutos, sáquelas y déjelas enfriar. Corte las langostas en trozos y rompa el caparazón. En una cazuela con un poco de aceite de oliva, dore el resto de la cebolla y el ajo. Añada el tomate, sofríalo un poco y flambéelo con el coñac. A continuación, vierta el caldo y añada los trozos de langosta. Deje que hierva a fuego lento durante 15 minutos. Por último, salpimiente el guiso y espolvoréelo con el perejil. Ponga el pan en el fondo de los platos y reparta el guiso encima.

El bogavante

Este crustáceo también vive en aguas frías, de modo que su área de distribución en Europa se extiende desde las costas del Mediterráneo hasta el Atlántico norte. Los pescadores irlandeses pueden presumir de las mejores capturas. No obstante, el principal caladero está situado al otro lado del Atlántico, donde vive el *bogavante americano*. El bogavante de Maine o *Maine Lobster,* nombre que recibe allí, no sólo tiene denominación de origen y es un artículo estrella de la exportación en ese estado norteamericano sino que también arrasa en Canadá. Cerca de la mitad de la demanda europea se cubre con importaciones americanas. El *bogavante europeo* y su pariente americano son muy parecidos, por lo que para el consumidor resulta casi imposible diferenciarlos.

El bogavante europeo puede medir hasta 60 cm y pesar 5 kg, mientras que el americano es algo más grande. No obstante, los ejemplares que llegan a nuestros mercados no suelen superar 1 kg de peso. El resplandeciente color rojo del bogavante es producto de la cocción. El caparazón de un bogavante europeo fresco es de color azul oscuro o verdoso, a veces marrón, mientras que el americano tiende más al negro rojizo. La captura del bogavante está sujeta a estrictas normativas debido a la alta demanda. La temporada en Europa se limita a los meses de mayo y junio, mientras que en América se prolonga de junio a septiembre.

Esta criatura de aspecto feroz está provista de dos grandes pinzas con las que captura a sus presas y rompe la concha de los moluscos. La derecha acostumbra a ser un poco más grande y gruesa que la izquierda. Las pinzas se sujetan con gomas fuertes para evitar que los animales se peleen durante el transporte.

¿Por qué este producto del mar es tan apreciado por los *gourmets* de todo el mundo? A unos se les hace la boca agua con sólo pensar en la carne suave y consistente de la cola (sobre todo de los bogavantes hembra), mientras que otros encuentran delicioso el contenido de las pinzas, en este caso de los machos, que las tienen más grandes.

Cómo preparar el bogavante

1. Con un cuchillo de cocina grande, corte el bogavante por la mitad a lo largo.

2. Sujete bien el bogavante y vaya cortando de la cabeza a la cola.

3. Aquí se aprecian claramente la carne, blanca, y las vísceras, de color amarillento.

4. Extraiga con cuidado la carne de la cola del caparazón.

5. Rompa las pinzas con el lomo del cuchillo.

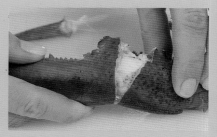

6. Separe con cuidado las dos mitades y vacíelas.

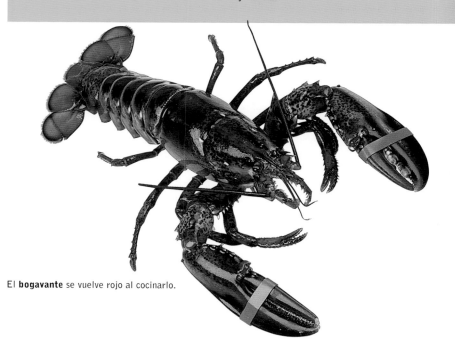

El **bogavante** se vuelve rojo al cocinarlo.

Recetas con bogavante

El bogavante, como la langosta, está buenísimo tal cual. Con todo, la alta cocina ha creado toda una serie de recetas que realzan aún más su buen sabor. Un clásico de la cocina francesa es el *homard thermidor*. El bogavante se sirve en su caparazón, gratinado con una salsa de chalotes y nata. Otra receta francesa es el *homard à l'américaine* (o *armoricaine* por su origen bretón; los expertos no se ponen de acuerdo). Se sirve bañado en una salsa fuerte hecha con fondo de bogavante, tomate, ajo y brandy. El *lobster Newburgh* es una receta americana que se prepara con una salsa de nata y coñac. *Bisque d'homard* es el nombre de una sopa espesa de bogavante, y el cóctel de bogavante se elabora con carne de bogavante fría, salsa cóctel y un poco de lechuga.

Bogavante con salsa de queso

Para 2 personas:
1 bogavante de 1,5-2 kg
2 cucharadas de mantequilla
2 cucharadas de harina
200 ml de leche
80 g de queso rallado, por ejemplo, cheddar
sal y pimienta recién molida
tabasco
salsa worcestershire
limón y hierbas aromáticas para adornar

Llene una cazuela grande de agua y llévela a ebullición. Sumerja el bogavante en el agua hirviendo cogiéndolo por la cola y cuézalo durante 20 o 25 minutos. Sáquelo con una espumadera y déjelo templar. Caliente la mantequilla y sofría la harina. Vierta la leche sin dejar de remover, deje hervir la salsa y añádale el queso. Siga removiendo hasta que el queso se haya fundido. Sazone la salsa con sal, pimienta, tabasco y salsa worcestershire.

Precaliente el gratinador del horno. Con un cuchillo grande y afilado, corte el bogavante por la mitad a lo largo y quítele el hilo intestinal. Ponga las dos mitades con la carne hacia arriba en una fuente refractaria, nápelas con la salsa y dórelas en el horno. Adórnelas con limón y hierbas aromáticas y sírvalas.

Cigalas y gambas

A veces, cigalas, gambas y langostinos se consideran parecidos, y sin embargo son muy distintos y fáciles de diferenciar: las *cigalas* pertenecen a la familia del bogavante y, como él, tienen unas pinzas bien desarrolladas en el par anterior de patas. En cambio, las pinzas de las gambas y los langostinos son tan pequeñas que sólo se pueden distinguir si se examinan bien.

Las *gambas* y los *langostinos* se pescan en todos los rincones del planeta y son los principales crustáceos desde el punto de vista económico. Existen cerca de 3500 especies distintas, de las que sólo alrededor del 10% tiene interés comercial. Su área de distribución se extiende desde las aguas poco profundas de la costa y las aguas bajas hasta alta mar, desde el frío mar del Norte hasta los trópicos. También viven en aguas salobres y dulces y se crían con éxito, por ejemplo, en los campos de arroz del sudeste asiático.

La carne de las gambas y los langostinos se estropea enseguida, y por eso se suele comercializar ultracongelada. Los nombres comerciales del producto dependen del país de origen y suelen confundir al consumidor: *crevettes,* camarones, langostinos, colas de langostino, gambas, gambitas e incluso *shrimps* y *prawns.* La palabra inglesa «shrimps» designa las gambas pequeñas, mientras que las más grandes se denominan «prawns» o «king prawns». De Alemania procede la pequeña *gamba* o *camarón alemán del mar del Norte,* que también se conoce como «granate».

En los países mediterráneos las gambas con piel se suelen hacer a la plancha o freír, mientras que con colas peladas se preparan distintas recetas, como ensaladas o platos de pasta y arroz. Un ejemplo sería la famosísima paella.

Las cigalas se conocen en Italia como «scampi». Según el sexo, pueden llegar a medir hasta 24 cm, y viven en aguas del Atlántico este desde Noruega hasta la costa marroquí y en el Mediterráneo occidental. Como ocurre con todos los crustáceos, cuanto más frías son las aguas más delicado suele ser su sabor. Se pueden preparar enteras o peladas, como las gambas, y las pinzas encierran un jugo muy sabroso. Las cigalas son más caras que las gambas y los langostinos, entre otras razones, porque abundan menos.

El **carabinero** tiene unos bigotes larguísimos y antenas dentadas.

La **cigala** se caracteriza por unas pinzas y unas patas robustas.

Las **gambas de Groenlandia** se comercializan ultracongeladas o en conserva.

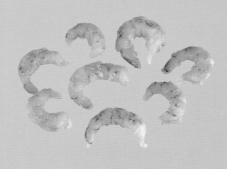

Las diminutas **gambas del mar del Norte** se suelen vender peladas.

Gambas al ajillo

500 g de gambas
5 dientes de ajo
1 manojo de perejil
sal
125 ml de aceite de oliva
pan de barra

Lave las gambas y séquelas muy bien. Pique el ajo y el perejil, mézclelos con sal gruesa y forme una pasta. Unte las gambas con ella. Caliente el aceite de oliva en una sartén. Fría las gambas. Déjelas enfriar unos 2 minutos y sírvalas con la barra de pan tierno.

Panecillo con gambas al estilo de Büsum

200 g de gambas del mar del Norte peladas
sal, pimienta negra recién molida
2 cucharadas de zumo de limón
8 huevos
60 ml de nata
50 g de mantequilla
4 panecillos
75 g de queso emmental rallado

Salpimiente las gambas y rocíelas con el zumo de limón. Bata los huevos con la nata y sazónelo con sal y pimienta. Funda la mantequilla en una sartén caliente y vierta la mezcla. Cuando empiece a cuajar, añada las gambas, revolviendo sin parar. Abra los panecillos y quíteles un poco de miga. Reparta los huevos revueltos entre las mitades, espolvoree con el queso y hornee los panecillos a 200 °C durante unos 10 minutos.

Las **gambas** frescas son las mejores.

Cómo pelar las gambas

1. Separe la cabeza del cuerpo con un leve movimiento giratorio.

2. Abra el caparazón por el abdomen y vaya arrancando segmentos.

3. Retire el hilo intestinal.

La industria de las gambas congeladas

A veces, las gambas ultracongeladas están etiquetadas en inglés. Éstas son las abreviaturas más importantes que encontrará en las etiquetas:

B/F: *blockfrozen* (congeladas en bloque)

IQF: *individually quick frozen* (congeladas separadas y rápido)

IPW: *individually poly wrapped* (envasadas por unidad)

H/O: *head on* (con cabeza)

H/L: *headless* (sin cabeza)

PD: *peeled, deveined* (peladas y sin el hilo intestinal)

PUD: *peeled, undeveined* (peladas, con el hilo intestinal)

T/O: *tail on* (sin caparazón pero con la aleta caudal)

B/K: *broken* (troceadas)

Truco

Las gambas y los langostinos frescos se diferencian claramente de los descongelados por los bigotes. Sólo los crustáceos frescos conservan los bigotes, porque al congelarlos es inevitable que se rompan.

Cangrejos

El cangrejo es habitual en toda Europa. Podemos encontrarlo en las orillas de todas las zonas costeras, incluso en el mar del Norte y el Báltico. Los cangrejos comunes son una especialidad muy apreciada en ciertos lugares en primavera: justo después de la muda, cuando el nuevo caparazón aún es blando, los cangrejos se pueden freír enteros y comer sin pelar. En todo Estados Unidos son muy apreciados (allí se conocen como *softshell crabs*), mientras que en Europa sólo se consumen así en determinadas zonas, como en la laguna de Venecia, en Italia.

Otros crustáceos

Uno de los más exquisitos de entre los numerosos crustáceos, grandes y pequeños, que se pescan en nuestras costas es el *buey de mar*. La carne de las grandes pinzas, que cuesta bastante romper, es particularmente sabrosa. El hígado de este crustáceo también se considera un manjar. El área de distribución del buey de mar se extiende desde Noruega hasta la costa marroquí. En ciertas zonas, como el mar del Norte, sólo se aprovechan las pinzas del buey, y el cuerpo se arroja otra vez al mar una vez se le han arrancado. Los hay que sobreviven, en cuyo caso desarrollan nuevas pinzas en la siguiente muda. El buey de mar es muy apreciado en la costa occidental americana. San Francisco tiene fama de ser el paraíso del *dungeness crab* o *buey del Pacífico*. Allí, el delicioso crustáceo se cocina y se come al aire libre en los muelles.

El *centollo* se aprecia mucho sobre todo en la costa atlántica española y francesa. Por su cuerpo redondo y sus patas largas y delgadas, también se conoce como «araña de mar». Su carne es exquisita pero hay que ser muy hábil para extraerla del caparazón, las patas y las pinzas. El caparazón es estupendo para rellenarlo.

A la familia del centollo pertenece también el *cangrejo de las nieves*, que vive principalmente en las costas de Alaska y el mar de Bering. La carne de este crustáceo de hasta 2,5 kg de peso es muy apreciada sobre todo en Japón, pero también en Norteamérica. Las exquisitas pinzas de este cangrejo se comercializan cocidas y ultracongeladas en Europa.

Otro habitante de los mares fríos es el *cangrejo real de Alaska*, que puede vivir a profundidades de hasta 1500 m. Es de color rojo anaranjado subido, presenta protuberancias en el caparazón y tiene las patas largas y fuertes. Debe su fama no sólo a su buen sabor sino también a su tamaño: los ejemplares de un metro de diámetro no son raros, y pueden pesar hasta 5 kg. Se aprovecha sobre todo la carne de las patas, que se comercializa en conserva bajo la denominación de *king crab meat* o *carne de cangrejo kamchatka* y, a veces, ultracongelada. La carne del *cangrejo real antártico*, algo más pequeño, también se suele destinar a elaborar conservas. Esta especie se pesca en el extremo meridional del continente americano.

Un crustáceo con una forma muy peculiar es la *cigarra* o *santiagiño*, que era bastante común en el Atlántico y el Mediterráneo pero hoy es víctima de la sobreexplotación. Se diferencia del bogavante porque carece de pinzas y tiene las antenas cortas. La carne es exquisita y recuerda un poco la de la langosta, pero tiene poca en proporción con el tamaño del cuerpo.

El *cangrejo chino* o *guantes de lana*, un crustáceo con las pinzas lanudas, llegó a Europa procedente del Lejano Oriente. Este animal de agua dulce es originario de China, desde donde es probable que llegara al río Elba a principios del siglo XX en los depósitos de agua de los navíos de guerra alemanes. Hoy también se puede encontrar en Francia, Bélgica, Holanda y Escandinavia. El cangrejo chino, considerado una exquisitez en Oriente, apenas tiene demanda al margen de los restaurantes chinos.

La **galera** es un crustáceo bastante habitual en nuestros mercados.

La **nécora** está muy extendida en las costas europeas.

Las grandes pinzas del **buey de mar** encierran una carne exquisita.

El duro caparazón del **centollo** es impresionante.

Los cangrejos de río

El cangrejo de río de patas rojas era muy abundante en los ríos y arroyos de Europa hasta que, a finales del siglo XIX, la población fue aniquilada casi por completo por una enfermedad fúngica, la denominada «peste de los cangrejos». Se ha intentado reintroducir especies resistentes a los hongos procedentes del este de Europa y de América, pero los éxitos obtenidos hasta ahora son modestos. Por eso este apreciado cangrejo se importa de otros lugares del mundo donde se cría con éxito, como los países escandinavos, Turquía y los estados del sur de Estados Unidos.

El *cangrejo de río de patas rojas* mide hasta 15 cm y tiene unas pinzas grandes y un caparazón oscuro, por lo que parece un bogavante en miniatura. Es muy exigente con su hábitat y con la calidad del agua. Su carne es exquisita pero, por desgracia, cada vez es más difícil de encontrar en el mercado. Menos exigente es el *cangrejo de río americano* o *cangrejo rojo de las marismas*, que copa la oferta en toda Europa. Procede del este de Europa y Asia y se diferencia del anterior por ser de un color más claro y tener unas pinzas más pequeñas. El principal exportador de este tipo de cangrejo es Turquía.

Los cangrejos de río se compran vivos, como las langostas y los bogavantes, y también se echan en una cazuela grande con agua hirviendo a borbotones. Los cangrejos se pueden servir acompañados del caldo de cocción aderezado con hierbas aromáticas como eneldo o estragón. Cuando están hechos, hay que desechar los que no tienen la cola doblada hacia dentro, porque es probable que ya estuvieran muertos antes de ponerlos en la cazuela y es preferible no comerlos, por precaución.

El cangrejo del río Oder

«Yo también he visto prodigios de ese tipo, pero ninguno comparable a lo que cuenta la gente que pasaba antes. Entonces, hace un siglo o tal vez más, había tantos cangrejos que cuando, en mayo, las aguas se retiraban, había que sacudir los árboles de todo el pantano, y caían por millares [...], pero a nadie le hacía gracia. Los cangrejos eran como una plaga: se despreciaban, y los sirvientes que se veían obligados a comerlos los aborrecían. Les sentaban tan mal que estaba prohibido dar de comer cangrejos a los criados *más* de tres veces por semana. Sesenta cangrejos costaban un penique.»

Theodor Fontane,
La señora Jenny Treibel (1892)

Las ostras viven en todos los mares templados y cálidos.

Las ostras

La *ostra* es uno de los bocados más finos que nos ofrece el mar, y además no requiere elaboraciones complicadas: cruda, sólo con limón y, si se desea, un poco de pimienta negra, es como está más buena. Se puede acompañar de un vino blanco bien frío, como un Muscadet o un Sancerre, o con un Riesling de Alsacia, y pan moreno con mantequilla.

Las ostras viven en todos los mares templados y cálidos del planeta. La concha está formada por una valva abombada y otra lisa con la que se fijan a objetos sumergidos. Se alimentan de plancton que filtran del agua marina con las branquias. Las ostras que se encuentran en los mercados proceden casi exclusivamente de granjas especiales donde se crían en grandes cantidades: primero se capturan las larvas y se les proporciona una superficie adecuada para que se fijen a ella. Al cabo de unos ocho meses se trasladan a un recinto protegido con agua rica en plancton dentro de la zona de mareas. Las ostras están listas para ser recogidas hacia los tres años de edad. En ese momento ya se pueden comercializar, o someter a un tratamiento especial *(finissage)* de 10 o 12 meses con el objetivo de mejorar su sabor. Ese tratamiento se lleva a cabo en antiguas salinas, donde el agua no es muy salada pero contiene muchísimo plancton. Antes de comercializarlas, todas las ostras pasan unos días en unas piscinas especiales donde se limpian de arena.

La *ostra europea* es la preferida de los paladares más exquisitos. Se reconoce con facilidad por la concha, que es redonda y bastante plana, de entre 5 y 12 cm de diámetro. La carne puede adoptar tonos arenosos o grises verdosos. Como el color de la concha, el sabor de la carne depende mucho del hábitat donde han crecido las ostras. Por eso las ostras europeas acostumbran a llevar el nombre de su zona de procedencia: Belons, Marennes, Gravettes d'Arcachon de Francia, Oostendes de Bélgica, Zeeland e Imperialen de Holanda, Limfjords de Dinamarca, Rossmoie y Galway de Irlanda, Colchester y Whitstable de Inglaterra o Holsteiner de Alemania.

A diferencia de la ostra europea, el *ostrón* tiene las valvas alargadas y más abombadas. El portugués es una especie autóctona europea, mientras que el japonés, u ostrón del Pacífico, se introdujo en la década de 1970 y se ha extendido mucho desde entonces. En el nombre de los ostrones no proporciona ningún dato acerca de su procedencia sino sobre el método de cría: la denominación *fines de claires* o *spéciales de claires* significa que han permanecido durante un tiempo en unas piscinas especiales antes de su comercialización, mientras que las denominadas *«huîtres du parc»* se comercializan sin ningún tratamiento final.

Ahora se encuentran ostras en el mercado durante todo el año. Sin embargo, la vieja regla según la cual sólo hay que comerlas en los meses que llevan una «R» sigue teniendo cierta vigencia: en verano los animales están más débiles a causa del desove, y su sabor no es tan fino. Las mejores ostras son las de octubre a mayo. Las ostras frescas vivas tienen que estar bien cerradas al comprarlas. Deseche las que no se cierren al darles un golpe. Si compra las ostras abiertas, fíjese en que la carne esté apretada y en que el agua sea clara. Además, tienen que oler a fresco, a mar y algas, nunca a pescado.

Una vez en casa hay que poner las ostras en un cuenco y taparlas con un paño húmedo. Así se conservan varios días en el frigorífico a una temperatura de entre 1 y 7 °C. El paño debe estar siempre húmedo. No guarde nunca las ostras en una bolsa de plástico, porque se asfixiarían.

Los ostrones se venden en Francia con el nombre de **«huîtres creuses»**.

Robustos y resistentes: los **ostrones**.

Puro placer: las ostras son muy fáciles de preparar.

Los calibres

Las ostras se seleccionan según su peso y se etiquetan de acuerdo a ello antes de ponerlas a la venta. Los sistemas pueden variar según el país de origen.

Calibre 00	75 g
Calibre 000	85 g
Calibre 0000	95 g
Calibre 00000	105 g
Calibre 000000	115 g y más

Las ostras americanas

La ostra americana es un ostrón que vive en toda la costa atlántica desde Florida hasta el golfo de San Lorenzo. Es más grande que los europeos, pero no tiene tan buen sabor. A diferencia de los europeos, los americanos prefieren comer las ostras cocidas. Mientras que en Europa se consumen crudas alrededor del 80% de las ostras, en Estados Unidos la proporción es la inversa.

Ostras al horno

200 ml de fondo de pescado
200 ml de salsa de vino blanco
12 ostras grandes
1 cucharada de nata montada
2 cucharaditas de mantequilla fundida
1 yema de huevo
un chorro de cava brut
sal
una pizca de pimienta rosa
perejil

Precaliente el horno a 175 °C. Prepare el fondo de pescado y la salsa de vino blanco. Lave las ostras, abra las valvas con el cuchillo especial y saque la carne, reservando el agua. Ponga a hervir en un cazo el fondo de pescado con el agua de las ostras, escalde los cuerpos en el líquido durante unos segundos y vuelva a ponerlos en las conchas. Reduzca el fondo a la mitad, a fuego lento. Añádale la salsa de vino blanco y deje que hierva hasta que el líquido se espese. Aparte la salsa del fuego y déjela enfriar. Funda la mantequilla en una cazuela, incorpore la yema de huevo y mézclelo con la salsa de vino blanco. Añada un chorro de cava y la nata montada. Retire la salsa del fuego y sazónela con sal y pimienta rosa. Vierta la salsa por encima de las ostras y hornéelas hasta que se doren. Adórnelas con perejil y sírvalas.

Los ostrones **americanos** son mucho más grandes que los europeos.

La concha de la **ostra europea** es redondeada y bastante plana.

Los moluscos

Por mucho que puedan diferir en tamaño, forma, color y estructura, todos los *moluscos* tienen algo en común: un cuerpo blando protegido por una concha calcárea dura integrada por dos mitades más o menos simétricas. Un fuerte músculo se encarga de abrir y cerrar las valvas.

La mayoría de moluscos son inmóviles y viven agarrados a una superficie, como los mejillones y las ostras. No obstante, unas especies pueden desplazarse mediante un pie, y otras son capaces hasta de nadar, como las vieiras.

El molusco por excelencia en todo el mundo es el *mejillón*, de forma alargada y color azul oscuro. Ya se apreciaba en la antigua Grecia y hoy se cría en grandes cantidades, sobre todo en las costas europeas. Los principales productores de mejillones son España y Holanda. El primer paso de la cría del mejillón es la captura de las larvas, que nadan libremente. Esas larvas se fijan a postes, cuerdas o sobre el fondo marino. Los mejillones crecen en los viveros hasta que alcanzan el tamaño adecuado para su comercialización, entre 5 y 7 cm.

Además de los mejillones, muchas otras especies de moluscos se explotan comercialmente, como las *almejas esmeralda*, con su característica concha verde. Esas almejas proceden del océano Pacífico, pero hoy se comercializan en todo el mundo. Las *almejas* están presentes en casi todas las costas del planeta, y su familia comprende más de 500 especies. Son uno de los mariscos más consumidos en los países mediterráneos y un ingrediente indispensable de los auténticos *spaghetti vongole*.

Otro molusco muy extendido es el *berberecho*, que visto de perfil tiene forma de corazón. Las *almejas* se pescan sobre todo en Francia, Inglaterra y Estados Unidos. Tienen la concha ovalada o triangular, y su carne es muy sabrosa.

Los pequeños mejillones se fijan a cuerdas gruesas con hilos de algodón.

Las cuerdas se cuelgan de balsas firmemente ancladas.

Una vez recogidos, los mejillones se seleccionan por tamaños.

Los mejillones listos para la venta se ponen en cajas de madera.

Normalmente, los **mejillones** son sometidos a un proceso de lavado antes de ponerlos a la venta.

La *coquina* es un pequeño molusco que tiene una concha de textura muy suave, llena de costillas de tonos más claros que su color, por lo general tostado verdoso. El interior de la concha es violáceo, aunque a veces también blanquecino o anaranjado. A diferencia de todas las demás especies de moluscos, las *navajas* tienen la concha alargada y casi rectangular. Su pie les permite desplazarse. La mayoría de las especies medran en las aguas cálidas y tropicales, aunque también se pueden encontrar en el Mediterráneo y el mar del Norte. Los *percebes* son unos crustáceos de aspecto singular muy cotizados sobre todo en España. Lo que se come es el «pedúnculo», cuya piel dura se desprende fácilmente una vez los percebes están cocidos.

Los moluscos se suelen vender vivos. Las conchas tienen que estar bien cerradas. Los moluscos abiertos y que no se cierren ni aun golpeándolos contra un objeto duro, hay que desecharlos. Estos animales se lavan bajo el chorro de agua, y nunca hay que dejarlos en remojo en agua del grifo porque pierden sabor. Tapados con un paño húmedo, se pueden conservar en el frigorífico entre 4 y 10 °C durante unos días.

La cocina mediterránea sería inimaginable sin los moluscos, que muchas veces se hacen al vapor con un poco de ajo y aceite o que enriquecen pastas y arroces. Pero la mayoría también están deliciosos en crudo, como las ostras. Las especies más grandes, como los mejillones y las vieiras, también quedan muy bien rellenas y gratinadas. En la cocina asiática los moluscos se suelen ahumar antes de cocinarlos.

Mejillones con patatas nuevas

2 kg de mejillones
8 patatas nuevas peladas, hervidas y en dados
1 cebolla
1 hoja de laurel
1 clavo de olor
5 ramas de perejil
1 limón
1 diente de ajo
sal y pimienta negra
125 ml de vino blanco

Lave los mejillones y quíteles las barbas. Enjuáguelos varias veces para eliminar toda la arena. Deseche los mejillones rotos o abiertos. Póngalos en una cazuela grande con agua. Cuézalos durante 5 minutos y añada el vino. Corte la cebolla en cuatro y póngala en la cazuela, así como la hoja de laurel, el clavo, el perejil, el limón en octavos y el ajo. Déjelo cocer a fuego lento y salpiméntelo. Remueva los mejillones cada 4 minutos con una cuchara de madera, de abajo a arriba para que la cocción sea uniforme y se abran todos. Una vez abiertos no deben permanecer demasiado tiempo al fuego, porque la carne se endurece y se arruga enseguida. Ponga los mejillones y el caldo en una fuente grande y mézclelos con las patatas. Sírvalos muy calientes.

El amarillo más o menos intenso de la carne no tiene nada que ver con la calidad del mejillón.

Los mejillones tienen que estar cerrados en el momento de la compra.

Las vieiras

En la Edad Media, las veneras (conchas) de esta especie eran la insignia de los peregrinos del Camino de Santiago. Por eso se llaman «conchas de peregrino». La concha de la vieira ocupa un lugar central en el cuadro de Botticelli *El nacimiento de Venus:* según la mitología, Venus, la diosa del amor, nació de la espuma del mar y llegó a la isla de Citera sobre una concha tirada por seis caballitos de mar. Sin embargo, este molusco no sólo destaca por su impresionante concha sino también por su exquisito contenido: la carne es dura y blanca y tiene un aroma algo dulzón. Está rodeada de una bolsa oval de color rojo anaranjado, llamada «coral», que es una verdadera exquisitez.

Cómo preparar las vieiras

1. Coja la concha con la valva abombada hacia abajo.

2. Introduzca un cuchillo corto entre las dos valvas y desplácelo de un lado a otro.

3. Retire la valva superior y separe la carne con el cuchillo.

4. Desprenda con cuidado el borde gris que rodea el molusco.

5. Ahora ya puede preparar las vieiras como guste.

Las **almejas** son un ingrediente indispensable de los *spaghetti vongole.*

Las **coquinas** se pescan con rastrillo en las costas arenos

Las **navajas** al vapor con ajo y aceite son un auténtico manjar.

Los **percebes** son un artículo de lujo, sobre todo en España.

Moluscos

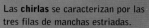

Las **chirlas** se caracterizan por las tres filas de manchas estriadas.

Vista de lado, la concha cerrada de los **berberechos** tiene forma de corazón.

Los **mejillones** pueblan todos los mares del mundo.

La **vieira** es la estrella de la alta cocina.

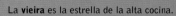

Los caracoles

Los hallazgos de conchas de caracol en cuevas paleolíticas de Sudamérica y Francia demuestran que estos pequeños gasterópodos eran ya un alimento valorado por su aporte proteico hace unos 12000 años. Los *caracoles* están representados en todo el mundo por numerosas especies, terrestres y marinas.

Uno de los caracoles marinos más apreciados es el *abulón*. Su concha tiene la misma forma que el oído humano, por lo que también se conoce como «oreja de mar». Los repliegues empiezan siendo muy estrechos, pero se ensanchan hacia el borde y forman una amplia abertura para el gran pie del caracol, que le permite pegarse a las rocas o piedras, de las que es muy difícil de desprender. Es muy codiciado tanto por su delicado interior como por el precioso nácar que reviste el interior de la concha. La carne es sabrosa pero muy dura, y es imprescindible ablandarla con golpes antes de cocinarla. Los abulones prefieren los mares cálidos y viven principalmente en el Mediterráneo y el océano Pacífico.

El caracol marino más pequeño de todos es el *bígaro común* o *caracolillo*. Las conchas, de color gris oscuro o negro, acostumbran a medir unos 4 cm a lo sumo. Por lo general se cuecen en agua con sal y se sirven acompañados de una vinagreta o mayonesa. Primero hay que quitar la pequeña tapa con la que el caracol se encierra en su concha, y a continuación extraer la carne con un pincho o un palillo.

De entre los caracoles mediterráneos cabe mencionar la *cañadilla* y el *búzano* o *múrice*, ambos con conchas llenas de espinas duras. Antiguamente, de estas dos especies se extraía el preciado colorante púrpura. Se alimentan de otros caracoles y moluscos, perforando su concha.

Las distintas especies de *caracol de mar* o *bocina* son las más abundantes. Algunas de ellas son necrófagas, por lo que desempeñan una función de limpieza muy importante en el fondo marino, mientras que otras se han especializado en abrir las conchas de las ostras. Con estos caracoles se preparan sopas y rellenos, y también se sirven gratinados o fritos.

Los caracoles terrestres

Los *caracoles de tierra* están considerados una auténtica delicia. En el pasado, este gasterópodo causaba verdaderos estragos en los viñedos europeos porque devoraba los brotes tiernos de las vides. La población de caracoles (antaño alimento de pobres) ha disminuido de forma considerable, en parte por la creciente utilización de pesticidas. La demanda supera con creces la oferta natural, y por eso se crían en granjas. En Alemania, los caracoles están incluso protegidos por la ley y no se pueden coger en la naturaleza. Todas las especies de caracol de tierra precisan una cocción prolongada con la cáscara antes de su posterior preparación. Una receta clásica son los *escarcots à la bourguignonne*, caracoles al horno con mantequilla de hierbas por encima. El *caracol gris* se preparara del mismo modo.

Cañadillas cocidas en un caldo condimentado.

Hay **caracoles de mar** de muchas formas y tamaños. Lo mejor para prepararlos suele ser una receta sencilla: cocerlos en agua con sal y servirlos con mayonesa o una vinagreta.

Las **cañadillas** son famosas sobre todo por el colorante que se obtiene de ellas; un gramo cuesta unos 2000 euros.

AVES DE CORRAL Y DE CAZA

Introducción

«Creo fervientemente en los propósitos de la creación y estoy convencido de que todas las aves de la familia de la gallina fueron creadas con el único propósito de enriquecer nuestra despensa y nuestras comidas.» Así se deshacía en elogios hacia las aves el cocinero francés Jean Anthèlme Brillat-Savarin (1755-1826). Esta afirmación sigue siendo tan válida como entonces, y el consumo de carne de ave no cesa de aumentar. Las aves se comercializan tanto enteras como despiezadas, frescas o congeladas y, cada vez más, ya deshuesadas y listas para cocinar.

Por lo general, el término *aves* se emplea para designar las aves domésticas de corral y de granja. Las aves que viven en estado salvaje como el faisán, la codorniz, la becada, la perdiz o el lagópodo escandinavo reciben el nombre de *aves de caza* o *caza de pluma*. No obstante, los límites entre aves de corral y de caza suelen estar poco definidos. Y es que la mayoría de las aves de caza comercializadas proceden de granjas y se crían exactamente igual que las aves domésticas y de corral. Mientras que el pollo o el pavo son baratos y se han convertido en un alimento cotidiano, los patos, las ocas y, en particular, las pintadas y las palomas, acostumbran a formar parte de los menús de los días festivos.

El sabor de la carne de ave depende sobre todo del tipo de pienso con que han sido cebados los animales. Un buen pienso en grano y suficiente ejercicio son las mejores garantías de calidad. Pero como es lógico, la calidad se paga. Aunque a veces merece la pena rascarse un poco el bolsillo para poder disfrutar más en la mesa.

La compra de aves

Hoy podemos comprar aves frescas y congeladas, sobre todo si son para el consumo diario. En los supermercados también encontramos productos envasados y listos para cocinar. Pero siempre es preferible acudir a una tienda especializada para adquirir animales recién sacrificados. Se recomienda comprar animales grandes, puesto que la proporción entre carne y huesos es más favorable.
La carne de ave se estropea enseguida, por lo que se debe consumir lo más fresca posible. Si compra en una pollería, pida que le den los menudillos para poder elaborar salsas y rellenos.

Las explotaciones al aire libre brindan las condiciones óptimas para las **gallinas ponedoras**.

Categorías comerciales

La volatería de abasto se clasifica en tres categorías:

A = carne de calidad excelente con poca grasa y repartida uniformemente, desplumada a la perfección, sin heridas ni manchas.

B = aves con grasa de distribución irregular y heridas y manchas insignificantes.

C = exclusivamente para aprovechamiento industrial.

Derecha: el famoso **pollo de Bresse** procede de los alrededores de Lyon.

Extremo derecha: los **pollos de plumaje negro** sólo se crían en Francia, en el departamento de Landes.

Derecha: los **picantones** se suelen cocinar a la parrilla y asados y no sobrepasan los 450 g de peso.

Extremo derecha: las buenas gallinas ponedoras ponen hasta 300 huevos al año.

El pollo y sus subespecies

El hombre logró domesticar al pollo y criarlo en corrales hace unos 4000 años. Desde entonces se ha convertido en el ave más consumida del mundo. Algo completamente normal teniendo en cuenta que el pollo es barato, de carne magra, tiene muchas proteínas y es fácil de digerir. Además, las hembras adultas nos proporcionan huevos.

La oferta de pollos es hoy muy variada. Existen distintas categorías de peso y edad, entre las que destacan los *picantones*, el *pollo para asar*, la *pularda*, el *pollo de engorde*, el *capón* y, naturalmente, la *gallina*. A excepción de la gallina, todos son ideales para asar, tanto enteros como troceados. La carne más dura pero sabrosa de las gallinas de entre 12 y 15 meses es perfecta para elaborar un buen caldo.

Los *picantones* tienen pocas semanas de edad, pesan hasta 450 g y se comen asados o a la parrilla. El pollo para asar es sacrificado antes de alcanzar la madurez sexual, alrededor de las cinco semanas de vida, y pesa entre 700 y 1200 g. La pularda es un pollo que tampoco ha alcanzado todavía la madurez sexual y pesa unos 2 kg gracias a una alimentación y condiciones de cría especiales. Los *pollos de engorde* son animales con mucha carne y hasta 5 kg de peso. El *capón* es un gallo castrado de entre 1,5 y 2 kg de peso cuya carne queda especialmente exquisita asada al horno.

Además de las categorías de peso, también se diferencia distintas razas y formas de cría. La carne de los pollos de corral que viven al aire libre, por ejemplo, es mucho más gustosa que la de los animales que crecen en la denominada cría sobre el suelo (en pequeños gallineros cerrados). El *pollo de Bresse* francés se considera una variedad muy delicada. Esta raza especial de cría originaria de los alrededores de Lyon vive al aire libre y, además de pienso en grano normal, también se alimenta de maíz o alforfón.

El pollo y la salud

La carne de ave es propensa a la contaminación por bacterias del género *Salmonella*. Pero el consumo de carne de pollo no plantea ningún problema si respetamos ciertas normas básicas. Un factor imprescindible es una buena refrigeración (incluso después de prepararla). Y, por supuesto, la carne de ave no se puede consumir nunca cruda. Examine con detenimiento la carne cruda y compruebe que la carne se desprende de los huesos con facilidad y el jugo que suelta al cocerse es acuoso. Puede utilizar un termómetro para estar más seguro. Las bacterias mueren cuando la carne presenta una temperatura interior uniforme de 60 °C. Lávese muy bien las manos y los utensilios de cocina con agua caliente y jabón antes de manipular otros alimentos, posiblemente crudos.

Cómo trocear el pollo

1. Lave el pollo bajo el chorro de agua fría, séquelo con un paño y colóquelo boca arriba. Tenga a mano unas tijeras y un cuchillo afilados.

2. Tire de los dos muslos hacia fuera y corte la piel a lo largo de la carcasa con el cuchillo.

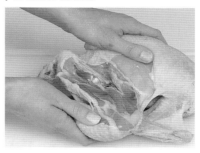

3. Haga girar el muslo hasta que aparezca la cabeza de la articulación del hueso del muslo. Sepárelo cortando la articulación con las tijeras.

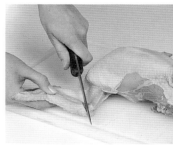

4. Corte la parte central e inferior del ala con el cuchillo.

5. Para separar las pechugas, practique un corte con el cuchillo a lo largo de la quilla.

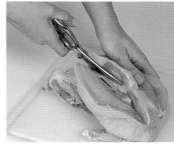

6. Corte la quilla con las tijeras.

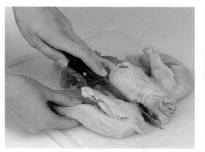

7. Dé la vuelta al pollo y corte la clavícula. Siga la trayectoria del espinazo con el cuchillo y sepárelo de la pechuga cortando las costillas.

8. Para ocho trozos: separe las patas por el muslo y corte las pechugas por la mitad.

Pollo al vino tinto

1 pollo (aprox. 1,5 kg)
5 cucharadas de aceite de oliva
150 g de beicon
5 cebollas pequeñas
1 cucharada de harina
1 botella de vino tinto (borgoña tinto)
sal, pimienta

Trocee el pollo, pique las cebollas y trocee también el beicon. Sofríalo todo en una cazuela plana y retírelo. Sofría la harina en el jugo de la cocción y vierta el vino tinto. Añada el pollo y un poco de agua y salpimiéntelo. Déjelo cocer tapado a fuego lento durante unos 75 minutos. Si hay demasiado caldo, cueza el pollo destapado los últimos 15 minutos.

Brochetas de ave a la japonesa

450 g de pechuga de pollo
5 cucharadas de salsa de soja
5 cucharadas de mirin *(vino dulce de arroz)*
1 trozo de unos 2 cm de jengibre pelado, rallado y exprimido
4 brochetas de bambú

Corte la carne de pollo lavada en dados medianos del mismo tamaño. Prepare un adobo con la salsa de soja, el *mirin* y el jugo del jengibre, impregne bien los trozos de carne con esta mezcla y déjelos en adobo unos 30 minutos. Ensarte los dados de pollo en las brochetas y áselos a la parrilla de 3 a 5 minutos por cada lado.

Alitas de pollo

24 alas de pollo
50 g de mantequilla con sal
1-2 cucharadas de tabasco
2 cucharadas de vinagre de manzana
aceite para freír

Corte las puntas de las alas de pollo, corte el resto en dos trozos por la articulación y séquelas bien con un paño. Caliente el aceite para freír a 175 °C y fría las alas. Mezcle la mantequilla con el tabasco y el vinagre de manzana y unte las alas con esta preparación. Sírvalas bien calientes.

Pollo con salvia

1 diente de ajo pelado y picado fino
4 pechugas de pollo con piel
2 lonchas de jamón curado
8 hojas de salvia
sal, pimienta recién molida
1 cucharada de semillas de hinojo
machacadas en el mortero
$^1/_2$ lima
4 cucharadas de aceite de oliva

Precaliente el horno a 175 °C. Separe un poco la piel de las pechugas de pollo e introduzca $^1/_2$ loncha de jamón curado y una hoja de salvia debajo. Corte el resto de la salvia en tiras finas. Salpimiente la carne y úntela con ajo e hinojo. Corte la lima en rodajas. Caliente el aceite de oliva en una sartén y fría la carne, primero por el lado de la piel y luego por el otro. Retire la carne y póngala en una fuente refractaria. Vierta la grasa de la sartén por encima y reparta las rodajas de lima y el resto de hojas de salvia sobre la carne. Hornéelo durante unos 30 minutos. Sírvalo en una fuente precalentada.

Pollo picante a la parrilla

1 pollo para asar de unos 600 g
50 ml de aceite de oliva
el zumo de $^1/_2$ limón
1 cucharada de guindilla roja picada fina
sal y pimienta recién molida
1 limón biológico

Lave el pollo y séquelo con un paño. Póngalo boca arriba encima de una tabla y córtelo por la quilla con un cuchillo de sierra hasta que toque el espinazo con el filo y pueda abrir el pollo. Aplánelo con una maza para carne sin romper demasiado los huesos. Mezcle en un bol el aceite de oliva con el zumo de limón, la guindilla roja picada, sal y pimienta. Unte el pollo con esta mezcla y déjelo macerar durante 40 minutos. A continuación, dórelo en la parrilla no demasiado caliente durante unos 30 minutos. Corte el pollo por la mitad y sírvalo acompañado de rodajas de limón.

Pavo relleno

Para 8-10 personas
Relleno:

750 g de pan de molde

4 cucharadas de mantequilla

2 cebollas en dados

2 ramas de apio picadas finas

4 cucharaditas de tomillo seco

3 huevos

2 manzanas en dados

80 g de uvas pasas

50 g de pasas de Corinto

*80 g de cerezas confitadas u orejones
de albaricoque, en dados*

*50 g de ciruelas pasas sin hueso
y en dados*

250 ml de caldo de pollo

sal y pimienta recién molida

Otros ingredientes:

1 pavo de unos 2,5-4 kg, limpio

sal

pimienta

1 litro de caldo de pollo (preparado)

2 cucharadas de mantequilla

2 cucharadas de harina

Precaliente el horno a 175 °C. Ponga las rebanadas de pan en la placa del horno y tuéstelas durante unos 20 minutos a altura media, dándoles la vuelta una vez. Caliente la mantequilla y sofría la cebolla, el apio y el tomillo durante unos 10 minutos. Desmenuce las rebanadas de pan en un cuenco grande. Añádales el sofrito de cebolla, los huevos, la manzana y los frutos secos. Mézclelo todo bien. Humedezca la masa con un poco de caldo. Salpimiéntela. Lave el pavo y séquelo. Salpimiéntelo por dentro y por fuera, rellénelo con la masa de pan y cierre el agujero con palillos. Meta las alas debajo del cuerpo y ate los muslos con cordel de cocina. Ponga el pavo en el horno en una fuente para asar. Hornéelo de 3 1/2 a 4 horas. Riegue el pavo con 1/3 del caldo al cabo de 1 1/2 horas. Vaya mojándolo con el resto del caldo hasta el final de la cocción. Resérvelo caliente. Pase el jugo del asado a un cazo. Mezcle la mantequilla con la harina e incorpórelo al jugo del asado. Déjelo cocer a fuego lento entre 5 y 8 minutos. Salpimiéntelo. Trinche el pavo y sírvalo acompañado de la salsa.

Rellenos de pavo

El relleno tiene como finalidad hacer más jugoso un asado y aromatizarlo. Naturalmente, también supone un deleite para el paladar. El pavo se puede rellenar con ingredientes muy diversos como castañas, carne picada condimentada, frutos secos, peladura de cítricos, hierbas aromáticas variadas, etc. Una receta deliciosa es el pavo a la portuguesa, con arroz y tomate cortado en daditos. El pavo relleno de pan, láminas de boletos comestibles, hinojo y anís recibe el nombre de «a la rusa». A los americanos les gusta servir el pavo de Acción de Gracias con un relleno de pan de maíz, consistente en hígado de pavo frito con dados de pan de maíz, apio, albahaca, perejil y huevos. También existe una versión de marisco de este relleno enriquecida con ostras.

El pavo

El *pavo* es el más pesado de todos los galliformes y puede llegar a pesar más de 20 kg. En sus orígenes, este impresionante animal era un *ave salvaje* originaria de Norteamérica y México y fue uno de los primeros animales domésticos de los aztecas junto con el perro. Con el descubrimiento de América, el pavo fue introducido en Europa alrededor de 1520, puesto que los conquistadores europeos no querían prescindir de una carne tan exquisita al regresar a su patria. El gran gastrónomo Brillat-Savarin lo consideraba el mejor producto que había dado el Nuevo Mundo al Viejo Continente. El pavo es una de las aves más apreciadas en Estados Unidos y no falta en ninguna mesa en fechas tan señaladas como Acción de Gracias y Navidad.

Se dice que un solo pavo ofrece siete tipos distintos de carne. No hay duda de que existe una enorme diferencia entre la pechuga de carne clara y tierna y el muslo oscuro y de sabor más fuerte. Cada parte recuerda por su sabor a la carne de ternera, capón o caza de pluma.

La carne de la pava acostumbra a ser más tierna que la del macho, que es más grande. Los animales más viejos se suelen cocinar en guisos o sopas, mientras que los jóvenes son perfectos para asar al horno o a la parrilla. Si un pavo asado le parece demasiado grande, puede recurrir a las piezas frescas o congeladas que encontrará en el mercado, como pechugas o muslos.

Cómo trinchar
el pavo

1. Deje reposar el pavo asado en un sitio cálido durante unos 15 minutos. Parta primero la mitad inferior de las alas.

2. Clave el tenedor de trinchar debajo del muslo, empuje éste hacia fuera con la hoja del cuchillo y córtelo por la articulación.

3. Haga un corte por debajo de la articulación del ala y corte la pechuga en lonchas paralelas a la caja torácica.

4. Separe el muslo de la pata por la articulación y corte la carne del muslo en lonchas paralelas al hueso.

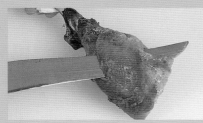

5. Sujete la pata por el extremo del hueso y trínchelo en lonchas a lo largo del hueso.

La oca

La *oca* o *ganso doméstico* es una de las especies de ave domesticada más antiguas que existe. La oca ya era una exquisitez muy apreciada en la antigüedad. Los antiguos egipcios eran unos expertos en la incubación artificial de huevos de oca, técnica que habían aprendido para cubrir la inmensa demanda. ¿Y qué hubiera sido de la antigua Roma si las ocas del Capitolio no hubieran impedido con sus graznidos que los galos destruyeran por completo la ciudad?

Las ocas son sacrificadas entre los meses de septiembre y diciembre dependiendo de si se trata de una oca joven (de unas doce semanas), una *oca de San Martín* (mediados de noviembre) o una *oca de Navidad*. Es muy raro encontrar animales más viejos porque su carne ya no es tan tierna ni sabe tan bien. La oca está deliciosa con un sabroso relleno de manzanas, castañas o hierbas aromáticas. La consistencia de la piel también dice mucho del talento del cocinero o cocinera: tiene que quedar dorada y crujiente. Para ello se permite toda suerte de trucos, desde un chorrito de agua fría con sal o una fina capa

Existen muchas especies distintas de ocas. El método de engorde es determinante para el sabor de su carne.

de harina al final de la cocción, hasta poner la pieza en remojo en salmuera durante 24 horas o rociarla frecuentemente con agua, el jugo del asado o cerveza. Otro plato exquisito es el *goulash* de oca, como el que solía comer el príncipe Esterházy en tiempos de Joseph Haydn. La oca admite múltiples preparaciones. El cuello de oca relleno es, por ejemplo, un entremés muy refinado, y los despojos pueden añadirse a los rellenos. El hígado de oca, sobre todo el de la cebada, es una de las grandes estrellas culinarias, especialmente en la cocina francesa. La grasa de oca sirve para cocinar sabrosos platos. Pero hay algo que nunca se debe olvidar en relación con este animal: la artemisa es a la oca lo que la sal a una sopa, ya que esta hierba aromática hace más digerible su carne grasa.

Oca envuelta
con beicon

2 pechugas de oca

sal

pimienta

200 g de beicon en lonchas

40 ml de aceite vegetal

100 g, de cada, de zanahoria, cebolla y apio

1 tomate

25 g de mantequilla

40 ml de oporto

500 ml de vino blanco

500 ml de fondo de caza

1 cucharadita de almidón

Precaliente el horno a 180 °C. Salpimiente las pechugas de oca y envuélvalas con las lonchas de beicon. Caliente el aceite en un recipiente para asar y dore las pechugas por todos los lados. Áselas en el horno durante alrededor de 1 hora. Mientras tanto, corte las verduras en trozos pequeños. Escalde los tomates y, a continuación, pélelos, despepítelos y píquelos. Añada las verduras troceadas, la mantequilla y el oporto al asado al cabo de unos 20 minutos. Retire las pechugas de oca del horno y resérvelas calientes. Vierta el vino blanco y el fondo de caza sobre las verduras y llévelo a ebullición. Pase la salsa por el chino, líguela con el almidón y añádale los tomates. Sirva la oca acompañada de la salsa.

El pato

No todos los patos son iguales. Eso es algo que debemos tener presente siempre que compremos, cocinemos y comamos esta ave acuática que ya se domesticó en China alrededor del año 1000 a.C. Los patos no sólo se diferencian por la especie (hoy existen cerca de 100 distintas) sino también por la edad, el sexo, la procedencia de los animales y, sobre todo, el modo en que han sido alimentados.

Algunas de las especies de pato más relevantes en cocina son, entre otras, el *pato de Aylesbury* inglés, el graso *pato de Nantes*, y el carnoso *pato de Ruán*. Naturalmente, sin olvidar el *pato de Pekín*, cuya preparación tradicional lleva mucho tiempo. La piel dorada y crujiente y la carne tiernísima del pato lacado de Pekín se sirven por separado tras unas 18 horas de preparación (por eso es imprescindible encargarlo con antelación) acompañadas de delicadas salsas. La carne de los patos voladores también es exquisita. Éstos tienen mucha carne en proporción con la grasa y recuerdan al *pato salvaje* por su sabor. El *pato de Barbarie* alcanzó cierta fama en la alta cocina por su carne sabrosa y firme y su delicado aroma a almizcle. La

cría se inició en 1871 en Francia con animales procedentes de regiones tropicales.

Cuando vaya a comprar un pato, ya sea *doméstico* o *silvestre,* debe prestar atención tanto a la especie como a la edad del animal: cuanto más joven, de mejor calidad es la carne. Una característica para reconocer estas aves jóvenes es el pico flexible. Los *pollos* tienen menos de nueve semanas y pesan entre 2 y 3,5 kg, mientras que los *patos jóvenes* tienen ocho meses como máximo. Para asegurarse de que la carne está tierna hay que consumir animales jóvenes, sobre todo en el caso de los patos voladores. El sexo del ave también influye en el sabor. Las hembras acostumbran a ser más jugosas, mientras que los machos tienen un sabor más intenso.

Los patos se pueden preparar de muchas formas: al asador, a la parrilla, al horno, a la plancha, al vapor, etc. La carne de pato combina muy bien con frutas y salsas agridulces gracias a su sabor un tanto amargo, como lo demuestra el famoso pato a la naranja, conocido en todo el mundo. Con la carne de pato también se puede elaborar deliciosos estofados, patés o asados individuales de muslo o pechuga.

El *foie gras*

Los hígados de la oca y el pato cebados son una exquisitez, sobre todo trufados. Eso es indiscutible. Otra cuestión muy diferente es el método empleado para cebar a los animales, el *gavage.* Ocas y patos son alimentados con dos libras de pienso concentrado diarias, administrado directamente en el gaznate, durante un periodo de varias semanas. Tal forma de engorde ha sido prohibida en Alemania, Austria y Suiza.

El hígado de los animales cebados puede alcanzar un peso de hasta tres libras. Se distingue entre *foie gras de canard*, hígado de pato, y *foie gras d'oie*, hígado de oca, que es más fino.

Francia es el paraíso de los amantes del *foie gras*. Los  distintos platos elaborados con este tipo de hígado son allí muy apreciados. La principal región productora es la Gascuña, aunque también tienen fama los *foies* de Alsacia y la zona de Toulouse, y el de Hungría.

Pechuga de pato con piña y plátano

4 pechugas de pato pequeñas, de 150 g cada una
sal
pimienta
1/2 piña pelada y cortada en cuartos a lo largo
4 plátanos verdes pequeños
2 cucharadas de azúcar de caña
3 cucharadas de licor de plátano
1 cucharadita de curry *en polvo*
1/2 cucharadita de sambal oelek
4 cucharaditas de nata líquida espesa
4 alquequenjes

Precaliente el horno a 170 °C. Lave las pechugas de pato y séquelas con un paño. Hágales unas incisiones en la piel en forma de rejilla y salpiméntelas. Caliente una sartén y fría las pechugas primero por el lado de la piel y, luego, por el de la carne. Póngalas en una fuente refractaria y hornéelas durante 12 o 15 minutos. Retire el troncho central de la piña y corte los cuatro cuartos en trozos más pequeños. Pele los plátanos, córtelos primero por la mitad a lo largo y luego en rodajas al bies. Prepare un caramelo con el azúcar de caña en la misma sartén que las pechugas y con la misma grasa, añada los trozos de fruta y remueva bien para que se impregnen con el caramelo. Riegue la fruta con el licor de plátano, espolvoréelo todo con el *curry* y añada también el *sambal oelek*. Mézclelo bien e incorpore la nata. Reparta las frutas en cuatro platos y ponga una pechuga de pato cortada en lonchas en cada uno. Adórnelas con los alquequenjes.

Pato relleno

1 pato
100 g de beicon ahumado en dados
1 hígado de pato frito en trocitos
1 cucharada de manteca
2 chalotes
1 cucharada de hojas de apio picadas finas
2 manzanas ácidas peladas, descorazonadas y en rodajas
1 cucharada de ralladura de naranja
3 rebanadas de pan blanco en dados
125 ml, de cada, de vino blanco seco y de sidra
aceite de oliva
sal, pimienta
1 pizca de canela

Prepare el pato para asar. Dore el beicon en la manteca, añádale el hígado de pato, los chalotes, el apio y las manzanas y sofríalo todo brevemente. Retire la cazuela del fuego, agregue los dados de pan, sal, pimienta, la canela y la ralladura de naranja y vierta también la sidra. Rellene el pato con esta mezcla, salpiméntelo y cosa el agujero. Caliente el aceite de oliva, dore bien el pato y termine de asarlo en el horno. Desglase el fondo del asado con el vino blanco y deje reposar el pato durante unos minutos dentro del horno.

Fondo de pato

Fría a fuego fuerte en una cazuela los restos troceados de un pato, es cedir, las alas, el cuello y la cabeza, junto con unas zanahorias, cebollas, ajo y un ramillete de hierbas aromáticas. Cuando todo esté bien dorado, riéguelo con medio litro de vino blanco y cueza el fondo a fuego muy lento. A continuación, páselo por un colador chino. El fondo (gelatinizado) es una esencia concentrada que reúne todos los aromas de los ingredientes. Se puede transformar en una salsa muy sabrosa sólo con añadirle el jugo de un asado y un poco de nata o ligado con mantequilla y harina. Se conserva muy bien congelado o en el frigorífico.

Cómo trinchar el pato

Sujete el pato con el tenedor de trinchar y haga un corte entre el tronco y el muslo, sin separarlo.

Corte horizontalmente la carne de la pechuga por encima de la articulación del ala.

Corte el resto de la pechuga en paralelo al tórax en lonchas del mismo grosor.

O bien separe la pechuga entera de la carcasa y filetéela en diagonal.

Las aves de caza

Cuando los cazadores y los cocineros hablan de *caza de pluma* se refieren a aquellos animales del bosque y el campo que carecen de pelaje. Entre ellos figuran, por ejemplo, el *faisán*, la *perdiz*, el *lagópodo escandinavo*, la *becada*, la *codorniz*, el *pato silvestre*, la *paloma silvestre* y el *ganso bravo*. La oferta de aves de caza es relativamente baja, y su precio, alto, puesto que la temporada es bastante corta. Dependiendo de la especie empieza en septiembre u octubre y finaliza en enero. La perdiz o la becada, por ejemplo, son bastante raras en la naturaleza. Algunas aves como el *urogallo*, cuya carne tiene un sabor muy peculiar, están incluso amenazadas de extinción y sólo se permite la caza de los machos. La paloma torcaz, antaño un tímido habitante de los bosques que hoy es cada vez más habitual cerca de los asentamientos humanos, es la única paloma silvestre junto con la denominada *tórtola turca* que se permite cazar, a diferencia de la *paloma zurita* y la *tórtola*.

Con todo, para poder satisfacer la demanda se practica la cría industrial de caza de pluma en pajareras. No obstante, existen algunas especies como el lagópodo escocés que se resisten a las tentativas de cría y son una auténtica rareza en nuestras mesas. Menos problemas plantea la cría de faisanes, pintadas, codornices y perdices. Así, la mayoría de las especies se puede adquirir en pollerías y tiendas especializadas en caza durante todo el año, a pesar de que la temporada de caza es corta. Los ejemplares de cría son de muy buena calidad, pero no tienen nada que ver con sus congéneres silvestres. Su carne no tiene un sabor a caza tan intenso y por eso admite salsas más fuertes. El faisán y la pintada acostumbran a tener suficiente carne para dos comensales, y de un faisán relleno pueden llegar a salir hasta tres y cuatro raciones. En el caso de las codornices hay que contar con dos o tres ejemplares por persona, mientras que las palomas, en particular si están rellenas, son de ración.

Cuando vaya a comprar aves de caza, elija animales lo más jóvenes posible. De hecho, la determinación de la edad es una ciencia en sí misma, pero hasta los menos duchos son capaces de identificar ciertos rasgos, como la flexibilidad de la quilla, los pies blandos y los espolones redondeados y no cornificados.

La pintada, la codorniz y el pato silvestre

La pintada es un ave poco exigente que se conforma con cualquier planta verde y es muy útil para acabar con las malas hierbas y las sabandijas. Por humilde que pueda parecer, su carne es exquisita. Para colmo, crece muy deprisa y produce unos huevos excelentes. Su plumaje punteado se muestra en todo su esplendor siempre y cuando pueda hacer suficiente ejercicio, alegrando cualquier corral. Lo único que tiene desagradable es el canto, que emite antes de atacar a sus presas o ante cualquier posible enemigo. Por lo demás, la pintada es un animal más bien tímido. Sin embargo, durante la época de apareamiento los machos siempre andan buscando camorra.

La codorniz es un ave de paso que en otoño migra al norte de África en grandes bandadas para pasar el invierno. Esta pequeña ave parecida a la perdiz es tan rara en el centro de Europa que está prohibida su caza. De un diccionario de cocina del siglo XIX se deduce que sólo en Austria se consumían alrededor de 90.000 codornices al año. Esta cifra no resulta nada sorprendente si tenemos en cuenta que por aquel entonces las codornices se cazaban con redes, lazos o armas de fuego. Los animales comercializados proceden de granjas o de países donde estos animales no están en peligro. Las codornices quedan muy bien a la parrilla, tanto solas como rellenas.

Los patos silvestres son aves migratorias que en sus rutas norte-sur u oeste-este recorren distancias de hasta 8000 km a gran altura en bandadas con forma de V. Suelen posarse en ríos tranquilos, lagos, pantanos o a orillas del mar. Las cacerías tienen lugar a última hora de la tarde, en el crepúsculo, y al acecho, lo que exige una gran destreza y un buen perro para que cobre la pieza abatida. La carne de los patos puede tener un desagradable sabor oleoso, puesto que su alimentación es muy variada y se compone de gusanos, peces, ranas, moluscos, insectos, semillas y hierbas. Así pues, el sabor de un pato silvestre depende de su dieta. Entre las especies comestibles de nuestras latitudes destacan el ánade real, el ánade friso, el ánade rabudo y el pato cuchareta.

La becada

Las becadas o chochaperdices son una de las aves de caza más exquisitas. Comprende también la agachadiza o becardón. Los pájaros abatidos se cuelgan del pico, sin desplumar, en una habitación fría para que la carne oscura y sabrosa se ablande o empiece, incluso, a husmear. La becada se cocina entera, sin destripar, puesto que arroja sus excrementos cada vez que echa a volar y sus vísceras son perfectamente comestibles. ¡Algunos las consideran un verdadero manjar! De hecho, las vísceras de la becada mezcladas con pan rallado, beicon, yema de huevo, romero y tomillo constituyen un plato exquisito.

Cazadores al acecho de piezas de pluma. La veda se levanta de septiembre/octubre a mediados de enero.

Las aves de caza: consejos para su preparación

Existen unos cuantos trucos que hay que conocer para poder preparar los platos de caza de pluma.

Para que las piezas no pierdan la forma en el asador hay que bridarlas, es decir, atarlas con cordel de cocina. Evite hacer cortes en la piel, porque si no la carne pierde el jugo demasiado pronto y queda seca.

Mientras que las ocas y los patos grandes se cocinan sin añadirles nada de grasa porque ellos mismos ya tienen suficiente, en la mayoría de las aves de caza sucede justamente a la inversa. Los faisanes, las codornices y las perdices tienen que envolverse con lonchas de beicon sujetas con cordel de cocina (albardar) para evitar que la carne se seque.

Asimismo, es importante asar las aves boca abajo (pechugas hacia abajo) y dejarlas reposar en esa posición durante unos minutos al finalizar la cocción para que el jugo pueda repartirse de forma uniforme.

Para que el relleno no se salga, éste no debe ser demasiado líquido y, además, sólo hay que rellenar tres cuartas partes de la pieza. Si aun así se sale, se retira con una cuchara y se cubre el orificio con un colgajo de piel que rociaremos repetidamente con la grasa caliente del asado. Las piezas de mayor tamaño se pueden cerrar antes de asarlas con un trozo de manzana o un pedazo de pan.

Si tiene dudas acerca de la edad del animal, es aconsejable estofarlo o macerar previamente la carne para ablandarla. Siempre hay una solución para todo, incluso para las aves viejas, siempre que seamos conscientes del problema y las preparemos convenientemente, por ejemplo en un sabroso paté de caza.

El faisán: historia y cultura

El faisán debe su nombre a un río de la antigua región de la Cólquida, el Fasis. El nombre ornitológico *ornis phasianos* significa, ni más ni menos, «ave del Fasis». Si hacemos caso del poeta romano Marcial, los argonautas de Jasón trajeron el faisán a Grecia junto con el Vellocino de Oro tras una incursión a la Cólquida. Pero fueron los romanos quienes descubrieron el potencial culinario de esta ave de vistoso colorido y lo encumbraron como artículo de lujo y pincelada decorativa de todos los banquetes. La posesión de una faisanería confería categoría a las cortes medievales. Aun así, el faisán nunca fue un ave doméstica y sigue considerándose un ave de caza.

Pichones en salsa al jerez

4 pichones limpios
4 cucharadas de aceite de oliva
sal, pimienta
6 chalotes pelados y picados
$^1/_2$ diente de ajo picado fino
5 tomates pelados, despepitados y picados
7 aceitunas verdes sin hueso
1-2 ramas de romero
1 cucharada de almendras escaldadas
125 ml de jerez seco

Caliente el aceite de oliva en una cazuela de barro hasta que esté bien caliente. Ponga los pichones en la cazuela y dórelos bien por todos los lados. Salpiméntelos, retírelos de la cazuela y resérvelos. Dore los chalotes pelados y picados en el mismo aceite, añádales el ajo, los tomates y las aceitunas y mézclelo todo bien. Eche también el romero y las almendras. Espere a que la salsa se espese y riéguela con el jerez y un poco de agua. Reincorpore los pichones y acabe de cocerlos a fuego medio. Pase la salsa por un chino y échela sobre los pichones.

Pato silvestre
al estilo renano

2 patos silvestres jóvenes, pequeños
y limpios

sal y pimienta recién molida

unas bayas de enebro machacadas

unos 300 g de beicon en lonchas

250 ml de vino blanco

200 g de nata agria

1 envase de jugo de asado

400 g de rebozuelos

2 cucharadas de perejil picado

Lave los patos silvestres y séquelos con un paño. Quíteles toda la grasa. Retire también la piel, sobre todo si tiene mucha grasa debajo. Sazone los patos con sal, pimienta y el enebro. Precaliente el horno a 180 °C. Envuelva los patos con las lonchas de beicon y átelas con cordel de cocina. Coloque los patos en una fuente de asar e introdúzcalos en el horno precalentado durante unos 30 minutos. Sáquelos del horno y resérvelos calientes. Desglase el fondo del asado con el vino blanco y añádale la nata agria y el jugo de asado. Hierva la salsa hasta que adquiera la consistencia deseada. Cuele la salsa, añádale los rebozuelos y déjela hervir unos 2 o 3 minutos más. Agréguele el perejil picado. Retire el beicon de los patos, trínchelos y sírvalos con la salsa aparte.

Ensalada de codorniz con rebozuelos

4 pechugas de codorniz

sal y pimienta recién molida

3 cucharadas de aceite para freír

2 chalotes

600 g de rebozuelos

2 endibias

4 cucharadas de vinagre de frambuesa

4 cucharadas de aceite

Precaliente el horno a 180 °C. Salpimiente las pechugas de codorniz y dórelas por ambos lados en 2 cucharadas de aceite caliente y hornéelas, después, durante unos 5 minutos. Resérvelas calientes. Pele y corte en dados los chalotes y sofríalos en el aceite restante. Añádales los rebozuelos, saltéelo todo junto durante unos minutos, salpimiéntelo y retírelo del fuego. Corte las endibias por la mitad, quíteles el troncho amargo y separe las hojas. Prepare una vinagreta con el vinagre, el aceite, sal y pimienta y aliñe las endibias reservando un poco de vinagreta para el final. Ponga la ensalada en platos individuales, disponga las pechugas de codorniz asadas encima y cúbralas con los rebozuelos salteados con los chalotes. Por último, aliñe la ensalada con la vinagreta restante.

Perdiz con lentejas

150 g de lentejas pardinas

30 g de beicon en dados

30 g, de cada, de chalotes, zanahorias y apio en dados

1 cucharada de manteca de cerdo

1 cucharada de concentrado de tomate

125 ml de vino tinto

250 ml de caldo de carne

1 cucharada de vinagre de jerez y otra de vinagre balsámico

1 cucharadita de mostaza

sal y pimienta recién molida

4 perdices limpias

16 lonchas de beicon entreverado

mantequilla para untar

Ponga las lentejas en remojo en agua fría la noche anterior. Dore los dados de beicon y las verduras en la manteca de cerdo. Añada el concentrado de tomate y rocíelo con el vino. Agregue las lentejas y el caldo de carne y cuézalas hasta que estén blandas. Sazone el guiso con vinagre, mostaza, sal y pimienta. Precaliente el horno a 220 °C. Salpimiente las perdices por dentro y por fuera y envuélvalas con las lonchas de beicon. Unte con mantequilla una fuente refractaria, cubra el fondo con las lentejas, ponga las perdices encima y hornéelo todo junto durante unos 15 minutos. Retire el beicon unos 5 minutos antes de finalizar la cocción.

Los huevos

Huevo de gallina
Los huevos de gallina pueden ser blancos y rubios, según la clase, pero el color no influye en absoluto en el sabor ni en el valor nutritivo. Por su sabor suave, son los más habituales en la cocina.

Huevo de codorniz
Los huevos de codorniz son tres veces más pequeños que los de gallina. La cáscara moteada bicolor es muy delgada, y bastan 3 minutos para cocerlos duros. Son muy decorativos gracias a su tamaño, por ejemplo en ensaladas o como mini huevos fritos. La ración por persona sería de entre 3 y 5.

Huevo de oca
Los huevos de oca pesan entre 150 y 200 g, la cáscara es blanca y dura y tienen un sabor intenso. Se emplean igual que los huevos de gallina.

Huevo chino
El huevo chino, también llamado «huevo milenario» o «centenario», es una especialidad de la cocina china. Se prepara con huevos de pato, los cuales se entierran durante 100 días cubiertos con una mezcla de lodo, ceniza, paja de arroz y hojas de té. Durante ese tiempo, la yema se torna cremosa y adquiere un aroma muy penetrante, mientras que la clara se vuelve amarilla y compacta. El huevo se sirve pelado y cortado en rodajas con jengibre en conserva y una salsa de vinagre.

Huevo de avestruz
El huevo de avestruz (por desgracia no es muy fácil de encontrar) es unas 20 veces más grande que un huevo de gallina. Por eso es ideal para preparar tortillas gigantes. Su valor nutritivo es equivalente al del huevo de gallina.

Huevo de pato
Estos huevos entre amarillentos y blancos son apreciados sobre todo en la cocina asiática. La cáscara es dura y la clara, gelatinosa. Son más grandes, grasos y de sabor más intenso que los huevos de gallina. Los huevos de pato no se pueden consumir crudos porque contienen muchas bacterias *Salmonella*. Tardan entre 10 y 15 minutos en cocerse duros, según el tamaño.

Prueba de frescura

Existen diversos métodos para saber si un huevo es fresco. Sumerja el huevo en agua fría: si permanece tumbado en el fondo, es que es fresco. Cuanto más inclinado esté, menos fresco será. Otro método consiste en sostener el huevo contra un foco luminoso intenso. La yema de los huevos frescos apenas se distingue, mientras que con el tiempo se va haciendo cada vez más visible, al mismo tiempo que aumenta la cámara de aire. Si va a utilizar el huevo sin la cáscara, rómpalo en un plato: si la yema está abombada, es redonda y tersa, significa que el huevo es fresco. Cuanto más tiempo tiene el huevo, más líquida, aplanada y delicada es la yema.

Conservación

Conserve los huevos en la nevera a unos 5 °C con la parte más puntiaguda hacia abajo para que la cámara de aire pueda «respirar» por el lado más ancho. Los huevos frescos se conservan unas tres semanas en el frigorífico (fíjese en la fecha de caducidad de los envases) y los duros, hasta dos semanas. ¡Los huevos caducados sólo se deben consumir cocinados! No utilice ningún huevo con la cáscara sucia o rota a fin de prevenir una posible salmonelosis. Los platos elaborados con huevos crudos como la mayonesa o las cremas pasteleras se deben conservar refrigerados y durante el menor tiempo posible.

Su uso en cocina

Los huevos son un producto muy versátil que no puede faltar en ninguna cocina. El huevo batido va muy bien para ligar sopas, y con huevo fresco batido lentamente con aceite y aderezado con diversos condimentos se pueden elaborar mayonesas y aliolis deliciosos. Los *soufflés* quedan más esponjosos batiendo las claras a punto de nieve e incorporándolas con cuidado a la masa antes de introducirlos en el horno.

Pero, naturalmente, los huevos también son un plato en sí mismos, tanto cocidos como escalfados, revueltos, fritos o en tortilla. A excepción de las crepes, las tortillas o los huevos fritos, que precisan fuego fuerte, no hay que someterlos a un exceso de calor para que no queden gomosos. Las salsas que llevan huevo, como la salsa holandesa, deben batirse al baño María para que no se corten.

Huevos al plato con espinacas

150 g de hojas de espinaca escaldadas y picadas gruesas
1 cucharada de nata líquida
sal y pimienta recién molida
1 pizca de nuez moscada molida
50 g de mantequilla ablandada
100 g de parmesano tierno rallado
4 huevos grandes
nueces de mantequilla

Precaliente el horno a 180 °C y ponga dentro una bandeja honda con un poco de agua. Mezcle las espinacas con la nata y las especias. Engrase cuatro moldes refractarios con parte de la mantequilla, rellénelos con las espinacas a partes iguales y espolvoréelas con un poco de parmesano. Casque un huevo encima de cada molde, espolvoréelo con el resto del queso y ponga una nuez de mantequilla encima. Cubra los moldes con papel de aluminio y póngalos en el horno al baño María entre 5 y 8 minutos. Retire el papel de aluminio, póngalos en un plato y sírvalos acompañados de tostadas de pan integral.

Tortilla de patata

800 g de patatas peladas y en rodajas o dados
8 cucharadas de aceite de oliva
6 huevos frescos
sal

Caliente la mitad del aceite de oliva en una sartén. Ponga las patatas en la sartén y fríalas a fuego lento hasta que estén cocidas y un poco doradas, removiendo de vez en cuando. Bata los huevos con un batidor de varillas y sálelos. Ponga las patatas en un cuenco y agregue los huevos batidos. Mézclelo todo bien. Caliente la otra mitad del aceite de oliva en la misma sartén, a la que previamente habrá pasado un papel de cocina. Vierta la masa de huevos y patatas en la sartén y deje que cuaje a fuego muy lento durante unos 2 o 3 minutos. Dé la vuelta a la tortilla con la ayuda de un plato llano.

CARNES
Y CAZA

Introducción

Ya sea lomo, entrecot o pierna de cordero, ya sea asado, salteado o estofado, un buen trozo de carne bien hecho siempre ha sido y sigue siendo uno de los mayores manjares que existen. Es cierto que los escándalos relacionados con las hormonas y el temor a la enfermedad de las vacas locas (encefalopatía espongiforme bovina) han sembrado la desconfianza entre los consumidores, pero la carne sigue siendo la estrella de cualquier menú de fiesta. Durante mucho tiempo, la carne fresca fue un lujo inalcanzable para la mayoría que sólo estaba al alcance de las familias acaudaladas. Pero a partir de mediados del siglo XIX la cría de ganado moderna y los nuevos métodos de conservación permitieron el consumo de carne a las clases más bajas, aunque sólo fuera los domingos.

En la actualidad, se nos dice incluso que consumimos demasiada. Pero la carne, dentro de unos límites razonables (dos veces por semana), es uno de los alimentos más saludables que se conocen porque, entre otros elementos, contiene muchas proteínas de excelente calidad, vitaminas del complejo B y hierro. Además, su contenido graso no suele superar el 8,6 por ciento. Se distingue entre *carne de matanza* (vacuno, cerdo y cordero), es decir, aquellos tipos de carne que proceden del sacrificio de animales criados en cautividad, y *carne de caza* (corzo, jabalí, liebre, etc.). La carne de caza, a diferencia de la de matanza, presenta un color más oscuro y es más proteica. También es más magra y, por su acusado sabor silvestre, más fuerte.

El sabor y la ternura de una pieza de carne dependen tanto de la procedencia y la edad del animal como del tipo de explotación, la matanza y el almacenamiento (maduración). Cuanto más joven es un animal y mejores (o sea, adecuadas a la especie) las condiciones de cría, de mejor calidad es también la carne. Después de la matanza, la carne se deja «madurar» en condiciones controladas de temperatura y humedad para que despliegue todo su sabor y esté tierna: normalmente, la carne de vacuno adulto permanece colgada entre 10 y 20 días antes de su comercialización, y la ternera y el cordero, entre cuatro y siete días. El cerdo sólo necesita de dos a tres días para madurar.

La carne se estropea enseguida. Así pues, ni cruda ni cocida debe permanecer a temperatura ambiente durante más de dos horas. Envuelta en film transparente se conserva entre dos y tres días en la parte más fría del frigorífico (de 0 a 4 °C). La carne se puede congelar: siempre que cada porción quede herméticamente cerrada, la calidad no se resentirá.

Truco para la compra: cómo reconocer una buena pieza de carne

Las piezas más sabrosas y tiernas acostumbran a ser las de las partes central y posterior del animal, ya que los músculos no están tan desarrollados como los de los la parte delantera, el cuello y las patas. En el caso de la *carne de vacuno,* sobre todo, hay que prestar atención al veteado o jaspeado. Sólo las piezas veteadas, es decir, entreveradas con grasa, quedan tiernas y jugosas una vez cocinadas. Un buen indicio de la frescura de una pieza de carne es su color. En general, la de los animales jóvenes es más clara que la de los de más edad.

La *carne de cerdo* puede ser rosada y un poco veteada, pero no debe parecer acuosa. No compre la que sea demasiado clara y magra.

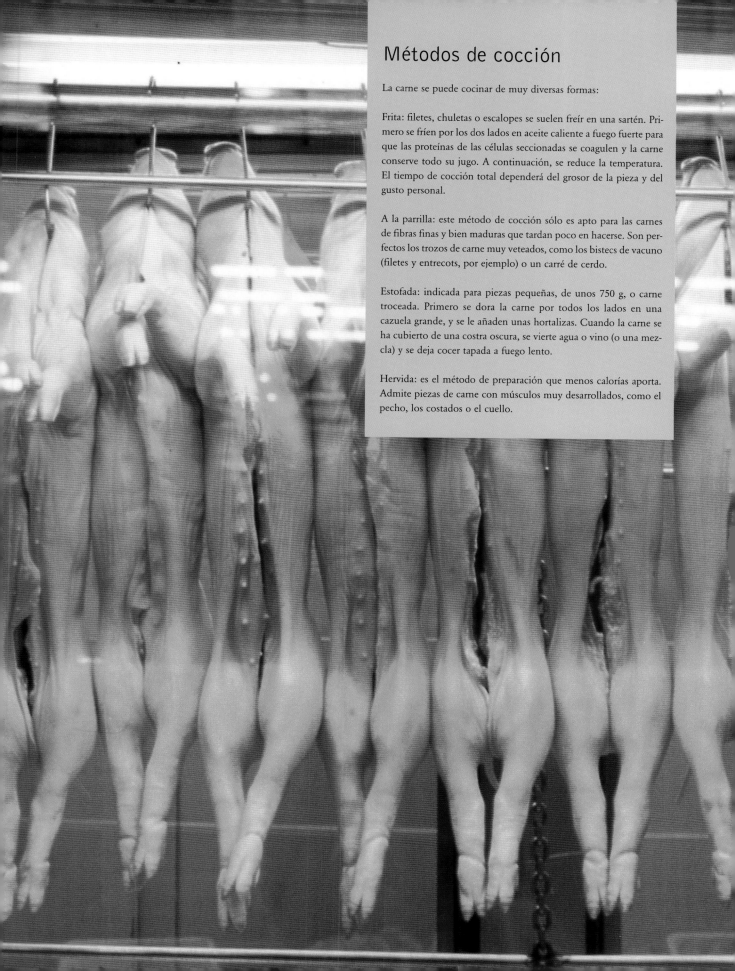

Métodos de cocción

La carne se puede cocinar de muy diversas formas:

Frita: filetes, chuletas o escalopes se suelen freír en una sartén. Primero se fríen por los dos lados en aceite caliente a fuego fuerte para que las proteínas de las células seccionadas se coagulen y la carne conserve todo su jugo. A continuación, se reduce la temperatura. El tiempo de cocción total dependerá del grosor de la pieza y del gusto personal.

A la parrilla: este método de cocción sólo es apto para las carnes de fibras finas y bien maduras que tardan poco en hacerse. Son perfectos los trozos de carne muy veteados, como los bistecs de vacuno (filetes y entrecots, por ejemplo) o un carré de cerdo.

Estofada: indicada para piezas pequeñas, de unos 750 g, o carne troceada. Primero se dora la carne por todos los lados en una cazuela grande, y se le añaden unas hortalizas. Cuando la carne se ha cubierto de una costra oscura, se vierte agua o vino (o una mezcla) y se deja cocer tapada a fuego lento.

Hervida: es el método de preparación que menos calorías aporta. Admite piezas de carne con músculos muy desarrollados, como el pecho, los costados o el cuello.

Bovinos

Como se deduce de las pinturas rupestres halladas en Francia y España, la carne de bovino o vacuno era muy apreciada ya en el paleolítico. Sin embargo, nuestros antepasados aún tenían que cazarla. Los primeros bóvidos (uros) se empezaron a criar como ganado para carne alrededor del 6500 a.C. en las regiones de las actuales Macedonia y Turquía. El término «bovino» engloba a machos y hembras de todas las edades. En cambio, la palabra «toro» se emplea sólo para los machos adultos. El buey es un macho castrado; la castración le resta la bravura del toro y hace que su carne sea más tierna y veteada, también más grasa.

Las razas de bóvidos domésticos modernas descienden principalmente de los uros o aurochs. Se distingue entre razas de carne y de leche según si se crían con la intención principal de obtener uno u otro producto. En Europa son muy comunes las denominadas «razas de doble utilidad», que producen tanto carne de buena calidad como leche en gran cantidad. Las razas bovinas europeas más importantes son la Holstein (con manchas blancas y negras) y la Fleckvieh (cuyo pelaje pío puede variar entre el blanco y el marrón rojizo oscuro). Razas puras son la Charolais, blanca y maciza, originaria de Francia y que produce una carne de excelente calidad, y la Hereford, inglesa (cuerpo rojo oscuro, cabeza y vientre blancos), muy extendida. Otras razas muy apreciadas entre los expertos son la Angus, de color negro y carne de un rojo intenso, y la Kobe japonesa, de carne muy tierna pero cara. Los animales de esta última raza se masajean a mano con regularidad para obtener una carne con un veteado lo más uniforme posible.

Aunque el pastoreo garantiza una calidad excelente de la carne (la de los animales que se alimentan de hierba presenta un veteado más fino y es más sabrosa), son muy raras las explotaciones que alimentan su ganado sólo con plantas forrajeras y heno. La mayoría de las explotaciones europeas practican la ganadería intensiva.

El ganado vacuno pasa la vida en el establo, donde lo alimentan con piensos compuestos por una mezcla equilibrada de pienso ensilado, pienso concentrado, vitaminas y minerales para que alcancen el peso adecuado para la matanza (según la raza, hasta 600 kg) en unos diez meses en vez de en dos años o más. La administración de hormonas de engorde está prohibida en Europa y la de medicamentos, como antibióticos, está sujeta a una estricta reglamentación.

Las distintas piezas del vacuno se diferencian por su estructura, contenido graso y sabor. Las patas, el pecho y el cuello (pescuezo), las partes del animal que soportan una mayor carga muscular, proporcionan una carne de sabor intenso. Sin embargo, requieren una cocción prolongada para quedar tiernas, por lo que se suelen estofar, cocer o asar al horno. Los músculos del lomo y la región de las caderas son los que menos ejercita el animal. Ahí se localizan las piezas más preciadas, como el solomillo y las costillas o chuletones. Son ideales para asar a la parrilla. La pierna delantera y el hombro (espaldilla), las piezas más grandes del bovino, proporcionan trozos de carne muy versátiles. Van bien tanto para freír como para guisar (por ejemplo, el goulash) o para hacer sopas. La pierna trasera está formada por la babilla, la tapa y la contra. De la babilla y la tapa se obtienen unos trozos de carne muy tiernos y con poca ternilla, ideales para freír y estofar. La carne de la tapa también se consume cruda (steak tartare). La contra se puede preparar estofada o mechada.

Arriba, razas de bovinos. De izquierda a derecha: charolais (Francia), rubia gallega (Galicia), retinta (Extremadura) y angus (Argentina).

Los toros de lidia

Los toros eran símbolo de fortaleza y virilidad en las mitologías egipcia y griega, significado que ha perdurado hasta nuestros días a través de la fiesta taurina. A partir de la raza primigenia de los uros surgieron a lo largo de los siglos cinco razas con fama de temperamentales y bravas. La mayoría de los toros se crían en las vastas dehesas del sudoeste de España, principalmente en la provincia de Salamanca. Los criadores tienen que vigilar muy de cerca a sus manadas porque los animales no pueden haber intervenido en ninguna pelea antes de participar en una corrida, ya que de lo contrario atacarían nada más salir al ruedo.

El despiece del bovino

1. Cabeza
2. Pescuezo
3. Aguja
4. Lomo alto (rosbif)
5. Lomo bajo (riñonada con solomillo)
6. Cadera
7. Papada
8. Costillar
9. Falda
10. Hombro (espaldilla)
11. Pierna
12. Pecho
13. Jarrete delantero
14. Jarrete trasero
15. Pies

Salsa fresca de rábano rusticano

La salsa fresca de rábano rusticano, un acompañamiento cremoso y picante de la cadera o la carne ahumada, se debe preparar con antelación para dar tiempo a que los aromas se entremezclen: pele el rábano rusticano fresco y rállelo bien fino. Estruje un poco la pasta para exprimirla e incorpórele poco a poco nata montada. Cuanta más nata lleve, menos picante será la salsa. Para que sea más suave, puede añadirle un poco de aceite. Por último, sazónela con sal, pimienta y unas gotas de zumo de limón.

Albardar la carne

1. Para empezar, reboce la carne con hierbas aromáticas y especias.

2. Envuélvala con tiras de tocino a lo largo, por encima y por debajo.

3. Para que el tocino no se caiga, ate la pieza con cordel de cocina, dándole primero vueltas a lo largo.

4. Dé varias vueltas de cordel a lo ancho de la pieza, haciendo un nudo de vez en cuando.

5. Las lonchas de tocino impiden que la carne magra se seque durante una cocción larga, y hacen que quede tierna y jugosa. Retire cualquier resto de tocino antes de servir.

La ganadería biodinámica

A raíz de los escándalos de los últimos años en torno a la peste porcina y el mal de las vacas locas, por ejemplo, muchos consumidores han reducido su consumo de carne. La tendencia actual es a que el consumidor preste más atención a la calidad y opte cada vez más por la carne de ganadería ecológica, tanto biodinámica (Demeter) como orgánico-biológica (Bioland). Las granjas que producen bajo esas denominaciones se comprometen a respetar ciertas normas de cría, alimentación y matanza. Los ganaderos ecológicos alimentan a sus animales exclusivamente con forraje de cultivo (por ejemplo, alfalfa, heno y pienso de cereales concentrado). Queda descartado el uso de medicamentos sintéticos preventivos, antibióticos o potenciadores de la productividad para acelerar el crecimiento. Los animales suelen pasar el verano al aire libre. Por supuesto, la carne de esos animales no es barata. Pero, en cambio, no se encoge al freírla y es mucho más aromática.

Solomillo con salsa de granada

800 g de solomillo de vacuno

sal

pimienta

2 cebollas picadas finas

2 dientes de ajo picados finos

125 ml de vino blanco

100 ml de aceite de oliva

125 ml de jerez seco

2 granadas

6 cucharadas de caldo de carne

Filetee el solomillo en lonchas finas y sazónelas con sal y pimienta. Ponga la carne en una fuente de cerámica plana y reparta por encima la mitad de la cebolla y todo el ajo. Riéguelo con el vino y 8 cucharadas de aceite de oliva y déjelo macerar durante unas horas. Caliente 2 cucharadas de aceite de oliva en una sartén, sofría el resto de la cebolla y vierta el jerez por encima. Desgrane una granada, añada los granos al sofrito de cebolla, vierta 6 cucharadas de caldo de carne y déjelo cocer a fuego lento durante 20 minutos. Retire los filetes del líquido de maceración, séquelos con un paño y fríalos en 2 cucharadas de aceite a fuego no muy fuerte, dándoles la vuelta. Ponga la carne en la salsa de granada y cebolla y acabe de cocerla en el horno a temperatura media durante 15 minutos. Adorne el plato con los granos de la otra granada.

Filete Wellington

700 g de solomillo de vacuno entero

sal y pimienta recién molida

3 cucharadas de aceite de girasol

3 chalotes picados finos

300 g de champiñones picados

30 g de mantequilla clarificada

3 cucharadas de perejil picado fino

1 panecillo del día anterior

125 ml de leche

250 g de carne picada de ternera

2 huevos medianos

pimentón dulce

sal, pimienta recién molida

600 g de pasta de hojaldre congelada (6 placas), a temperatura ambiente

harina para extender la masa

2 yemas de huevo

2 cucharadas de nata

Salpimiente el solomillo y dórelo por todos los lados a fuego fuerte durante unos 8 minutos. Apártelo del fuego y déjelo enfriar. Sofría los chalotes y los champiñones en la mantequilla clarificada y añada el perejil. Rehóguelo sin dejar de remover hasta que se evapore todo el líquido. Apártelo del fuego y déjelo enfriar. Corte el pan en rebanadas finas, vierta la leche caliente por encima y déjelo en remojo durante 10 minutos. Saque el pan y escúrralo bien. Ponga la carne picada en un cuenco y mézclela con el sofrito de champiñones y el pan remojado en leche. Añada los huevos y las especias y amáselo bien. Precaliente el horno a 200 °C. Extienda las placas de hojaldre sobre una superficie enharinada y forme un rectángulo superponiendo un poco los bordes. Espolvoree la pasta con harina y estírela con el rodillo para poder envolver el solomillo. Extienda un poco de la masa de carne en el centro del hojaldre, ponga el solomillo encima y cúbralo con el resto del relleno. Bata las yemas con la nata y pinte los bordes de la pasta con la mezcla. Envuelva la carne con la pasta de hojaldre y presione bien en los bordes. Corte la que sobre. Enjuague una placa de horno con agua fría y ponga encima el solomillo envuelto en hojaldre, con el borde de la pasta hacia abajo. Píntelo con el resto de la mezcla de yema y nata. Cuézalo durante unos 45 minutos en el horno precalentado. Saque el solomillo del horno y déjelo reposar 10 minutos para que el jugo de la carne se reparta de forma uniforme. Corte el filete en rodajas y sírvalo en una fuente.

Estofado de toro

1 kg de carne de toro en dados
5 cucharadas de aceite de oliva
3 cebollas pequeñas
4 dientes de ajo picados finos
¹/₂ apionabo cocido y cortado en dados
3 zanahorias en rodajas
3 tomates pelados y cortados en cuartos
sal, pimienta

2 cucharadas de harina
500 ml de vino tinto
3 hojas de laurel y 3 clavos de olor
1 pizca de canela
1 pimiento picante despepitado y picado
750 ml de caldo de carne
2 cucharadas de perejil picado

Dore la carne en una cazuela, añada la cebolla y el ajo, sofríalo un poco y agregue el resto de las hortalizas. Sazónelo con sal y pimienta, mezcle bien todos los ingredientes, espolvoréelo con un poco de harina y riéguelo con el vino. Agregue las hojas de laurel, los clavos de olor y el pimiento picante. Vierta el caldo de carne y deje cocer el guiso a fuego lento durante unas 2 horas. Sazone el estofado con una pizca de canela y añada el perejil picado en el último momento.

Cómo cortar un asado

1. Antes de cortar la carne, hay que dejarla reposar durante diez minutos para que el jugo se reparta de manera uniforme.

2. Corte la carne en lonchas delgadas con un cuchillo grande y sírvala en una fuente.

Filetes Rossini

8 trozos de solomillo de 90 g cada uno
(tournedos)
sal y pimienta recién molida
50 g de mantequilla clarificada
120 g de foie-gras *de oca cortado*
en 8 rodajas pequeñas
10 g de trufa negra cortada en lonchas finas
100 ml de fondo de vacuno
1 cubito de jugo de asado
40 ml de madeira
20 g de mantequilla fría
1 cucharada de cebollino

Precaliente el horno a 170 °C. Sazone los filetes con sal y pimienta. Caliente la mantequilla clarificada en una sartén y fría un poco los filetes por los dos lados. Póngalos en una placa de horno. Fría el *foie-gras* en la grasa sobrante, ponga un trozo encima de cada filete y deje la placa en el horno durante unos 8 minutos. Añada el fondo de vacuno a la sartén donde haya hecho la carne y el hígado y recoja bien todos los restos que hayan podido quedar adheridos. Reduzca un poco la salsa, condiméntela con el madeira y, si hace falta, rectifíquela de sal y pimienta. Pase la salsa por un colador fino, llévela a ebullición, apártela del fuego y agregue la mantequilla, sin dejar de remover. Reparta la salsa en cuatro platos y coloque dos *tournedos* en cada uno. Adórnelos con una rodaja de trufa, un trozo de *foie-gras* y un poco de cebollino y sírvalos.

La ternera

El término *ternera* designa una cría, macho o hembra, de vaca de no más de un año de vida. La mayoría de los animales sacrificados son terneros, puesto que las hembras se suelen destinar a la producción de leche. Los terneros pueden alcanzar los 120 kg de peso mínimos requeridos para la matanza en unas diez a doce semanas. La carne de ternera tiene muy poca grasa y es tierna, jugosa y fácil de digerir. Además, su valor nutritivo es alto porque contiene muchas proteínas.

La carne extraordinariamente tierna y magra de la ternera lechal se considera una delicia culinaria. Los lechales son animales que aún no han probado más alimento que la leche. La carne de lechal es relativamente cara (antes era privilegio exclusivo de los ricos), y hay que prepararla con esmero. Las piezas de mejor calidad se obtienen del lomo y la pierna.

Durante mucho tiempo imperó la falsa creencia de que cuanto más clara era la carne, mejor era su calidad. Sin embargo, hoy sabemos que la carne de un rosa pálido o blanca se debe a una alimentación muy pobre en hierro y a la cría en establos muy estrechos. Esos animales son más propensos a contraer enfermedades debido a la falta de ejercicio y reciben más medicamentos. Además, su carne es menos nutritiva. En la actualidad, las terneras se suelen criar en establos más grandes, donde tienen más libertad de movimiento. Aparte de que las condiciones de vida son mejores para los animales, el ejercicio físico hace que la carne sea menos grasa y presente un color rosado más intenso.

La carne de ternera, como la de todo bovino, se divide en distintas piezas: la parte del lomo se compone del cuello (pescuezo), el chuletón, el lomo y el solomillo. Del solomillo se obtienen los famosos medallones de ternera. La carne de las patas delanteras, también llamada espaldilla u hombro, se utiliza principalmente para asados y *goulash*. Los redondos, ragús y la carne picada se hacen con las partes inferiores de la ternera, del pecho y el vientre. La carne de la pata trasera es más tierna que la de la delantera. Consta (de arriba abajo) de la cadera (ideal para escalopes), la babilla, la tapa y la contra. La parte inferior de la pata se denomina «jarrete», y con ella se elabora el célebre *ossobuco*. Otra especialidad tradicional es el pecho de ternera relleno, que es muy jugoso y aromático. También se consumen las mollejas de ternera (la glándula timo), que se localizan debajo del cuello.

La carne de ternera es muy magra y se reseca enseguida al cocinarla. Por eso los trozos delgados se suelen proteger con un empanado. Las piezas hechas al horno se deben regar varias veces con el jugo del asado.

Cómo rellenar el pecho de ternera

Comparada con otras carnes, la de ternera es un poco insípida, y por eso es ideal para rellenarla de una preparación bien condimentada, que se puede hacer con ingredientes muy variados. Dos de los rellenos más populares en Alemania, por ejemplo, son el relleno al estilo de Múnich (una mezcla de carne picada de ternera, hígado de ave, grasa de riñón de ternera y pan remojado en leche, todo ello pasado por la picadora y mezclado con huevo, hierbas aromáticas y especias) y el relleno al estilo de Hamburgo (jamón, cebolla y pan en daditos tostados en mantequilla y mezclados con huevo, leche y especias).

El despiece de la ternera

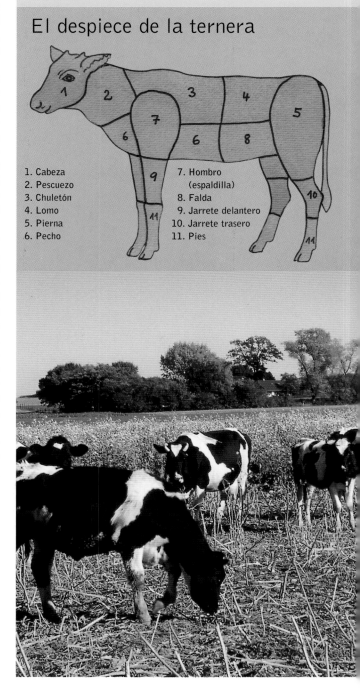

1. Cabeza
2. Pescuezo
3. Chuletón
4. Lomo
5. Pierna
6. Pecho
7. Hombro (espaldilla)
8. Falda
9. Jarrete delantero
10. Jarrete trasero
11. Pies

Las terneras de diez a doce semanas que, cómo éstas, pastan al aire libre, proporcionan la mejor carne.

Fondo de ternera

Un buen *fondo de ternera* es imprescindible para hacer y dar el toque final a deliciosas salsas y sopas. Se prepara con carne y huesos de ternera y hortalizas (cebolla, zanahoria, apio y ajo) dorados en mantequilla. Se sofríen los ingredientes, se riegan con vino y se reduce el líquido al máximo. A continuación se añade agua, se sazona y se deja reducir de nuevo durante cuatro horas. Es conveniente espumar el jugo varias veces para que no quede turbio. Por último, se pasa el fondo por un colador y, una vez frío, se desgrasa retirando con una espumadera la capa de grasa sólida que se haya formado en la superficie. El mejor fondo de ternera contiene tanta gelatina que se puede cortar en dados para congelarlo.

Deshuesado del lomo

1. Separe la carne del espinazo con la punta del cuchillo.

2. Separe el solomillo de las costillas con un cuchillo afilado.

3. Deslice el cuchillo entre el hueso y la carne para sacar el espinazo entero.

4. Una vez separado el espinazo, recorte la grasa de la carne.

5. Corte el lomo en rodajas de ración (al bies y perpendicularmente a la fibra muscular).

El escalope a la vienesa

El bistec de ternera empanado es una de las recetas con ternera más habituales. El escalope a la vienesa es una especialidad austriaca de la que hay numerosas variantes. Existen diversos mitos acerca de los orígenes de esta receta (bistec de ternera rebozado con harina, huevo batido y pan rallado, en ese orden, y frito en aceite). Según la versión más reciente, al parecer, el general Radetzky explicó en una carta esta receta milanesa al joven emperador Francisco José. Sin embargo, es probable que se estuviera refiriendo más bien a la famosa chuleta a la milanesa (*costolleta alla milanese*, empanada con pan rallado) que más tarde tomaría su forma actual en Viena. También es probable que el escalope a la vienesa se inventara realmente en Lombardía.

De lo que no cabe la menor duda es de que la *costoletta alla milanesa* data de entre los siglos XIV y XVI. Antes de que se inventara, y por consiguiente antes de la invención del rebozado con huevo y pan rallado, los ricos cubrían sus platos con pan de oro porque los médicos decían que el metal precioso fortalecía el corazón. Podría ser que la carne empanada y dorada fuera un sucedáneo visual del pan de oro para los menos afortunados. El auténtico escalope a la vienesa se prepara con babilla o contra de ternera, una carne muy magra y de fibra muscular corta. Si se hiciera con otra pieza, no se podría llamar «escalope a la vienesa»... En todo caso sería «al estilo vienés».

1. Golpee el filete para que quede lo más fino posible, sálelo y enharínelo.

2. En un plato hondo, bata 2 huevos con 2 cucharadas de agua fría. Prepare el pan rallado.

3. Moje bien el escalope con la mezcla de huevo batido por los dos lados...

4. ...y páselo enseguida por el pan rallado. Presione un poco para que se adhiera bien y sacuda el filete para que caiga el exceso de rebozado.

5. El escalope a la vienesa empanado se prepara con contra de ternera.

Solomillo de ternera
en espuma de atún

Carne:

250 g de nabos pelados
200 g de judías verdes
sal y pimienta recién molida
350 g de solomillo de ternera, de la parte central
6 cucharadas de aceite de oliva
5 hojas de lollo rosso
1 chalote en daditos
2 cucharadas de vinagre balsámico blanco
1 pizca de azúcar

Salsa:

150 g de atún de lata escurrido
1 cucharadita de pasta de anchoas (de tubo)
2 yemas de huevo
1 cucharada de zumo de limón
150 ml de aceite de pepita de uva
100 ml de aceite de oliva
5 cucharadas de fondo de pescado (en conserva)
sal
cayena molida
1 cucharada de Noilly Prat

Precaliente el horno a 180 °C. Corte el nabo en bastoncitos y escáldelos en agua con sal con las judías durante unos 2 minutos. Escurra las hortalizas y deje que se enfríen. Pinche el solomillo con un mechador e introduzca un bastoncito en el agujero. Méchelo de esa forma por los dos lados con nabo y judías. Sazone la carne con sal y pimienta y fríala en una sartén con aceite caliente. Apártela del fuego y cuézala de 6 a 8 minutos más en el horno. Déjela reposar durante 24 horas.

Prepare una vinagreta con el chalote picado fino, vinagre, aceite, sal, pimienta y azúcar.
Triture muy bien en la batidora el atún, la pasta de anchoas, la yema de huevo y el zumo de limón. Vaya añadiendo poco a poco los aceites y diluya la espuma con el fondo de pescado. Sazónela con sal, cayena molida y Noilly Prat. Corte el solomillo frío en rodajas y reparta la carne en forma de estrella en cuatro platos. Vierta espuma de atún alrededor, ponga un montoncito de lechuga en el centro y alíñela con la vinagreta.

Medallones de ternera
a la italiana

Guarnición:

10 tomates pera maduros pero consistentes
1 cucharada de aceite de oliva
1 diente de ajo prensado
1 cucharadita de hojas de tomillo
120 g de aceitunas negras sin hueso
sal y pimienta negra recién molida
azúcar

Carne:

8 medallones de ternera de 60 g cada uno
5 cucharadas de aceite de oliva
sal y pimienta recién molida

Pele los tomates, córtelos en dos, quíteles las semillas y trocéelos. Corte las aceitunas en cuatro. Caliente un poco de aceite de oliva en una sartén y sofría un poco el ajo, el tomillo y el tomate. Añada las aceitunas. Sazónelo con sal, pimienta y una pizca de azúcar. Caliente aceite de oliva en otra sartén. Salpimiente los medallones y fríalos ligeramente por los dos lados. Sirva los medallones en los platos, con guarnición de verduras. Espolvoree todo el plato con hojitas de tomillo y eche unas gotas de aceite de oliva por encima.

Solomillo de ternera deshuesado, mechado con dientes de ajo y guindillas frescas.

Filetes de ternera con salsa de uvas

Salsa:

100 g de almendras laminadas
150 g de uva negra
150 g de uva blanca
2 chalotes
2 cucharadas de mantequilla clarificada
1 cucharadita de azúcar
1 cucharada de vinagre de vino tinto
6 cucharadas de vino tinto
sal y pimienta recién molida
nuez moscada recién molida

Carne:

8 filetes de solomillo de ternera de 70 g cada uno
sal y pimienta recién molida
3 cucharadas de mantequilla clarificada

Tueste las almendras en una sartén sin nada de grasa. Trocee las uvas y quíteles las pepitas. Pele y corte los chalotes en dados. Sofríalos en una sartén con la mantequilla clarificada hasta que estén transparentes. Añada el azúcar y déjelo caramelizar un poco. Desgláselo con el vinagre de vino tinto y añada el vino tinto. Llévelo a ebullición y agregue las almendras y las uvas. Sazónelo con sal, pimienta y una pizca de nuez moscada. Aplane los trozos de carne con la palma de la mano, salpimiéntelos y fríalos unos 3 minutos por los dos lados en una sartén con mantequilla clarificada. Sirva los filetes en cuatro platos y nápelos con la salsa de uva. Acompáñelos con puré de patata y col salteada y con una copa del vino tinto con el que haya hecho la salsa.

Ossobuco de ternera a la milanesa

4 rodajas de jarrete de ternera (de unos 4 cm de grosor)
sal y pimienta negra recién molida
harina, para rebozar
50 g de mantequilla
125 ml de vino blanco
400 g de tomate triturado
1 limón de cultivo biológico
1 diente de ajo
1 ramillete de perejil liso

Lave la carne, séquela con un paño y salpimiéntela. Rebócela con harina y sacuda la que sobre. Caliente la mantequilla en una sartén y fría la carne por los dos lados. Añada el vino y espere a que se haya reducido un poco. Entonces, agregue el tomate y un poco de sal y pimienta. Cuézalo a fuego lento, tapado, durante 1 horas, removiendo y dando la vuelta a la carne de vez en cuando. Estará hecha cuando se desprenda del hueso. Mientras tanto, lave y seque el limón. Ralle la piel y pique el ajo. Lave también el perejil, séquelo y píquelo muy bien. Sirva el ossobuco con una mezcla de ralladura de limón, ajo y perejil.

El cordero y el cabrito

La *oveja* y la *cabra* fueron los primeros animales, después del perro, que el hombre domesticó al hacerse sedentario y empezar a practicar la agricultura (hacia 8000 a.C.). Y no es de extrañar, pues de esos animales podía obtener tanto carne como leche y lana. España concentra alrededor del 24% de la producción ovina de la UE, aunque la cría de ovejas es una actividad complementaria para la mayoría de los ganaderos. Cerca del 70% de los ingresos de un criador de ovejas corresponde a la venta de la carne de cordero, mientras que el 30% restante procede de la producción de leche y lana y la ordenación paisajística.

La carne de cordero goza de gran popularidad entre los consumidores. Al fin y al cabo, los corderos siempre se han criado en el campo y se alimentan con forrajes naturales sin aditivos sintéticos. La carne de cordero está muy de moda sobre todo entre los cocineros jóvenes. Un factor primordial de calidad es la procedencia de los animales. Se valora la producción local y por lo general se prefiere pagar más por esa carne que por importaciones de Inglaterra, Irlanda o ultramar. La carne de cordero puede proceder de corderos lechales, de hasta seis meses de edad, o de corde-

ros de cebo, que no deben tener más de doce meses. Los paladares más exigentes aprecian en particular los corderos criados en los prados salinos de las playas de Bretaña, por su aromática carne.

Las principales piezas de carne del cordero son la paletilla, ideal para hacer al horno, el pescuezo o cuello, con el que se preparan guisos como el famoso *irish stew* o estofado irlandés, el lomo, que consta de las chuletas y el solomillo (los *gourmets* lo prefieren asado entero) y la pierna trasera, que se acostumbra a asar entera con el hueso. De esta forma la carne mantiene su consistencia y es más fácil de trinchar. Los filetes de la pierna son perfectos para freír o rebozar. De la pierna también se obtienen los delicados jarretes de cordero.

La carne de cabra, cabrito o choto estuvo arrinconada durante muchos años. Es probable que este animal aún se vincule a la imagen de la «vaca de los pobres». Las cabras fueron la única fuente de carne para muchas familias sobre todo durante la guerra y la posguerra. Pero, como ocurre con la ganadería ovina, la cría de cabras está experimentando un nuevo auge. Los consumidores preocupados por su salud no sólo comen su carne proteica y pobre

Curry de cordero

Un plato típico de la cocina hindú es el curry de cordero, que cada vez goza de mayor popularidad también entre nosotros. Para preparar este sabroso y picante guiso se corta la carne en trozos pequeños y se estofa en una salsa muy especiada con distintas hortalizas. El secreto de un buen curry es la mezcla de especias, que muchas veces se prepara expresamente antes de elaborar el plato. Según la región y las preferencias individuales, se compone de hasta 30 ingredientes molidos, como cayena, jengibre, cardamomo, cilantro, cúrcuma, pimienta de Jamaica y canela. El curry de cordero se sirve acompañado de arroz largo hervido o de tortillas de maíz.

El cordero y el cabrito tuvieron tiempo atrás un papel relevante sobre todo en la cocina de los países meridionales. La carne de estos animales, tierna, magra y aromática, es cada vez más apreciada hoy día.

Deshuesado de una pierna

1. Primero, separe los huesos de la cadera y la cola.

2. A continuación, corte la carne de alrededor del hueso de la cadera con un cuchillo afilado y retírelo.

3. Separe la carne del hueso del muslo.

4. Corte la carne de alrededor de la articulación de la rodilla con el cuchillo.

5. Libere el hueso de la parte inferior de la pierna.

6. Separe el hueso del muslo de la articulación de la rodilla.

en grasa y colesterol sino también leche y queso de cabra. Gracias a la creciente demanda, la cría de ganado cabrío se ha convertido en una actividad secundaria considerable para muchas explotaciones ganaderas.

La tierna y blanca carne de los cabritos (que se sacrifican a los dos o cuatro meses de edad) se consideraba un bocado exquisito ya en la Edad Media. Por aquel entonces, la carne de cabra se preparaba en días festivos de primavera con salvia, vino y pimentón. El cabrito es hoy muy apreciado entre los paladares más exquisitos. Asado entero en el asador y condimentado con hierbas aromáticas, es un plato cada vez más corriente, sobre todo para grandes celebraciones.

El despiece del cordero

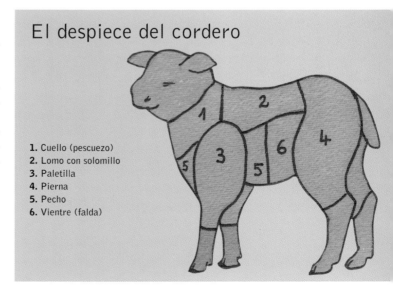

1. Cuello (pescuezo)
2. Lomo con solomillo
3. Paletilla
4. Pierna
5. Pecho
6. Vientre (falda)

Cordero con aceitunas negras

Romero, salvia y ajo
$^1/_2$ *cucharadita de mostaza*
9 cucharadas de aceite de oliva
800 g de carne de cordero en dados
100 g de garbanzos
1 puerro
200 g de aceitunas negras frescas
1 ramito de cilantro
1 limón
harina
3 cucharadas de concentrado
de tomate
2 tomates en dados
1 patata
200 ml de fondo de cordero
sal y pimienta negra recién molida
2 cucharadas de nata agria

La víspera, mezcle las hierbas, el ajo y la mostaza con 5 cucharadas de aceite de oliva. Unte bien la carne con ello y déjela macerar toda la noche en el frigorífico. Ponga también los garbanzos en remojo. Deshuese casi todas las aceitunas y corte el puerro en rodajas. Pique el cilantro y las aceitunas y corte el limón en rodajas. Saque la carne de la nevera y rebócela con harina. Fríala en el aceite de oliva restante y añádale el tomate, el concentrado, los garbanzos y el puerro. Ralle la patata por encima del guiso. Riéguelo con el fondo, añádale la mitad del limón y el cilantro y salpimiéntelo. Cuézalo a fuego lento durante 45 minutos. Agregue la nata agria y adórnelo con el resto de las aceitunas y unas cuantas rodajas de limón y hojas de cilantro.

Brocheta griega de cordero

50 ml de aceite de oliva
3 cucharadas de vino tinto
2 cucharadas de zumo de limón
3 dientes de ajo picados
$^1/_2$ cucharadita de hojas de tomillo
400 g de paletilla de cordero en dados
sal y pimienta recién molida
12 chalotes pequeños

Mezcle el aceite con el vino, el zumo de limón, el ajo y el tomillo. Deje macerar la carne en la mezcla unas 12 horas. Retire la carne, salpimiéntela y pásela dos veces por la picadora. A continuación, amásela durante 5 minutos. Forme unas bolitas de carne y ensártelas en pinchos de madera alternando con chalotes. Ase las brochetas a la parrilla durante unos 12 minutos, dándoles la vuelta de vez en cuando.

Solomillo de cordero con tallarines y verduras

4 solomillos de cordero de 120 g cada uno
sal y pimienta recién molida
3 cucharadas de mantequilla clarificada
150 ml de nata
200 ml de fondo de cordero
5 champiñones en láminas
120 g de zanahorias peladas
200 g de calabacines
200 g de tallarines
3 cucharadas de mantequilla
4 cucharadas de aceite de oliva

Precaliente el horno a 160 °C. Caliente la mantequilla clarificada y fría los solomillos salpimentados. Prosiga la cocción en el horno durante 4 minutos. Sáquelos del horno y envuélvalos en papel de aluminio. Vierta la nata y el fondo de cordero en el jugo del asado y redúzcalo a la mitad. A continuación, añada los champiñones. Pele las zanahorias y el calabacín, córtelos en láminas finas, escáldelos en agua con sal, sáquelos con una espumadera y enfríelos. Cueza los tallarines en el agua de escaldar las verduras y enfríelos también. Caliente las hortalizas en la mantequilla y el aceite de oliva durante unos 3 minutos. Añádales la pasta y sazónelo con sal y pimienta. Corte los solomillos en rodajas al bies y añada el jugo que haya quedado en el papel de aluminio a la salsa de champiñones. Sirva los tallarines en cuatro platos, con la carne y la salsa por encima.

Asado de lechal

1 redaño de cerdo
1 pierna de cordero deshuesada (de unos 800 g)
3 dientes de ajo
sal y pimienta recién molida
5 ramas de tomillo
2 ramas de romero
400 ml de vino blanco

Lave y seque la pierna de cordero y ponga el redaño en remojo. Maje el ajo con 1 cucharadita de sal. Lave y seque las hierbas aromáticas. Mezcle el ajo, el tomillo y la pimienta y sazone la pierna de cordero con la mezcla. Envuelva la pierna con el redaño, póngale encima las ramas de romero y ásela en el horno a 175 °C durante alrededor de 1 hora. Riegue de vez en cuando la carne con vino. Apague el horno y deje reposar la pierna dentro durante unos 10 minutos. Lleve a ebullición el fondo del asado con el resto del vino, cuélelo y rectifíquelo de sal y pimienta. Corte la carne en lonchas delgadas, dispóngalas en una fuente precalentada y riéguelas con la salsa. Sírvala enseguida.

El cordero lechal

El término «cordero lechal» se emplea para designar un animal que tiene entre dos y tres meses de edad en el momento de ser sacrificado. Son animales que sólo se han alimentado de leche materna, y su carne es muy clara y tierna. Se consideran una auténtica exquisitez. Como las ovejas sólo paren en primavera, los corderos lechales frescos sólo están disponibles en esas fechas, a menudo en torno a la Pascua, y por eso también reciben el nombre de «corderos pascuales».

Los corderos lechales son muy apreciados en nuestro país, Italia, Grecia y Oriente Medio, donde en las celebraciones importantes es habitual asar un cordero sobre brasas. Se suele condimentar con ajo, comino, cardamomo y pimienta negra. La carne estofada queda muy tierna y está deliciosa con una salsa de romero, vinagre o menta y tomate.

Un cerdo feliz: los animales que pueden hacer algo de ejercicio proporcionan una carne más sabrosa y magra.

Cada vez son más los criadores preocupados por mantener razas porcinas que vivan al aire libre.

El cerdo

Durante mucho tiempo, el *cerdo* fue el único animal doméstico criado exclusivamente por su carne. A diferencia de las ovejas, las cabras y el ganado vacuno, no proporciona leche ni lana, y tampoco sirve como animal de trabajo. Hay expertos que consideran la carne de cerdo de peor calidad que la bovina u ovina. Sin embargo, es tan nutritiva como la de otras reses de matanza. Es más, ninguna otra carne suministra vitamina B1 en tanta cantidad como la de cerdo, y esa vitamina es importante sobre todo para el fortalecimiento del sistema nervioso y la disgregación de azúcar y almidón.

Las diferencias cualitativas de la carne de cerdo comercializada son muy relevantes: a menudo (sobre todo cuando está de oferta) procede de animales propensos al estrés y sobreexplotados, como la raza Piétrain. Las partes magras de esos cerdos compactos y de patas cortas se delatan por su aspecto pálido, poroso y acuoso.

Se encogen en la sartén y quedan duras e insípidas aunque estén esmeradamente preparadas. La carne de cerdo de mejor calidad y más sabrosa contiene algo más de grasa (al fin y al cabo, la grasa es un importante portador de sustancias aromáticas), es de color rosa, no desprende agua al cortarla y presenta una estructura consistente.

Las partes más tiernas y magras del cerdo son las piezas de la pierna trasera (tapa y contra, babilla, tocino) y el lomo (chuletas de riñonada y de lomo, solomillo). El principal producto de la pierna trasera es el jamón. De la tapa y la babilla se pueden obtener filetes con menos del 3 por ciento de grasa. En cambio, la paleta y el pescuezo están más veteados y, por lo tanto, tienen más grasa, como las chuletas de aguja, que se suelen preparar a la parrilla. Las piezas más baratas, como la carne del abdomen (panceta), están entreveradas y presentan fibras gruesas. Se suelen comercializar adobadas o ahumadas. En las cocinas más selectas sólo se aprovechan las partes más nobles del cerdo, como el solomillo o el pernil (pierna trasera).

El despiece del cerdo

1. Cabeza con mejilla y orejas
2. Cuello (pescuezo)
3. Lomo y costillar
4. Maza (pernil)
5. Hombro (paletilla)
6. Papada
7. Codillo delantero
8. Codillo trasero
9. Pies y manos

Solomillo de cerdo agridulce

Para la marinada:

150 ml de vino de arroz

2 cucharaditas de fécula de arroz

2 cucharaditas de salsa de soja

1 cucharadita de aceite de sésamo

sal y pimienta recién molida

2 pizcas de mezcla china de cinco especias molida

Carne:

600 g de solomillo de cerdo en dados de unos 2 cm

10 cucharadas de aceite de cacahuete

1 diente de ajo picado

20 g de jengibre picado

2 cebollas rojas

2 pimientos amarillos en dados

¹/₂ piña en dados

2 tomates maduros, pelados y en dados

la parte blanca de un puerro

150 g de brotes de soja frescos

2 cucharaditas de vinagre de vino

2 cucharaditas de miel

1 cucharadita de sambal oelek

sal y pimienta recién molida

Prepare la marinada y deje macerar en ella los dados de carne unas 3 horas. Vierta el aceite en un wok, escurra la carne y fríala con el ajo y el jengibre durante unos 2 minutos; retire todos los ingredientes y resérvelos calientes. Corte el puerro en trozos gruesos y la cebolla, en juliana. Póngalos en el wok con el aceite caliente, añada el pimiento y los brotes de soja y fríalo a fuego fuerte sin dejar de remover. Añada la piña y el tomate. Vierta el vinagre y la miel y sazónelo con *sambal oelek*, sal y pimienta. Caliente bien la carne en el wok antes de servirla.

Solomillo de cerdo relleno

100 g de dátiles picados

2 dientes de ajo picados

50 g de almendras escaldadas, peladas y picadas

sal y pimienta negra recién molida

800 g de solomillo de cerdo

¹/₂ cucharadita de mostaza

el zumo de 1 limón

3 cucharadas de pan rallado

1 huevo

6 cucharadas de aceite de oliva

1 cucharadita de miel

125 ml de vino blanco

3 cucharadas de nata agria

Mezcle los dátiles, la mitad del ajo y la mitad de las almendras y sazónelo con pimienta. Precaliente el horno a 200 °C, abra el solomillo, úntelo por dentro con mostaza y rellénelo con la mezcla de dátiles y almendras. Sálelo, rocíelo con el zumo de limón y vuelva a cerrarlo. Mezcle el resto del ajo y las almendras con el pan rallado y el huevo y sálelo. Fría la carne en 4 cucharadas de aceite con la miel. Unte el solomillo por fuera con la mezcla de almendras y pan rallado y apriete bien para que se pegue. Engrase una fuente con 1 cucharada de aceite de oliva, coloque el solomillo, vierta el resto del aceite por encima y hornéelo durante unos 10 minutos. Deje reposar la carne tapada. Caliente la fuente y desglásela con el vino blanco. Deje que el alcohol se evapore, añada la nata y salpimiente la salsa. Corte el solomillo en rodajas, vierta la salsa por encima y sírvalo.

El jabalí

Los *jabalíes* o *cerdos salvajes* se cazan principalmente por la carne tierna, jugosa y sabrosa de sus perniles y lomo. Los animales jóvenes son los de mejor calidad, y la carne más apreciada entre los gastrónomos es la de los jabatos (máximo un año). Se prepara de forma parecida a la carne de cerdo, pero es mucho más aromática y fácil de digerir. Los jabatos se cocinan con piel, todavía tierna.

Los jabalíes que viven en libertad sólo se alimentan de lo que les brinda el bosque y por eso su carne es muy sana, como la de todos los animales salvajes. Contiene proteínas de gran calidad, poca grasa y muchas vitaminas y minerales. En cambio, el jabalí de importación, que se suele vender ultracongelado, puede proceder de granjas de explotación masiva. Sobre todo en Nueva Zelanda, Australia y Sudamérica existen granjas de animales salvajes dedicadas al engorde de jabalíes y ciervos para exportar a Europa. La carne de estos animales suele ser más grasa y su sabor no tiene nada que ver con la carne de caza del país. Por lo tanto, es preferible comprar la carne directamente a los cazadores o guardabosques de la zona.

A pesar de que el consumo de carne de jabalí es relativamente bajo, 700 g por persona y año, la demanda crece cada día. Este dato contrasta con la tendencia general en el consumo de carne, que apunta hacia un retroceso. Uno de los platos de jabalí más conocidos es el pernil asado. Antes de asar la carne hay que atarla con cordel de cocina para que quede muy jugosa. Luego se sazona con hierbas aromáticas y especias y se hornea durante unos 70 minutos. El asado de jabalí crujiente se puede acompañar de peras hervidas con arándanos rojos.

Ragú de jabalí

800 g de lomo de jabalí
4 cucharadas de aceite de oliva
sal y pimienta recién molida
150 g de beicon en dados pequeños
2 cebollas pequeñas picadas
2 zanahorias en rodajas finas
3 dientes de ajo
2 hojas de laurel
2 ramitas de tomillo
5 granos de pimienta
3 clavos de olor
2 cucharadas de zumo de naranja
recién exprimido
250 ml de vino tinto
caldo de carne
150 g de higos secos
1 cucharada de perejil picado grueso

Lave la carne, séquela y córtela en dados. Salpimiente los dados de carne y fríalos en el aceite. Dore bien la carne por todos sus lados y retírela de la cazuela. Caliente el beicon en el mismo aceite y añádale la cebolla, la zanahoria y el ajo. Reincorpore la carne, junto con las hojas de laurel, el tomillo, los granos de pimienta y los clavos de olor y cúbralo con el zumo de naranja y el vino tinto. Vierta caldo de carne hasta cubrir los dados de jabalí y cueza el guiso tapado a fuego medio durante unos 50 minutos. Unos 10 minutos antes de finalizar la cocción eche los higos y el perejil picado.

Vinos para la caza

Los platos de caza (salvo el conejo) tienen un sabor muy intenso, por lo que se suelen acompañar con un vino tinto con mucho cuerpo y buqué. Dos espléndidos vinos piamonteses son el Barolo y el Barbaresco, si bien en general el primero es más fuerte que el segundo. Otro vino con mucho buqué es el toscano Brunello di Montalcino, ideal para acompañar carnes de caza. Entre los vinos franceses se podría mencionar los intensos caldos de Borgoña, pero también algunos vinos de la cuenca del Ródano, como un Gigondas o Chateau-neuf-du-Pape, un Côte-Rôtie o un Hermitage, cuyo aroma afrutado y a pimienta combina a la perfección con el sabor penetrante de la caza. En cambio, el vino que mejor le va al conejo silvestre, de sabor algo más suave, es un vino blanco, como un Riesling reserva semiseco alemán o un Silvaner, más fuerte.

Jabalí con fresas

12 medallones de jabalí de 50 g
cada uno

sal y pimienta recién molida

2 cucharadas de mermelada de fresa

2 cucharadas de vinagre

1 pizca de canela

100 ml de nata líquida

2 cucharadas de azúcar

100 ml de zumo de naranja

1 cucharadita de pimienta verde

200 ml de fondo de caza

200 g de fresas lavadas y cortadas
en cuartos

80 g de mantequilla clarificada

Aplane los medallones de jabalí y salpimiéntelos. Hierva la mermelada de fresa con
el vinagre, la nata, la canela, el azúcar y el
zumo de naranja y déjelo reducir a la mitad.
Añádale el fondo de caza y la pimienta verde
y vuelva a reducirlo a la mitad. Agréguele las
fresas, dele un hervor y retire la cazuela del
fuego. Fría la carne durante unos 3 minutos
por cada lado en la mantequilla. Sirva los
medallones sobre la salsa de fresas caliente.

Lomo de jabato con salsa de escaramujo

1200 g de lomo de jabato deshuesado

el zumo de 1 limón

1 cebolla picada

10 granos de pimienta

10 bayas de enebro

5 g de tomillo

2 hojas de laurel

40 ml de vinagre (suave)

50 g de manteca de cerdo

400 g de verduras en dados (zanahoria,
apio, puerro, cebolla)

80 ml de vino tinto

400 ml de fondo de caza

6 rebanadas de pan negro rålladas

2 huevos

$^{1}/_{4}$ de cucharadita de canela

100 g de mermelada de escaramujo

2 manzanas grandes descorazonadas
y partidas por la mitad

un poco de mantequilla y azúcar

4 cucharadas de arándanos rojos en conserva

Macere la carne durante 2 o 3 días en un
adobo preparado con zumo de limón, unas
bayas de enebro, tomillo, laurel, cebolla,
pimienta y vinagre. Séquela con un paño y
fríala bien por todos lados en la manteca de
cerdo. Añádale las verduras, unas cuantas
bayas de enebro machacadas y, cuando se
reduzca el jugo, vierta la mitad del vino
tinto, el fondo de caza y agua. Déjelo cocer
alrededor de 1 hora. Mezcle 2/3 del pan
negro rallado, el resto del vino tinto, los
huevos y la canela, unte la carne con esta
mezcla y gratínela en el horno durante unos
10 minutos. Cuele el fondo del asado, llévelo a ebullición, añádale el resto del pan
negro y la mermelada de escaramujo y
déjelo hervir. Unte las manzanas cortadas
por la mitad con mantequilla y azúcar,
caliéntelas debajo del gratinador y relléne-
las con los arándanos. Sirva la carne con la
salsa y las manzanas.

Inseparables: bayas silvestres y caza

Las bayas silvestres y las frutas con pepitas son un acompañamiento clásico de muchos platos de caza, normalmente cocidas, en compota, confitura o salsa. El tenue dulzor de las bayas, como los arándanos rojos, las moras, las bayas de saúco o las grosellas, combina a la perfección con las carnes de caza de sabor más intenso, como el corzo, el ciervo y el jabalí. Además, la mayoría de las bayas silvestres maduran al comienzo de la temporada de caza (agosto/septiembre). Naturalmente, las bayas frescas son las más exquisitas, pero no todas se pueden consumir frescas. Las bayas de saúco y los frutos del serbal de cazadores, no tan comunes, se deben consumir cocidos para preparar, por ejemplo, mermelada agridulce, una guarnición ideal para el sabor penetrante del solomillo de corzo. Las frutas con pepitas como la manzana, la pera y el membrillo se acostumbran a servir salteadas o hervidas en vino o agua con cáscara de limón y azúcar y adornadas con compota o mermelada de bayas silvestres.

El membrillo Beretzki es algo más blando que el resto de membrillos pero, como todos, hay que cocerlo antes de consumirlo.

Los **arándanos rojos** crecen casi exclusivamente silvestres.

Las **moras**, de color morado negruzco, quedan muy bien con la caza en compota o en salsa.

El ciervo

La carne del *ciervo* (*venado*) se reconoce enseguida por su color rojo oscuro o marrón negruzco. No es tan tierna como la de corzo, pero tiene un sabor muy peculiar. Normalmente, los ciervos se cazan cuando tienen entre dos y tres años. No obstante, la mejor carne es la de los cervatillos hembra muy jóvenes, de hasta dos años y medio. En comparación con los animales más viejos, la carne de los ciervos jóvenes todavía es bastante clara, tierna y jugosa y no precisa cocciones demasiado largas, por lo que es ideal para freír y asar a la parrilla.

La edad de un ciervo se sabe por el color de la grasa: la de los animales jóvenes es blanca, mientras que en los más viejos es amarillenta. Para suavizar un poco el intenso husmo *(hautgout)* de los animales más viejos se puede cubrir la carne de ciervo con suero de mantequilla y dejarla macerar tapada la víspera en el frigorífico, dándole la vuelta varias veces. Pero por lo general no hace falta macerar la carne. La carne no husmea si se limpia y se refrigera la pieza lo antes posible después de haberla cazado. Para que esté tierna y podamos apreciar todo su aroma hay que manirla entre cuatro y siete días, al menos la de los animales más viejos. Las piezas más baratas del ciervo, que precisan una cocción algo más prolongada, como las tajadas de la pierna, quedan más tiernas si se doran primero a fuego fuerte y, después, se estofan a fuego lento y se les da un último golpe en el horno.

Los amantes de la caza no tienen por qué temer la desaparición de la fauna autóctona. Existen largos periodos de veda para todas las especies, y las autoridades competentes calculan anualmente el número de piezas que está permitido abatir para que sólo se elimine el excedente que produce la naturaleza.

Riñones de ciervo

6 riñones de cervatillo limpios y puestos en remojo durante unas 4 horas

40 ml de brandy

50 g de harina

50 g de mantequilla clarificada

4 chalotes picados finos

200 ml de fondo de caza, preparado

200 ml de nata líquida azucarada

sal y pimienta recién molida

una pizca de azúcar (opcional)

Elimine los conductos biliares de los riñones antes de cortarlos a cuartos y secarlos con un paño. Ponga los riñones en un recipiente y cúbralos con el brandy. Tápelo bien y déjelo en el frigorífico 1 día entero. Transcurrido este tiempo, seque los riñones y enharínelos (reserve el líquido de la maceración). Fría los riñones en la mantequilla, retírelos y resérvelos calientes. Sofría los chalotes en la misma sartén y añádales el líquido de la maceración, el fondo de caza y la nata. Cueza la salsa a fuego fuerte y sazónela con sal, pimienta y, si lo desea, una pizca de azúcar. Incorpore los riñones, deles un hervor y sírvalos.

Carpaccio de lomo de ciervo

12 filetes de lomo de ciervo
de 20-25 g cada uno

sal y pimienta recién molida

4 cucharadas de aceite de girasol

50 g de hojas de capuchina sin tallo

2 cucharadas de vinagre balsámico blanco

1 cucharadita de azúcar moreno

1 cucharada de aceite de pipas
de calabaza

2 cucharadas de pipas de calabaza

unas cuantas flores de capuchina

Aplane los filetes de carne entre dos hojas de film transparente. Salpimiéntelos por un lado y fríalos en aceite de girasol por ese lado durante unos pocos segundos de modo que el otro lado quede crudo. Prepare un aliño con el vinagre balsámico, el azúcar y el aceite de pipas de calabaza y sálelo un poco, si lo desea. Unte las hojas de capuchina con el aliño y ponga 3 o 4 hojas sobre el lado crudo de los filetes de carne. Enróllelas sin apretar demasiado y procure que las hojas no se quiebren. Sirva los rollitos de carne en platos y vierta el aliño por encima. Tueste las pipas de calabaza en una sartén sin aceite y repártalas junto con las flores de capuchina alrededor de los rollitos.

El corzo

La carne de *corzo* es la más apreciada de todas las carnes de caza, y con razón, ya que los corzos de menos de tres años poseen una carne exquisita y poco fibrosa. A los gastrónomos se les hace la boca agua con la carne marrón rojiza de los corcinos y de los animales tanto hembra como macho de entre uno y dos años. Las mejores piezas del corzo son los solomillos, el pernil, que hay que pelar antes de preparar, y el lomo, que está situado entre el costillar y el pernil. Se puede asar entero, aunque cortado en lonchas es ideal para freír.

Como ocurre con todos los tipos de caza, la carne de corzo contiene menos grasa que la de los animales domésticos. Además, suministra gran cantidad de minerales y vitaminas, ya que los animales que viven en libertad son muy exigentes en cuanto a su dieta. El corzo y la liebre, por ejemplo, se alimentan exclusivamente de hierbas aromáticas y brotes tiernos.

La carne de corzo fresca sólo se vende durante la temporada de caza, entre mayo y febrero. Pero la carne congelada también es excelente y, además, tiene una ventaja: la carne de caza preparada en porciones y ultracongelada es más tierna y blanda. Por esta razón no es necesario sumergirla en suero de leche o vinagre antes de prepararla.

La carne de corzo es muy magra, y por eso la superficie queda un poco seca al freírla. En el pasado era habitual mechar

De venta sólo en carnicerías selectas: jamón de corzo, salchichón de jabalí y de gamuza.

La temperatura de cocción de la carne, un factor muy importante

Es muy importante que la temperatura de cocción de la carne de caza sea la adecuada. La carne debe alcanzar una temperatura nuclear de 80 °C durante al menos 10 minutos seguidos para aniquilar posibles agentes patógenos; sólo así se puede consumir sin reservas. El grado de cocción de un asado se puede verificar con el dedo (cuanto más hecho, menos cede a la presión) o con un termómetro especial para carne, un método mucho más preciso. Hay que clavar la aguja del termómetro en la parte más gruesa de la pieza de carne hacia el final de la cocción, procurando no hacerlo en una capa de grasa ni demasiado cerca del hueso. Los termómetros digitales son los más eficaces; su sensor indica la temperatura nuclear y, por lo tanto, el grado de cocción de la carne en muy pocos segundos. Si el aparato marca entre 50 y 60 °C, la carne todavía está sanguinolenta, entre 65 y 70 °C está al punto, y a 75 °C está bien hecha.

al menos las piezas grandes, como el lomo, con trocitos de beicon para remediar este inconveniente. Sin embargo, es preferible albardar la carne para preservar su estructura, es decir, envolverla con finas lonchas de beicon. Así la carne queda muy jugosa y, además, se potencia su sabor.

Parrillada de corzo

2 chalotes picados
2 cucharaditas de aceite
50 ml de vino tinto fuerte
sal y pimienta recién molida
100 g de mantequilla a temperatura ambiente, batida a punto de espuma
4 medallones de corzo de 50 g cada uno
4 lonchas de beicon magro, con la corteza cortada por varias partes
50 ml de aceite para freír
4 chuletas de corzo
4 lonjas de hígado de corzo de 50 g cada una
2 riñones de corzo cortados por la mitad

Fría los chalotes en el aceite caliente y añada el vino tinto, salpiméntelo y déjelo hervir hasta que se haya evaporado casi del todo. Incorpore la mantequilla y rectifíquelo de sal y pimienta. Llene una manga pastelera con la mezcla, forme en un plato llano unas cuantas bolitas y resérvelo en el frigorífico. Envuelva los medallones de corzo con las lonchas de beicon y fíjelas con palillos. Fría los medallones, las chuletas, el hígado y los riñones al punto en una parrilla con aceite durante 4 o 5 minutos por cada lado. Sirva la carne con una bolita de mantequilla al vino tinto.

Precaliente el horno a 180 °C. Salpimiente la carne, fríala en la mantequilla clarificada, agréguele las verduras y sofríalo todo junto. Hornéelo todo entre 10 y 15 minutos. Tape la carne con papel de aluminio y déjela en el horno. Caliente la sartén donde ha frito la carne y eche el vino tinto, la mostaza y la nata. Salpimiente la salsa. Cuélela y añádale 1 cucharadita de arándanos rojos. Escalde las rodajas de manzana en el almíbar y hornéelas hasta que queden crujientes. Corte la carne en lonchas finas. Ponga una tostada en cada plato, reparta las lonchas de carne por encima y sírvalas acompañadas de la salsa, los arándanos rojos y las chips de manzana.

Babilla de corzo con crujiente integral

400 g de babilla de corzo	*20 g de mostaza de Dijon*
sal y pimienta recién molida	*100 ml de nata líquida*
50 g de mantequilla clarificada	*50 g de arándanos rojos*
1 cebolla pelada y en cuartos	*1 manzana en rodajas finas*
1 chalote pelado y en dados	*100 g de almíbar (hervir 1 parte*
1 ajo pelado y partido por la mitad	*de agua y 1 parte de azúcar)*
200 ml de vino tinto	*4 tostadas de pan integral*

Pasta a la nectarina con picada de corzo

1 cebolla roja en dados
1 diente de ajo picado
400 g de carne picada de corzo
(de la paletilla)
3 cucharadas de aceite de oliva
1 rama de apio en dados
160 g de tomate en dados
sal y pimienta recién molida
1-2 cucharaditas de hojas de tomillo
picadas
1 cucharadita de agujas de romero
picadas
3 hojas de salvia picadas
1 cucharada de perejil picado
250 ml de vino de Barbera
(condimentado con hierbas)
250 g de tallarines cocidos al dente
2 nectarinas en tiras finas
40 g de mantequilla
unas hebras de azafrán
4 ramitas de romero

Sofría la cebolla y el ajo en el aceite de oliva y añádales la carne picada de corzo. Fríala hasta que se desmigaje, agregue el apio, los dados de tomate, sal, pimienta, todas las hierbas aromáticas y el vino y cuézalo todo junto durante unos 30 minutos. Si la salsa se reduce demasiado, añádale un chorrito de vino tinto o agua. Ponga las hebras de azafrán en una sartén con la mantequilla hasta que ésta se tiña de amarillo, suba el fuego y saltee las tiras de nectarina. Añádales la pasta y caliéntela. Forme un nido pequeño de tallarines en cada plato y ponga la carne picada en el centro. Adorne cada plato con una ramita de romero.

Fondo de caza

Un aromático *fondo de caza* es imprescindible para la elaboración de deliciosas salsas y sopas, ya que les da un toque de sabor muy especial. Así se prepara: dore un poco de carne y huesos en el horno (200 °C) y deseche la grasa que hayan soltado. Póngalo todo en una cazuela grande con unas verduras para caldo cortadas en trozos gruesos y cúbralo con vino y agua. Déjelo hervir a fuego lento durante dos o tres horas, espumando el caldo de vez en cuando. Forre un colador con un paño de muselina y cuele el caldo en una cazuela más pequeña. Vuelva a reducirlo a fuego lento.

Cómo cortar la liebre

Para deshuesar los solomillos de liebre, elimine los tendones y la piel del lomo.

Deslice el cuchillo a izquierda y derecha del espinazo para separar los solomillos.

Prepare los solomillos enteros o troceados según la receta.

La liebre y el conejo de monte

Muchos consumidores no saben distinguir entre la liebre y el conejo. La liebre es mucho más grande que el conejo, duplica su peso (de 3 a 5 kg), y tiene las orejas bastante más largas. Mientras que un conejo sólo da para tres o cuatro comensales, de una liebre pueden comer seis u ocho. El sabor y color de la carne tampoco son iguales. La carne clara, casi blanca, del conejo de monte tiene un sabor un tanto dulzón parecido al del pollo, mientras que la de la liebre es de un rojo intenso y posee un marcado sabor a caza. Ambas son muy magras y fáciles de digerir.

Las liebres jóvenes de entre tres y ocho meses (lebratos) son muy apreciadas por los gastrónomos. Se suelen cocinar estofadas o guisadas con salsa condimentada. La carne de conejo es muy popular sobre todo entre los franceses y los países europeos meridionales. La lista de recetas es infinita, desde conejo en escabeche hasta conejo estofado en vino blanco con ajo y aceitunas.

Las liebres y los conejos se suelen vender limpios y enteros. Algunos carniceros también los venden troceados. Si lo desea puede cortar la cabeza y las patas en casa. Para ello sólo necesitará un hacha pequeña, unas tijeras para despiezar aves y un cuchillo afilado: primero se corta la cabeza y el cuello. A continuación, se separan las dos patas delanteras tirando un poco de ellas y cortando por la articulación del hombro. Luego se corta la pieza en canal (del vientre hacia el cuello) con unas tijeras y se separa la falda y el costillar. Por último, se separan del tronco las patas posteriores haciendo una pequeña incisión por encima de la pelvis y cortándolas con el hacha a la altura de las lumbares.

Si no le gusta salir a cazar puede comprar los animales ya limpios y listos para cocinar.

Una liebre se esconde del cazador entre la espesura del sotobosque.

Conejo de monte mediterráneo

1 conejo de monte
sal y pimienta recién molida
50 ml de aceite de oliva
1 diente de ajo picado fino
50 g de mantequilla clarificada
1 cebolla en dados gruesos
1 zanahoria en dados gruesos
1 apionabo en dados gruesos
1 cucharada de miel
100 ml de vino blanco
400 ml de fondo de caza, preparado
1 ramita de romero
100 g de nata fresca espesa
fécula para espesar la salsa (opcional)
100 g de aceitunas
2 cucharadas de piñones pelados
2 cucharadas de perejil picado

Lave, seque y trocee la carne y sazónela con sal, pimienta, aceite de oliva y ajo. Fría los dados de carne en la mantequilla clarificada, añádales las verduras en dados y saltéelo todo junto antes de añadir la miel, el vino blanco, el fondo de caza y el romero. Déjelo hervir tapado a fuego lento durante aproximadamente 1 1/4 horas. Retire la carne y resérvela caliente. Añada la nata fresca espesa a la salsa, espésela con fécula si fuera necesario y agregue las aceitunas y los piñones. Esparza el perejil picado por encima y sirva el plato enseguida.

Una vez cazadas, las liebres se destripan y se suelen vender enteras.

Conejo en adobo

1 conejo (listo para cocinar)
1 hígado de conejo
4 dientes de ajo picados gruesos
5 granos de pimienta
sal gorda
1 trozo de cáscara de limón
5 cucharadas de aceite de oliva
250 ml de vino tinto
1 rama de canela
4 clavos de olor
2 ramitas de romero
2 cebollas pequeñas picadas finas

100 g de beicon en daditos
1 cucharadita de pimentón picante
2 tomates maduros pelados, despepitados
y a cuartos
1 pizca de comino

Lave la carne y el hígado, séquelos y trocee la carne. Maje el ajo, los granos de pimienta, la sal y la cáscara de limón en un mortero, mézclelo todo con 3 cucharadas de aceite de oliva, el vino, la canela y los clavos de olor, eche las ramitas de romero y con la mezcla obtenida adobe la carne y el hígado la víspera. El día de la preparación, retire todos los ingredientes del adobo, cuele el líquido y pique el hígado. Fría el beicon y la cebolla en el resto del aceite de oliva, agregue el conejo y dórelo bien por todos lados. Añádale el hígado picado, cúbralo con el líquido del adobo colado, agregue el pimentón y los tomates, y cuézalo a fuego medio. Sazone el guiso con sal, pimienta y comino y sírvalo.

Carnes exóticas

Bisonte y búfalo

El *bisonte* es un animal grande y robusto que se cría en su hábitat natural, Norteamérica, para la producción de carne. La carne de bisonte es muy rica en vitaminas y proteínas y comparable a la carne de bovino de mejor calidad. Por desgracia, la carne de bisonte es muy poco corriente en Europa.

Los *búfalos* viven principalmente en Asia y Egipto, donde se emplean como animales de tiro y lecheros. No obstante, desde hace algún tiempo estos animales están adquiriendo importancia como productores de carne. La carne oscura, magra y tierna de búfalo es cada vez más apreciada.

Camello

La *carne de camello* recuerda por su sabor a la carne magra de bovino, si bien es un poco más oscura y fibrosa. En la cocina árabe está considerada un manjar. La mejor carne de camello procede de los machos jóvenes. La carne de camello fue durante siglos el producto cárnico más importante de los beduinos. Hoy se comercializa seca, en embutidos y en conserva.

Canguro

La *carne de canguro* goza de gran aceptación en Australia, no sólo por su sabor delicado y muy peculiar sino también porque admite múltiples preparaciones. El canguro se prepara como la carne de cordero o de ternera, frito, estofado o de cualquier otra forma. La carne de canguro, como todas las de caza, es muy magra y apenas contiene colesterol. Del lomo, por ejemplo, se obtiene filetes muy jugosos. Su sabor recuerda un poco el ciervo o el rabo de buey. La carne de canguro es cada vez más popular también en Europa y se puede comprar congelada en grandes superficies.

Avestruz

Las cartas de los restaurantes internacionales revelan que la *carne de avestruz* se está convirtiendo en un elemento culinario irreemplazable. La carne roja y asombrosamente tierna de esta ave zancuda tiene un sabor muy suave y muy pocas calorías. Desde hace algunos años, los avestruces, que son originarios de Sudáfrica, se crían sobre todo en España para cubrir la creciente demanda europea.

Cocodrilo

La *carne de cocodrilo* y *caimán* está muy de moda. Tiene poquísima grasa y colesterol y los animales proceden sobre todo de granjas de cocodrilos africanas y australianas, o, con menor frecuencia, sudamericanas. Si desea preparar en casa alguna receta con carne de cocodrilo, puede comprarla en comercios especializados o por Internet. Su sabor recuerda el de la carne de ave o cerdo y también se cocina de forma similar.

Un caimán en una granja de cría de la isla de Cuba.

Caballo

La *carne de caballo* o *potro* tiene un sabor un poco dulzón que desagrada a muchos consumidores. No obstante, ciertas recetas europeas se elaboran exclusivamente con carne de caballo, como el asado a la vinagreta renano. Esta carne forma parte integrante de la cultura gastronómica en Bélgica y Francia. Se despieza como el bovino y es de consistencia similar, aunque no tiene tanta grasa ni colesterol.

La carne de caballo se considera un auténtico manjar sobre todo en Francia.

Avestruces: este animal exótico originario de Sudáfrica se cría hoy en granjas españolas. Su carne magra recuerda un poco a la de bovino por su aspecto.

La carne de avestruz se suele consumir en forma de filetes (a la plancha o a la parrilla).

Además de la carne, también son muy apreciados los grandes huevos de avestruz.

Con un huevo de avestruz se puede preparar un deliciosa tortilla gigante.

Un pienso concentrado equilibrado mejora la calidad de la carne.

Los despojos

Los despojos son todas las partes internas aprovechables de los animales de matanza. El hígado, el corazón, los riñones, los pulmones y el bazo forman parte de las vísceras, y el resto de despojos son la lengua, los sesos, las criadillas, las mollejas y los callos, además de las ubres, los huesos y el tuétano. En esta categoría también se suele incluir la cabeza, el rabo y los pies. La actitud del hombre frente a este tipo de productos, casi siempre muy tiernos, ha ido cambiando a lo largo de los siglos: en la prehistoria los humanos se comían las vísceras de los animales que mataban porque estaban convencidos de que así adquirirían sus cualidades, como fuerza y resistencia. En cambio los romanos valoraban ante todo su delicado sabor. En la Edad Media, los despojos de la matanza estuvieron destinados a los más pobres hasta que la nobleza volvió a descubrir el placer que brindaban al paladar los menudillos.

Mientras que el hígado, los riñones o las mollejas siguen gozando de buena fama entre los gastrónomos, el pulmón, el bazo o el corazón (antaño un manjar) se suelen destinar a la nutrición animal. Las criadillas de toro, antes muy apreciadas en nuestro país, son hoy bastante raras de encontrar en las cartas de los restaurantes. Sin embargo, los callos siguen siendo muy populares en Francia, España, Italia o el sur de Alemania.

La enfermedad de las vacas locas y el deseo de seguir una dieta sana han provocado un descenso del consumo de despojos, a pesar de que son exquisitos y de que contienen muy pocas calorías y, por contra, gran cantidad de sustancias nutritivas como hierro, vitaminas o ácido fólico. El consumo de sesos y tuétano de bovino está absolutamente desaconsejado, mientras que el hígado o los riñones pueden contener residuos de metales pesados o pesticidas; por eso es imprescindible fijarse en la calidad y frescura del producto. Y es que, a pesar de que los recelos pueden estar justificados, los auténticos *gourmets* no desean privarse de los placeres que les brindan los platos elaborados con despojos.

Lengua de ternera en salsa de nueces

2 lenguas de ternera pequeñas
2 cebollas peladas y cortadas por la mitad
1 diente de ajo picado fino
2 hojas de laurel
6 granos de pimienta
1 ramita de tomillo

Para la salsa:
4 cucharadas de aceite de oliva
1 cebolla picada fina
2 dientes de ajo picados finos
1/2 guindilla despepitada y machacada en el mortero
2 tomates grandes pelados, despepitados y en dados
125 ml de vino blanco
100 g de nueces picadas

Ponga las lenguas en remojo en agua fría durante unas cuantas horas y, después, enjuáguelas muy bien. Introdúzcalas en agua caliente con un poco de sal junto con las cebollas, el ajo, las hojas de laurel, los granos de pimienta y el tomillo y cuézalas a fuego medio durante 45 minutos. Deje enfriar las lenguas dentro del agua y, a continuación, pélelas. Para preparar la salsa, sofría bien la cebolla, el ajo, el tomate y la guindilla machacada en el aceite de oliva y añada el vino blanco, las nueces y una pizca de sal. Deje cocer la salsa durante unos 15 minutos. Corte las lenguas en rodajas, échelas en la salsa y déjelo cocer todo junto a fuego lento entre 15 y 20 minutos.

Menudillos de ave con almendras

600 g de menudillos de pollo (hígado, estómago, corazón y cuello)
4 dientes de ajo picados gruesos
2 cucharadas de perejil picado
10 almendras escaldadas, peladas y tostadas
125 ml de vino
aceite de oliva
sal

Lave y seque los menudillos y córtelos en tiras finas. Fríalas en aceite de oliva. Maje en el mortero el ajo, el perejil y las almendras tostadas, dilúyalo con el vino blanco y añádalo a los menudillos. Cuézalo hasta que la carne esté tierna y sálelo. Sirva el plato acompañado de pan blanco de barra.

Los despojos

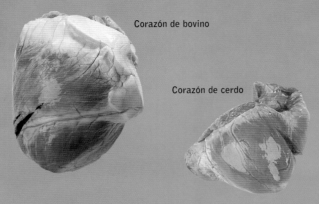

Corazón de bovino

Corazón de cerdo

Riñones de bovino

Riñones de cerdo

El corazón

Seguro que no todo el mundo es capaz de comerse esta parte del animal, que es la que tiene más connotaciones simbólicas; desde muy antiguo, su equivalente humano ha sido considerado el hogar del alma y los sentimientos y, además, de la conciencia y la razón (como en el budismo). Sin embargo, a los auténticos gastrónomos no les importa en absoluto y saben apreciar la carne magra y tierna de este despojo, el más parecido a la carne, sobre todo si es de ternera o cordero y ha sido cocinado con la paciencia y el tiempo suficientes.

Los riñones

A diferencia de los riñones de cerdo y de oveja, que están formados de una sola pieza, los riñones de bovino son lobulados. Los riñones de los animales jóvenes son más tiernos y aromáticos, igual que el hígado. Aparte de proteínas y vitaminas, los riñones contienen muchos minerales y colesterol. Aún así están deliciosos a la parrilla, fritos o en salsa. Combinan a la perfección con salsas de vino o jerez de sabor suave.

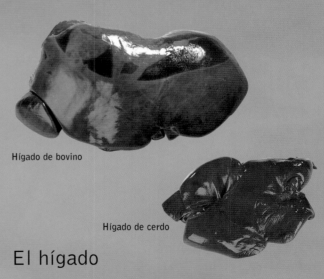

Hígado de bovino

Hígado de cerdo

Platos famosos con despojos

A pesar de que hay quien le da asco hasta el nombre de algunos platos, la cocina europea cuenta con numerosas recetas que se sirven de los despojos para elaborar especialidades tanto sencillas como sofisticadas: algunas de nuestras recetas más conocidas son la sopa de hígado (de cerdo), los callos a la madrileña (con chorizo y morro) o las mollejas de ternera empanadas. En Baviera son muy aficionados a los callos o los pulmones agrios, las ubres empanadas, el corazón de ternera mechado, el embutido de bazo, la sopa de callos o los riñones estofados. Algunas de las especialidades húngaras son el Kuttelnpörkölt, callos con pimentón picante y ajo, o el hígado de ternera a la Szapáry. La alta cocina francesa también ha redescubierto los despojos y ahora son irrremplazables: pies de cerdo al estilo de Sainte-Menehold, paté de hígado de oca al estilo de Estrasburgo, *cassolettes de tripes normandes,* callos ahumados con manzana o *tripes à la mode de Caen* (callos con manzana, zanahoria, especias y sidra).

El hígado

Los hígados más consumidos son los de cerdo, buey y ternera, aunque también se pueden comer los de ave y de ciertos pescados. El hígado contiene muchas proteínas, minerales y vitaminas, pero se recomienda comerlo como máximo cada dos semanas porque también puede presentar residuos de metales pesados. El hígado de los animales jóvenes es mucho más tierno y contiene menos sustancias nocivas que el de los viejos. Los hígados de buey y de cerdo suelen tener un sabor algo más fuerte que se puede suavizar sumergiéndolos en leche durante unas horas. El hígado queda muy bien a la plancha, frito o estofado, y con él se elaboran asimismo patés y terrinas.

Estómago de bovino

Los callos

En cocina, el estómago de los rumiantes (compuesto por panza, redecilla, libro y cuajar) recibe el nombre de callos. Son bien conocidos los callos a la madrileña, guisados con morro y pie de ternera, chorizo, morcilla y salsa picante. Los callos contienen muchas vitaminas y se suelen vender ya cocidos aunque es recomendable darles un hervor antes de prepararlos.

El estómago

El estómago de cerda era uno de los platos palatinos preferidos del ex canciller alemán Helmut Kohl. Su esposa lo preparaba relleno de carne de cerdo, patatas y carne magra de cerdo picada y lo condimentaba con sal, pimienta, nuez moscada, mejorana, cilantro, clavo molido, tomillo, cardamomo, albahaca, laurel y cebolla. El «colmo de las delicias de la matanza» se puede comprar incluso *online*. El estómago de vaca es casi tan bueno como el de cerdo, como lo demuestra otra especialidad alemana, el *Königsberger Fleck,* a base de panza, apio, raíz de perejil, cebolla y zanahoria.

Pulmón de bovino

El pulmón

No, ciertamente su aspecto no es muy apetitoso y, además, el órgano respiratorio contiene pocos nutrientes y posee una consistencia esponjosa que lo hace inadecuado para asarlo entero. Pero tal y como se prepara en el sur de Alemania, cocido en un caldo con zumo de limón, vinagre, laurel y pimienta (Saures Lüngernl), pierde su apariencia repulsiva y es un plato auténticamente delicioso que no hay que perderse por nada del mundo.

Los sesos

Los sesos de cordero y ternera son los más consumidos por su delicioso sabor. En cambio, los sesos de cerdo tienen muy poca salida. Los sesos contienen mucho colesterol y son uno de los órganos más afectados en caso de encefalopatía espongiforme bovina. No obstante, el que no quiera renunciar a los sesos de ternera debe consumir exclusivamente el cerebro de los animales nacidos y criados en granjas ecológicas.

Las mollejas

Por mollejas se entiende la glándula timo blanquecina situada detrás del esternón, que en los terneros y corderos jóvenes todavía no está muy desarrollada y se atrofia con el paso del tiempo. Las mollejas, muy tiernas y de sabor exquisito, contienen muy poca grasa pero muchos minerales y vitamina C. Las mollejas deben ser tersas y brillantes y desprender un olor agradable. Su color varía entre el blanco cremoso y el rosa. Tanto si se preparan a la plancha como cocidas o fritas, el tiempo de cocción no debe ser demasiado largo para que no se sequen.

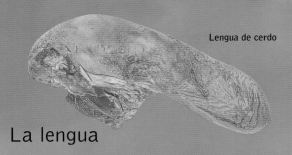

Lengua de cerdo

La lengua

La mejor lengua es la de ternera, porque es muy tierna y, además, tarda menos tiempo en cocer. A diferencia de otros despojos, la lengua no sólo se puede comprar fresca sino también en salmuera o ahumada y en lonchas. Es muy rica en hierro y tiene un sabor picante. Se puede preparar en salsa bechamel o fría en ensalada.

JAMONES Y EMBUTIDOS

Introducción

Europa es famosa en el mundo entero por la enorme variedad de embutidos y jamones que produce. Cada país y región tiene sus especialidades. En Europa central es habitual ahumar los fiambres después del primer curado, mientras que ese método no es tan corriente en los países meridionales, donde casi todos los productos se secan al aire, aunque no siempre está claro si se debe sólo a motivos climáticos o si también intervienen factores ligados a la tradición. Lo evidente es que la carne secada al aire o en salmuera no se conservaría durante tanto tiempo en el clima más húmedo de las regiones europeas septentrionales.

El jamón se elabora con el pernil del cerdo, una de sus partes más nobles. Su sabor depende ante todo del tipo de alimentación de los animales: una dieta equilibrada compuesta de bellotas, plantas herbáceas, hierbas aromáticas, raíces y cereales aporta el mejor aroma. La cría al aire libre, sinónimo de ejercicio, hace que la grasa penetre en la musculatura y se reparta, creando un veteado uniforme. La matanza también influye en la calidad del jamón. Los animales sometidos a un estrés excesivo durante el transporte al matadero y el sacrificio producen mayor cantidad de ciertas enzimas y hormonas que repercuten negativamente en la calidad de la carne. Por eso es fundamental conocer la procedencia del jamón, aunque también es cierto que la calidad se paga. Una regla básica a la hora de comprar el jamón es: todos los tipos de jamón se deben cortar en lonchas finísimas, para poder gozar plenamente de su aroma. Muchos países tienen su propio jamón y su propio método tradicional de elaborarlo, como nuestro famoso jamón serrano, el no menos célebre *jamón de Parma* italiano o el *jamón de la Selva Negra* alemán. Todos ellos pertenecen al grupo de los jamones curados, ya sean ahumados o secados al aire. Se diferencian de los jamones cocidos, de sabor más suave, como el *jamón de York* británico, el *Bradenham* o el *jamón de Virginia* de Estados Unidos.

El embutido casi siempre se elabora con carne picada de cerdo o vacuno, tocino, condimentos y sal. La pasta de carne se introduce a presión en tripas de animal o sintéticas, y después se somete a procesos de conservación como el cocido, el escaldado, el ahumado o el secado al aire. Los embutidos se clasifican en tres grupos según la forma de elaboración: *embutidos crudos, embutidos escaldados* y *embutidos cocidos*. Los embutidos crudos se elaboran con carnes crudas, se sumergen en salmuera y después se secan o ahúman. El producto resultante pueden ser embutidos de corte, como el *salami*, el *chorizo*, el *cervelat* o el *Landjäger*, o embutidos crudos para untar (como las salchichas alemanas *Teewurst* y *Mettwurst*). En el caso de los embutidos escaldados, como la *mortadela*, la salchicha alemana *Cabanossi*, la *Bockwurst*, la *Bratwurst*, el *Leberkäse* (pan de hígado), la *Weisswurst* (salchicha blanca) y la *Krakauer*, la tripa se rellena con la carne picada cruda, a continuación se escalda a unos 75 °C y, a veces, se ahúma. Los embutidos cocidos se elaboran con carne cocida, despojos, corteza de tocino y condimentos. Según el embutido, también se le pueden añadir hígado fresco o sangre. El producto se vuelve a cocer después de embucharlo y en ciertos casos se ahúma. Ejemplos de embutidos cocidos son la *morcilla*, el *paté*, la morcilla blanca francesa *boudin blanc*, el *presssack*, la *andouille* o los fiambres en gelatina.

En Italia, como en nuestro país, la variedad de embutidos y jamones es muy amplia.

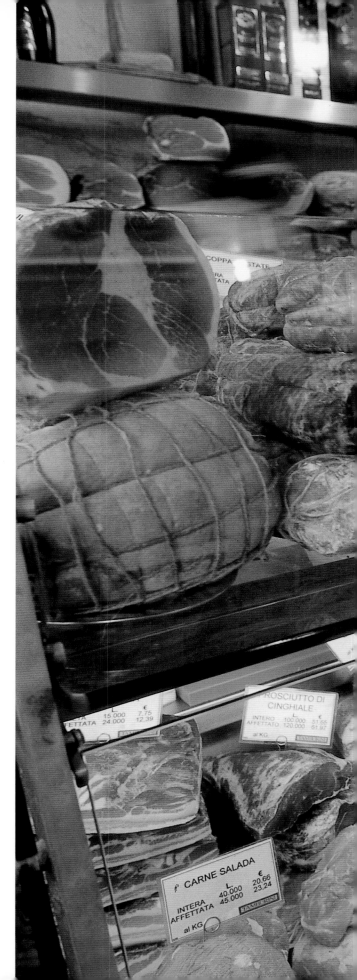

En los bares de tapas es habitual que haya un montón de jamones curados colgados del techo.

El jamón curado español

El *jamón curado* es el jamón más apreciado de España. Los paladares más exquisitos aprecian su delicado sabor, un poco dulzón, y su textura tierna. Ya en la Roma clásica el poeta hispano Marcial elogió su sabor incomparable, como más tarde lo haría también el mismísimo Miguel de Cervantes.

La denominación de «jamón serrano» proviene de la palabra «sierra», que hace referencia a los orígenes de elaboración del jamón, en entornos montañosos con climas de aire limpio y con la humedad adecuada e inviernos fríos, factores que permitían la curación de jamones. Por tradición, el jamón serrano se elabora en Trevélez (Alpujarras granadinas) y Teruel (Aragón), así como en las provincias de Girona (Cataluña) y Soria (Castilla-León). La carne procede de cerdos blancos criados en explotaciones intensivas. La forma del jamón recuerda un poco una guitarra. La pieza consta de tres partes: la *maza*, que presenta un veteado más intenso y es la parte más carnosa, la *contramaza*, que apenas tiene trazas de grasa y presenta una textura más consistente pero no ofrece mucha carne, y la *punta*, por encima y por detrás de la pezuña, que está tan veteada y es tan jugosa como la maza.

El proceso de elaboración del jamón se divide en dos fases. La primera consiste en el denominado «asentamiento»: después del salado, los perniles permanecen en secaderos con una humedad ambiental relativamente alta y a baja temperatura. Al cabo de un tiempo se va aumentando la temperatura a la vez que se reduce la humedad ambiental. En la fase siguiente, la auténtica fase de curación, el jamón se cura en secaderos a temperatura controlada *(bodegas)* durante un mínimo de nueve a diez meses, y va desplegando todo su aroma y sabor característicos. Al concluir el proceso, la pieza ha perdido alrededor del 34% de su peso inicial.

El jamón no sólo es exquisito al paladar sino que también es muy nutritivo. Su contenido en colesterol es bajo y, en cambio, es rico en proteínas, fósforo y calcio, y aporta mucho hierro y vitaminas B1 y B2. Su equilibrada proporción de ácidos grasos hace que sea fácil de digerir.

En España hay cerca de 1700 productores de jamón, y, entre ellos, 18 de los principales se agremiaron en el «Consorcio del jamón español» en 1990; sus productos cumplen unos estándares de calidad muy exigentes y reciben la calificación «S». El jamón, cortado muy fino, es un elemento indispensable en todo tipo de celebraciones en la Península Ibérica. Se suele consumir crudo en lonchas, a modo de tapa o con melón. Su incomparable aroma también adereza muchas ensaladas y platos de verdura.

Los paladares más finos aprecian en particular la exquisita carne de los cerdos negros mallorquines.

El arte de cortar el jamón a mano está muy desarrollado tanto en España como en el resto de los países mediterráneos. La hoja del cuchillo debe ser estrecha y estar muy afilada para poder cortar las lonchas como es debido, finísimas.

El jamón ibérico

El jamón ibérico es uno de los jamones curados más caros del mundo. También se denomina «pata negra», por las pezuñas oscuras de los cerdos ibéricos que viven en los encinares y alcornocales de Extremadura y que son la materia prima de este auténtico manjar. El incomparable sabor del jamón ibérico se debe a la dieta a base de bellotas de los cerdos y a un proceso de curación larguísimo, de entre un año y medio y dos años.

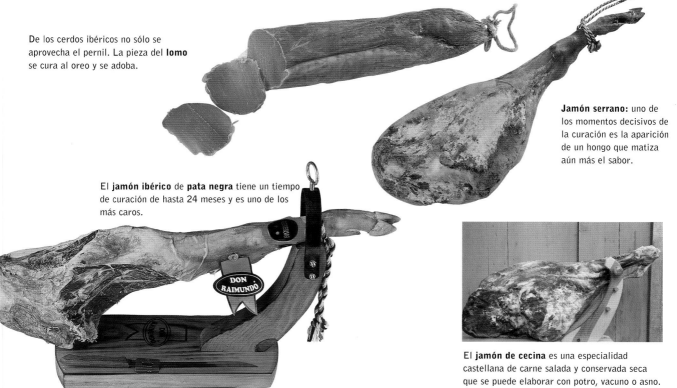

De los cerdos ibéricos no sólo se aprovecha el pernil. La pieza del **lomo** se cura al oreo y se adoba.

Jamón serrano: uno de los momentos decisivos de la curación es la aparición de un hongo que matiza aún más el sabor.

El **jamón ibérico** de **pata negra** tiene un tiempo de curación de hasta 24 meses y es uno de los más caros.

El **jamón de cecina** es una especialidad castellana de carne salada y conservada seca que se puede elaborar con potro, vacuno o asno.

Arriba: los jamones de Parma permanecen colgados en estas salas durante casi un año, con escasa ventilación y a baja temperatura.

Abajo, a la izquierda: una vez concluida la primera fase de salado, los jamones se trasladan a cámaras frigoríficas, donde se vuelven a salar.

Abajo, centro: la incisión se sella con una capa de grasa para que la carne no se reseque.

Abajo, a la derecha: la marca de la corona de cinco puntas con la palabra PARMA garantiza la procedencia de las piezas.

El jamón italiano

El jamón más famoso de Italia, el *prosciutto di Parma*, es originario de la provincia de Parma, al noroeste de Bolonia. El jamón de Parma se reconoce por su sello, la corona de cinco puntas del ducado de Parma, y el nombre de la región de origen marcados a fuego sobre el pernil. Es una especialidad famosa desde hace siglos. La producción se localiza desde antaño en Langhirano, una población cercana a Parma, donde miles de jamones se curan en inmensos secaderos modernos.

Como el español, el jamón de Parma se obtiene tras un largo proceso de curación. Primero se salan los perniles de cerdo y se guardan alrededor de una semana en cámaras frigoríficas a una temperatura de entre 0 y 4 °C (primera fase de salazón). En la segunda fase de salazón, que dura unas dos semanas y media, la sal y el frío eliminan la humedad de la carne. Este proceso es fundamental para la conservación. A continuación, los jamones se batanean a máquina para que la sal penetre mejor en la carne. El verdadero proceso de curado comienza tras un periodo de reposo de entre 60 y 70 días y un lavado de los perniles con agua tibia. Al cabo de unos meses, los jamones se embadurnan con una pasta a base de manteca, harina de arroz y pimienta para evitar que se resequen y endurezcan. Los jamones se almacenan en bodegas sin ventilación y a baja temperatura, y allí se dejan 10 o 12 meses más. Después de esta última fase ya están listos para su comercialización y consumo.

El jamón de Parma se puede saborear de muy distintas formas: con pan blanco, envolviendo unas tajadas de melón o unos espárragos, con higos frescos o en compañía de diversos tipos de salami. Para poder disfrutar de todo su aroma es imprescindible que las lonchas sean muy delgadas.

1 El **toscano** es un jamón secado al aire de sabor particularmente fuerte.
2 El **San Daniele** es uno de los jamones curados más finos que existen.
3 Algunos de los jamones cocidos italianos están también un poco ahumados. Uno de ellos es el ***prosciutto cotto***, que en Italia se suele consumir solo, cortado muy fino.

Producto aún más apreciado, si cabe, que el jamón de Parma es el *prosciutto di San Daniele*, originario de la provincia de Friuli y que se caracteriza por un sabor un tanto dulzón. La mezcolanza climática de aire fresco de montaña y brisa marina salada de la región confiere a este jamón un aroma inconfundible.

El pernil se sumerge en salmuera y allí se deja entre 14 y 16 días; transcurrido ese tiempo, se le da la forma típica de mandolina mediante presión. Así la grasa se reparte de manera uniforme por todo el jamón y se extraen los restos de humedad. La pezuña no se corta, para que la parte inferior no se reseque. Un jamón de San Daniele pasa por un periodo de curación de al menos diez meses y, con frecuencia, más de 12 meses antes de llegar al consumidor. La marca que lo distingue es el monograma «SD».

Bündner Fleisch

La *Bündner Fleisch* o «carne de los grisones» se produce sobre todo en el cantón suizo de Graubünden, donde las condiciones climáticas permiten un secado óptimo. Sólo una factoría de Parpan sigue elaborándola de forma tradicional: los trozos de pernil de vacuno impregnados con sal y especias se dejan sumergidos en cubas de salmuera unas semanas, y después se enjuagan y se cuelgan en ristras dentro de una red en un balcón protegido con alambres. Así se dejan unas tres semanas, para que empiecen a secarse. Transcurrido ese tiempo, la carne se prensa repetidas veces entre haces de leña para que el jugo se reparta de manera uniforme. El proceso completo dura entre dos meses y medio y cinco meses, y la carne pierde cerca de la mitad de su peso inicial.

El jamón cocido

Como de jamones curados, también existe una oferta muy variada de *jamones cocidos*. Algunos de los más conocidos proceden de Gran Bretaña y Estados Unidos, pero también Italia, Francia y Alemania elaboran productos de primerísima calidad. No es habitual comprar un jamón entero para cocerlo en casa (véase recuadro página siguiente), sino que lo normal es comprarlo en lonchas.

De Italia proviene una variedad muy sabrosa y original: el *prosciutto cotto* aromatizado con romero y, a veces, recubierto de una costra de miel. Otro producto muy gustoso es el *jamón cocido trufado*, aunque hay que pagar un precio bastante alto para poder degustar su intenso sabor. En cambio, el *jamón campesino* del Tirol meridional no es tan refinado ni tiene la consistencia delicada de los tipos anteriores; sin embargo, su fuerte sabor combina muy bien con el pan condimentado de la región.

En Francia es corriente el *jambon cuit à l'os*. Este singular jamón se cuece con hueso y luego se ahúma. El *jambonneau* es un jamón pequeño que se obtiene de la parte del jarrete de la pata trasera y está recubierto de una costra de pan rallado.

Los alemanes también saben apreciar un buen jamón cocido. Uno de los más sabrosos es el *Holsteiner Schinken*, o jamón de Holstein, que se sazona con enebro y, en ciertas regiones, con vino rosado y una capa de nueces.

El jamón cocido británico más conocido es el *jamón de York*. De sabor suave y estructura consistente, es de color rosa pálido y su grasa, blanca y traslúcida. Primero se pone en salmuera y se escalda en un ambiente humoso. Después, se cuece con el hueso, la grasa y la corteza en un caldo condimentado.

Otra especialidad inglesa es el *jamón de Bradenham*, de piel oscura y carne rojo subido, dulzón y con poca sal. Otros tipos de jamón son el *Suffolk*, que se cuece al estilo tradicional en una salmuera con especias y miel y luego se ahúma, y el *gammon* o *jamón de Wiltshire*, un jamón suave adobado como el tocino que se puede elaborar con distintas piezas, que luego se cuecen.

En Estados Unidos, donde es costumbre comer jamón cocido en Pascua, nos encontramos con el *Smithfields*, un jamón ahumado a la leña de nogal americano y recubierto de una costra de pimienta, y el *jamón de Virginia*. Este último se elabora impregnando las piezas dos veces con sal y salitre y recubriéndolas después con una costra de miel. El *Pennsylvania Dutch* se sumerge en vinagre condimentado y luego se ahúma con madera de manzano y nogal americano.

El jamón cocido natural, es decir, que no se elabora en moldes, es un auténtico manjar.

El **jamón de Virginia** se frota con sal y salitre y se recubre de una costra de miel.

Un pernil cocido: antes de cocerlo, el jamón se sumerge en salmuera.

El **lacón** no es un jamón sino una paletilla curada cocida, y en Galicia se suele servir acompañado de grelos.

Sorpresas de plátano sobre *Pumpernickel*

Ingredientes para unas 16 piezas:
las agujas de 2 ramas de romero, picadas finas
500 g de queso fresco extragraso
80 ml de leche entera
pimienta blanca recién molida
sal de hierbas
1 pizca de nuez moscada recién molida
16 lonchas grandes de jamón de Parma, unos 300 g en total
2 plátanos medianos, pelados y cortados en rodajas de 1 cm de grosor
1 ramito de cebollino
16 rebanadas de Pumpernickel **(pan negro de Westfalia)**

Bata la leche con el queso fresco hasta que no queden grumos, añada el romero y sazónelo con pimienta, sal de hierbas y nuez moscada. Extienda bien las lonchas de jamón y reparta unos 2/3 de la pasta de queso entre ellas, poniendo cucharadas en el centro; ponga encima una rodaja de plátano. Junte las esquinas de las lonchas hacia arriba para poder cerrar el paquetito con una tira de cebollino. Unte las rebanadas de pan con el resto de la crema de queso fresco y coloque los paquetitos encima.

Gratinado de jamón y espárragos

1 kg de espárragos blancos
sal
azúcar
50 g de mantequilla
1 loncha de jamón a las finas hierbas por espárrago
30 g de harina
300 ml de leche
100 ml de nata
125 g de queso verde (tipo roquefort)
3 huevos medianos
sal y pimienta recién molida
1 ramito de cebollino picado

Corte el extremo inferior de los espárragos, pélelos con cuidado y cuézalos en agua con sal, una pizca de azúcar y 10 g de mantequilla durante unos 10 minutos. Escúrralos y deje que se enfríen. Unte con mantequilla una fuente refractaria honda. Envuelva cada espárrago con una loncha de jamón y colóquelos en la fuente. Caliente 30 g de mantequilla y dore la harina. Añada la leche y la nata, sin dejar de remover, llévelo a ebullición y cueza la salsa a fuego lento durante 4 o 5 minutos. Añádale el queso desmenuzado y déjela enfriar. Precaliente el horno a 180 °C. Separe las claras de las yemas. Monte las claras a punto de nieve. Incorpore las yemas a la bechamel fría, sazónela con sal y pimienta, añádale el cebollino, incorpore las claras montadas y repártala sobre los rollitos. Gratínelos en el horno durante unos 10 minutos, hasta que estén bien dorados.

Cómo cocer el jamón crudo

El jamón cocido también se puede hacer en casa: tan sólo hace falta una pieza cruda y salada, que habrá que poner en remojo en agua (hasta un día si lleva mucha sal) y luego cocer espumando el caldo cada 30 minutos. Hay que cambiar el agua al cabo de un rato, para que no esté tan salada. El caldo de la cocción se puede aderezar con cebolla, laurel, pimienta en grano o de Jamaica y clavo, o con manzana, vino o sidra. Hierva el jamón hasta que esté hecho (unas tres horas, según el tamaño), déjelo escurrir, quítele la corteza y retire tanta grasa como le sea posible. Si lo desea, puede untar el jamón cocido con un glaseado hecho a base de zumo de manzana, miel o jarabe de arce, o rebozarlo con una mezcla de mostaza y pan rallado y tostarlo en el horno.

Jamones crudos

En muchas regiones de Europal el jamón se sigue cortando a cuchillo.

Crepes rellenas en salsa de tomate

Para las crepes:

3 huevos

150 g de harina

1/4 de litro de leche

sal

mantequilla

Para el relleno:

1 cebolla pequeña, picada

1 diente de ajo picado

4 cucharadas de aceite de oliva

1 lata de tomates pelados

sal y pimienta recién molida

1 cucharada de albahaca picada

100 g de jamón de Parma

grasa para la fuente

50 g de parmesano rallado

Bata los huevos con la harina y la leche hasta obtener una mezcla homogénea. Sazónela con sal y déjela reposar durante 30 minutos. Caliente 1 cucharada de mantequilla en una sartén pequeña, ponga un cucharón pequeño de pasta en la sartén y repártalo bien por toda su superficie. Dore la crepe por los dos lados. Repita la operación hasta terminar la pasta. Sofría la cebolla y el ajo en 3 cucharadas de aceite, añada los tomates, sazónelo con sal, pimienta y albahaca y déjelo al fuego unos 10 minutos. Reparta las lonchas de jamón entre las crepes y enrólle-las. Coloque los rollitos en una fuente refractaria engrasada y vierta por encima la salsa de tomate. Espolvoréelo con el parmesano y rocíelo con el aceite de oliva que haya sobrado. Gratínelo en el horno a 225 °C durante unos 15 minutos.

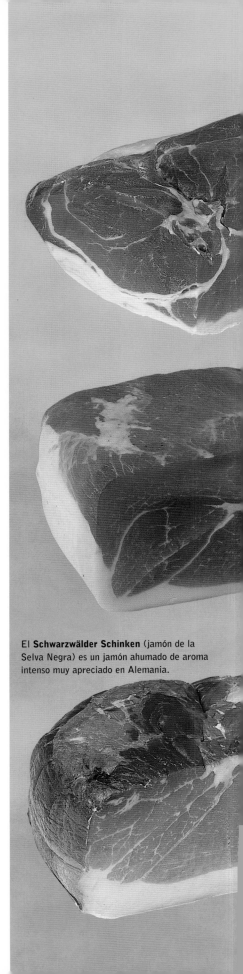

El **Schwarzwälder Schinken** (jamón de la Selva Negra) es un jamón ahumado de aroma intenso muy apreciado en Alemania.

La calidad de un jamón ahumado, como el
Holsteiner Katenschinken (jamón ahumado
de Holstein), depende ante todo de la madera
elegida y de la temperatura de la cámara
de ahumado.

A grandes rasgos, lo principal para el
aroma de un jamón crudo es el veteado
fino de la grasa.

El **Westfälische
Knochenschinken** ahumado
(jamón de Westfalia) es uno de
los jamones más tradicionales
de Alemania.

El **Rinderschinken** (jamón de vaca) se caracteriza
por un sabor muy delicado y suave. Este jamón
ahumado es un bocado exquisito que se debe
saborear tal cual con un poco de pan negro.

El fuerte y penetrante sabor del **Südtiroler-
Speck** ahumado (tocino del Tirol meridional)
se aprecia tanto en Italia como en Alemania.

Tipos de
salchichón

El **salametto** se conserva durante mucho tiempo y se elabora principalmente con carne de ternera y cerdo y distintos tipos de grasa.

Saucisson d'Ardèche: este salchichón rústico francés está condimentado con ajo y pimienta.

El salchichón
húngaro

Se elabora siguiendo la misma receta desde hace cerca de 130 años: el auténtico salchichón húngaro se hace sólo con carne de cerdo (preferentemente de hembras pesadas), tocino granuloso, especias y nitrato potásico. El intenso ahumado se efectúa a baja temperatura (entre 10 y 12 °C) y se prolonga durante 10 o 12 días. Otro factor que otorga su peculiar aroma a esta especialidad de muy larga duración es el dilatado periodo de curación, de tres meses, en el que no interviene ningún tipo de acelerador.

El **salami milanés** se elabora con carne de cerdo y vacuno picada muy fina.

El **salchichón cular** se elabora con la mejor carne de cerdo. Los más afamados son los de Vic, Lugo y Toledo.

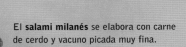

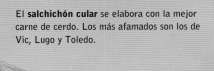

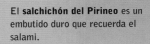

El **salchichón del Pirineo** es un embutido duro que recuerda el salami.

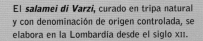

El **salamei di Varzi**, curado en tripa natural y con denominación de origen controlada, se elabora en la Lombardía desde el siglo XII.

En la mezcla de condimentos reside la principal diferencia entre los dinstitos tipos de salchichón.

El salchichón

El *salchichón* o *salami* es el embutido de larga duración más famoso de Italia, donde existen cerca de 40 tipos distintos, más que en ningún otro país, casi todos secados al aire. La palabra proviene del indoeuropeo «sal». Sumerios, babilonios y romanos ya conocían la elaboración de embutidos de larga duración, y en textos italianos medievales se mencionan diversos tipos de salchichón. Sin embargo, este tipo de embutido no se empezó a conocer en toda Europa hasta los siglos XVIII y XIX. La producción de salami italiano sigue concentrada, como antaño, en la región de Emilia Romaña, aunque también se fabrica en otras. Cuanto más meridional es su procedencia, más pequeñas, picantes y de grano más grueso son las piezas. Pero en las charcuterías se pueden encontrar especialidades de todo el país.

Los salchichones son un embutido crudo, duro, que se elabora con fibra muscular y tocino de cerdo crudos picados (a veces se mezclan con carne de vacuno, ovino o potro). Factor fundamental de su calidad es la de los ingredientes, que se mezclan, salan y condimentan para rellenar las tripas; los embutidos se secan al oreo (pocas veces se ahúman). Durante el proceso de curación se forma una capa de moho sobre la piel que contribuye de forma significativa al aroma de la pieza.

Entre los tipos de salchichón más apreciados de Italia están el *salami de Milán,* de fabricación casi exclusivamente industrial, el *salame d'oca,* de carne de oca, el *salame felino,* muy apreciado por su «dulzura» y su olor (se elabora sólo con carne de cerdo y tocino) y el *salame napoletano,* que además de carne de cerdo también lleva carne de buey joven y es muy picante porque está condimentado con guindilla. El salami de Varzi (en las dos fotos de arriba) despliega su aroma en tres o cuatro meses de curación y está protegido con DOC desde 1989.

En el resto de Europa, uno de los salchichones más famosos es el *salchichón húngaro,* de grano fino y condimentado, que se produce desde finales del siglo XIX en Budapest y Szeged. El *salchichón francés* también tiene fama de ser muy delicado. Se elabora fundamentalmente con carne de cerdo oscuro, trozos de tocino del tamaño de un garbanzo, ajo y coñac. Se suele secar al oreo, a excepción del *salami de Strasbourg* o *d'Alsace.* España cuenta con numerosas variantes de este embutido, como la longaniza o el fuet.

Tripas para fabricar embutidos

Las «tripas» para embutir pueden ser sintéticas o naturales. Las primeras se suelen reservar para los embutidos sin ahumar. A veces se utiliza la vejiga de los animales de matanza. Las tripas naturales se lavan a conciencia justo después de la matanza, y se salan o bien se secan. El tamaño de cada tripa es variable: su diámetro puede oscilar entre 1,5 y 10 cm, y cada una es apropiada para un tipo concreto de embutido. Este «envoltorio» natural prácticamente no tiene límites.

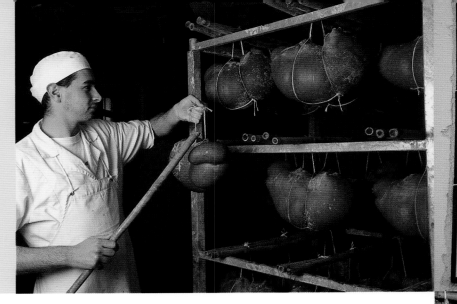

El chorizo español

El **chorizo de ciervo** se elabora en los Pirineos con carne de ciervo.

El **chorizo de León** es una especialidad castellana con mucho ajo. Se puede comer tanto crudo como guisado.

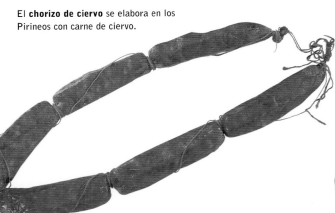

El **chorizo** es un embutido crudo. Por lo general, se elabora con carne de cerdo y vacuno, y es de un color rojizo porque está condimentado con pimentón en abundancia. Hay una enorme variedad de chorizos, unos ahumados y otros curados al oreo. Entre los condimentos más habituales, aparte del pimentón, están el ajo, la guindilla, el orégano, el tomillo y, a veces, hasta patatas (como el extremeño chorizo patatero de Monroy). Se come en tapa o en potajes.

La **sobrasada** no es un chorizo. Es una especialidad balear para untar condimentada con pimentón.

Rótulo a la entrada de una fábrica de sobrasada de Mallorca en que una mujer muestra orgullosa esta especialidad balear.

Garbanzos con chorizo

500 g de garbanzos
200 g de panceta salada
1 cebolla grande en daditos
2 dientes de ajo en daditos
2 pimientos rojos en tiras
200 g de chorizo en rodajas
4 cucharadas de aceite de oliva
1 lata pequeña de tomate pelado y troceado
2 cucharadas de concentrado de tomate
sal y pimienta recién molida
1 pizca de cayena molida

La víspera, ponga los garbanzos en remojo en abundante agua fría. Al día siguiente, escúrralos y hiérvalos con agua limpia. Espúmelos, añádales la panceta y cuézalos a fuego lento durante cerca de 1 1/2 horas, hasta que estén tiernos. Sofría la cebolla y el ajo en el aceite de oliva, rehogue un poco el chorizo y añada el pimiento, el tomate con el jugo de la lata y el concentrado. Llévelo a ebullición, añada los garbanzos y más o menos 1/2 litro del caldo de la cocción y cuézalo durante 30 minutos. Sazone el potaje con sal, pimienta y cayena molida.

Página anterior: las sobrasadas se curan en lugares frescos y ventilados.

Arriba: Esta especialidad balear adquiere su color característico a lo largo de la fase de curación, que puede llegar a durar 50 días.

Los embutidos españoles

En España se elabora una enorme variedad de embutidos, y cada región tiene sus especialidades tradicionales. La mayoría se hacen con carne de cerdo, pero también los hay de otros animales. De inmejorable calidad son los embutidos ibéricos, elaborados exclusivamente con cerdos de esa raza. Los embutidos se consumen tanto crudos, como tapa y en bocadillo, como guisados, en potajes de legumbres, con hortalizas y en otros platos. Sin embargo, es recomendable no abusar de ellos.

Embutidos escaldados

El grupo de los *embutidos escaldados* comprende numerosas especialidades, entre las que destacan algunas de las salchichas alemanas. La pasta se elabora con carne de cerdo, ternera o vacuno cruda, mezclada con tocino, condimentos y hielo y picada. Luego se introduce a presión en las tripas y se escalda a unos 75 °C, lo que otorga a las salchichas su particular consistencia. Algunas, como las de Viena, se ahúman después de escaldarlas para redondear su sabor.

Los embutidos escaldados son una práctica comida rápida, y así lo demuestran salchichas alemanas, como la *Bockwurst,* la *Weisswurst* o la *Bratwurst,* que puede ser de Turingia o de Nuremberg y es tan sabrosa como la *salchicha de curry.*

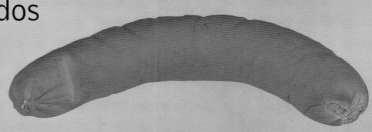

La **Bockwurst,** un clásico de las fiestas mayores y las ferias, es uno de los platos de comida rápida más socorridos del momento: por término medio, los alemanes consumen cerca del doble de estas salchichas que de hamburguesas. Se acostumbra a aderezar con mostaza, y a veces se acompaña en el panecillo con cebolla frita o ketchup.

Las **salchichas de Viena** son famosas en el mundo entero. En la capital austriaca (y en nuestro país también) se conocen como **salchichas de Frankfurt**. Esta salchicha alargada, delgada y crujiente se suele tomar entre horas o como aperitivo.

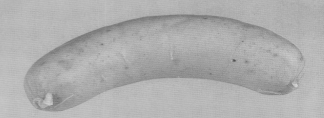

La famosa **Weisswurst** (salchicha blanca) la «inventó» en 1857 un tabernero de Múnich. Se suele elaborar con carne de ternera, está molida muy fina y es casi blanca. Aunque hay quien afirma que hay que comerla con los dedos, piel incluida, o chuparla, lo cierto es que la forma «auténtica» de comer esta delicia bávara consiste en abrir la piel con un cuchillo y quitarla. Es imprescindible acompañarla con mostaza dulce.

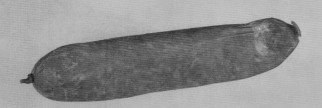

La **Krakauer** (salchicha de Cracovia) es un embutido escaldado de Polonia que también sirve para freír. Está hecha en su mayor parte de carne de cerdo pero también lleva vacuno, y está condimentada con tocino, ajo fresco, pimienta y comino.

La **lionesa** es un tipo de mortadela originario de Lyon, un baluarte de la charcutería francesa. Se elabora con carne de cerdo de primerísima calidad (normalmente, piezas del pernil y la paleta) y tiene un porcentaje bajo de grasa. Está hecha con tripa natural, y se somete a un proceso de curación de un mes y medio antes de comercializarla.

La **mortadela** es un embutido escaldado italiano muy conocido hecho con carne de cerdo picada y, a veces, granos de pimienta y daditos de grasa. La mejor mortadela es la de Bolonia, donde se condimenta con cilantro y vino. Para gozar de todo su aroma hay que cortarla en lonchas muy finas.

Embutidos cocidos

Entre los *embutidos cocidos* figuran los que están elaborados con carne cocida, despojos, corteza de tocino y condimentos. También pueden llevar hígado o sangre. Las piezas se vuelven a cocer después de rellenar las tripas. Por último, algunos de ellos se ahúman durante unas horas para mejorar el sabor y aumentar su durabilidad. Los embutidos cocidos se consumen en toda Europa, donde se pueden encontrar especialidades elaboradas con sangre de lo más variopinto, como nuestras morcillas y butifarras negras, el *boudin noir* francés, el *black pudding* de Gran Bretaña, el *kaszanka* polaco o la *Rheinische Blutwurst*, morcilla de Renania, en Alemania. La variedad de embutidos de hígado y gelatina también es inmensa.

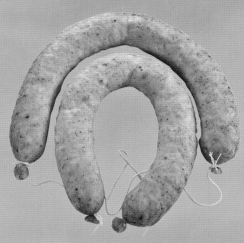

La **morcilla de arroz** es un tipo de morcilla de aroma neutro que adquiere personalidad mediante la adición de piñones u otros frutos secos, canela, anís y clavo.

La **butifarra blanca** siempre lleva una mezcla de carne de cerdo, tocino, corteza de tocino y despojos, aunque existen muchos tipos distintos y peculiaridades regionales.

La **butifarra negra** es una especialidad catalana elaborada principalmente con carne de cerdo, tocino y corteza de tocino. Se suele condimentar con pimienta y nuez moscada.

La *sangminaccio* es una morcilla fortísima. Se suele usar para guisar.

La **Grobe Leberwurst** (morcilla de hígado gruesa) es exquisita, siempre que se elabore con ingredientes de primera calidad, fundamentalmente carne e hígado de cerdo y tocino sin ahumar.

La **Grobe Blutwurst** es un ingrediente de muchos platos típicos regionales alemanes. Se elabora con tocino, mejilla de cerdo y sangre.

La *matança:* la fiesta mallorquina de la matanza

La fiesta de la *matança*, de larga tradición, se celebra en toda Mallorca en el mes de noviembre. Algunos mallorquines siguen criando su propio cerdo, pero la mayoría lo compran en granjas de conocidos. No suelen sacrificarlo ellos mismos sino que dejan la tarea en manos de un matarife profesional. Todas las partes del cerdo, a excepción de los perniles y el lomo, se destinan a la elaboración de embutidos, en la que colaboran familiares y vecinos. Los principales productos son las famosas *sobrasadas,* y los *butifarrons* (morcillas pequeñas).

La **morcilla asturiana,** ahumada y condimentada con pimentón, se caracteriza porque lleva trozos grandes de tocino.

Los patés tienen una historia larga y llena de vicisitudes. En la antigüedad clásica se solían vender patés y empanadas en los intermedios de las representaciones teatrales. En escritos griegos se menciona esta especialidad, muy apreciada en aquella época. También los romanos, en particular el emperador Nerón, eran auténticos forofos de los patés. En la Edad Media había puestos donde se vendían patés y empanadas, muy parecidos a los puestos de comida rápida actuales.

Los patés y las empanadas también eran platos recurrentes en los hogares, puesto que permitían «enmascarar» los productos no demasiado frescos, o incluso estropeados. Esta variante no demasiado apetitosa de las empanadas empezó a desaparecer a lo largo del siglo XVI con el redescubrimiento de las costumbres refinadas. Como muy tarde en el siglo XVIII, este plato adquirió rango real con la invención en Estrasburgo del paté de hígado de oca, al que Luis XV era muy aficionado, y en los siglos que siguieron fue recuperando el prestigio perdido. Hoy los patés se consideran un bocado exquisito, una auténtica obra de arte de la gastronomía, y son un complemento muy apreciado de los menús, sobre todo en días de fiesta.

Los patés

El término «paté» engloba desde el que está hecho con un delicado *foie gras* trufado de oca hasta las empanadas de carne tan apreciadas en Inglaterra, pasando por las sencillas terrinas campestres, como la *bouchée*. Sin embargo, en el sentido estricto existen notables diferencias: las empanadas de carne se elaboran envolviéndolas en algún tipo de masa, mientras que las terrinas son sólo el relleno presentado en moldes de porcelana o cerámica. Las primeras se suelen servir calientes, mientras que las segundas acostumbran a saborearse frías como entrante.

Los patés son un alimento casi tan esencial en Francia y Bélgica como para nosotros el jamón o el chorizo, y la variedad es inmensa. Cada *charcutier,* charcutero, tiene sus especialidades, y cada familia su *charcutier* preferido. Además, patés, empanadas y terrinas gustan tanto que una de cada dos familias francesas tiene su propia receta casera. La imaginación no tiene límites en cuanto a la elaboración del relleno se refiere: los más conocidos son los patés, pasteles y terrinas de hígado, pero con ave, caza, pescado y verduras también se preparan verdaderas exquisiteces.

El famoso paté de hígado de oca se suele servir envuelto en una masa de brioche, pero también es muy habitual presentarlo en forma de terrina. En Francia se elaboran también exquisitos patés con hígado de pato, faisán o ternera. Es bastante habitual aderezar el relleno con algún licor, además de otros condimentos. En Francia se le suele optar por la ginebra o coñac, en España y Austria, por el jerez, y en Italia más bien por brandy, lo que confiere un sabor muy peculiar a los productos.

Los patés de caza se pueden elaborar con perdiz, jabalí, codorniz, corzo, liebre, conejo o faisán, y los de ave con pato, pintada, pularda o paloma. Las posibilidades también son infinitas en el caso del pescado: anguila, salmón, lucio, lenguado, trucha, rodaballo o langosta. Y qué decir de las verduras; con alcachofas, brócoli o setas, a veces mezclados con carne, se deleita tanto la vista como el paladar.

No importa cómo o de qué estén hechos el paté, la empanada o la terrina. Sólo hay dos condiciones indispensables para que el resultado esté bien logrado, que son ingredientes de primera calidad y mucho cariño.

El *leberwurst*

El *leberwurst* es una especialidad alemana parecida al paté, aunque existen diferencias notables entre ambos procesos de elaboración. Con todo, un buen *leberwurst* trufado puede ser una alternativa más económica al *foie gras,* cuyo precio es exorbitado.

El *leberwurst* pertenece al grupo de los embutidos cocidos y se elabora con piezas de carne, tocino e hígado de cerdo o de ternera cocidos. Un tipo especial es el *leberwurst palatino,* condimentado con mejorana. Su color grisáceo, un tanto desagradable, es buena señal, puesto que indica que el embutido se ha tratado con sal natural y no con nitritos como muchos otros.

Terrina de caza

500 g ternera asada desmenuzada
100 ml de nata
1 huevo
200 g de carne de caza, pasada dos veces por la picadora
sal y pimienta recién molida
1 cucharadita de condimento para patés
150 g de lengua de corzo cocida y salada, cortada en daditos
40 ml de brandy
200 g de tocino de lomo en lonchas
1 hoja de laurel

Mezcle la carne desmenuzada con la nata, el huevo y la carne picada, sazónelo con sal, pimienta y el condimento para patés y refrigere la pasta durante al menos 1 hora. Ponga a macerar los daditos de lengua en el brandy y guárdelos en el frigorífico también durante alrededor de 1 hora. Mezcle las dos cosas y vuelva a guardar la pasta en la nevera. Forre un molde para patés con las lonchas de tocino y rellénelo con la pasta refrigerada. Asiéntela poniendo un paño por encima y dándole unos golpes para que no queden burbujas de aire. Cubra el paté con lonchas de tocino, coloque la hoja de laurel encima y cierre el molde. Póngalo al baño María en una fuente refractaria con agua hasta la mitad y cuézalo en el horno a 150 °C durante 1 o 1 1/2 horas. Deje enfriar la terrina dentro del molde, métala en el frigorífico, déjela toda la noche y, al día siguiente, sirva 1 o 2 rodajas por ración con un poco de lechuga.

Empanadillas de carne

Ingredientes para 8 empanadillas

Para la masa quebrada:

500 g de harina

200 g de mantequilla

1 huevo mediano

100 ml de agua fría

un poco de sal

1 yema de huevo

Para el relleno de carne:

1 Bratwurst fresca

100 g de carne de cerdo picada

80 g de tocino ahumado graso cortado en daditos

80 g de jamón cortado en daditos

1 diente de ajo picado fino

1 cucharada de pistachos

tomillo

mejorana

sal y pimienta recién molida

Ponga todos los ingredientes para la masa en un cuenco frío y mézclelos con los dedos hasta obtener una textura como de pan rallado. Amáselo bien (si hace falta, añada unas gotas de agua) y forme una bola. Déjela reposar 30 minutos en el frigorífico envuelta en film transparente. Pele la *Bratwurst* y mezcle la carne con la picada de cerdo, el tocino, el jamón, el ajo, los pistachos y las especias. Corte la masa de las empanadillas en 8 trozos iguales, deles forma de cilindro y refrigérelos de nuevo. Con el rodillo, extienda los trozos de masa sobre una superficie enharinada y deles forma de rectángulo de unos 4 mm de grosor. Precaliente el horno a 180 °C (turbo) y divida el relleno de carne en 8 porciones. Forme rollitos con cada porción de carne y envuélvalos con los trozos de masa. Ponga las empanadillas con el doblez hacia abajo sobre una fuente de horno forrada con papel vegetal. Bata la yema de huevo con un poco de agua, pinte con ello las empanadillas y pínchelas con un tenedor. Hornéelas durante 15 a 20 minutos y sírvalas templadas o frías.

Condimentos para patés

Las especias desempeñan un papel relevante en los patés, puesto que son las que aportan el toque de sabor particular. En vez de recurrir a mezclas de especias preparadas es mejor preparar una propia, adecuada al tipo de paté y los gustos personales: a los ragús de carne les van muy bien la guindilla, la cayena molida o el pimentón, mientras que los patés de pescado quedan mejor con hinojo, jengibre o pimienta de Jamaica. La carne de caza combina a la perfección con el enebro, y los patés de hígado y ave, con el laurel y la vainilla. Y también se pueden emplear un sinfín de hierbas aromáticas. La artemisa y el romero realzan el sabor de los patés de ave, la salvia, el estragón y el tomillo quedan muy bien con pescado, y la albahaca y el perejil confieren un sabor muy particular a los patés de verduras. Sólo hay que tener cuidado con la cebolla y el ajo, aunque su sabor penetrante es perfecto para los patés de carne más fuertes.

La **pimienta de Jamaica** es el fruto inmaduro de una planta mirtácea (*Pimenta officinalis*) cuyo aroma recuerda la canela y el clavo.

La elaboración de los patés

Dos factores esenciales son la frescura y la buena calidad de los ingredientes, puesto que influyen directamente en el sabor del producto. Las empanadas se pueden preparar con masa quebrada, de hojaldre o de levadura. El horneado admite todo tipo de moldes, aunque los más indicados son los de metal porque la masa se hornea de manera más uniforme. El molde de las terrinas suele ser más bien de cerámica y se forra con tocino (o papel de aluminio); luego se introduce el relleno y se tapa con más lonchas de tocino.

Sin embargo, lo más importante para que un paté, una empanada o una terrina queden bien es el relleno (en francés, *farce*). El relleno de carne clásico se compone de tres ingredientes: el que aporta el sabor (puede ser carne de ternera, caza o ave), y carne y tocino de cerdo; este último hace que el relleno sea más jugoso y untuoso. La pasta se condimenta con especias para realzar el sabor. Para que el relleno quede bien ligado por la proteína de la carne, hay que prepararlo a una temperatura lo más baja posible. Otra opción consiste en ligarlo con huevo, pan, harina o arroz, aunque los puristas rechazan ese método.

Receta con aspic

1. Los ingredientes básicos para la elaboración de un aspic sencillo son: fondo de carne u hortalizas clarificado, hortalizas cortadas en trocitos (zanahoria, apio, puerro) y carne de cerdo o jamón en dados.

2. Se ponen los ingredientes en un cuenco con gelatina, vigilando que todos queden bien repartidos para que el aspic quede más bonito.

3. Se refrigera la preparación durante al menos dos horas, para que cuaje. Para sacar el aspic del molde, se pasa la punta de un cuchillo por el borde para despegarlo y se vuelca sobre un plato.

Burns supper

La oda *A un haggis,* en la que Robert Burns (1759-1796) ensalza el plato nacional escocés, está hoy indefectiblemente vinculada al poeta y su patria: cada 25 de enero, día de su cumpleaños, se celebra en Escocia e Inglaterra la *Burns supper* o «cena de Burns». El curso de la ceremonia es invariable: el *haggis* se lleva a la sala en una fuente al son de las gaitas. Uno de los invitados recita el famoso poema mientras se sirve el plato estrella de la noche (el *haggis* es un estómago de cordero relleno con el hígado, el corazón, la lengua, avena y otros ingredientes). Por supuesto, en la cena no puede faltar el whisky, bebida que se suele servir después del ágape, para los brindis. Primero se honra a la reina, luego tiene lugar una larga disertación sobre la vida y obra de Burn, y por último el orador bromea acerca de los presentes o de conocidos de los comensales contribuyendo a animar la velada. Según la tradición, la reunión termina cuando todos los invitados se ponen en pie y entonan el *auld lang syne*.

Aspics y gelatinas

El *aspic* se elabora a partir de un fondo de carne clarificado. La consistencia sólida se consigue casi siempre mediante la adición de gelatina, aunque no hay que utilizar demasiada para que el plato no adquiera una textura gomosa. Para que el aspic tenga más sabor, se puede añadir al caldo concentrado un poco de carne de ternera o ave desmenuzada, u hortalizas picaditas, y mejorar el fondo con un chorro de vino. El aspic se prepara de muy distintas formas en muchas zonas del mundo, como la «anguila en aspic» del norte de Alemania o la «gallina en aspic» inglesa, la pechuga de pavo con jerez de Estados Unidos o la carne macerada en aspic de Marsala, Italia.

En cambio, con el término «gelatina» se hace referencia a un plato de carne de cerdo o ave cortada en trocitos y envuelta en aspic. Las variaciones también son infinitas. Se puede preparar una gelatina con trozos gruesos de corteza de cerdo o una composición más sofisticada con verduras y carne. Una especialidad que merece la pena resaltar es el *jambon persillé*, que se elabora en Borgoña. Consiste en paleta y pies de cerdo y diversas hortalizas, como puerro, zanahorias y apio. Los ingredientes se

Hasta en la *nouvelle cuisine* de Paul Bocuse podemos encontrar recetas como el *fromage de tête de porc*, o **«queso de cabeza de cerdo»**.

cuecen a fuego lento durante unas 3 horas con agua, vino blanco, laurel, tomillo y clavo. A continuación, se cuela el caldo y se prepara la jalea, en la que no debe faltar una copa de buen vino blanco de Borgoña. Una vez picada la carne, se van colocando en una terrina, por capas, el fondo, perejil en abundancia y los trozos de cerdo. La gelatina tiene que reposar en el frigorífico al menos durante 12 horas. Se desmolda antes de servir, cortada en rodajas de un dedo de grosor.

Otras especialidades

Acostumbran a tener mala fama o, en el mejor de los casos, son objeto de burla: hablamos de los estómagos rellenos, como el *saumagen* palatino, el *haggis* o la *andouille*. Y sin embargo son platos de larga tradición y muy sabrosos que incluso se han abierto paso en el mundo de la política y las letras. El ex canciller alemán Helmut Kohl, natural del Palatinado, tenía por costumbre agasajar a los jefes de estado invitados con su plato preferido: el *saumagen*, o estómago agrio. El poeta Robert Burns dedicó un poema a la versión escocesa de ese plato, el *haggis*. Tiempo atrás, los embutidos se elaboraban rellenando el estómago del animal con la masa de carne y luego se cocían. Este método lo empleaban ya los babilonios, y el mismísimo Homero hace mención en *La Odisea* de morcillas hechas con estómago de cabra o de cerdo.

El *Pfälzer Saumagen* se elabora con carne de cerdo picada, además de otros ingredientes, como chalotes, huevo, pan y patatas. Con la pasta se rellena un estómago de cerdo, que se pone a hervir en agua caliente (véase también página 215). El estómago que envuelve el relleno no se come. El *haggis* se prepara con estómago de oveja, y los ingredientes también varían: hígado, corazón y pulmón (a veces también callos) de cordero, además de la grasa de los riñones, cebolla, harina de avena, sal y pimienta.

La versión francesa del estómago relleno, la *andouille* o *andouillette*, tiene mucha fama entre los gastrónomos, pero muy pocos se atreven a probarla fuera de Francia. La *andouille* es una salchicha de asaduras: se prepara con despojos sazonados con sal y pimienta y ahumados (incluidos el estómago y los intestinos), con los que se rellena las tripas de cerdo. Los embutidos se cuecen en un caldo bien condimentado y, a continuación, se cuelgan para que terminen de curarse, hasta que la piel se oscurece. Las *andouillettes* son más largas y delgadas, pero el proceso de elaboración es muy parecido, con la salvedad de que no están ahumadas. Primero se maceran en un caldo con cebolla, zanahoria, tomillo, laurel, vino blanco y vinagre y luego se cuecen.

El animal se cocina a sí mismo

«En Escitia se procede a la cocción como sigue. Se desprende la carne de los huesos del animal despellejado y se arroja a la marmita, si es que la hay. Si no la hay, se coloca toda la carne dentro del estómago del animal, se le añade agua y se cuece utilizando los huesos como combustible. Los huesos queman muy bien, y el estómago acoge amoroso la carne separada de los huesos. Así, la vaca, o el animal que sea, se cocina a sí mismo.»

Heródoto
(después de 490 hasta hacia 425 a.C.)

Aspic sin clarificar

No todos los platos de aspic o gelatina se preparan con jalea clarificada, es decir, transparente. Especialidades rústicas como la gelatina de cabeza de cerdo se elaboran con carne muy gelatinosa (cabeza de cerdo) y un trozo de corteza de tocino. A diferencia del aspic clarificado, el líquido se hierve hasta que adquiere una consistencia gelatinosa y, a continuación, se mezcla con la carne desmenuzada. La carne y el líquido también se pueden disponer en capas, como en el *boeuf à la mode en gelée*. Otra variante de presentación del aspic no clarificado son las numerosas ensaladas de aspic de Estados Unidos.

QUESOS

Introducción

El queso o «capricho de los dioses», nombre con que ha bautizado un fabricante francés su producto, es uno de los alimentos más antiguos y nutritivos que existen. En sus orígenes sólo tenía cabida en la sencilla cocina campesina, pero en el momento en que las condiciones de transporte y refrigeración lo permitieron se descubrió su enorme potencial y el queso inició su marcha triunfal en la cocina más refinada.

Como se puede comprobar en un friso del templo de El-Obeid en el actual Irak, el proceso de elaboración del queso ya era conocido en el tercer milenio a.C. Los secretos de su producción se propagaron desde la antigua Mesopotamia en dirección este hasta la India, Nepal y Tíbet, cruzando Persia y Afganistán. Este producto lácteo terminó conquistando toda Europa a través de la Grecia clásica, donde era considerado un alimento de los dioses, y de Roma. En la antigua Roma, además del queso fresco ya se conocían varios tipos de quesos curados, los cuales eran especialmente idóneos para el comercio y el rancho de los legionarios. En la Edad Media, los monasterios fueron los principales productores de diversos tipos de quesos, como el gruyer, el chéster, el emmental, el appenzeller, el roquefort o el munster. El queso venía a enriquecer la pobre dieta de los monjes, en la que solía faltar la carne. Por último, los colonizadores europeos difundieron el arte de la producción de quesos por todo el mundo. Sólo los pueblos del sudeste asiático y Asia oriental no le han encontrado el gusto a esta especialidad europea, de la que existen unos 4000 tipos en todo el mundo.

La elaboración del queso se basa en el conocido fenómeno según el cual la leche sin tratar se agría y cuaja con el paso del tiempo. Los componentes sólidos (fundamentalmente, grasa, proteínas y sales minerales) se separan del suero líquido. Esta «coagulación» de la leche se controla añadiendo bacterias lácticas o cuajo. Aparte del cuajo animal, una enzima que se obtiene del estómago de terneros, corderos o cabritos, en la producción industrial se emplea preferentemente cuajo de origen microbiano o transgénico. El uso de sucedáneos vegetales del cuajo elaborados con flores de cardo, amor de hortelano o madera de higuera es casi irrelevante. El aspecto y sabor del producto final dependen, en todos los casos, de diversos factores: el tipo de acidificación (por bacterias o cuajo), la cantidad de cuajo, la temperatura, la duración de la coagulación y la adición de otros cultivos bacterianos.

La masa gelatinosa o leche cuajada se corta con una lira, un instrumento semejante a un peine metálico de grandes dimensiones, para ayudar a que los componentes sólidos se separen del suero. Cuanto más fino es el coágulo (o cuajo), más seco y duro es el queso resultante. El «calentamiento» posterior a 35 o 55 °C sirve para extraer todavía más humedad. El cuajo se extrae del suero con paños y se pone en moldes. El suero va rezumando, se va dando la vuelta a los moldes repetidamente y, según el tipo de queso, se prensa el coágulo con mayor o menor intensidad. El queso en bruto así obtenido se sumerge en un baño de sal para propiciar la formación de corteza y destruir las bacterias inoportunas. A continuación, se pone a madurar en lugares frescos con una humedad ambiental relativamente alta durante varios días o meses. Para que los quesos desplieguen un sabor óptimo y las características propias de cada variedad hay que darles la vuelta varias veces, enjuagarlos con una solución salina o cepillarlos.

Etiquetado

Todos los quesos, tanto los que se venden en los supermercados como en las tiendas especializadas, tienen que llevar una etiqueta homologada. En ella figuran el nombre y el fabricante, el tipo de queso y el contenido graso, la fecha de caducidad, el peso y los ingredientes y aditivos que contiene. Además, la etiqueta también informa al consumidor del tipo de leche empleada para la elaboración del queso (cruda o pasteurizada) y si es de oveja o de cabra. Los quesos de leche de vaca tienen un etiquetado especial. Por desgracia, el consumidor no sabe si el queso contiene cuajo animal o vegetal, microbiano o transgénico.

Contenido de agua

La consistencia del queso depende de la proporción de agua y materia seca, constituida esencialmente por grasa, proteínas y sales minerales. El porcentaje de agua contenido en la pasta de queso no grasa (Wff, *Water fat free,* en la nomenclatura internacional) se emplea para clasificar los distintos tipos de quesos:

Queso extraduro máx. 51% cont. de agua.
Queso duro 49-56% cont. de agua.
Queso semiduro 54-63% cont. de agua.
Queso semiblando 61-69% cont. de agua.
Queso blando mínimo 67% cont. de agua.
Queso fresco mínimo 73% cont. de agua.
En Francia, la clasificación se efectúa según el método de elaboración y se distingue entre post-calentado, prensado, con corteza lavada y enmohecido.

Quesos duros y extraduros

Los quesos de este grupo son los que tienen una mayor materia seca y una consistencia muy firme o dura entre granulada y desmenuzable. Para la elaboración de un kilogramo de queso duro o extraduro hacen falta al menos doce litros de leche. La más usada es la leche de vaca, pero este tipo de quesos también pueden estar elaborados con leche de oveja, como en el caso del *pecorino* italiano. La gran solidez del queso se consigue por la óptima separación de los componentes sólidos y líquidos de la leche. Una vez desmenuzado al tamaño de granos de arroz, el coágulo es calentado y prensado dentro de los moldes. La curación se prolonga durante varios meses y tiene lugar en bodegas o cuevas frescas y aireadas. Durante este proceso, el queso va perdiendo humedad por evaporación. El agua restante se reparte de forma uniforme por toda la pieza al darle la vuelta con regularidad, evitando que se deforme. La superficie del queso se frota regularmente con sal o se enjuaga con salmuera para favorecer la formación de la corteza, que, sobre todo en los quesos grandes y pesados, debe ser muy resistente.

Antiguamente, el queso duro se solía elaborar en regiones montañosas remotas porque se conservaba durante mucho tiempo. Uno de sus representantes más famosos es el *emmental suizo*, del que se producen piezas grandes de entre 70 y 120 kg. Se caracteriza por la profusión de agujeros (ojos) del tamaño de avellanas, los cuales se forman por la temperatura relativamente alta al principio del proceso de curación. En Alemania y Francia también se fabrican quesos al estilo de Emmental. Un pariente cercano del emmental es el *alpkäse*, o queso alpino, que se elabora en todas las regiones alpinas en pastos situados a gran altitud. El tamaño, sabor y consistencia de este queso varían según la región. Otros quesos de montaña son los franceses *comté* y *beaufort* y el suizo *gruyer*. El queso italiano *provolone*, que pertenece al grupo de los quesos de pasta *filata*, y el cheddar inglés (*véanse* páginas 262-263) son sometidos a un tratamiento especial del cuajo.

Los quesos *comté,* que tienen forma de muela y pesan unos 40 kg, se curan en bodegas frescas de cuatro a seis meses.

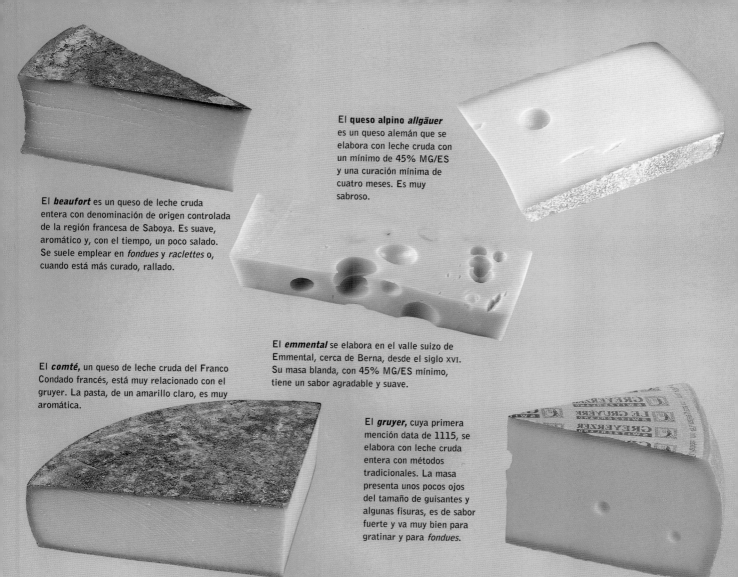

El **beaufort** es un queso de leche cruda entera con denominación de origen controlada de la región francesa de Saboya. Es suave, aromático y, con el tiempo, un poco salado. Se suele emplear en *fondues* y *raclettes* o, cuando está más curado, rallado.

El **queso alpino** *allgäuer* es un queso alemán que se elabora con leche cruda con un mínimo de 45% MG/ES y una curación mínima de cuatro meses. Es muy sabroso.

El **comté,** un queso de leche cruda del Franco Condado francés, está muy relacionado con el gruyer. La pasta, de un amarillo claro, es muy aromática.

El **emmental** se elabora en el valle suizo de Emmental, cerca de Berna, desde el siglo XVI. Su masa blanda, con 45% MG/ES mínimo, tiene un sabor agradable y suave.

El **gruyer,** cuya primera mención data de 1115, se elabora con leche cruda entera con métodos tradicionales. La masa presenta unos pocos ojos del tamaño de guisantes y algunas fisuras, es de sabor fuerte y va muy bien para gratinar y para *fondues*.

«¿De dónde vienen los agujeros del queso?»

Así se titula una crítica social satírica publicada por Kurt Tucholsky, si bien la pregunta no obtiene una respuesta satisfactoria: los asistentes a una pequeña tertulia no hacen más que ofrecer explicaciones absurdas y defenderlas a ultranza después de consultar el diccionario. La discusión desemboca en insultos personales que acaban llevándoles a los tribunales. Pero ¿de dónde vienen los agujeros? A lo largo de los procesos químicos que tienen lugar durante la curación del queso se forma, entre otros, ácido carbónico en estado gaseoso. A éste le resulta muy difícil escapar, sobre todo en los quesos con corteza dura, de modo que tiene que hacerse sitio y comprime la masa en numerosos puntos. La formación de agujeros u ojos es más acusada cuanto más alta es la temperatura del queso al inicio de su curación, como en el emmental y el leerdamer.

MG/ES: materia grasa sobre extracto seco

El contenido en grasa del queso es un factor de calidad tan importante como la consistencia. Los quesos grasos saben mejor y son más blandos que el resto, puesto que la grasa es un buen vehículo del aroma. El queso y otros productos lácteos se clasifican en ocho grupos según su contenido en grasa, desde magros hasta de doble nata. El contenido en grasa se expresa en relación con la materia seca (MG/ES), ya que el contenido en agua varía constantemente por la evaporación. Por consiguiente, la materia grasa absoluta de un queso duro o semiduro equivale aproximadamente a la mitad (hasta una tercera parte en un queso fresco) de la materia grasa en el extracto seco.

El *parmigiano reggiano*

El queso parmesano es, sin duda, el máximo exponente de los quesos extraduros. Seco y desmenuzable, con un toque casi picante, es excelente para rallar y un condimento indispensable para la pasta italiana. Solo con vino es un deleite para el paladar. Pero sólo el «auténtico» parmesano, que se produce en la región de Parma, Mantua y Bolonia con métodos estrictamente controlados, obtiene el sello «Parmiggiano Reggiano», impreso a fuego en la corteza. El parmesano presenta un porcentaje de materia grasa (32% MG/ES) relativamente bajo gracias a la mezcla de leche desnatada de ordeño vespertino y leche entera de ordeño matutino. Se produce exclusivamente entre el 1 de abril y el 11 de noviembre, y el periodo de curación debe prolongarse, al menos, hasta el otoño del año siguiente. Las ruedas cilíndricas, de entre 24 y 35 kg de peso, están recubiertas de una corteza marrón dorada de 6 milímetros de grosor. La estructura de grano grueso de la masa, de un amarillo pajizo, presenta agujeritos diminutos y grietas que parecen escamas.

De consistencia muy similar es el también italiano *grana padano*, como ya indica su nombre (*grana* = grano). Este queso se utiliza a menudo como sucedáneo económico del parmesano, ya que se produce durante todo el año y se puede comercializar tras un periodo de curación de diez meses. El grana padano es un queso con DOP (denominación de origen protegida) al que también se imprime su sello sobre la corteza. El aroma delicado, dulzón, entre picante y a frutos secos del grana es más acusado en los quesos elaborados entre abril y junio.

El *sbrinz*

Otro queso no tan conocido pero de la misma calidad que su homólogo italiano es el *sbrinz,* un queso de leche cruda del interior de Suiza. La relativamente larga sazón, de un año y medio a dos años o más, hace que este queso sea tan digestivo que hasta se recomienda como remedio casero para las indigestiones leves. La masa muy dura no pierde elasticidad con el tiempo debido a su alto contenido en grasa de al menos 45% MG/ES. Cortado en virutas es un postre delicioso. También es un condimento perfecto para los platos calientes.

El parmesano adquiere su típica forma cilíndrica en moldes de madera.

El sello de garantía impreso en la corteza del queso identifica al auténtico parmesano y garantiza la calidad.

El parmesano se puede trocear con un buen cuchillo afilado.

La masa del *parmigiano reggiano,* el queso fuerte más famoso de Italia, es de color amarillo paja y presenta grietas que se asemejan a escamas.

Elaboración

1. La leche cuajada se desmenuza con una «lira» hasta obtener un cuajo pequeño.

2. El coágulo o cuajo se extrae del suero mediante un paño.

3. El paño con el coágulo se introduce a presión en moldes cilíndricos.

4. El molde se cubre con un peso para facilitar la eliminación del suero sobrante.

La oveja es una fuente de leche importantísima en los países mediterráneos.

Pecorino

En los países mediterráneos, donde muchas veces los pastos no son aptos para la cría de ganado vacuno, se suele recurrir a la leche de oveja, que es sabrosa y contiene mucha grasa, para la elaboración de quesos muy duros. Los quesos más jóvenes se sirven como quesos de mesa, mientras que los más curados se usan para rallar. Algunos de los quesos de oveja españoles más conocidos son el *manchego*, con un marcado aroma ovino, el *roncal* picante y el sabroso *idiazábal*. En Grecia se produce el *kefalotiri*, que también puede llevar leche de cabra y se utiliza para rallar. Pero el queso de oveja más famoso de todos es el pecorino.

Bajo la denominación «pecorino», que viene de «pecora» (oveja lechera), se agrupan varios tipos de quesos elaborados con leche de oveja. La variedad depende de los pastos, el método de elaboración, el tiempo de curación, el uso de cuajo de ternero, cordero o cabrito y la adición de leche de cabra o vaca. Los quesos pecorino con denominación de origen son el *pecorino romano* del Lacio, el *pecorino sardo* o *fiore sardo* de Cerdeña y el *pecorino siciliano* o *canestrato* de Sicilia. Todos ellos son quesos para rallar de sabor fuerte, casi picante. Se elaboran exclusivamente con leche de oveja, de modo que su producción está restringida al periodo de lactancia de las ovejas, que va de noviembre a junio. El *pecorino romano* se coagula con cuajo de cordero, mientras que para las variedades más grasas (mín. 40% MG/ES) y blandas de Cerdeña y Sicilia también se emplea cuajo de cabrito, que es más picante. Los quesos se frotan repetidamente con aceite durante el periodo de curación, que acostumbra a durar más de ocho meses, para que formen una corteza dura.

Manchego

«Para quesos, el manchego bien impregnado en aceite, pero para mujeres finas, sólo las de Albacete.»

El manchego es el queso español por excelencia. El sello de DOC (denominación de origen controlada) certifica que está producido exclusivamente con la leche cruda y entera de las ovejas manchegas de las mesetas castellanas con métodos tradicionales. El *manchego semicurado* se comercializa tras dos o tres meses de curación, mientras que el *curado* tiene que haber madurado durante al menos seis. El *añejo*, con más de doce meses de curación, es el queso manchego con un aroma más acusado. Una especialidad selecta es el *manchego en aceite*, que se cura en aceite de oliva durante un periodo de tiempo de hasta dos años. El buqué de estas dos últimas variedades combina muy bien con el sabor dulce de un jerez amontillado. Uno de los rasgos que distingue al queso manchego son los tradicionales diseños trenzados o motivos florales grabados en la corteza.

Casumarzu

Este queso típico de Cerdeña no agrada a todos los paladares pero es una exquisitez muy «viva»: primero se practica un agujero en un pecorino poco curado y se le inyectan unas larvas blancas. Éstas se habitúan a su nuevo hogar con la ayuda de unas gotas de leche, empiezan a sentirse a gusto y en pocos días se reproducen e invaden todo el queso. El pecorino se «degusta» cuando está infestado de larvas.

Uno de los rasgos característicos del queso manchego son los diseños trenzados y los motivos florales grabados en la corteza.

Las piezas de pecorino sin curar todavía se salan a mano en la producción artesanal.

La tabla de quesos

La tradicional tabla de quesos ofrece una selección de uno o dos quesos de cada grupo. No obstante, la composición del plato también puede seguir criterios temáticos, como el tipo de leche o el origen. Los quesos se sirven sobre una pieza de mármol o una tabla de madera en el sentido de las agujas del reloj empezando por el tipo más suave. Hay que comerlos en ese orden. Es conveniente desenvolver y templar el queso alrededor de una hora antes de su consumo para que despliegue todo su sabor. La ración de postre es de unos 80 g de queso por persona, mientras que como plato principal hay que calcular unos 200 g. El surtido de quesos se puede complementar con distintos tipos de pan, frutas frescas y frutos secos. Acompañe los distintos tipos de queso con su correspondiente cuchillo especial para queso.

El **idiazábal,** un queso vasco con denominación de origen controlada, se elabora con la leche estival no pasteurizada de ovejas lachas y carranzanas. El queso es ahumado con madera de espino blanco o haya tras una maduración mínima de dos meses.

El queso **roncal** se elabora con leche de ovejas lachas y rasas. Es un queso con denominación de origen protegida de la comunidad de Navarra. La maduración debe ser al menos de cuatro meses.

El **pecorino sardo** se caracteriza por el borde abombado, que se origina por la superposición de dos quesos jóvenes durante la curación.

La masa entre blanca y pajiza del **pecorino romano** puede ser blanda o escamosa y grumosa dependiendo del contenido en materia grasa y presentar algún que otro ojo.

La región de Toscana produce varios quesos elaborados con distintos tipos y mezclas de leche. Todos ellos reciben el nombre de **pecorino toscano.**

Quesos semiduros y semiblandos

Holanda, con sus extensas praderas, es el mayor productor de quesos semiblandos. El queso ya era el primer producto de exportación del país en la Edad Media, como atestiguan las fábricas queseras de larga tradición, por ejemplo en Alkmaar. Los tipos de queso más antiguos son el *gouda* y el *edamer*, cuyos procesos de elaboración están siendo copiados en todo el mundo. El sabor suave y la textura de los quesos tiernos les han granjeado muchos adeptos, puesto que su sabor y aroma no son demasiado fuertes. Con todo, conforme avanza su curación se vuelven más fuertes y, con el tiempo, se pueden usar para rallar. Para producir 1 kg de queso semiduro hacen falta entre 8,5 y 10 litros de leche. Normalmente, el coágulo no se calienta, por lo que al principio puede contener entre un 55 y un 62% de agua, si bien la humedad se evapora progresivamente con los meses de sazón. Otros tipos de queso semiduro son el *appenzeller* y la *raclette* de Suiza, el *morbier* de Francia, el *fontina* y el *asiago* de Italia, el *tilsiter* de Alemania y el *havarti* de Dinamarca.

Los quesos semiblandos, con un contenido en agua del 62 al 69%, son más tiernos, y se cortan sin dificultad. El *butterkäse* y el *queso trappist* o *trapense* son de consistencia cremosa e ideales para hacer bocadillos o tapas. El *tomme de savoie* y el *saint-nectaire* (abajo, en las esteras de paja sobre las que madura en cuevas frescas y húmedas) tienen un toque más rústico. De sabor más intenso son los quesos tratados con flora roja como el *reblochon*, el *pont l'évêque*, el *taleggio* o el *rabiola*. Según el contenido en agua y el grado de curación, estos quesos se pueden clasificar como semiblandos o blandos. Un auténtico deleite para el paladar y también para la vista son las finísimas virutas de *tête de moine* (o cabeza de monje) obtenidas con la «girola», un aparato de acero inoxidable y cuchilla giratoria de corte especial para quesos con en el que se obtienen unas finas y decorativas virutas que asemejan claveles. Entre las variedades semiblandas también figuran muchos quesos de tipo azul con moho de este color en su interior, como el *roquefort* francés o el *gorgonzola* italiano.

¿Se puede comer la corteza del queso?

La corteza, que se forma al salar, cepillar o enjuagar la superficie del queso, sirve para protegerlo y es una especie de envoltorio natural. La corteza de los quesos duros y semiduros grandes y pesados tiene que ser muy gruesa y consistente, y por lo tanto no es comestible. Además, durante el proceso de curación se acumulan en ella fermentos amargos. Se recomienda desechar la corteza de los quesos duros y semiduros de fabricación industrial, cortándola bastante gruesa, hasta medio centímetro, puesto que es muy probable que esos quesos hayan sido tratados con el antibiótico natamicina para prevenir la formación de moho. En cambio, los quesos semiblandos o blandos se pueden consumir con corteza si se desea. Hay quien consideran que la envoltura de moho blanco o azul o flora roja adultera en exceso el delicado sabor del queso, mientras que otros encuentran que contribuye a realzar la personalidad del producto.

El queso y la salud

El queso no sólo sabe bien sino que además es bueno para la salud: 100 g de queso cubren entre el 35 y el 45% de las necesidades diarias de proteínas y aportan hasta el 30% de la cantidad diaria de calcio recomendada (el requesón y los quesos duros, hasta el 100%). Contiene vitaminas liposolubles A, D, E y K, además de ácidos grasos esenciales. Favorece la actividad intestinal y previene la aparición de caries. El queso, combinado con hidratos de carbono (como pan o pasta) y fibra (por ejemplo, ensaladas), constituye un alimento ideal según criterios nutricionales. Los productos de leche agria y el queso contienen muy poca lactosa por lo que se pueden consumir sin apenas reservas en caso de intolerancia a ésta. Las personas preocupadas por las calorías deben tener en cuenta que 100 g de queso graso aportan entre 250 y 380 kilocalorías.

El **saint-nectaire,** un queso artesano del Macizo Central francés, se caracteriza por un moho superficial muy acusado pero seco.

El **fontina,** un queso de leche cruda entre dulce y fuerte del valle de Aosta, se elabora con la leche ordeñada en verano en los pastos de las montañas. Es ideal para cocinar porque se funde muy bien.

El **morbier** se caracteriza por la capa de ceniza con la que antiguamente se protegía de las moscas el cuajo de la leche hasta su posterior transformación. Sólo los quesos de leche cruda pueden llevar el nombre de «*morbier fermier*».

El **reblochon** tiene una masa cremosa de sabor lechoso y está protegido por una corteza de flora roja seca y de color amarillo claro. Su nombre indica que el queso se elabora con la leche más grasa del segundo ordeño.

El sabor rústico del **tomme de savoie** varía de entre un poco agrio a terroso pasando por un matiz de frutos secos según el grado de sazón.

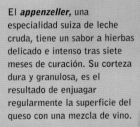

El famoso **gouda** holandés se comercializa en distintos grados de curación, desde tierno a curado.

El **appenzeller,** una especialidad suiza de leche cruda, tiene un sabor a hierbas delicado e intenso tras siete meses de curación. Su corteza dura y granulosa, es el resultado de enjuagar regularmente la superficie del queso con una mezcla de vino.

El **havarti,** el equivalente danés del *tilsiter,* es entre cremoso y agrio y presenta numerosos ojos desiguales.

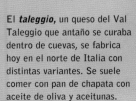

El **taleggio,** un queso del Val Taleggio que antaño se curaba dentro de cuevas, se fabrica hoy en el norte de Italia con distintas variantes. Se suele comer con pan de chapata con aceite de oliva y aceitunas.

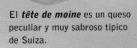

El **tête de moine** es un queso peculiar y muy sabroso típico de Suiza.

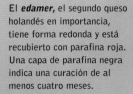

El **edamer,** el segundo queso holandés en importancia, tiene forma redonda y está recubierto con parafina roja. Una capa de parafina negra indica una curación de al menos cuatro meses.

Utensilios especiales

Los ralladores de parmesano y de queso en general con distintos accesorios son un utensilio indispensable para rallar quesos duros y extraduros.

Con la rebanadora de quesos se pueden cortar láminas muy finas de los quesos duros flexibles.

El cuchillo quesero con punta doble, que sirve para pinchar los trozos, o la hachuela quesera van muy bien para cortar dados de quesos más blandos.

El pincho para queso sirve para coger lonchas y dados de queso.

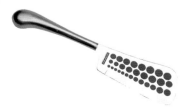

Los quesos duros y los semiduros se deben cortar con un cuchillo grande y resistente de hoja ancha. El grabado evita que el queso se pegue.

Pera al gorgonzola con ensalada

Para la ensalada:

1 achicoria pequeña

100 g de lollo bionda

100 g de lechuga de hoja de roble

1 cebolla roja en aros finos

1 aguacate pelado

el zumo de 1 lima

4 cucharadas de brotes de lenteja,
enfriados con agua y escurridos

pimienta blanca recién molida

azúcar

sal

4 cucharadas de aceite de nuez

Para las peras:

100 g de gorgonzola en daditos

2 cucharadas de nata líquida espesa

pimienta blanca recién molida

2 peras maduras pequeñas, cortadas
por la mitad y despepitadas

Trocee los distintos tipos de lechuga y póngalos en un cuenco. Corte el aguacate en tiras finas, rocíelo con unas 2 cucharadas de zumo de lima y ponga el resto del zumo en un bol. Añádale pimienta, azúcar, sal y el aceite de nuez, aliñe la ensalada con esta salsa y mézclelo todo bien. Disponga la ensalada con la cebolla, el aguacate y los brotes de lenteja en 4 platos. Chafe el gorgonzola y bátalo con la nata espesa y una pizca de pimienta hasta que obtenga una crema homogénea. Ponga media pera en cada plato de ensalada y rellene con la crema de queso el centro vaciado de las peras con una manga pastelera.

Los quesos de cueva

Las cuevas fueron un lugar ideal para la curación y conservación de quesos antes de la invención de la electricidad, pero hoy desempeñan un papel irrelevante en la producción industrial. Con todo, el aroma peculiar de algunos quesos se debe sólo al hecho de que se han curado en cuevas. Así, por ejemplo, un queso roquefort auténtico, con denominación de origen, tiene que haber madurado en las cuevas de la meseta de Cambalou, en el sur de Francia. Esta meseta rocosa está surcada de grietas a través de las cuales sopla una brisa fresca y húmeda gracias a la cual la humedad ambiental (95%) y la temperatura (8 °C) se mantienen constantes.

La conservación

Se recomienda comprar piezas enteras y cortarlas al momento, porque el queso cortado se reseca y va perdiendo aroma. El queso se debe conservar en un lugar oscuro y fresco entre 10 y 12 °C. Si la temperatura es demasiado baja, se vuelve amargo, mientras que si es muy alta, madura en exceso. Las porciones se tienen que envolver por separado y, a poder ser, en el envoltorio original. Un método eficaz consiste en guardarlas en un recipiente hermético de plástico en el frigorífico, en el cajón de las verduras. Un gajo de manzana o de pera dentro del recipiente procura la humedad necesaria. Los quesos duros se conservan mejor envueltos en un paño humedecido con agua salada y en un recipiente de barro esmaltado. El queso cubierto de moho verdoso, como el que se forma sobre el pan, es nocivo para la salud y no se debe consumir.

El cuajo del queso cabrales permanece un día en unos moldes (arnios) para que pueda rezumar el suero.

Los quesos crudos maduran en tres semanas en estancias frescas y aireadas, dándoles la vuelta con regularidad.

Los quesos se curan durante tres meses en cuevas, donde poco a poco desarrollan el moho interior verde azulado.

QUESOS AZULES

La invención de los exquisitos quesos azules fue pura casualidad. En Roquefort, el lugar de origen del famosísimo queso azul francés, cuentan que un joven pastor enamorado dejó su almuerzo a base de queso fresco de oveja y pan en una cueva rocosa para ir en busca de su amada. Semanas más tarde volvió a por el queso y lo encontró veteado de moho azul verdoso. Como estaba hambriento se lo comió y le pareció tan delicioso que, a partir de entonces, los habitantes de Roquefort empezaron a llevar sus quesos a las cuevas de los alrededores para que maduraran. El hongo comestible que allí prolifera pertenece a la familia del *Penicillium roqueforti* y hoy se cultiva en el laboratorio.

El queso azul se elabora con leche de vaca, oveja o cabra y, según la variedad, puede tener una consistencia dura, desmenuzable o cremosa. El célebre *roquefort* se elabora con leche de oveja, a diferencia de sus homólogos franceses *bleu de Causses, bleu d'Auvergne* y *fourme d'Ambert*, que son de leche de vaca. Los quesos sin curar se pinchan con una aguja para favorecer la proliferación de los hongos en su interior. Al cabo de tres semanas se envuelven en hojas de estaño a fin de interrumpir el crecimiento de los hongos. Los quesos adquieren su aroma equilibrado y penetrante al cabo de como mínimo otros dos meses de curación lenta en un lugar fresco.

El *gorgonzola* italiano, que se elabora con leche de vaca, es mucho más cremoso y de sabor más suave. Contiene el hongo *Penicillium gorgonzola*. En el noroeste de España se producen los quesos *cabrales* y *picón*, que maduran envueltos en hojas de plátano o de arce y, además de leche de vaca, también llevan leche de cabra y oveja. El *stilton* inglés comparte el sabor y la calidad de sus homólogos continentales. A los británicos les gusta saborearlo después de macerarlo durante varios días en oporto o madeira. Algunas imitaciones de los quesos azules famosos son el danés *danablu* y los alemanes *bayerhofer* y *montagnolo*. El sabor intenso de los quesos azules se complementa a la perfección con vinos dulces o vinos tintos con mucho cuerpo.

El *fourme d'Ambert,* un queso de leche de vaca del Macizo Central francés con denominación de origen, tiene un sabor muy fuerte debido a la curación de varios meses y a la flora superficial. La elaboración de este queso tiene más de 1000 años de tradición.

El *bleu de Gex,* del Alto Jura, tarda sólo de uno a cuatro meses en madurar. Su sabor es suave cuando es tierno, pero con el tiempo se intensifica.

El *gorgonzola* se emplea principalmente para aromatizar salsas. El cuajo del tamaño de avellanas se elabora con leche desnatada y semidesnatada y se introduce en moldes forrados con paños finos.

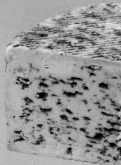

El *bleu d'Auvergne,* otro queso de leche de vaca con denominación de origen del Macizo Central francés, es de masa blanda y sabor intenso.

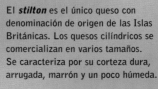

Carlomagno ya era muy aficionado al aroma penetrante del *roquefort.* Este queso con denominación de origen sólo se puede elaborar con leche cruda de ovejas Lacaune de Roquefort.

Bleu termignon es el nombre de un queso seco elaborado en la población homónima al pie del Mont Cenis, en Saboya. En los numerosos agujeritos del coágulo crece el hongo azul natural que le confiere su sabor.

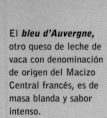

El *stilton* es el único queso con denominación de origen de las Islas Británicas. Los quesos cilíndricos se comercializan en varios tamaños. Se caracteriza por su corteza dura, arrugada, marrón y un poco húmeda.

Quesos blandos con flora roja

El extenso grupo de los quesos blandos está constituido por quesos sabrosos con una corteza amarilla rojiza, los denominados quesos rojos, y por quesos más aromáticos con hongos blancos. Ambos se distinguen por tener una consistencia relativamente blanda que, en ciertos tipos, se puede volver cremosa o casi líquida con el paso del tiempo.

Los *quesos rojos* proceden del norte de Francia, el este de Bélgica, Luxemburgo y las regiones alemanas fronterizas. Tradicionalmente se elaboran con leche de vaca, y pueden ser tanto redondos como rectangulares. Además del cuajo, a la leche se le añade *Bacterium linens,* responsable de la formación de la corteza comestible amarilla oscura o marrón rojiza. Las bacterias rojas otorgan al queso un aroma intenso y un olor fuerte cuanto más curado está. A los quesos se les da la vuelta a intervalos regulares, y se lavan con agua salada durante los dos a seis meses de curación. Por eso en Francia se denominan «quesos blandos con la corteza lavada». Además, los quesos se impregnan de bebidas alcohólicas, como sidra, cerveza, vino o aguardiente, para que desarrollen un matiz de sabor propio de cada variedad. Los quesos jóvenes sin curar presentan una superficie seca y de color amarillo claro, mientras que los muy curados tienen la corteza oscura y grasienta y desprenden un olor fuerte.

El máximo exponente de los quesos rojos, el *munster,* con denominación de origen, lo «inventaron» unos monjes benedictinos alsacianos en la Edad Media. Sólo el *munster fermier,* de producción limitada, se sigue elaborando con leche cruda. Otra especialidad monacal milenaria, el anguloso *maroilles* de Flandes, está considerado el prototipo de muchos quesos rojos por su forma un tanto singular. El *époisses,* que se lava con el aguardiente Marc de Bourgogne, se caracteriza por un olor penetrante y un aroma intenso. El mismo tratamiento recibe el *aisy cendré,* que además se impregna con ceniza. El *langres* presenta una curiosa depresión en la superficie porque no le dan la vuelta durante la curación. El *livarot* normando se distingue por el estrecho precinto de papel, que antaño servía para evitar que el queso maduro se desparramara. Los quesos de barra *limburger* o *romadur,* a menudo tildados con desprecio de «apestosos», deleitan a los entendidos, que los saborean con una cerveza fresca.

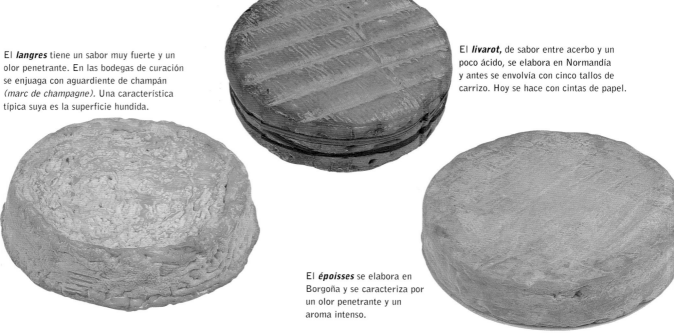

El *langres* tiene un sabor muy fuerte y un olor penetrante. En las bodegas de curación se enjuaga con aguardiente de champán *(marc de champagne).* Una característica típica suya es la superficie hundida.

El *livarot,* de sabor entre acerbo y un poco ácido, se elabora en Normandía y antes se envolvía con cinco tallos de carrizo. Hoy se hace con cintas de papel.

El *époisses* se elabora en Borgoña y se caracteriza por un olor penetrante y un aroma intenso.

El queso *munster* con AOC procede de una zona bien delimitada de Alsacia.

El cuajo del *munster* se vierte en moldes de plástico perforados para que el suero vaya rezumando.

El *munster*, que ha dado su nombre al valle alsaciano, se vende en piezas de 500 g o 150 g, los «*petit munster*». Condimentado con comino se conoce como «*munster au cumin*». El «*munster fermier*» es el único queso de esta variedad que se sigue elaborando en la región con leche cruda.

Especialidades alsacianas con queso *munster*

Los alsacianos disfrutan de su queso *munster* con patatas hervidas con la piel y mantequilla casera fresca, todo ello aderezado con comino, como manda la tradición, y regado con un Traminer blanco. Una variante más sofisticada consiste en gratinar las patatas con el queso. En las zonas rurales, con *munster* se prepara incluso un postre: se espolvorea con azúcar un queso fresco sin curar, se riega con abundante nata fresca y se aromatiza con un chorro de aguardiente de cerezas.

El **munster** se reconoce por su corteza húmeda de color rojo anaranjado. La pasta, flexible y amarilla clara, tiene un sabor fuerte y aromático.

Denominaciones de origen controladas

Desde hace tiempo se ha impuesto en Francia e Italia la costumbre de premiar los alimentos de primera calidad típicos de una región, como el queso, con denominaciones de origen AOC (Appelation d'Origine Contrôlée) y DOC (Denominazione di Origine Controllata), que suponen una garantía de máxima calidad y originalidad: todas las características del producto (desde la procedencia de la leche y el proceso de elaboración hasta el contenido en materia grasa, el aspecto y el tamaño) están exactamente definidas y sujetas a controles regulares. Asimismo, las denominaciones sirven para proteger las recetas tradicionales de imitaciones de calidad inferior, y contribuyen incluso a la preservación de los ecosistemas, como los pastos tradicionales del Causses francés. El sello de calidad del queso manchego, el más famoso de España, también vela por la supervivencia de las ovejas manchegas en la meseta castellana.

Quesos blandos con moho blanco

Esta especialidad francesa abarca una increíble variedad de quesos. Los dos más conocidos, el *brie* y el *camembert*, han sido imitados y modificados en muchos países. La amplia oferta incluye desde quesos brie a las finas hierbas o a la pimienta hasta camembert con moho azul, como el *cambozola* y el *bresse bleu*, y camembert de leche de cabra. Sólo el camembert de Normandía o el *brie de Meaux* o *melun* pueden obtener el sello de calidad AOC. En el caso de que, además, se hayan elaborado según el método tradicional con leche cruda, pueden incluir las indicaciones *«moulé à la louche»* (trabajado a mano con cucharón) y *«au lait cru»* (de leche cruda).

Aparte del brie, al que ya Carlomagno era un gran aficionado, otro queso con una larga historia es el *neufchâtel*. Se fabrica en forma cuadrada, redonda, de corazón y cilíndrica *(bondard)*. El *coulommiers* se elabora siguiendo el mismo procedimiento que para el brie, aunque en piezas más pequeñas. Otros quesos muy parecidos son el *fougerou*, cuya superficie está decorada con una hoja de helecho, y el *frinault* con moho azulado, que también se puede encontrar *cendré* (espolvoreado con ceniza). Tiempo atrás, la colocación de hojas o helechos encima del queso impedía que se resecara si había que conservarlo durante mucho tiempo, mientras que la ceniza le quitaba humedad y acidez. Entre los quesos frescos y los blandos poco curados hay muchos otros de varios tipos, como el graso *boursault*, recubierto de una flora superficial blanca o marrón rojiza, el fresco y aterciopelado *chaource* de Campaña y los italianos *tomino* y *formagella*.

Para producir 1 kg de queso blando (con un contenido en agua superior al 67%) sólo hacen falta 8 litros de leche. El cuajo no se corta en absoluto o sólo un poco, y se vierte con cucharones en los moldes en varias etapas. La pasta escurrida y coagulada se espolvorea con el hongo comestible *Penicillium candidum* al cabo de unas 24 horas, a continuación se cubre de sal por un lado, y al día siguiente por el otro. Los quesos permanecen en estancias secas y bien ventiladas a unos 15 °C durante unos días para que se formen las vellosidades blancas. Después se trasladan a sótanos más frescos donde maduran de fuera hacia dentro durante varias semanas. Al principio hay que darles la vuelta con frecuencia para que la corteza blanca se reparta uniformemente.

Los quesos jóvenes, cuyo olor y sabor recuerdan los champiñones, se identifican por una capa de moho densa y nívea y un núcleo blanco semejante al requesón. Los quesos curados se distinguen por la capa de moho más fina y de tonalidad un tanto rojiza y por una pasta cremosa que se funde. El poeta francés Léon-Paul Fargue comparó la intensa «fragancia» del camembert curado con el olor a pies de los dioses. Los quesos muy curados desprenden un intenso aroma a amoníaco.

El auténtico camembert procede de Normandía. Los mejores son los que se elaboran en el Pays d'Auge.

El cuajo del queso blando se remueve con cuidado con la lira.

El camembert con la indicación *«moulé à la louche»* se trabaja a mano con un cucharón.

Después de pasar unos días en un lugar seco, se forma sobre el camembert fresco una densa capa de moho blanco.

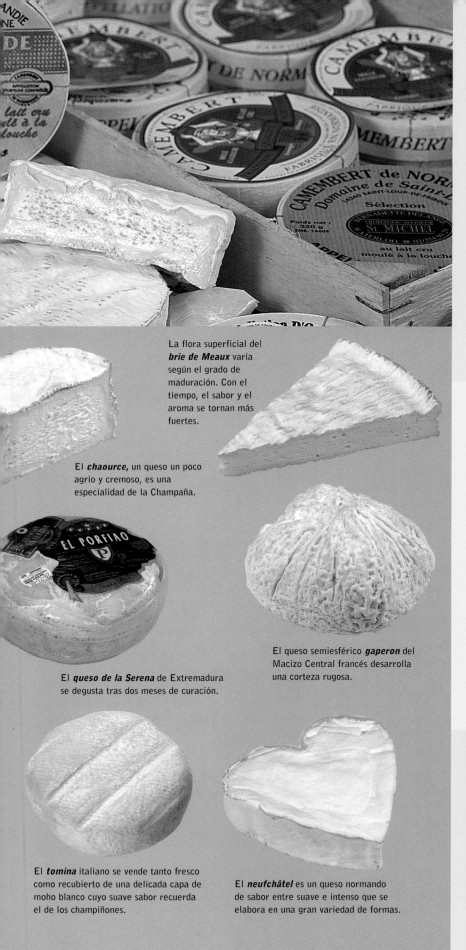

Los bioquesos

La etiqueta «bioqueso» certifica, por una parte, que el producto ha sido elaborado según métodos tradicionales y artesanales, y por otra que los animales de los que se ha obtenido la leche proceden de la ganadería ecológica y que la explotación de los pastos se rige por criterios tradicionales y ecológicos, sin fertilizantes químicos ni productos fitosanitarios. El hecho de que los animales pazcan en prados con abundante hierba y no reciban pienso ensilado ni siquiera en invierno repercute en el sabor de su leche y, por consiguiente, del queso. El queso de fabricación industrial puede contener sustancias nocivas para la salud, como el antibiótico natamicina, destinado a prevenir el enmohecimiento de la corteza de quesos duros y semiduros, o la quimosina, un sucedáneo transgénico de laboratorio que no es obligatorio declarar. En cambio, podemos estar seguros de que el bioqueso se elabora sin ese tipo de aditivos, ni otros tales como colorantes, nitratos, potenciadores del sabor o antibióticos.

Quesos de leche cruda

La manipulación de leche cruda (en francés, *lait cru*), exige especial esmero y está sujeta a rigurosos controles. Por lo general, el proceso se lleva a cabo en la misma granja o en queserías locales que trabajan con métodos tradicionales: la leche cruda es un producto muy perecedero. No se debe calentar a más de 38 °C, para no destruir el sinfín de bacterias que el animal ingirió con el forraje y que aportan tantísimos y delicados matices de sabor. Esas bacterias sí que las aniquila, en cambio, la pasteurización, proceso que consiste en calentar la leche durante un instante a 72 °C. El sabor del queso de leche cruda varía mucho según los pastos, la estación, la raza del animal y el procedimiento de ordeño, lo que no ocurre con los quesos industriales fabricados con leche pasteurizada.

La flora superficial del **brie de Meaux** varía según el grado de maduración. Con el tiempo, el sabor y el aroma se tornan más fuertes.

El **chaource,** un queso un poco agrio y cremoso, es una especialidad de la Champaña.

El **queso de la Serena** de Extremadura se degusta tras dos meses de curación.

El queso semiesférico **gaperon** del Macizo Central francés desarrolla una corteza rugosa.

El **tomina** italiano se vende tanto fresco como recubierto de una delicada capa de moho blanco cuyo suave sabor recuerda el de los champiñones.

El **neufchâtel** es un queso normando de sabor entre suave e intenso que se elabora en una gran variedad de formas.

El *obatzter*

Nomen est omen, o «el nombre lo dice todo», puesto que la base de esta popular especialidad bávara es el queso camembert curado y chafado con un tenedor (en bávaro, *batzen* significa amasar, machacar), al que se añaden mantequilla o requesón en proporción 1:2. La masa se condimenta con una o dos cebollas picadas muy finas y pimentón. También puede llevar un trozo de guindilla fresca picada y un chorro de cerveza.

255

El queso de cabra

El *queso de cabra* se ha producido desde siempre en muchos países para consumo propio, y sólo hace unos años que los gastrónomos han aprendido a apreciar su intenso sabor. La cría cabruna se practica sobre todo en terrenos áridos sin pastos para las vacas. Francia es el país que ofrece mayor variedad de quesos de cabra, algunos de ellos con denominación AOC. Se elaboran en particular en las regiones situadas al sur de la cuenca del Loira. La denominación *chèvre* certifica que el queso está elaborado 100% con leche de cabra. El volumen de producción es bastante bajo, puesto que las cabras sólo dan entre 4 y 6 litros de leche al día, de primavera a finales de otoño. La leche se destina principalmente a la elaboración en granjas pequeñas de quesos frescos y blandos, en menor medida semiduros. Gracias a los métodos tradicionales de elaboración, el queso, en particular el de leche cruda, conserva el sabor peculiar de la leche de cabra y los matices característicos de la raza y la región.

Los pequeños y apetitosos quesos blandos, que se puede comer con corteza, se elaboran con una gran variedad de formas (cilíndrica, de barra, de pirámide, esférica, cónica...) y apariencias externas. Los quesos se espolvorean con ceniza o carbón vegetal en polvo, se impregnan de hierbas aromáticas o especias, se lavan con vino o aguardiente o se envuelven en hojas. La capa de moho blanco azulado es signo de curación óptima en muchos tipos de queso de leche cruda. Por lo general, el queso de cabra tiene al menos un 45% MG/ES y un color entre blancuzco y amarillo claro, y al principio es de consistencia blanda o semisólida. Con el tiempo va disminuyendo el contenido en agua, el queso se vuelve desmenuzable o duro y desarrolla el típico aroma fuerte a cabra, por lo que es más recomendable empezar por los quesos jóvenes más suaves. El queso de cabra es ideal para la cocina ligera de verano. Su aroma penetrante combina muy bien con una ensalada verde y crujiente con una vinagreta, así como con frutos del bosque un poco ácidos, un *chutney* picante o miel y nueces. Los quesos de cabra conservados en aceite aromatizado también tienen un sabor muy delicado.

Patatas gratinadas con queso de cabra

6 patatas medianas (de tamaño lo más similar posible)
sal y pimienta recién molida
1 diente de ajo picado fino
1 chalote picado fino
1 cucharada de hojas de romero picadas
200 g de queso fresco de cabra cilíndrico
3 yemas de huevo

Lave las patatas y cuézalas con la piel en agua con sal durante unos 20 minutos. Pélelas y córtelas en dos a lo largo. Mezcle el queso de cabra con las yemas de huevo, el ajo, el chalote y el romero. Unte las mitades de patata con la pasta, póngalas en una placa de horno untada con aceite y gratínelas durante unos 3 minutos.

La vaca de los pobres

Las cabras son unos animales muy contentadizos y nada exigentes con los pastos, que buscan alimento en las cunetas y los márgenes de los campos. Las cabras recibieron el nombre despectivo de «vaca de los pobres» porque se solían criar en regiones pobres donde la gente no podía permitirse tener vacas. La leche de cabra fue durante siglos el alimento básico de los pobres. A finales del siglo XVI, el filósofo francés Montaigne denunciaba que las nodrizas se veían obligadas a amamantar a los hijos de los ricos por un sueldo miserable mientras que a sus propios hijos sólo podían darles leche de cabra. Pero aunque en el pasado el queso de cabra fue un alimento exclusivo de las clases bajas, hoy está muy de moda, y sobre todo las granjas biológicas se están especializando en la cría de cabras y la producción de queso.

El **sainte-maure** de barra se elabora en la región del Loira y tiene un aroma a cabra muy sutil.

El **sainte-maure fermier** se espolvorea con ceniza de madera. Una paja en el interior confiere estabilidad a la barra.

El **picodon de la Drôme,** un queso del sur de Francia con AOC, se enjuaga con vino al cabo de un mes de curación y se envuelve en hojas de parra.

El **valencay,** un queso blando espolvoreado con carbón vegetal y en forma de pirámide achatada, tiene un aroma muy acusado a leche de cabra.

El **selles sur cher** se caracteriza por su forma troncocónica y la superficie recubierta de una fina capa de polvo de carbón vegetal.

El **ziegenkrotze** es un queso de cabra hecho a mano en Vulkaneifel.

El **crottin de chavignol,** un queso blando con AOC, pasa entre dos semanas y dos meses curándose en bodegas secas y bien ventiladas. La corteza, dura, apergaminada y recubierta de una capa de hongos, que con el tiempo se vuelve entre gris y marrón, recuerda una bosta de caballo (en francés *crottin*).

Queso fresco de cabra con frutas

4 quesos frescos de cabra pequeños
diversos tipos de frutas, según la estación: manzana, bigos, cerezas, fresones, kiwi, mandarinas, frutos secos (nueces, avellanas, almendras, piñones)
4 cucharadas de miel
frutas pasas: ciruelas, uvas
azúcar lustre

Lo principal en este postre de frutas es la presentación del plato. Ponga un queso en cada plato y disponga a su alrededor las frutas, cortadas como más le guste. Coloque después las nueces, las avellanas, las almendras y los piñones, vierta un chorro de miel por encima, ponga las frutas pasas y termine de decorar el plato con azúcar lustre.

Las *lebene*

Las bolitas de queso fresco de cabra u oveja conservadas en aceite aromatizado (llamadas *lebene, lebney* o *labaneh*) son muy habituales en los países de Oriente Próximo y Medio. Primero se agria la leche durante un día en un pellejo de cabra y luego se remueve en un barrilito para que los elementos sólidos se separen de los líquidos. A continuación se sala la pasta de queso fresco resultante y se le da forma de bolitas que se conservan en tarros cubiertas de aceite de oliva a las hierbas. Estos apetitosos quesos también se pueden preparar en casa con yogur, a poder ser de leche de oveja o de cabra. Primero hay que salar el yogur y dejarlo escurrir durante tres días envuelto en un paño de algodón. Luego se da forma a las bolitas, se meten en un tarro con aceite aromatizado y se guardan en la nevera durante un máximo de 3 semanas.

La elaboración de la ricota

El suero hervido se cuela lentamente en un cuenco con un paño.

Después de un tiempo de reposo, la proteína del suero se ha depositado en el paño. El resto del suero líquido sigue goteando.

La masa de queso fresco ya está lista: se le puede dar la forma que se desee y aderezar con hierbas aromáticas y especias.

El *queso fresco* es un queso no curado o muy poco curado. Existe una variedad enorme de tipos y formas.

El cebollino picado confiere a este queso fresco un sabor muy delicado.

La masa de la *ricota di pecora* es elástica y blanquecina. Tradicionalmente, se obtiene del suero de leche de oveja que ha sobrado de la elaboración del pecorino.

El *robiola di Roccaverano* es un queso fresco italiano de sabor agrio y suave y piel rojiza.

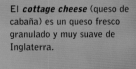

Con el *mascarpone* lombardo se elaboran postres, rellenos de tartas y salsas.

El *cottage cheese* (queso de cabaña) es un queso fresco granulado y muy suave de Inglaterra.

El *manouri*, un queso fresco griego de suero, se enriquece con nata y presenta un contenido graso muy alto, de entre el 70 y el 80% MG/ES. Se conserva durante varias semanas en un recipiente seco y hermético.

El *speisequark,* también llamado «*topfen*» en Baviera y Austria, puede ser más o menos graso. También puede estar condimentado con hierbas aromáticas y frutas, y se utiliza para preparar tartas de queso.

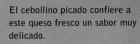
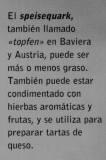

El queso fresco

El queso fresco es un queso sin curar o muy poco curado que contiene mucha agua (más del 73%) y, por lo tanto, se conserva durante poco tiempo. A diferencia de otros quesos más duros y con mayor proporción de materia seca, para elaborar 1 kg de queso fresco sólo hacen falta entre 4 y 5 litros de leche. La variedad de tipos y formas de queso fresco es inmensa: puro, aderezado con hierbas o especias, en forma de torta o pastel, con frutos secos, jamón o salmón. El contenido en materia grasa es muy variable, pero ni siquiera los de doble nata alcanzan valores demasiado elevados debido al alto contenido en agua.

Se deben elaborar siempre con leche pasteurizada, que puede ser de vaca, oveja o cabra. La norma afecta de igual modo a los quesos frescos de las granjas ecológicas. Por lo general, la coagulación de la leche se consigue añadiendo ácido láctico y un poco de cuajo. El coágulo se corta un poco y se deja escurrir durante poco tiempo. Así se obtienen el requesón y algunos tipos de queso afines, como el *rabiola* italiano, el *flor de oro* español o el *petit-suisse* francés. El *queso de Burgos* se elabora con leche de oveja y se cuaja sólo con cuajo, sin bacterias de ácido láctico.

El *mascarpone* se elabora con nata al 30% calentada a 90 °C y coagulada con ácido cítrico. En el caso del granuloso *cottage cheese*, el cuajo desmenuzado se calienta un poco y se lava con agua fría una vez escurrido el suero. La *ricota* italiana, el *manouri* griego y el *broccio* corso se elaboran con suero de oveja. La durabilidad del queso fresco se puede prolongar salándolo, prensándolo, poniéndolo en conserva, secándolo o ahumándolo. Algunos ejemplos son el *feta* prensado y conservado en salmuera o la *ricota salata affumicata*, salada y ahumada. Entre los quesos frescos también figura la *mozzarella*, que se elabora por el procedimiento de pasta *filata*.

Ningún goloso puede resistirse al tiramisú, espolvoreado con cacao en polvo.

El tiramisú

Todo un lujo: tiramisú con bizcochos caseros.

El mascarpone aporta al tiramisú su cremosidad.

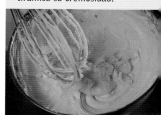

Las yemas, el azúcar y el café se baten con el mascarpone.

Se intercalan capas de bizcochos mojados en Amaretto y queso.

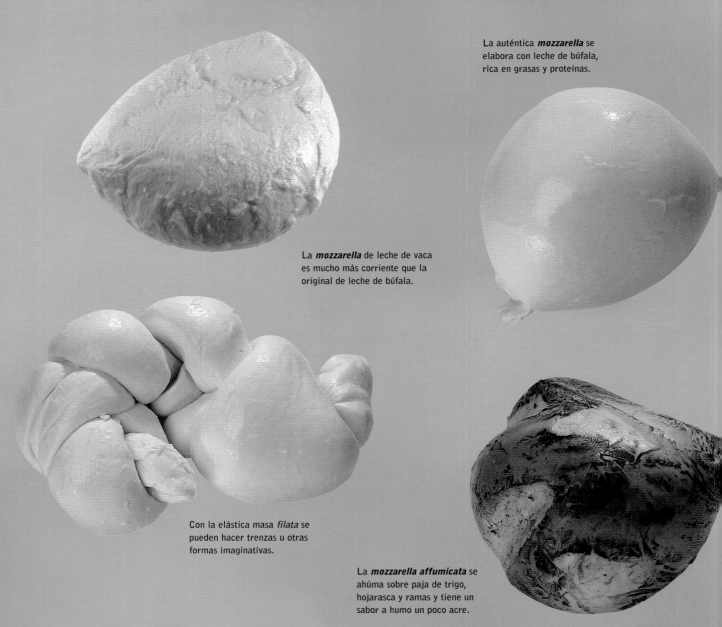

La auténtica *mozzarella* se elabora con leche de búfala, rica en grasas y proteínas.

La *mozzarella* de leche de vaca es mucho más corriente que la original de leche de búfala.

Con la elástica masa *filata* se pueden hacer trenzas u otras formas imaginativas.

La *mozzarella affumicata* se ahúma sobre paja de trigo, hojarasca y ramas y tiene un sabor a humo un poco acre.

La mozzarella

Esta especialidad italiana ha conquistado todas las cocinas del mundo, como lo hizo en su día el parmesano, aunque lo más corriente es que se utilice una imitación de leche de vaca. La también llamada *fiore di latte* (flor de leche) se suele comer como entrante ligero en verano acompañada de tomate y albahaca y es la estrella de cualquier pizza. Este queso ligeramente agrio y elástico es adecuado incluso para quien quiere perder peso, puesto que su contenido absoluto en materia grasa no sobrepasa el 20%.

La mozzarella se suele vender en bolas de unos 125 g con una salmuera ligera. Pero también la hay en tacos envasados al vacío o en forma de *bocconcini*, bolitas que caben en la boca. Este producto tan versátil pertenece al grupo de los quesos frescos, aunque se diferencia de ellos porque se elabora con el método *filata*. Primero se vierte suero a 45 °C sobre el cuajo grueso y se amasa hasta obtener una pasta elástica, que, luego, se corta en trozos *(mozzare)* y después se moldea en forma de cordón *(filare)*. Los cordones se sumergen a su vez en suero caliente, y se vuelven a amasar. A continuación, se corta la masa de queso en porciones y se les da forma. Las piezas se sumergen en salmuera sin curación previa para evitar que la superficie, blanda y sensible, se reseque. El mismo efecto se puede lograr ahumando el queso con paja de trigo, hojas y madera. Ese procedimiento otorga a la *mozarella affumicata* un peculiar sabor acre a humo.

La *burrata* es una especialidad del sur de Italia con mucha sustancia: la masa elástica de la mozzarella encierra un trozo de mantequilla *(burro)* o trocitos de queso *filata* bañados en nata dulce. Esta última variante se envuelve con las hojas estrechas de una liliácea muy abundante en el Mediterráneo. El queso, suave y dulce, gana en aroma al cabo de una a dos semanas de curación.

Tortas de centeno con mozzarella

Para entre 10 y 12 unidades
200 g de salvado de centeno
400 ml de caldo de verduras
1 cebolla en daditos
20 g de mantequilla
2 dientes de ajo picados
1 manojo de albahaca
2 huevos
1 cucharadita de mostaza de Dijon
2-3 cucharaditas de hojas de tomillo
sal y pimienta recién molida
80 g de pan rallado
100 ml de aceite de oliva, para freír
150 g de mozzarella cortada en rodajas

Cueza el salvado de centeno en el caldo de verduras a fuego medio durante unos 40 minutos, removiendo con frecuencia. Déjelo enfriar unos 15 minutos y escúrralo bien. Sofría la cebolla en la mantequilla y añádale los dientes de ajo y unas cuantas hojas de albahaca picadas. Mézclelo con el salvado de centeno e incorpore los huevos uno a uno. Condimente la masa con mostaza, pimienta, sal y tomillo. Agregue el pan rallado y mezcle bien, hasta obtener una masa uniforme. Dé forma a unas 10 o 12 tortitas de masa y dórelas a fuego medio en el aceite caliente. Ponga una rodaja de mozzarella sobre cada tortita y gratínelas en el horno. Adórnelas con una hoja de albahaca.

Mozzarella di buffala

Según la ley, sólo la mozzarella original elaborada con leche de búfala india puede recibir esta denominación. Las bolas de mozzarella hechas con la leche grasa y proteica de las búfalas son más grandes (unos 300 g) que las de leche de vaca, y contienen un 50% MG/ES, por lo que también son más nutritivas, elásticas y aromáticas. Los búfalos indios se utilizan como animales de carga y de trabajo desde el siglo XVI en los valles de los ríos que surcan el Lacio y la Campania, y, además, se ordeñan. Con el tiempo, la leche de búfala resultó insuficiente para satisfacer la creciente demanda de mozzarella.

Sándwich rápido de mozzarella

1 mozzarella de leche de búfala (unos 300 g)
8 rebanadas delgadas de pan blanco
sal y pimienta recién molida
125 ml de leche
2 huevos
harina
aceite de oliva

Corte la mozzarella en cuatro rodajas iguales, un poco más pequeñas que el pan. Pón-galas encima de 4 rebanadas, salpiméntelas y cúbralas con otra rebanada. Pase los sándwiches por la leche y presione bien los bordes. Bata los huevos y pase los sándwiches primero por el huevo y luego por la harina. Dórelos en el aceite y sírvalos enseguida.

Métodos singulares de elaboración

Quesos de pasta *filata*

Los *formaggi a pasta filata* se elaboran siguiendo un proceso particular. Estos quesos proceden del sur de Italia y el sudeste de Europa y se pueden clasificar dentro de distintos grupos según su curación y procedencia. El más famoso de todos es la *mozzarella* (véanse páginas 260 y 261), y otro de los máximos exponentes es el *caciocavallo,* un queso duro exquisito que, cuando es viejo, se suele reservar para rallar. Muy similar es el *provolone,* que se elabora con los matices de sabor *dolce* y *picante.* La variedad picante se hace con cuajo de cabrito. A diferencia de la mozzarella, el cuajo de los quesos de pasta *filata* curados se deja agriar otra vez antes de rociarlo con suero caliente, amasarlo y estirarlo. A la pasta elástica se le puede dar forma de cuadrado, bola, salchicha, pera o, como en el caso del *scamorza,* de cerdito. Al principio la pasta es fibrosa y se vuelve más homogénea y de grano más fino conforme avanza la curación. En Rumanía y los Balcanes, los quesos escaldados y amasados se conocen como «*kashkaval*» o «*cascaval*», en Turquía, como «*kasar*», y en Grecia, como «*kasseri*».

La familia del cheddar

En Inglaterra existe un proceso de producción particular, el *cheddaring,* que hoy es universal y desempeña un papel relevante sobre todo en Norteamérica, Australia y Nueva Zelanda. Los «quesos fermentados y salados durante el cuajado» de *tipo cheddar* pertenecen al grupo de los quesos duros o semiduros y se elaboran con leche de vaca. En el proceso de producción del cheddar, se deja que los granos del tamaño de guisantes del cuajo se amalgamen como una torta, que luego se corta en tiras que se van superponiendo e intercalando *(cheddaring)* y vuelven a fermentar. Una vez alcanzado el grado de acidez deseado, la masa coagulada se corta y se sala. Los trozos cortados, llamados *curd,* se colocan en moldes redondos forrados con paños y se prensan dos veces. El tiempo de curación original, de como mínimo nueve meses y hasta dos años, se ha reducido a tres o seis meses en la producción industrial. El llamativo color naranja amarillento de muchos quesos cheddar se debe al colorante vegetal annatto. Algunos de los miembros más conocidos de la familia cheddar son el *cheshire,* que en Europa continental se conoce como *chéster,* el *gloucester,* el *derby,* el *lancashire* y el *wensleydale.* Otro queso tipo cheddar es el *cantal,* con denominación de origen del Macizo Central francés.

Quesos en salmuera

La salmuera permite conservar durante mucho tiempo quesos frescos muy poco curados y sin corteza. La curación del queso prosigue mientras está sumergido en el líquido, que protege la delicada superficie de la infestación de hongos y bacterias e impide que se reseque. Este método permite conservar los quesos durante varios meses según del tipo que sean y la concentración de la salmuera. La salmuera era un método de conservación muy difundido sobre todo entre los pueblos de pastores y nómadas del sudeste de Europa y Oriente Próximo que les permitía conservar y transportar sus reservas en pellejos de cabra u oveja. El queso en salmuera más famoso e imitado de todos es el *feta* griego, que se elabora con leche cruda de oveja o, también, de cabra. Se da forma a la pasta y se prensa, y así se puede conservar de tres a cuatro semanas en una salmuera al 5 o 15%. El queso, color porcelana y entre duro y desmenuzable, desarrolla un sabor ovino muy acusado cuando la curación es larga. En Centroeuropa y Oriente Próximo se consume mucho *brinza,* un queso fresco de oveja que se conserva en leche o suero salados. De esos países procede también

El experto saca una muestra del queso con un perforador y comprueba su grado de curación y su calidad.

el *halloumi*, un queso tipo cheddar de leche de vaca, oveja o cabra conservado en salmuera.

Quesos ahumados

El ahumado influye positivamente tanto en el sabor como en la durabilidad de los quesos. El humo les resta humedad y protege la superficie de los hongos. Además, les otorga personalidad y les confiere un atractivo color entre amarillo dorado y marrón oscuro. Todos los grupos de quesos cuentan con alguna especialidad ahumada. La oferta abarca desde quesos frescos como la *ricota salata affumicata*, la *mozzarella affumicata* y el queso azul español *liébana picón* hasta otros duros y semiduros como el *queso ahumado*, el *san simón*, el *idiazábal* o el *emmental* ahumado de los Alpes.

Quesos de oveja

Tradicionalmente los quesos de leche de oveja se producen en las regiones con escasa vegetación de los países del sur y el sudeste del Mediterráneo y en los Balcanes. Debido al escaso rendimiento de ordeño de las ovejas (cada una produce entre 2 y 4 litros de leche diarios entre finales de noviembre y julio), el queso de oveja se sigue elaborando en queserías pequeñas y artesanales con leche cruda, por lo que es muy fácil percibir las diferencias de sabor típicas de cada zona. La leche es fuerte y aromática, con mucha grasa y proteínas, e incluso las personas alérgicas a la leche de vaca suelen tolerarla por su peculiar estructura proteínica. Muchos de los quesos que antaño se elaboraban con leche de oveja se fabrican hoy con leche de vaca, como el feta griego, para poder satisfacer la creciente demanda. Tenga en cuenta que no todo lo que se etiqueta como queso de oveja lo es al cien por cien. A excepción de los bioquesos, pueden tener sólo un 15% de leche de oveja.

Al principio de la elaboración del cheddar, los coágulos de cuajo se amalgaman como en una torta.

El cuajo cortado, llamado *curd*, se sala y se apila.

El *curd* se introduce en moldes forrados con paños.

Los quesos se curan durante varios meses a baja temperatura.

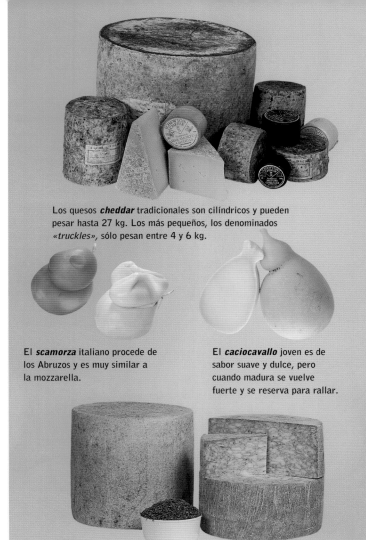

Los quesos *cheddar* tradicionales son cilíndricos y pueden pesar hasta 27 kg. Los más pequeños, los denominados «*truckles*», sólo pesan entre 4 y 6 kg.

El *scamorza* italiano procede de los Abruzos y es muy similar a la mozzarella.

El *caciocavallo* joven es de sabor suave y dulce, pero cuando madura se vuelve fuerte y se reserva para rallar.

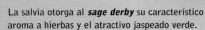

La salvia otorga al *sage derby* su característico aroma a hierbas y el atractivo jaspeado verde.

Un auténtico lujo: el *cheddar red wine* se mejora con vino tinto.

El *provolone* se fabrica con distintas formas y matices de sabor. Cuando se endurece, es perfecto para rallar y gratinar.

El *cantal* tiene un sabor entre ligeramente agrio y muy aromático.

Originalmente, el *feta* sólo se fabricaba con leche de oveja. Este queso fresco griego se conserva durante varios meses sumergido en salmuera.

Quesos de coagulación láctica

Los quesos de coagulación láctica son una contribución alemana. La coagulación de la leche, que puede durar entre diez minutos y dos horas, se lleva a cabo exclusivamente con bacterias lácticas, que transforman la lactosa en el ácido láctico que hace cuajar las proteínas. Del proceso resulta un requesón de leche agria que se sala, se mezcla con bacterias que favorecen la curación y se moldea tradicionalmente a mano. Según el tipo de queso, las pequeñas piezas redondas se tratan con fermentos amarillos o rojos o se rocían con mohos blancos (queso amarillo o queso con moho). Después maduran durante unos días. Su contenido de agua en la materia no grasa oscila entre el 60 y el 73%, por lo que se incluyen en el grupo de los quesos blandos o semiblandos.

La pasta de los quesos de coagulación láctica es transparente y de color entre blanco y amarillo, y se conoce vulgarmente como «dedo de cadáver». Los quesos jóvenes, de suave sabor y olor, se distinguen por un corazón blanco y de consistencia de requesón. Con la curación, desarrollan un sabor y olor fuerte y picante, por lo que a menudo se califican de «pestilentes». Por su gran cantidad de proteínas y su bajo contenido en materia grasa, menos del 10% MG/ES, los quesos de coagulación láctica son ideales para una dieta baja en calorías. Los tipos más conocidos son el *harzer*, el *mainzer* y el *olmützer*. En las regiones alpinas se elaboran el *tiroler* o *queso gris de Estiria* y el *glarner schabzieger*, con un proceso de curación más largo y más secos. Son más que nada quesos para untar. Los «quesos con música» (un tipo de queso elaborado con vinagre, aceite, comino y aros de cebolla) están deliciosos con cerveza, un vino blanco fuerte y ácido o sidra.

Los productos lácteos

Con leche se elaboran no sólo quesos sino también productos de fermentación láctica, nata y mantequilla. La leche recién ordeñada se agria a temperatura ambiente y se transforma en cuajada. La coagulación de la leche se puede controlar mediante la adición de determinados cultivos bacterianos y fermentos. El yogur, por ejemplo, contiene las cepas *Lactobacillus bulgaricus* y *Streptococcus thermophilu*, cuyo crecimiento es óptimo a una temperatura de 42 °C. Los productos lácteos frescos y ligeramente ácidos son uno de los elementos tradicionales de la dieta cotidiana en el este y el sudeste de Europa y en ciertas partes de India, y se les atribuye la propiedad de prolongar la vida. Otro producto al que se atribuye cierta acción curativa es el *kéfir*, originario del Cáucaso. Para elaborarlo, se sumerge en la leche un hongo que, además de agriarla,

El **gietost** se obtiene por evaporación del suero de leche de vaca o cabra.

El **queso *harzer*,** aquí con moho blanco y comino, es una contribución típicamente alemana al surtido de los quesos.

Postres sofisticados

La nata, dulce y cremosa, ha sido desde muy antiguo un alimento apreciado con el que los golosos más imaginativos preparan deliciosos postres. Se puede mezclar con huevo y azúcar, cacao, café, frutos secos, frutas o licores... *Panna cotta, crème brûlée, mousse au chocolat, bavarois* o *charlotte,* cualquiera de estos postres pone la guinda a una buena comida, y están entre los máximos exponentes del arte culinario. Muchas cremas se elaboran batiendo la nata con huevo al baño María. La adición de gelatina confiere a la nata una consistencia semisólida. La *panna cotta* (nata cocida) se liga sólo con gelatina, mientras que la esponjosa *mousse* adquiere consistencia gracias al chocolate.

El *mysost:* un queso de suero noruego

Una variedad singular de queso de coagulación láctica elaborado con suero (*myse* en noruego) es el *mysost* noruego. El que sólo lleva leche de cabra se denomina «*ekte gjetost*» (queso de cabra auténtico), mientras que el de leche de vaca o de mezcla de leche de vaca y cabra recibe el nombre de «*gudbransdal gjetost*». Se cuece el suero a fuego lento, de modo que la lactosa se caramelice, y se obtiene una pasta marrón, que se vierte en moldes rectangulares después de añadirle nata o leche, lo que determina su sabor y contenido graso (hasta 35% MG/ES). Este queso compacto, dulce y con sabor a caramelo es muy popular en Noruega, donde se suele comer con pan.

La mantequilla sigue siendo la estrella entre las grasas de untar.

provoca una fermentación de la lactosa que da lugar a una cantidad insignificante de alcohol. El *kumys* de Mongolia y el *airag* turco son bebidas de baja graduación elaboradas con leche de yegua fermentada.

Uno de los componentes más apreciados de la leche es la grasa, en forma de *nata*. Caliente en una sartén grande leche entera a 65 °C y déjela enfriar: comprobará que en la superficie se forma una nata espesa y granulosa. La *clotted cream* (nata espesa) del sur de Inglaterra se elabora así. La grasa también se puede separar de la leche por efecto de la fuerza centrífuga. La consistencia y calidad de la nata varían según su contenido en materia grasa. La *nata dulce* corriente contiene al menos un 30% de grasa, y la nata concentrada espesa, al menos el 43%. La nata dulce se puede transformar en *nata agria* (10% de grasa) o *schmand* (nata agria espesa, de 20 a 29% de grasa) añadiéndole cultivos de ácido láctico. La nata fresca espesa, o *crème fraîche* en francés, también es un poco ácida y contiene al menos un 30% de grasa.

La nata fresca o agria es la materia prima con la que se elabora la mantequilla: se bate o prensa la nata hasta que las bolitas de grasa se compactan en una masa, la *mantequilla de nata dulce* o la *mantequilla de nata ácida,* respectivamente. Otro producto resultante del proceso de batir la mantequilla es el *suero de mantequilla,* que apenas es graso pero contiene muchas vitaminas y minerales.

Panna cotta

1 vaina de vainilla

500 ml de nata

60 g de azúcar

4 hojas de gelatina blanca

500 g de bayas silvestres

3 cucharadas de azúcar lustre

Haga una incisión a lo largo de la vaina de vainilla, raspe la pulpa y ponga la vaina y la pulpa a hervir con la nata. Agregue el azúcar y déjelo cocer a fuego lento durante unos 15 minutos. Mientras tanto, ponga la gelatina en remojo en agua fría. Cuele la nata avainillada caliente y disuelva las hojas de gelatina escurridas en la nata colada. Enjuague con agua fría 4 flaneras pequeñas, llénelas de crema de vainilla y guárdelas en el frigorífico, tapadas, toda la noche, para que cuajen. Hierva casi todas las bayas con el azúcar lustre, tamícelas y deje enfriar la salsa. Desmolde la *panna cotta* en platos de postre y sírvala con la salsa y el resto de las bayas.

FRUTAS

Introducción

No importa si es del país, exótica o cítrica: la fruta siempre es sana, además de deliciosa, refrescante y dulce. Por eso no es de extrañar que precisamente la manzana fuera la primera gran tentación del hombre. Esta fruta sigue siendo un símbolo de seducción. Antiguamente, la fruta era un artículo de lujo reservado exclusivamente a las mesas de los ricos, pero hoy está al alcance de todo el mundo. La oferta de los mercados o de las fruterías de los supermercados seduce al consumidor por su enorme variedad de formas, colores, olores y matices de sabor. Además, la mayoría de las frutas se puede encontrar ya durante todo el año y no sólo durante unos pocos meses como antes. Los métodos de transporte y sistemas de refrigeración modernos nos permiten disfrutar de una oferta muy variada a lo largo de todo el año. Sin embargo, hay que fijarse en que la fruta esté realmente madura, porque se suele recolectar demasiado pronto y llega verde a los mercados. La fruta verde tiene la pulpa dura y seca y es muy poco aromática. Es recomendable comprar cada fruta en la temporada correspondiente o en plena temporada y, a ser posible, probarla antes. Esto no plantea ningún problema en los mercados ambulantes. La fruta en su grado óptimo de maduración, es decir, que ha sido recolectada en el momento oportuno y comercializada enseguida, sabe mejor, es más jugosa, blanda y dulce porque ha tenido tiempo de producir más fructosa. Además, contiene más vitaminas y menos sustancias nocivas procedentes del entorno. Muchas frutas tienen más sabor cuanto más pequeñas son, ya que los frutos pequeños contienen menos agua. La mayoría está riquísima sin añadirles nada más, pero hay quienes la prefieren con nata, helado o yogur. La fruta también está muy rica en pasteles, pudines y macedonias y es un ingrediente tradicional de muchos platos de pescado y carne.

La fruta proporciona grandes dosis de energía y salud: es rica en vitaminas, minerales y fibra, ácidos, pectinas, taninos e hidratos de carbono de fácil absorción. Éstas son algunas de las buenas razones para comer fruta variada varias veces al día. La fruta aporta pocas calorías porque contiene mucha agua, y algunas variedades son ideales para calmar la sed cuando hace calor.

Hoy en día ya no es necesario esperar a que sea la temporada para disfrutar de su fruta preferida. Además de las mercancías de importación, la fruta también se puede consumir exprimida fresca en zumo, conservada en licor, congelada, secada, confitada o en mermelada o confitura.

A grandes rasgos, se distinguen tres tipos de frutas: bayas, frutas con hueso y frutas con pepitas. Las bayas (como las uvas o las grosellas) tienen un sabor refrescante y agridulce y contienen muchas vitaminas y minerales. Para preservar la calidad es muy importante que estén correctamente envasadas y no vengan de muy lejos porque son muy delicadas. Todas las frutas con hueso (melocotones, albaricoques, ciruelas, cerezas) tienen una pulpa jugosa y blanda y un único hueso. En cambio, las frutas de pepita (manzanas, peras, membrillos) se distinguen por el pedúnculo, el residuo de la flor y un corazón con semillas marrones en su interior. Además, en nuestros mercados podemos encontrar numerosos tipos de cítricos y frutas exóticas que ya han pasado a formar parte integrante de nuestra cesta de la compra.

Defensa del consumidor

Existen distintas disposiciones y normativas destinadas a proteger al consumidor y orientarle a la hora de hacer la compra. Las manzanas, las peras, los albaricoques, las cerezas, los melocotones, las ciruelas, los fresones, la uva de mesa, los cítricos y los kiwis están catalogados por categorías vigentes en todo el territorio de la UE. Las bayas se clasifican en clases (clase extra, clase I, clase II). Las frutas frescas que se venden a granel deben llevar una etiqueta en la que se informe de su lugar de procedencia, la categoría (normativa de la UE o categoría comercial) y el nombre de la variedad. La fruta envasada debe ir etiquetada con el nombre y las señas del envasador, la denominación del producto, la indicación de cantidad en el momento de envasar y la fecha de caducidad.

La **Alphonse lavallée** negra se caracteriza por los granos bastante grandes y la pulpa dura.

La variedad **Italia** es una de las uvas de mesa blancas más comunes.

La **uva Sultana** es muy apreciada por su pulpa dulce y jugosa.

La uva

La *uva (Vitis vinifera)* es una de las frutas cultivadas por el hombre más antiguas. Pinturas halladas en tumbas atestiguan que ya se cultivaba en Egipto unos 3.000 años antes de nuestra era. Los antiguos griegos y romanos también eran grandes aficionados a esta fruta, tanto para comer como para elaborar vino.

La uva se da muy bien en regiones de clima templado pero con noches frescas: los países europeos que mayor cantidad producen son Italia, España y Francia. La uva se recolecta entre agosto y noviembre, pero se puede encontrar en nuestros mercados durante casi todo el año. La que no es de temporada procede de Sudáfrica, Chile y Argentina.

Por sorprendente que parezca, alrededor del 85% de la cosecha se destina a la producción vinícola y sólo un 10% se comercializa como uva de mesa (frutos más grandes con la piel más fina). El 5% restante sirve para producir uvas pasas (de Málaga, sultanas, de Corinto, etc.).

Hay uvas de mesa con y sin pepitas, blancas o negras, de granos grandes o pequeños y de piel gruesa o fina. Algunas de las variedades más apreciadas son la *Italia,* de grano grande y redondo (con pepitas, piel amarilla verdosa y un tenue aroma almizcleño), la pequeña *Perlette* (sin pepitas, un poco ácida y de piel fina) y la alargada *sultana* (de piel entre verde y dorada y escarchada, y pulpa consistente y jugosa). Entre las uvas negras cabe destacar dos variedades: la *Alphonse lavallée,* grande y redonda (con pepitas, de piel entre morada y negra, y consistente y dura), y la *Cardinal* (ovalada, de piel morada rojiza y pulpa dura, un poco insípida). La estrella entre las uvas es la *moscatel,* que se caracteriza por su aroma a miel, el grano redondo y muy liso y un gusto muy dulce; puede ser blanca o negra. La uva moscatel blanca es de un verde pálido o dorado, según el grado de maduración, mientras que la negra es roja o casi negra. Con uva moscatel se elabora el famoso vino dulce. A la hora de comprar uva hay que fijarse en que los granos estén tersos e intactos, tengan un color uniforme y no se desprendan del pedúnculo. La piel con un ligero matiz amarillento es signo de madurez y dulzor. Las uvas pequeñas y sin pepitas gozan de mucha aceptación. Aunque la uva se arruga enseguida a temperatura ambiente, refrigerada se conserva muy bien durante varios días. Una combinación exquisita son las uvas con queso y nueces. También están muy buenas en macedonia, con yogur, en *muesli* con otras frutas, o solas para decorar pasteles, tartas. u otros postres.

Uvas pasas, pasas de Corinto y sultanas

Uva pasa

Pasa sultana

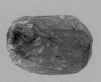

Pasa de Corinto

Las *uvas pasas* son la fruta desecada más conocida. Se obtienen de distintos tipos de uva de mesa tanto blanca como negra, como la jugosa moscatel. Son un ingrediente indispensable del cuscús y diversos platos de arroz. Las mejores pasas (grandes, de color ambarino y muy dulces) son las de California y España. A diferencia de las pasas corrientes, las *pasas de Corinto* no se secan al sol sino a la sombra. Además nunca tienen pepitas y tienen la piel más fina y oscura, casi negra. Deben su nombre a la ciudad portuaria griega de Corinto, donde ya eran muy apreciadas hace 2000 años. Las *pasas sultanas* son los granos desecados de la uva sultana. Son pequeñas, redondas y amarillas o marrones doradas, no tienen pepitas y son muy dulces. Las variedades de mayor calidad se importan de Turquía, Grecia, California y Australia. Las uvas pasas secadas al aire y no sulfatadas son las mejores. Los frutos secados por procedimientos artificiales y sulfatados deberían escaldarse en agua hirviendo y dejarse en remojo durante unos minutos antes de su consumo.

La vid es una de las plantas con la que más experimentos de laboratorio se llevan a cabo. La supresión de «factores perturbadores» es importantísima sobre todo para la producción vitivinícola. Pero también se han desarrollado nuevos cultivos de uva de mesa, como las uvas sin pepitas.

Ajo blanco

1 panecillo del día anterior
4 dientes de ajo pelados
200 g de almendras peladas
sal
125 ml de aceite de oliva
20 ml de jerez
300 g de uvas blancas cortadas
por la mitad

Deje el panecillo en remojo durante unos minutos en agua templada, escúrralo bien y póngalo en un cuenco junto con el ajo, una pizca de sal y las almendras. Tritúrelo todo el el robot de cocina. Vaya añadiendo el aceite de oliva y el jerez poco a poco. Tamice la mezcla y sirva la sopa fría acompañada de las uvas.

Los licores de frutas

Las bayas de verano fermentadas, como las fresas, las frambuesas o las moras, se suelen emplear para la elaboración de licores o aguardientes. La región de Alsacia ofrece una variedad muy amplia de licores de frutas. Todos ellos tienen en común la alta graduación alcohólica (45%), la falta de color y el olor y sabor puros de la fruta base. Además, no contienen azúcar añadido. Los licores de frutas servidos muy fríos y en copitas son el complemento ideal de diversos postres y pasteles de frutas elaborados sobre una base de crema y cubiertos por la misma fruta del licor.

Existen muchas variedades de fresas cultivadas. La recolección va de marzo a mayo.

El vinagre de frambuesa

Los vinagres de frutas, en particular el de frambuesa, gozan de gran popularidad entre los gastrónomos. Hoy en día, todos los supermercados bien surtidos ofrecen vinagres aromatizados de excelente calidad. Para elaborarlos en casa hay que procurar que todos los ingredientes sean muy frescos y que los envases estén esterilizados y secos. La base ideal para un vinagre de frambuesa es un vinagre de vino blanco. Éste se vierte en botellas junto con las frambuesas (y, si se desea, otros condimentos, como estragón) y se deja reposar al menos durante catorce días. La delicada acidez del vinagre de frambuesa o fresa combina a la perfección con macedonias, ensaladas de legumbres y de lechuga, y asados de aves.

Fresas y frambuesas

Existen numerosas variedades de *fresas cultivadas (Fragaria x ananassa)* y fresones (de mayor tamaño). Se diferencian por el tamaño, el color, la forma, el sabor y la firmeza de la pulpa. Por norma general, cuanto más pequeños y oscuros son los frutos, más aromática es su pulpa. Las fresas son frutos compuestos; la baya propiamente dicha es en realidad un engrosamiento del eje floral. Los verdaderos frutos son las pequeñas semillas amarillentas que la recubren. Las fresas cultivadas se recolectan en junio y julio. Algunas de las variedades más exquisitas son la *Cambridge Favourite*, mediana, la *Elsanta*, algo más grande y muy dulce, la *Elvira*, ovalada y de color rojo intenso, y la *Gorella*, de forma cónica, roja oscura y de pulpa blanquecina.

Las variedades de «producción continuada» florecen a lo largo de todo el otoño y son más jugosas pero no tan dulces como las de verano. Las *fresas silvestres (Fragaria vesca)*, las precursoras de las fresas cultivadas, crecen principalmente en las lindes de los bosques, los taludes, los senderos y los claros del bosque. Son mucho más pequeñas pero de sabor más intenso que las fresas cultivadas. Las más pequeñas de entre las fresas silvestres son las de la variedad *Hautbois*, mientras que las *fresas alpinas* son más grandes y aromáticas. También hay variedades amarillas y blancas con un ligero sabor a vainilla.

Las *frambuesas (Rubus spp.)* pertenecen a la familia de las Rosáceas, igual que las fresas, y son originarias de las regiones montañosas de Europa y Asia. Las grandes *frambuesas cultivadas*, con su penetrante sabor agridulce, se comercializan desde finales de junio hasta septiembre. Las *frambuesas silvestres* tienen un sabor mucho más intenso y crecen en claros soleados y en las lindes de los bosques. Existen numerosas variedades de frambuesa, casi siempre de color rojo oscuro y, a veces, amarillo, a las que se añaden constantemente nuevos cultivos, como el *Heritage,* una variedad tardía de excelente sabor, o el *Malling Jewel,* un tipo de frambueso muy productivo. Es preferible consumir las frambuesas el mismo día de la compra, aunque se conservan hasta dos días en el frigorífico.

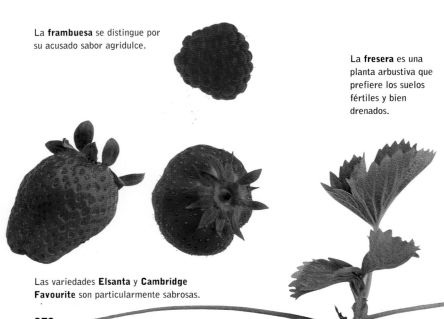

La **frambuesa** se distingue por su acusado sabor agridulce.

La **fresera** es una planta arbustiva que prefiere los suelos fértiles y bien drenados.

Las variedades **Elsanta** y **Cambridge Favourite** son particularmente sabrosas.

Crema roja
y amarilla
de requesón

5 hojas de gelatina incolora
2 huevos pequeños
80 g de azúcar
1 sobrecito de azúcar avainillado
250 g de requesón de nata
(40% MG/ES), escurrido
150 g de albaricoques
100 g de frambuesas
2 cucharaditas de miel
50 g de almendras fileteadas
50 g de coco rallado

Ponga las hojas de gelatina en remojo durante unos 10 minutos. Separe las claras

de las yemas y póngalas en recipientes separados. Bata las yemas con un batidor de varillas e incorpore el azúcar y el azúcar avainillado y, a continuación, el requesón. Escurra la gelatina, disuélvala al baño María, añádale un poco de la masa de requesón y mézclela en seguida con el resto de la masa de requesón. Déjelo en del frigorífico durante unos 20 minutos. Triture los albaricoques y las frambuesas por separado y añada una cucharadita de miel a cada puré. Monte las claras a punto de nieve e incorpórelas con cuidado a la crema de requesón fría. Agregue los purés de frutas a la crema por separado para conseguir una franja roja y otra amarilla. Refrigere la crema hasta que se solidifique. Mientras tanto tueste las almendras fileteadas y el coco rallado sin nada de grasa. Con una cuchara, disponga unas nueces de crema de requesón en platos de postre. Esparza por encima la mezcla de almendras y coco.

Arroz con
almendras y fresas

50 g de almendras picadas
125 g de nata montada
250 ml de leche
50 g de azúcar
1 pizca de sal
80 g de arroz redondo
4 gotas de aceite de almendra amarga
30 g de mantequilla
60 g de azúcar de lustre
80 g de almendras fileteadas
2 cucharadas de aceite de girasol
125 g de jalea de grosellas
250 g de fresas lavadas y cortadas
por la mitad
2 cucharadas de licor de casis

Mezcle las almendras picadas, la nata, la leche, el azúcar y una pizca de sal y ponga la mezcla a hervir. Añada el arroz redondo y el aceite de almendra y déjelo cocer a fuego lento removiendo de vez en cuando durante 30 minutos. Déjelo enfriar. Dore las almendras con el azúcar de lustre y la mantequilla en una sartén y remueva la mezcla hasta que adquiera una tonalidad marrón dorada. Extienda la masa de almendras todavía caliente sobre una superficie enaceitada aplastándola con una cuchara de madera untada con aceite y déjela enfriar. Caliente la jalea de grosellas hasta que esté líquida, añádale las fresas y el casis y deje macerar la mezcla durante unos 30 minutos. Vaya cogiendo bolas de masa de arroz con una cuchara humedecida, sírvalas en platos, acompáñelas de las fresas y decórelo con las almendras tostadas.

Las frutas maceradas

Las frutas frescas se conservan muy bien maceradas en licor de alta graduación. Ambos ingredientes salen beneficiados de esta combinación: las frutas absorben el sabor del licor y el líquido se aromatiza con las frutas. El ron, la ginebra y el brandy combinan muy bien con las frutas de verano y otoño, y el kirsch (aguardiente de cerezas), con frambuesas, moras, moras de Logan y

piña. La uva y los albaricoques quedan muy bien con whisky. Utilice sólo frutos maduros, pero no demasiado para que mantengan la forma.

Las bayas, los albaricoques y los melocotones se pueden poner en conserva crudos, mientras que las peras, las manzanas y algunas ciruelas deben escaldarse previamente. Es importante que el licor cubra totalmente las frutas y que no

queden burbujas de aire al cerrar los tarros. El *rumtopf* es una especialidad alemana muy popular que se elabora con ron o arak y frutas de temporada que se van agregando poco a poco. También son exquisitas las cerezas picotas o las guindas en aguardiente.

Arándanos, moras y grosellas

Los *arándanos (Vaccinium myrtillus)* son el principal representante de las ericáceas. Esta planta con pequeños frutos de color negro azulado ligeramente escarchados crece silvestre en los bosques de coníferas y en los brezales. Los frutos silvestres jugosos, de aroma entre dulce y un poco amargo y muy ricos en vitaminas, saben mejor recién cogidos de la planta. Pero en nuestros mercados predominan los arándanos de cultivo, en su mayoría importadas de Polonia. Estos frutos son más grandes y de pulpa más dura y no son azules por dentro. A menudo carecen del aroma típico de los arándanos silvestres, pero siguen siendo dulces y tienen un aroma muy agradable. Los arándanos se deben consumir lo antes posible porque son muy delicados, y es necesario separar de inmediato los frutos dañados. Se pueden conservar en el frigorífico durante varios días. Los arándanos se emplean en cocina para la elaboración de crepes, tartas, magdalenas o compota.

Las *moras* son el fruto de la zarza *(Rubus fruticosus)*, que pertenece a la familia de las Rosáceas, como las fresas y las frambuesas. Los frutos entre morado y negro suelen crecer silvestres en las lindes de los bosques y el margen de los caminos. Entre agosto y septiembre también se puede encontrar en el mercado variedades cultivadas. Los frutos frescos se distinguen por su pulpa lisa, brillante y firme. Las moras quedan muy bien congeladas, aunque entonces adquieren una tonalidad violeta oscuro. Los pequeños frutos se emplean para la elaboración de compotas, confituras y jaleas, licores, jugos y vino. Las moras frescas están deliciosas en tartas y macedonias. Calientes son un acompañamiento ideal de los helados.

Existen variedades de *grosella (Ribes spp.)* blancas, rojas y negras, y cada una tiene un sabor muy característico y singular. Las gro-sellas rojas son ácidas y refrescantes, las blancas o amarillentas son un poco más dulces, y las negras tienen un sabor entre acre y aromático y un poco amargo. Sólo las grosellas rojas se comercializan a partir de mediados de junio hasta septiembre. Las demás variedades se cultivan sobre todo en jardines privados. Las grosellas rojas están buenísimas con yogur, requesón o en batidos de frutas. También se emplean tradicionalmente para la elaboración de jaleas, y son un ingrediente indispensable de la salsa *cumberland,* que acompaña platos de caza y patés fríos. Las grosellas negras son la base del casis, un licor francés que no puede faltar en el famoso cóctel «Kir Royal».

Los italianos llaman macedonia a una mezcla de frutas del bosque rojas y negras que se sirve muy fría.

Muffins de arándanos

Para unos 12 muffins

1 huevo grande

150 g de azúcar

1 sobrecito de azúcar avainillado

100 ml de aceite vegetal

125 ml de suero de mantequilla

280 g de harina

2 cucharaditas de levadura en polvo

^{1}/2 cucharadita de bicarbonato sódico

1 pizca de sal

340 g de arándanos rojos

azúcar de lustre

Precaliente el horno a 200 °C. Engrase un molde múltiple para magdalenas o ponga un papel de magdalena en cada hueco. Mezcle el huevo con el azúcar y el azúcar avainillado y añádales el aceite y el suero de mantequilla. Mezcle la harina con la levadura en polvo, la sal y el bicarbonato y agregue la mezcla a la crema de suero de mantequilla. Añada los arándanos. Vierta la masa en los moldes y hornee los *muffins* a media altura durante 25 o 30 minutos. Déjelos enfriar y sírvalos espolvoreados con el azúcar de lustre.

Las bayas de la **uva espina** contienen mucha vitamina C; 100 g bastan para cubrir las necesidades diarias.

Casi todos los **arándanos cultivados** que llegan a nuestros mercados proceden de Polonia.

Las **moras**, de color morado o totalmente negras, crecen principalmente en las lindes de los bosques y al borde de los caminos. Son ricas en vitamina E.

Los **cranberrys**, o arándanos agrios, están emparentados con los arándanos comunes y los arándanos rojos, a los que recuerdan por su sabor.

Las **grosellas** rojas contienen mucha menos vitamina C que las negras.

Boysenberrys

Existe una gran cantidad de híbridos obtenidos a partir de las frambuesas y las moras, como las *bayas de Logan*, que se cultivan principalmente en las costas americanas del Pacífico y Nueva Zelanda. Las *boysenberrys* fueron creadas en 1925 por Rudolph Boysen a partir de bayas de Logan, frambuesas y moras. Este fruto recuerda una mora grande y de color violeta rojizo y llama la atención por su intenso aroma. Es mucho más dulce que la baya de Logan. Los frutos alargados y muy jugosos son muy delicados y no admiten transportes largos. Por eso llegan a Europa congelados, en puré o en zumo concentrado y se utilizan para la elaboración de compotas y mermeladas.

Grosellas negras

Las bayas, la corteza y las hojas del *grosellero negro (Ribes nigrum)*, o casis, se suelen recolectar exclusivamente con fines medicinales. Las virtudes medicinales de esta planta, que tiene propiedades diuréticas, fungicidas y antivirales, eran conocidas ya en el siglo XVI. Con las hojas se prepara una infusión que se emplea para combatir los resfriados, los dolores de estómago y las molestias reumáticas y articulares. Hacer gárgaras con una infusión de casis cura las infla-

maciones de la cavidad bucal. Las grosellas negras contienen más vitamina C que cualquier otra fruta, por lo que su zumo es uno de los más sanos que existe. Incluso se dice que previene la neumonía.

Bayas de saúco

El *saúco (Sambucus nigra)* es uno de los pocos integrantes de la familia de las Caprifoliáceas cuyos frutos son comestibles, pero sólo cocidos. El saúco crece silvestre en las lindes de los bosques y entre los setos vivos, aunque también se cultiva en los jardines. Este arbusto de flores blancas amarillentas muy fragantes es muy habitual junto a las tapias de antiguos monasterios y fincas agrícolas, donde se solía cultivar por sus propiedades curativas, diuréticas y sudoríficas. El zumo de saúco, que se obtiene de las flores, sigue siendo un remedio casero importante para combatir los resfriados. El saúco también se consideraba una protección eficaz contra los malos espíritus y por eso se cultivaba cerca de las casas. Según las creencias populares, la dama de las nieves, a la que se atribuía el poder sobre la muerte y la resurrección y la climatología, habitaba en el saúco. Antiguamente, las pequeñas bayas de saúco de color negro violáceo también se empleaban como colorante o para la elaboración de vino.

Posteriormente quedaron relegadas a la adulteración de vinos de mala calidad.

Las flores del **saúco** son comestibles; rebozadas en una masa dulce líquida y fritas están exquisitas.

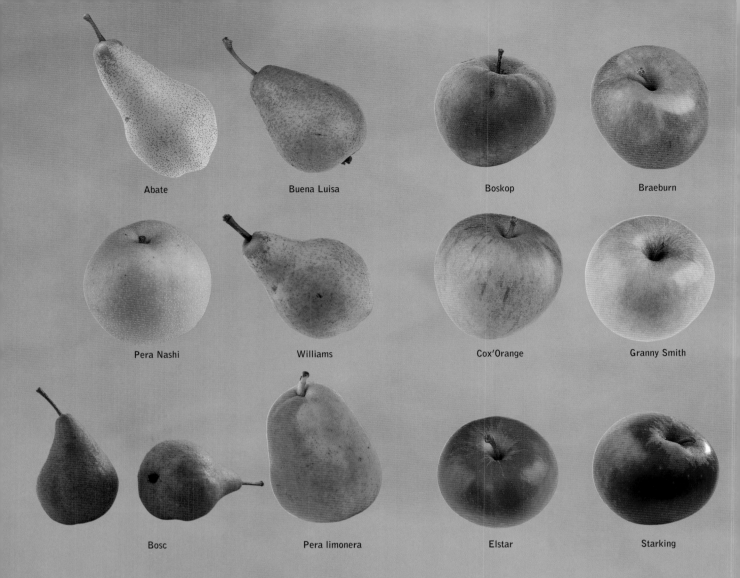

Abate | Buena Luisa | Boskop | Braeburn

Pera Nashi | Williams | Cox'Orange | Granny Smith

Bosc | Pera limonera | Elstar | Starking

Manzanas y peras

Las *manzanas (Malus spp.)* son una de las frutas más antiguas que existen. En la antigüedad se consideraban un símbolo de la fertilidad, mientras que en la simbología cristiana representan el fruto prohibido. Además, las manzanas encarnan el amor, la juventud y la belleza. Hay más de 100 variedades distintas, pero únicamente 20 tienen alguna importancia económica. Las más importantes son la *Golden Delicious* y la *Cox'Orange*, seguidas muy de cerca por la *Boskop*, la *Granny Smith*, la *Jonagold* y la *James Grieve*. Otras variedades más recientes, sobre todo de piel roja (por ejemplo *Elstar, Gloster, Jamba* y *Braeburn*) gozan de cada vez más aceptación entre los consumidores. Las manzanas frescas y maduras (la recolección va de agosto a noviembre) son muy sanas. ¡Pero no hay que pelarlas! Y es que las sustancias saludables (vitamina C en abundancia, fibra y flavonoides, que tienen una acción cardioprotectora) se localizan en la piel o justo debajo de ésta. Las manzanas se comen preferentemente crudas o en pasteles. Casi todos los países cuentan con su propia receta de pastel de manzana: en España, la tarta de manzana, en Alemania, el *pastel de manzana de*

Suabia y el *pastel de manzana con nata* de Odenwald, en Francia, la *tarta Tatin,* y en Inglaterra, el *apple crumble with custard.*

Las *peras (Pyrus communis)* siempre han ocupado un segundo lugar por detrás de las manzanas, a pesar de que se cultivan desde hace 3000 años. En comparación con las manzanas, contienen menos sustancias ácidas y, por lo general, más azúcar. Existen distintos tipos de pera dependiendo de la época del año: una variedad de verano muy apreciada es la *Clapps Liebling,* en otoño madura la deliciosa *Williams Christ* y en invierno nos encontramos con la *Alexander Lucas.* Las peras se suelen recolectar antes de que hayan madurado del todo, porque las frutas muy maduras pueden tener la pulpa demasiado granulosa. Cuando vaya a comprar peras, fíjese en que tengan la piel lisa y sin golpes y que la carne sea firme pero no muy dura. Los frutos demasiado maduros presentan partes blandas alrededor del pedúnculo. La mayor parte de las peras se consumen frescas, aunque también sirven para preparar pasteles o postres, como las *peras a la «Bella Helena»* (peras con helado de vainilla bañadas en chocolate caliente) o las peras al vino.

La variedad **Granny Smith** se cultiva también en Europa (sobre todo en España). El árbol sigue echando flores a pesar de presentar frutos en estado muy avanzado.

Tarta de manzana

Ingredientes para unas 12 porciones
Para la masa:

400 g de harina

$^1/_2$ cucharadita de sal

350 g de mantequilla fría en dados

1 huevo

6 cucharadas de agua fría

Para el relleno:

6 manzanas (Cox'Orange o Boskop)

2 cucharaditas de zumo de limón

80 g, de cada, de azúcar blanco y moreno

2 cucharaditas de canela molida

2 cucharaditas de miel

2 cucharaditas de mantequilla

1 yema de huevo

Amase la harina, la sal y la mantequilla en un cuenco con las manos. Bata el huevo con el agua y agréguelo a la masa en cuanto adquiera la consistencia de miga de pan. Siga amasando hasta obtener una masa homogénea, envuélvala en film transparente y déjela enfriar en el frigorífico durante 1 hora. Precaliente el horno a 200 °C. Pele las manzanas, córtelas en cuartos y descorazónelas, corte de nuevo cada trozo por la mitad y rocíelos con el zumo de limón. Mezcle los dos tipos de azúcar con la canela y la harina y espolvoree la mezcla sobre las manzanas. Extienda la mitad de la masa sobre una superficie de trabajo enharinada y colóquela en un molde de tarta cubriendo el fondo y los bordes. Distribuya el relleno de manzana por encima y cúbralo con la otra mitad de la masa, previamente extendida también. Presione los bordes, pinte la masa con la yema de huevo, pínchela varias veces con un tenedor y hornee la tarta a altura media durante unos 35 o 45 minutos.

Peras al vino

1 botella de vino tinto con cuerpo (750 ml)

250 g de azúcar

1 rama de canela

2 clavos de olor

1 kg de peras pequeñas y consistentes para cocer

Ponga a hervir la mezcla de vino tinto, azúcar, canela y clavos a fuego lento. Coloque las peras lavadas con el pedúnculo hacia arriba en una fuente refractaria. Rocíe las peras con el vino tinto y hornéelas durante cerca de 1 hora en el horno precalentado a 150 °C hasta que estén blandas pero sin llegar a deshacerse. Déjelas enfriar y sírvalas templadas o frías.

Cerezas y ciruelas

Los *cerezos (Prunus spp.)* prosperan desde hace muchos siglos en todas las regiones de clima templado de la Tierra. Las primeras *cerezas dulces (Prunus avium)* se recolectan a finales de mayo. Éstas pueden presentar distintas tonalidades, como amarillo, rojo o negro. Las más apreciadas son las cerezas de la variedad duracina, de color rojo oscuro y pulpa firme y jugosa, y la picota, especialmente famosa la del Valle del Jerte. Compre sólo cerezas turgentes con la piel brillante y sin manchas, a poder ser que todavía conserven el pedúnculo. Las *cerezas agrias* o *guindas (Prunus cerasus)* son ideales para cocer y hornear (como la famosa variedad de guinda *schattenmorelle*). Un tipo especial de cereza es la variedad *maraschino*, una cereza silvestre diminuta muy popular sobre todo entre los barmans. Las cerezas frescas se estropean enseguida, pero se conservan varios días en el frigorífico sin lavar y dentro de una bolsa de plástico perforada, separadas de otros alimentos de olor fuerte. Las cerezas se comen crudas pero también admiten todo tipo de preparaciones: en compota, confitura o zumo, por ejemplo. Las cerezas frescas combinan muy bien con postres de requesón, yogures, pasteles y tartas. Confitadas sirven para decorar diversos platos, y también tienen fama los licores (maraschino) y aguardientes (kirsch de la Selva Negra) de cereza.

Los cerezos empiezan a florecer a principios de marzo, y la cosecha tiene lugar al cabo de unos cuatro meses, según la variedad.

Las *ciruelas (Prunus spp.)* son una fruta que ofrece una enorme variedad de tamaños y colores, como ciruelas *damascenas*, *claudias*, *mirabelle* o *amarillas*. Casi todas tienen forma redonda y presentan una línea central que las atraviesa de punta a punta. Su pulpa es blanda, jugosa y un poco ácida y está adherida a un hueso central. Sólo las ciruelas damascenas tienen forma alargada y puntiaguda y una pulpa de color amarillo dorado que se desprende fácilmente del hueso, como las ciruelas mirabelle. Las ciruelas maduras son muy delicadas, por lo que hay que comprar únicamente frutos turgentes y firmes, que cedan un poco a la presión y desprendan un aroma agradable. Quedan muy bien en pasteles, confituras y mermeladas, aunque también se pueden emplear para la elaboración de licores, como el *slibowitz*.

La **ciruela** ofrece una enorme variedad: ciruela morada, *mirabelle*, claudia, etc.

Las **ciruelas damascenas** se caracterizan por su forma alargada y la pulpa amarilla dorada.

Pasteles de ciruela

Las ciruelas son una fruta excelente para hornear, y casi todas las regiones cuentan con recetas propias. A finales de verano se prepara en Alemania un pastel de ciruelas damascenas que es una especie de bizcocho recubierto generosamente de rodajas de ciruela. Los bávaros y los suabios lo denominan «*Datschi*», y en Baden recibe el nombre de «*Zwetschgenwaihe*». En Passau tienen fama los buñuelos de ciruela, que consisten en ciruelas rebozadas y fritas en aceite caliente y espolvoreadas con una mezcla de cacao y azúcar. En Turingia preparan un flan de ciruelas que acompañan con una salsa de canela. En Bohemia son típicos los bollos rellenos de ciruela y un terrón de azúcar. En Austria se pirran por las albóndigas de ciruela, que en Chequia y Eslovaquia se conocen como albóndigas de *powidl* y están rellenas de mermelada de ciruela.

La **schattenmorelle** es una variedad de guinda de pulpa jugosa y agridulce.

Las **cerezas negras** son una de las variedades dulces y carnosas más apreciadas.

Croquetas de sémola con guindas borrachas

100 ml de leche

1 cucharada de azúcar de caña

40 g de sémola de trigo duro

1 sobre de aroma de limón

4 yemas de huevos medianos

7 claras de huevo

1 pizca de sal

80 g de azúcar

10 g de harina

10 g de almidón de trigo en polvo

1 sobre de azúcar avainillado

8 cucharadas de mantequilla clarificada

250 g de guindas deshuesadas

100 g de azúcar de lustre

2 cucharadas de sirope de granadina

4 cucharadas de kirsch

1 cucharadita rasa de almidón de trigo en polvo

azúcar de lustre para decorar

Ponga a hervir la leche con el azúcar de caña, agregue la sémola y el aroma de limón y remueva la mezcla hasta que la masa se desprenda del fondo. Déjela enfriar en un cuenco. Bata las claras a punto de nieve con la sal y 1/3 del azúcar y añada el resto del azúcar. Agregue las yemas, la harina, el almidón de trigo y el azúcar avainillado a la masa de sémola y, a continuación, incorpore también las claras montadas. Hierva las guindas con el azúcar de lustre y el sirope de granadina, disuelva el almidón de trigo en el kirsch y vierta la mezcla en las guindas calientes. Forme unas croquetas alargadas con la masa de sémola y fríalas con cuidado 1 minuto por cada lado en la mantequilla clarificada caliente. Disponga las croquetas en un plato, vierta las guindas por encima y decórelo con azúcar de lustre.

Melocotones, nectarinas y albaricoques

El *melocotonero (Prunus persica)* crece preferentemente en regiones de clima cálido o templado. Se cultiva sobre todo en Italia, España, Grecia y California. Este árbol frutal originario de China llegó a Persia a través de la Ruta de la seda y, desde allí, a Grecia y Roma. El melocotón, un fruto de hueso del tamaño de una manzana y piel entre roja y amarilla cubierta de pelusa, es muy apreciado desde la antigüedad. En China se consideraba un símbolo de inmortalidad y se creía que protegía de los malos espíritus. Los franceses quedaron tan impresionados por esta fruta de forma sugerente que bautizaron una de sus variedades con el nombre de «*téton de Vénus*» *(pezón de Venus)*. La pulpa de los melocotones puede ser blanca, amarilla o roja según la variedad. Italia es uno de los países productores más importantes de Europa, sobre todo de melocotones amarillos. La temporada del melocotón va de mayo a septiembre. Hay que comprarlos maduros y consumirlos enseguida, porque son delicados y se pudren con facilidad. Existe una gran variedad de deliciosos postres y pasteles con melocotón. Un postre con fama mundial es el *melocotón Melba*, que consiste en melocotón, helado de vainilla, puré de frambuesas y barquillos. El cocinero francés August Escoffier creó este postre en honor a la cantante de ópera australiana Nelli Melba.

La pequeña diferencia entre las *nectarinas (Prunus persica var. nucipersica)* (una mutación del melocotón) y los melocotones reside en la piel: la piel de las nectarinas es lisa, sin vello y de color más intenso. La pulpa, que puede ser amarilla, blanca o rojiza, es algo más ácida. La temporada de la nectarina se extiende desde la primavera hasta principios de otoño. La nectarina tiene que tener un aroma agradable y no presentar manchas ni golpes. Los frutos no deben ser demasiado duros. Solas están buenísimas, pero también sirven para preparar macedonias, *carpaccios* con zumo de lima, mermeladas, *chutneys*, pasteles y tartas.

Los *albaricoques (Prunus armeniaca)* crecen en todas las regiones subtropicales. Algunos cultivos se dan también en zonas de clima templado y se cultivan en España y otros lugares de Europa. Los albaricoques tienen forma redondeada, con la piel aterciopelada de color amarillo anaranjado, a veces un poco rosada, y la pulpa del mismo color y con un sabor un poco ácido, según la variedad. La temporada va de mayo a agosto. En Centroeuropa, la producción procede de Túnez, Italia y California a partir de mayo, y de Grecia en junio y julio. A partir de julio se abastecen de su propia producción, siempre que la cosecha haya resistido las heladas de primavera. Sólo los frutos maduros alcanzan su grado óptimo de dulzor, por lo que no deben estar ni demasiado duros ni demasiado blandos en el momento de la compra. Los frutos excesivamente maduros carecen de jugo y son harinosos e insípidos. Los frutos verdes maduran un poco a temperatura ambiente. Una parte de la cosecha se destina a la elaboración de orejones (compre sólo albaricoques secos biológicos). El albaricoque es muy apreciado en los países árabes y un ingrediente indispensable de muchos platos de cordero. La aromática mermelada de albaricoque redondea todo buen desayuno.

El **melocotón blanco** tiene una carne blanca muy aromática.

El **melocotón amarillo** se produce principalmente en España e Italia.

El **melocotón rojo** tiene la pulpa de color rojo brillante.

Las **nectarinas** son una mutación del melocotón. También hay variedades de carne blanca y amarilla.

Existen más de 40 variedades distintas de **albaricoque**.

Los melocotones rojos
quedan muy bien en
mermelada.

Melocotones
con almendras

4 melocotones amarillos fuertes
1 cucharada de zumo de limón
75 g de cidrada picada fina
75 g de amaretti *triturados*
3 cucharadas de azúcar
1 yema de huevo
40 ml de marsala
8 almendras peladas
mantequilla para untar
250 ml de vino blanco

Lave los melocotones, pélelos, córtelos por
la mitad y deshuéselos. Rocíe las mitades de
melocotón con el zumo de limón. Mezcle la
cidrada y los *amaretti* con el azúcar, la yema
de huevo y el marsala. Rellene los medios
melocotones con esta masa y ponga una
almendra sobre cada uno. Unte una fuente
refractaria con la mantequilla, ponga los
melocotones en la fuente, rocíelos con el
vino blanco y hornéelos durante unos 15 o
20 minutos a 175 °C. Pueden servirse fríos
o calientes.

Tarta de albaricoque y mazapán

Para la masa quebrada:
300 g de harina de trigo
1 huevo mediano
100 g de azúcar
1 pizca de sal yodada
la ralladura de 1 limón biológico
200 g de mantequilla o margarina fría
en trocitos
harina para espolvorear
aceite para untar

Para el relleno:
700 g de albaricoques
150 g de masa de mazapán
en rodajas finas
150 g de nata agria
2 huevos medianos
20 g de azúcar
2 cucharadas de ron
3 cucharadas de pistachos picados

Tamice la harina en un cuenco y añádale la
sal, el huevo, el azúcar, la ralladura de limón
y la mantequilla. Amase todos los ingredientes hasta que obtenga una masa homogénea, forme unas bolas de masa, envuélvalas en film transparente y déjelas reposar en
el frigorífico durante 30 minutos. A continuación, extienda la masa sobre una superficie enharinada y colóquela en un molde de
tarta engrasado cubriendo el fondo y los
bordes. Pinche el fondo varias veces con un
tenedor. Haga un corte en forma de cruz en
la piel de los albaricoques, escáldelos con
agua hirviendo, pélelos, córtelos por la mitad
y quíteles el hueso. Precaliente el horno a
175 o 200 °C. Cubra el fondo de la tarta con
rodajas de mazapán, reparta los albaricoques
por encima, con la parte abombada hacia
arriba, y hornee la tarta durante 15 minutos.
Mezcle la nata, los huevos, el azúcar y el ron
y vierta la mezcla sobre los albaricoques.
Hornéelo durante 25 minutos más. Sirva la
tarta caliente con los pistachos picados
esparcidos por encima.

Los **plátanos** (aquí, de la variedad Sixola) transforman la fécula en azúcar conforme van madurando.

Los **plátanos macho** son menos dulces que los otros y tienen la cáscara verde. Ésta se torna negra según el grado de maduración.

Los **plátanos rojos** proceden principalmente de Tailandia, son de color rojizo o rosado.

Los **plátanos enanos** se caracterizan por tener una pulpa muy aromática.

Plátanos flambeados con miel

aceite de oliva
5 cucharadas de miel
3 naranjas exprimidas
1 limón exprimido
4 plátanos pelados
1 chorrito de ron negro
nata montada

Caliente la miel y el zumo de naranja y de limón en un poco de aceite caliente. Añada los plátanos y caliéntelos a fuego lento dándoles la vuelta varias veces. Rocíelos con el ron y flambéelos. Sírvalos enseguida acompañados de nata montada.

Plátanos, higos y kiwis

Los *plátanos (Musa paradisiaca)* son los frutos feculentos de la planta herbácea homónima, semejante por su aspecto a una palmera y de entre tres y ocho metros de altura. Los plátanos o bananas crecen de las flores purpúreas alrededor de un eje central agrupados en hileras de 10 a 25 frutos cada una. Aparte de los plátanos corrientes (*Dole, Chiquita, de Canarias)* que llegan a nuestros mercados procedentes de las islas Canarias, el oeste de India y Centro y Sudamérica, en los últimos años también podemos encontrar en las fruterías los aromáticos *plátanos enanos* de Colombia, Malasia y Tailandia. Otro tipo menos conocido son los *plátanos macho* o para cocer de origen africano. Estos plátanos bastante grandes son un alimento básico en los países donde se

cultivan y las exportaciones están creciendo cada vez más. Los plátanos se recolectan verdes y se dejan madurar en almacenes especiales bajo condiciones de temperatura y humedad controladas. Al cabo de unos veinte días han alcanzado el grado de maduración óptimo.

El plátano, la planta cultivada más antigua del mundo, es tan popular como la manzana. Es una fruta ideal tanto para mayores como para pequeños porque contiene numerosas sustancias saludables. A poder ser, no hay que comprar plátanos con la piel dañada o demasiado verdes, porque pueden resultar harinosos. Los plátanos no deben guardarse en el frigorífico porque la piel se vuelve marrón, la pulpa pierde aroma y se pudren enseguida.

La higuera es un árbol moráceo. El **higo** se considera un fruto místico en muchas culturas antiguas, en particular la hindú.

El interior del higo está formado por una pulpa entre rosada y rojiza. Desde el punto de vista botánico, la pulpa está compuesta por inflorescencias muy comprimidas entre sí.

Los higos

Los *higos (Ficus carica)* se consumen tanto secos como frescos. De diciembre a mayo podemos encontrar higos frescos procedentes de Brasil o California, en junio y julio, de España, y de agosto a octubre, de Italia, Grecia, Francia y Turquía. Por fuera los higos son de color amarillo verdoso o morado, según la variedad. Bajo la piel se esconde una pulpa entre rosa y rojiza con pequeñas semillas comestibles de sabor dulce y aromático. Los higos son blandos y turgentes al tacto y presentan un pedúnculo bien adherido al fruto. Cuando están verdes desprenden un jugo lechoso de color blanco y conforme maduran se forma una película blanquecina sobre la piel. Los higos son muy sensibles a la presión, por lo que hay que cogerlos por el pedúnculo. Se conservan hasta dos días, como máximo, en el frigorífico. Se pueden comer sin piel o con ella, basta con lavarlos bien. Unas gotas de zumo de limón o lima realzan su aroma. Los higos quedan muy bien con queso, en ensaladas, en compota con helado de vainilla y nata. Con los higos secos se elabora el conocido pan de higos.

Higos rellenos

Ingredientes para 2 personas
4 higos
75 g de queso fresco de cabra
30 g de cacahuetes picados
pimienta negra recién molida
hojas de higuera para adornar (opcional)

Corte el tercio superior de los higos como si fuera una tapa, vacíe el fruto y pique la pulpa. Mezcle la pulpa, el queso fresco y los cacahuetes y sazónelo todo con pimienta. Rellene los higos vaciados con la masa, refrigérelos durante al menos 1 hora y sírvalos adornados con las hojas de higuera.

Los **kiwis Hort** tienen un sabor que recuerda el melón y los cítricos.

Los kiwis de la variedad **Hayward** son muy dulces.

Sección de un kiwi de Nueva Zelanda, el país de origen del cultivo del kiwi.

El kiwi y Nueva Zelanda

La propagación del kiwi en Nueva Zelanda fue más bien fruto del azar. En 1906 regalaron unas semillas de kiwi al neozelandés Alexander Allison, que cultivó las primeras matas. Esas primeras pruebas fueron seguidas por otras tentativas de cultivo que pasaron desapercibidas hasta que, en 1937, un jardinero aficionado neozelandés invirtió en el cultivo profesional de esa planta trepadora, semejante a la vid. En la Bay of Plenty (bahía de la abundancia) halló las condiciones óptimas. Los kiwis fueron exportados a América por primera vez 16 años después de estos primeros intentos. A partir de entonces, esta fruta exótica pasó a llamarse kiwi por iniciativa de un comerciante de San Francisco en alusión al ave nacional de Nueva Zelanda.

El kiwi se conoce en Europa desde la década de 1970. Animados por el sensacional éxito de la fruta entre los consumidores, algunos países europeos emprendieron su cultivo. Hoy el kiwi se puede encontrar en nuestros mercados durante todo el año: de mayo a noviembre se sigue importando de Nueva Zelanda. El resto del año se importa de Italia, a la que le han salido otros grandes competidores como Chile, Francia, Grecia y España.

El kiwi

Antiguamente, el *kiwi (Actinida chinensis)* recibía el nombre de «uva espina de China», y con ese nombre se introdujo en Nueva Zelanda procedente de aquel país hacia 1906. Hoy existen cuatro variedades relevantes de este fruto peludo y con forma de huevo: el pequeño *Monty*, de aroma ácido y un poco amargo; el *Bruno*, algo más dulce; el *Abbot*, aún más dulce y con un sabor muy parecido al de la uva espina; y el *Hayward*, la variedad más dulce y carnosa de todas. La piel encierra una pulpa jugosa, verde y rica en vitamina C con numerosas semillas negras dispuestas en forma de aureola. Los kiwis maduros ceden a la presión del dedo. Es preferible comprar kiwis un poco duros, porque terminan de madurar a temperatura ambiente, sobre todo en un frutero o una bolsa de papel con manzanas o plátanos. Los frutos maduros se conservan alrededor de una semana en el frigorífico. Los kiwis contienen la enzima disgregadora de proteínas actinidina, por lo que no se deben consumir crudos con gelatina o productos lácteos: esta enzima impide que la gelatina solidifique y amarga los lácteos. Los kiwis frescos son muy refrescantes; se pueden comer en macedonia o con helado, en confitura o como cobertura de pasteles y tartas. Quedan muy decorativos y vistosos en cualquier postre frío y aportan una inyección de vitaminas a los combinados y los batidos.

Frutas exóticas

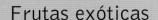

El **maracuyá** *(Passiflora edulis)*, una de las numerosas frutas de la pasión, es famoso por ser muy jugoso y por su penetrante aroma. En nuestras latitudes se consume sobre todo en zumo.

El **lichí** *(Litchi chinensis)* tie el tamaño de una nuez y se p como un huevo duro. Combin muy bien con mango, melón cerezas en macedonia. En su país de origen, China, los lich son un regalo típico de Año Nuevo porque se cree que traen buena suerte.

El **durián** *(Durio zibethinus)* mide entre 15 y 30 cm de largo. Es de sabor agradable y aromático y pulpa mantecosa, pero huele muy mal.

El **rambután** *(Nephelium lappaceum)* también recibe el nombre de «falso lichí peludo» debido a su aspecto. La pulpa es blanca y de sabor agridulce.

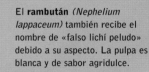

El **higo chumbo** *(Opuntia ficus-indica)* es el fruto del nopal o higuera de Indias. Es verde amarillento, elipsoidal y de pulpa dulce. Para comerlo hay que cogerlo con una servilleta o con guantes para no pincharse con sus espinas.

La **piña** *(Ananas comosus)* es la reina de las frutas exóticas. Cuando está madura desprende una fragancia aromática y dulzona y la punta de las escamas son marrones. Cerca del 90% de las piñas proceden de Costa de Marfil.

El **mango** *(Mangifera indica)*, la segunda fruta tropical en importancia, puede llegar a pesar hasta dos kilos. Su pulpa fibrosa, es ideal para la elaboración de confituras, salsas, batidos y zumos, y también combina de maravilla con ensaladas verdes, por ejemplo de rúcula.

La **granada** *(Punica granatum)*, desde el punto de vista botánico una baya, se consideraba un símbolo de amor y fertilidad en la antigüedad. Sus granos dulces son muy apreciados sobre todo en la alta cocina.

El **caqui** *(Diospyros kaki)*, originario de Asia oriental, tiene la piel fina, brillante y de color naranja o rojo y la pulpa dulce y gelatinosa. El caqui, al igual que la zanahoria, contiene mucha provitamina A.

La dulce **papaya** (*Carica papaya*) se acostumbra a comer en el desayuno en los países anglófonos. Los frutos maduros (de color amarillo anaranjado) son muy delicados y bastante perecederos.

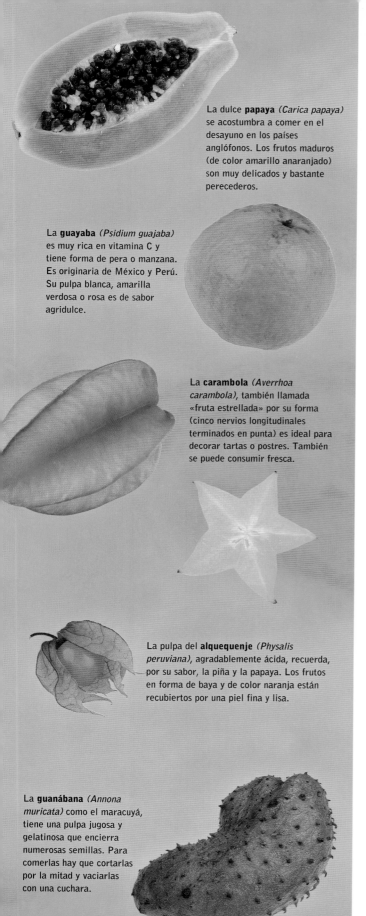

La **guayaba** (*Psidium guajaba*) es muy rica en vitamina C y tiene forma de pera o manzana. Es originaria de México y Perú. Su pulpa blanca, amarilla verdosa o rosa es de sabor agridulce.

La **carambola** (*Averrhoa carambola*), también llamada «fruta estrella» por su forma (cinco nervios longitudinales terminados en punta) es ideal para decorar tartas o postres. También se puede consumir fresca.

La pulpa del **alquequenje** (*Physalis peruviana*), agradablemente ácida, recuerda, por su sabor, la piña y la papaya. Los frutos en forma de baya y de color naranja están recubiertos por una piel fina y lisa.

La **guanábana** (*Annona muricata*) como el maracuyá, tiene una pulpa jugosa y gelatinosa que encierra numerosas semillas. Para comerlas hay que cortarlas por la mitad y vaciarlas con una cuchara.

Ensalada de frutas

Ingredientes para 4 raciones

70 g de uvas blancas y 70 g de uvas negras, cortadas por la mitad y despepitadas

2 naranjas en rodajas

1 pomelo rosa en rodajas

100 g de fresas pequeñas y cortadas por la mitad

1 manzana roja y 1 verde lavadas, en cuartos, descorazonadas y en rodajas

3 cucharadas de zumo de lima

1 cucharada de hojas de cilantro picadas

1 cucharada de hojas de menta picadas

1 cucharada de pimiento rojo despepitadao y en juliana fina

1 cucharada de ajo pelado, en láminas y sofrito en aceite

1 cucharada de cacahuetes tostados y salados

1 cucharada de chalote en juliana dorado en aceite

1 cucharada de azúcar de caña

1 cucharadita de jengibre pelado y rallado fino

Prepare todas las frutas. Colóquelas en un cuenco, rocíelas con el zumo de lima y añada el resto de los ingredientes. Mézclelo todo bien poco antes de servir.

La importación de frutas tropicales

Las frutas tropicales llegan a nuestros mercados procedentes de las regiones tropicales y subtropicales. Gracias a la expansión de las relaciones comerciales y los métodos de transporte modernos han dejado de ser una rareza para nosotros. Los contenedores refrigerados permiten transportar mercancías perecederas a través de largas distancias sin que pierdan calidad. Generalmente, las frutas se recolectan antes de que hayan madurado del todo y terminan de madurar durante el transporte. Las frutas recolectadas en el punto óptimo de maduración viajan en avión. Naturalmente, éstas son mucho más aromáticas, pero también más caras. Las frutas exóticas nos brindan variedad y llenan de color nuestros mercados sobre todo en invierno, cuando la oferta de frutas nacionales disminuye. Algunas han conquistado una posición estable dentro de nuestros mercados, como la piña, el kiwi, el mango y el aguacate, además de la papaya y los lichís.

Melones y sandías

Los *melones* y las *sandías* son los frutos refrescantes y jugosos de varias plantas cucurbitáceas que comprenden unas 750 especies. Las *sandías* o *melones de agua (Citrullus lanatus)* son originarias de África central y son frutos grandes, redondos u ovalados, de cáscara dura, verde oscuro o más clara y estriada. Antes del siglo XIII eran desconocidas en Europa, y hoy se cultivan en todo el Mediterráneo. La pulpa rosa o roja está repleta de pepitas planas, negras y comestibles. Una de las variedades más dulces, la *Sugar Baby*, tiene la cáscara verde y la pulpa roja. En cambio, la cáscara de la *sandía Tigre* es amarilla o con franjas verdes. Desde hace poco existe una variedad de sandía que, además de tener muy pocas pepitas o ninguna, tiene la pulpa amarilla *(sandía Sweet Gold)* y es de sabor más delicado que la roja. La sandía es una fruta muy popular en verano porque contiene mucha agua (hasta un 95%) y es muy refrescante, además de aportar muy pocas calorías. Pero también está deliciosa en sorbete, en sopa fría y en macedonia.

Los *melones (Cucumis melo)* pertenecen a la familia de las Cucurbitáceas. Los melones se caracterizan por presentar una cavidad en el centro donde se alojan las semillas no comestibles. Uno de los tipos más famosos es el *melón de miel* amarillo, mientras que el *melón Charentais* se considera uno de los más exquisitos. Los melones se dividen en tres grupos según su forma y color: melones de miel o *melones de invierno*, melones reticulados o *escritos* y *melones estriados* (por ejemplo, el *Charentais*). Los melones son de sabor dulce y aromático. Compre sólo melones con un aroma intenso, que cedan un poco a la presión por la parte del pedúnculo y no tengan la piel dañada. Los melones están buenísimos tal cual, como entrante con jamón curado y en ensalada, pero también en sopa fría y en batidos de fruta.

Jamón curado con higos y melón

150 g de jamón curado en lonchas muy finas
4 higos frescos sin el tallo y en cuartos
1 melón pequeño (a poder ser, Galia o Cantaloupe)

Disponga las lonchas de jamón y los higos de forma decorativa en un plato. Corte el melón en cuatro trozos, despepítelo y córtelo en gajos pequeños. Colóquelos en el plato con el jamón y los higos y refrigérelo durante unos 30 minutos antes de servirlo.

La calidad de los melones y las sandías

Sólo los melones y las sandías bien maduros tienen un sabor muy perfumado. Los frutos pueden madurar un poco después de haber sido recolectados, pero no son tan aromáticos. Por consiguiente, hay que comprarlos lo más maduros posible. Para saber si un melón o una sandía están maduros, hay que examinarlos con atención, olisquearlos y «escucharlos»: tienen que ser firmes al tacto y desprender un aroma intenso por la parte del tallo. También deben ceder un poco a la presión por esa parte y sonar huecos al golpearlos con cuidado. Una zona pálida en la cáscara de las sandías indica que el fruto estaba maduro cuando fue recolectado. No adquiera piezas cortadas con poco colorido y pepitas blancas.

Los **melones de miel** (*Cucumis melo L.*) tienen la pulpa clara, de color verde blanquecino, y son dulces y muy aromáticos.

Los **melones Cantaloupe** son bastante pequeños y provienen de la localidad italiana de Cantaloupe, cerca de Ascona. Hoy se cultivan en todo el Mediterráneo.

Los **melones Galia** (*Cucumis melo C.*) presentan una retícula áspera y amarilla sobre la piel verde, que esconde una pulpa muy aromática.

Los **melones Casaba** (*Cucumis melo L.*) se caracterizan por una cáscara amarilla con manchas o estrías verdes. Su carne recuerda el melón de miel.

El **pepino-melón** (*Cucumis melo L.*) se distingue por las estrías violeta de la cáscara.

La **sandía amarilla** (*Citrullus lanatus*) tiene la pulpa amarilla con pequeñas pepitas negras.

Las **sandías** (*Citrullus lanatus*) pertenecen a la familia de las Cucurbitáceas rastreras. Su pulpa roja es muy jugosa.

Limones y limas

El *limonero (Citrus limon)*, un árbol de hoja perenne, se cultiva en la Europa meridional desde la Edad Media. Los mayores productores de limones son hoy España y Sicilia. Los frutos deben tener la piel tersa y, a ser posible, de color amarillo oscuro, puesto que cuanto más clara es la cáscara, menos jugo y ácido contiene su pulpa. Los limones de piel lisa son muy jugosos, mientras que las variedades de poros grandes van muy bien para rallar. No compre limones con manchas, golpes o la piel arrugada. Los limones se pueden conservar a temperatura ambiente o en el frigorífico durante al menos una semana, ya que no siguen madurando. Su utilización en la cocina es increíblemente variada, tanto por lo que se refiere al jugo como a la cáscara. Los aceites esenciales de la piel del limón tienen un aroma muy peculiar que aporta un toque especial a muchos platos. Las *cidras* son un tipo de limón mucho más grande que se cultiva en Italia, Grecia y la isla de Córcega. De su cáscara se obtiene la cidrada, que se elabora poniendo la piel en salmuera y cociéndola con azúcar.

La hermana pequeña del limón, la *lima (Citrus aurantifolia)*, es muy sensible al frío y sólo crece en climas tropicales (sudeste asiático, Sri Lanka, Caribe, Florida, México, Sudáfrica). Las limas son más pequeñas que los limones pero mucho más jugosas, carecen de pepitas o tienen muy pocas, su pulpa es muy aromática y tienen la piel bastante fina, verde oscuro y reluciente. Los frutos de mejor calidad son turgentes y duros y presentan una piel inmaculada, sin golpes ni manchas. Rechace las limas amarillas porque no son tan aromáticas. Las manchas marrones en la piel son un indicio seguro de que el fruto está seco. Las limas se utilizan en cocina de forma similar a los limones. La cáscara sirve para condimentar y aromatizar, mientras que el zumo es un aderezo ideal para pescados, aliños y adobos.

Y quién no conoce y ha saboreado alguna vez los refrescantes cócteles daiquiri o margarita, en los que la estrella es esta fruta exótica. Las flores del limero se preparan en infusión o se utilizan para elaborar mantecados y postres.

Orígenes

Según la tradición, todos los cítricos provienen de la cidra, un fruto grande y de piel gruesa con el que se elabora la cidrada. Se cultiva principalmente en Italia, Grecia y Córcega. Los más versados en el tema saben que los limoneros adornaban ya los jardines de Pompeya. En las tumbas romanas crecía la cidra *Citrus medica*, y otra especie de cidra, el *etrog*, desempeñaba también un papel relevante en Egipto y en la fiesta de los Tabernáculos judía. Los limones fueron cultivados por primera vez en Alemania en los jardines de los Fugger en Augsburgo. Los comerciantes de especias de Nuremberg empezaron a comerciar con estos frutos en la misma época. Hacia 1714, el mercader y botánico Johannes Volckamer describió y dibujó en su libro acerca de las Hespérides de Nuremberg las especies de cítricos que se podían contemplar en los jardines de la ciudad por aquel entonces. La estrella de su jardín privado era un invernadero de naranjas amargas del año 1701. El propio Volckamer adquirió fama dibujando y haciendo grabar en cobre los exóticos frutos y plantas.

Los **limones** se suelen recolectar verdes y se dejan madurar durante unos cuantos meses en almacenes especiales. El grado de acidez depende de la variedad.

El pequeño **Eureka** es una variedad que tolera mejor el frío. Sin embargo, la cosecha es menor porque todos los cítricos necesitan mucho sol.

El limón **Interdonatos** que se cultiva en España es una variedad grande y poco ácida.

El zumo ácido y la pulpa igualmente ácida de las **limas** *(Citrus aurantifolia, Rutaceae)* aportan un toque de frescura a muchos cócteles y un gran número de salsas y postres.

El zumo y la cáscara de limón

Todos los cítricos están sujetos a las normas de calidad definidas por la Unión Europea. Éstas permiten la utilización externa de conservantes para evitar que se enmohezcan. Además, autorizan el uso de ceras para cerrar los poros e impedir la penetración de hongos y evitar, así, que los frutos se sequen. Asimismo, la capa de cera protege en cierta medida los frutos de la evaporación, por lo que el zumo se mantiene durante más tiempo. Es obligatorio reseñar este tratamiento en la etiqueta de los limones así conservados, pero esta norma no siempre se cumple. Por eso es recomendable lavar bien las frutas con agua caliente antes de rallar la piel o bien utilizar frutas biológicas.

«¿Has oído hablar del país donde florecen los limoneros, donde las brillantes naranjas resplandecen entre el follaje verde, donde sopla una suave brisa sobre el cielo azul, donde el arrayán se alza silencioso sobre el laurel?»

J. W. v. Goethe

Pato salvaje con salsa de lima

2 patos salvajes
sal y pimienta recién molida
2 cucharadas de aceite
2 limas
125 ml de vino blanco seco
$^1/_2$ cucharada de harina de trigo
125 ml de nata líquida
2 cucharadas de pimienta variada

Corte cada pato en cuatro trozos, trocee los huesos y repártalos sobre una placa de horno. Sazone las pechugas y los muslos con pimienta, colóquelos encima de los huesos con la piel hacia arriba y unte la carne con el aceite. Precaliente el horno a 170 °C. Ralle las limas y escalde la ralladura en un poco de vino blanco. Hornee el pato sobre los huesos durante 40 minutos y reserve la carne caliente. Espolvoree los huesos con harina, rocíelos con agua y un poco de vino, póngalos en una cazuela y añádales la nata. Cuele la salsa y decórela con la ralladura y la pimienta. Sirva la carne con la salsa por encima.

Sorbete de aguacate

Ingredientes para 2 copas
1 aguacate maduro (triturar la pulpa con la batidora)
2 limas
2 cucharadas de miel de acacia (unos 40 g)
125 g de yogur desnatado batido y bien frío

Lave las limas y añada la ralladura de una de las frutas a la pulpa de aguacate triturada. Corte las limas por la mitad (reserve 2 rodajas para decorar), exprímalas y añada el zumo al batido de aguacate. Tritúrelo todo bien y añádale la miel. Vierta el batido en un cuenco de acero inoxidable y déjelo en el congelador durante 2 horas, removiéndolo cada 30 minutos. Incorpórele el yogur y viértalo en 2 copas previamente enfriadas. Sirve el postre con una pajita y rodajas de lima.

Naranjas, pomelos y mandarinas

Las *naranjas (Citrus sinensis)* pertenecen a la familia de las Rutáceas, como los limones. Se distingue entre *naranjas dulces*, como las variedades navel, blancas (por ejemplo, Jaffa), sanguinas y tardías (por ejemplo, Valencia) y *naranjas amargas o agrias*. Las naranjas son muy ricas en vitamina C. Como mejor están es frescas, pero con ellas también se puede elaborar numerosos postres, pasteles y tartas, ensaladas y platos crudos. Las naranjas combinan a la perfección con el jengibre, el cardamomo y la canela. A ser posible, elija sólo frutos firmes de piel intacta y guárdelos como máximo dos semanas a temperatura ambiente o en el frigorífico. El zumo y la ralladura de la cáscara se pueden congelar. Los aceites esenciales contenidos en la piel de la naranja se emplean tanto en cocina como para la fabricación de perfumes.

Las *mandarinas (Citrus reticulata)* son parecidas a las naranjas pero más pequeñas. Aparte de por el tamaño, también se diferencian de las naranjas porque tienen la piel más fina, son más fáciles de pelar y no tan ácidas. Se conocen algunos subgrupos dentro de las mandarinas, como la *satsuma* de la provincia japonesa homónima, que es producto de una mutación, así como la *tangerina*, un cruce entre mandarina y naranja amarga. De entre las tangerinas destaca la muy apreciada y dulce *clementina*, que existe desde principios del siglo XX. Otros tipos de mandarina son los *tangors* (un cruce entre mandarina y naranja), muy jugosos y con abundantes pepitas, y los *tangelos* (cruce entre mandarina y pomelo), que suelen tener forma de pera.

El jugoso *pomelo (Citrus paradisi)* es un cruce entre naranja y pummelo. En comparación con los pummelos, el pomelo es más pequeño, más dulce y tiene la piel más fina. En inglés se conocen por el nombre de «grapefruit», que viene de uva (*grape*), ya que los pomelos cuelgan muy juntos del árbol como los racimos de uvas. Estos frutos redondos, que también se conocen como toronjas, tienen la piel lisa. La pulpa es un poco agria, a veces amarga, pero muy refrescante. Cuanto más oscura es la pulpa, más suaves y dulces son las frutas. El responsable del sabor amargo es la sustancia naringina, que está presente en mayor o menor cantidad según el grado de madurez y la variedad.

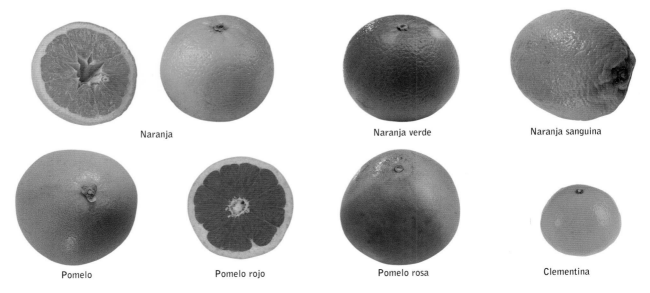

Naranja	Naranja verde	Naranja sanguina

Pomelo	Pomelo rojo	Pomelo rosa	Clementina

Los *kumquats*

Los pequeños **kumquats** miden entre 3 y 5 cm.

Los *kumquats (Fortunella sp.)* son un cítrico de color naranja y el tamaño de ciruelas con la piel comestible y ácida y una pulpa agridulce muy rica en vitamina C. Esta versión en miniatura de las naranjas, también llamada «naranja enana», proviene de Brasil, Israel, España, Argentina y Sudáfrica. Los *kumquats* se pueden comprar en todas las tiendas que ofrecen habitualmente frutas exóticas. A partir del kumquat y la lima se creó otro fruto cítrico de piel verde, el *limequat*, que se importa de Israel, Estados Unidos, Italia y Sudáfrica. A diferencia de los *kumquats*, de sabor muy parecido al de la naranja, los *limequats* recuerdan más al limón. Si desea consumir estas dos frutas bien frescas, compre sólo frutos firmes, brillantes e intactos. Ambas frutas se estropean enseguida porque tienen la piel muy fina, pero aguantan bien alrededor de una semana en el frigorífico. Están deliciosas en sirope o maceradas en licor. La pulpa cruda queda muy bien con helado, carnes rojas y queso, y bañadas en chocolate son todo un manjar.

Mousse de mango y naranja

Ingredientes para 6 personas
Para la *mousse*:
200 g de pulpa de mango
100 ml de zumo de naranja
6 hojas de gelatina
3 huevos medianos
100 g de azúcar
100 ml de nata líquida
6 rodajas de naranja
12 hojitas de melisa

Para el crocante:
50 g de almendras picadas gruesas
2 cucharadas de azúcar moreno

Pique la pulpa del mango y póngala en un cuenco junto con el zumo de naranja. Tritúrelo con la batidora. Remoje las hojas de gelatina en en agua durante unos 10 minutos. Separe las claras de las yemas de los huevos con cuidado y póngalas en cuencos separados. Reserve las claras en el frigorífico. Bata las yemas con las varillas eléctricas e incorpore 2/3 del azúcar sin dejar de batir hasta que obtenga una crema de color amarillo claro. Agréguele el puré de mango. Escurra la gelatina y disuélvala al baño María. Mezcle un poco de la masa de mango y yemas con la gelatina y vaya añadiendo el resto poco a poco. Refrigere la crema en el frigorífico 30 minutos. En cuanto la crema empiece a solidificarse, bata las claras a punto de nieve e incorpórelas a la crema con sumo cuidado. Vuelva a introducirla en el frigorífico. Mientras tanto, monte la nata y agréguela también a la crema. Reparta la *mousse* en copas de postre y déjela en el frigorífico durante 1 1/2 horas para que coja cuerpo. Ponga las almendras picadas junto con el azúcar en una sartén antiadherente, encienda el fuego y tuéstelas removiendo sin cesar hasta que el azúcar se haya fundido y los trocitos de almendra estén caramelizados. Decore la *mousse* de mango con el crocante frío, 1 rodaja de naranja y 2 ramitas de melisa y sírvala enseguida.

Pastel de naranja

6 huevos
150 g de azúcar
3 naranjas
sal
300 g de almendras
75 g de azúcar
brandy

Precaliente el horno a 175 °C. Ponga a hervir un poco de agua en un cazo y escalde las almendras. Déjelas enfriar, pélelas y tritúrelas finas. Espolvoree un molde previamente engrasado con harina. Ralle la piel de las naranjas, bata las yemas con el azúcar y mezcle la masa espumosa con la ralladura de naranja, las almendras y una pizca de sal. Monte las claras a punto de nieve e incorpórelas a la masa. Rellene el molde con la masa y hornee el pastel durante 45 minutos. Mientras tanto, exprima 2 naranjas. Pele la otra naranja, quítele la membrana blanca y corte la pulpa en rodajas delgadas. Caliente el zumo de naranja con el azúcar en una sartén y déjelo hervir a fuego lento. Añádale un chorrito de brandy. Saque el pastel del horno, déjelo enfriar y desmóldelo. Coloque las rodajas de naranja por encima, báñelas con el zumo de naranja al brandy y deje el pastel en el frigorífico durante 30 minutos antes de servirlo.

FRUTOS SECOS Y SEMILLAS

Introducción

El energético *muesli,* el pan y los deliciosos pasteles no son los únicos productos que mejoran con el intenso aroma de los frutos secos y las semillas. Estos alimentos, grasos pero muy saludables, también sirven para enriquecer postres, rellenos dulces y salsas picantes, van muy bien con recetas de frutas, quesos, ensaladas y carnes de caza, y son un nutritivo tentempié para picar entre horas. La inmensa variedad de usos se traduce también en los diversos tipos de presentación de los frutos secos y las semillas: se pueden comprar enteros al natural, molidos, picados, laminados, en bastoncitos, tostados, salados, garrapiñados, bañados en chocolate o recubiertos de miel, por ejemplo.

Los frutos secos y las semillas están entre los alimentos humanos más antiguos. Nuestros antepasados cazadores y recolectores ya los recogían para complementar sus provisiones para el invierno. En la antigüedad se practicaba el cultivo de, por lo menos, almendras, nueces, pistachos y sésamo, productos muy apreciados como elementos de consumo. En aquella época se apreciaba tanto su valor nutritivo como las propiedades medicinales que se les atribuían.

Desde el punto de vista botánico, sólo unos cuantos frutos secos lo son realmente. Tanto si hablamos del *cacahuete* o el *anacardo* como de la *nuez del Brasil* o el *pistacho,* la mayoría de las veces nos referimos a partes de la semilla o del fruto. En cambio, las *avellanas* o las *castañas* son frutos secos «verdaderos». Sea como sea, todos comparten una característica: son muy valiosos para la salud. Los frutos secos y las semillas, como las de amapola, el sésamo o las pipas de calabaza, contienen muchas proteínas, grasas libres de colesterol, vitaminas, minerales y fibra.

Es recomendable comprar los frutos secos con la cáscara. Por una parte se conservan durante más tiempo, y, por otra, recién pelados es como están más ricos. Por eso también es preferible molerlos siempre al momento cuando vayamos a preparar cualquier pastel. Además, hay que fijarse en que las cáscaras no estén enmohecidas ni agrietadas. Una cáscara agrietada o rota es un signo de que el fruto es viejo y puede estar seco.

Las importaciones de frutos secos y semillas proceden de todos los rincones del mundo, lo que nos permite disfrutar de productos recién recolectados durante todo el año. Sin embargo, la oferta es muchísimo más variada en torno a las fechas navideñas. Los frutos secos y las semillas se deben conservar bien cerrados en un lugar fresco, puesto que todas las especies contienen bastante aceite, a excepción de las castañas. Además, el aire, la luz, el calor y la humedad hacen que pierdan aroma y se enrancien. Lo mejor es guardarlos en el frigorífico. Hay que fijarse siempre en la fecha de caducidad, sobre todo en el caso de comprarlos picados o molidos, porque se estropean enseguida y hay que consumirlos en poco tiempo.

Frutos secos en un puesto del mercado de la Boquería, Barcelona.

PIPAS
CALABAZA
NATURAL
P.V.P.

COCAHUETE
MOLIDO
P.V.P.   PTS.

CHUFAS

HIGOS
PAJAREROS
kg 699=
pts

FRIT

Las nueces

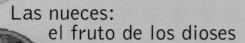

Se cree que el *nogal* es originario de Persia, desde donde se habría introducido en el sudeste de Europa por transacciones comerciales. Las diversas especies de este árbol *(Juglans spp.)* medran hoy en todo el Mediterráneo, Europa central y Estados Unidos (California). En realidad, la nuez no es un fruto seco propiamente dicho sino una drupa, como la ciruela o el melocotón. Alrededor del hueso, la nuez (semilla y cáscara interna), se agrupa la pulpa verde y lisa, que nosotros llamamos «cáscara». Cuando el fruto está maduro, la pulpa se agrieta y deja al descubierto la cáscara interna y dura de la semilla.

Las *nueces* son muy oleosas (62% de grasa), pero su aceite está compuesto por más de un 80% de ácidos grasos insaturados, que ejercen una acción positiva sobre el nivel de colesterol. Además, contienen muchas proteínas valiosas (15%), relativamente pocos hidratos de carbono (sólo 16%) y muchas vitaminas, en particular carotina y vitamina B6, que alivia la fatiga, el nerviosismo y la falta de concentración.

Las primeras nueces maduras, que se comercializan de septiembre a mediados de noviembre, se denominan «nueces nuevas». Son nueces frescas cuya semilla aún se puede pelar para quitar la piel amarga. Las nueces nuevas con queso y vino joven son un aperitivo delicioso, pero también están muy ricas en macedonia. Las nueces que no se van a consumir inmediatamente después de su recolección se deben secar para que no se enmohezcan. En Adviento y Navidad sólo se venden ya nueces secas. Hoy en día, para que resulten más atractivas a la vista, se suelen blanquear con ácido sulfuroso después de recolectarlas.

Las nueces tienen múltiples aplicaciones. Se pueden comer enteras o picadas, en *muesli,* en ensalada o como acompañamiento de carnes de caza y sándwiches. Pero también quedan muy bien en rellenos de aves y en rebozados. Además son un ingrediente ideal de pasteles, galletas y helados.

En ciertas tiendas ya se puede encontrar el aceite prensado en frío de las nueces. Es un producto bastante caro pero, en cantidades pequeñas, aporta un aroma singular a las ensaladas verdes. En Francia se ponen en conserva los frutos inmaduros con la cáscara verde y blanda, que se sirven como guarnición.

Las pacanas

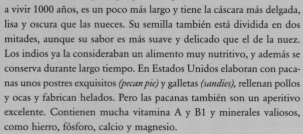

La *pacana (Carya pecan)* está emparentada con el nogal y es originaria de los estados sureños de Estados Unidos, donde es muy apreciada. El fruto del imponente árbol, cuya madera se conoce como «hickory» y que puede llegar a vivir 1000 años, es un poco más largo y tiene la cáscara más delgada, lisa y oscura que las nueces. Su semilla también está dividida en dos mitades, aunque su sabor es más suave y delicado que el de la nuez. Los indios ya la consideraban un alimento muy nutritivo, y además se conserva durante largo tiempo. En Estados Unidos elaboran con pacanas unos postres exquisitos *(pecan pie)* y galletas *(sandies),* rellenan pollos y ocas y fabrican helados. Pero las pacanas también son un aperitivo excelente. Contienen mucha vitamina A y B1 y minerales valiosos, como hierro, fósforo, calcio y magnesio.

Las nueces: el fruto de los dioses

Las nueces tienen una larga historia. Se cree que son originarias de Persia, donde eran muy apreciadas ya en tiempos bíblicos. En aquella época se les atribuían propiedades medicinales mágicas. El nogal se introdujo pronto en Europa. Los griegos extraían el aceite de los frutos oleosos, y los romanos veneraban al majestuoso nogal como un árbol sagrado. Era símbolo de fertilidad y prole numerosa, lo que es comprensible teniendo en cuenta que un nogal puede vivir hasta 150 años y producir 100 kg de nueces al año incluso cuando es muy viejo. Además, los nogales suministran una madera dura y valiosa, puesto que son de crecimiento lento. En el siglo XVIII los monjes franciscanos llevaron el nogal a América, donde se propagó sobre todo en el clima templado de California y se empezó a explotar comercialmente a partir de 1867.

Soufflé de avellanas

100 g de avellanas	
125 ml de leche	
30 g de mantequilla	
1 pizca de sal	
50 g de azúcar	
60 g de harina	
4 huevos	
mantequilla para el molde	

Precaliente el horno a 200 °C, tueste las avellanas en la bandeja durante 15 minutos y extiéndalas en un paño. Hágalas rodar para que se desprenda la piel. Una vez frías, muélalas en un molinillo. Mezcle la leche, la mantequilla, la sal y el azúcar y póngalo a hervir. Añada la harina y remueva hasta obtener una masa homogénea que se desprenda del fondo del cazo. Déjela enfriar e incorpore las yemas batidas, las avellanas y las claras montadas. Vierta la masa en un molde engrasado y hornéela a 180 °C hasta que se dore.

Las avellanas

Hallazgos arqueológicos han permitido descubrir que las avellanas ya enriquecían la pobre dieta humana del paleolítico. En aquella época, los avellanos *(Corylus avellana)* cubrían vastas extensiones de Europa y Asia. Este arbusto sigue creciendo silvestre en muchas regiones, aunque el cultivo agrícola del avellano se concentra en las latitudes meridionales, principalmente en los países mediterráneos y a orillas del mar Negro. Muchas de las avellanas peladas que hay en el mercado proceden de Turquía, mientras que entre las que se comercializan con cáscara (más aromáticas) las hay de Francia (como la famosa variedad «Fertile de Contard») y Estados Unidos (Oregón). Los frutos, redondos y oleosos, crecen en grupos de dos o tres, cada uno recubierto de unas hojas que se abren cuando está maduro.

Las avellanas se venden con o sin cáscara, molidas, picadas o enteras. Uno de sus usos tradicionales, sobre todo de las de piel fina procedentes de Turquía, es la elaboración de pasteles y galletas. Sin embargo, con el tiempo también se han convertido en un ingrediente indispensable del *muesli* del desayuno. Otro dulce exquisito son las avellanas bañadas en chocolate o guirlache. Las avellanas recién molidas también combinan muy bien con platos de caza y pescado. Para realzar su aroma, se recomienda tostarlas antes en el horno (10 minutos a 200 °C). Así, además, la piel marrón, amarga, se desprende con mayor facilidad. Las avellanas peladas y molidas se estropean enseguida a tempera-

tura ambiente, por lo que hay que consumirlas al momento. Las avellanas enteras peladas se conservan de tres a cuatro meses en el frigorífico.

Las avellanas aportan muchas calorías debido a su contenido graso (61%), pero, en cambio, no tienen colesterol (como ningún fruto seco). Además, son ricas en vitamina E, que protege las células de las enfermedades cancerígenas.

Tres avellanas para Cenicienta

¿Quién no recuerda la fantástica película del director checoslovaco Vaclav Vorlicek *La Cenicienta y el príncipe* (título original: *Tri Orisky Pro Popelku, Tres avellanas para Cenicienta*)? Tres fueron las avellanas que acercaron a la Cenicienta a su príncipe azul proporcionándole por encantamiento el vestido más adecuado para cada ocasión: primero, el traje de caza, después, el vestido de baile y, por último, el traje de novia.

El *muesli* Bircher

El *muesli* clásico lleva el nombre del médico suizo Maximilian Bircher-Brenner, quien lo inventó hacia 1900 para complementar una dieta ideada por él mismo: mezcle una manzana rallada con 2 cucharadas de miel y un chorrito de zumo de limón. Prepare una papilla añadiendo a la mezcla anterior 3 cucharadas de copos de avena, 3 cucharadas de leche y frutos secos picados. El *muesli* Bircher se puede comprar hoy ya preparado, pero recién hecho en casa es como mejor está.

Soufflé de avellanas

1. Harina, mantequilla, leche, azúcar, huevos y avellanas; éstos son los únicos ingredientes que hacen falta para preparar un delicioso *soufflé* de avellanas.

2. Cueza la harina con la mantequilla, añada la leche caliente y el azúcar y trabaje la masa hasta que se espese sin apartar la cazuela del fuego.

3. Añada a la masa las avellanas molidas y las yemas de huevo. Incorpore con cuidado las claras a punto de nieve.

4. Vierta la pasta resultante en moldes individuales untados con mantequilla y hornéela a 180 °C durante 20 a 30 minutos.

En los países mediterráneos europeos, la floración del almendro se suele iniciar en febrero.

Las almendras

almendra cruda

almendra escaldada

Se cree que el pequeño *almendro (Prunus amygdalus)*, que sólo puede vivir en climas templados y empieza a dar frutos cuando tiene entre seis y ocho años, es originario de Asia Menor y Asia Central, desde donde se extendió por toda la cuenca mediterránea. Muchas de las almendras que se comercializan en Europa proceden de California, que acapara el 60% de la producción mundial actual. Las almendras aparecen mencionadas ya en el Antiguo Testamento. Estas semillas de agradable sabor dulce eran apreciadas en la antigüedad por su valor tanto nutritivo como medicinal.

Hay almendras dulces y amargas. Las dulces, las que más se utilizan en cocina, se dividen a su vez en dos clases: las *de cáscara dura* y las *de cáscara blanda* o *mollares*. Las almendras amargas contienen alrededor de un 4% de amigdalina, que al descomponerse produce ácido cianhídrico. Su conlleva cierto riesgo, por lo que la presencia en el mercado de almendras amargas es casi nula. La esencia de almendras amargas se emplea exclusivamente para la elaboración de sustancias aromáticas.

Las almendras, enteras o molidas, tostadas o escaldadas, son un ingrediente básico de muchos postres, desde tartas hasta pralinés. Picadas, se pueden añadir al *muesli*. Las almendras tostadas son una auténtica delicia. Las dulces también se emplean en la alta cocina para aderezar *soufflés* y platos de verdura, pescado o carne.

Con almendras se preparan muchos dulces. El exquisito mazapán, por ejemplo, se elabora con almendras molidas, azúcar, agua de rosas y miel, y el clásico turrón de Navidad (arriba) básicamente con almendras y miel. Las almendras amargas y el aceite que de ellas se extrae se emplean en cantidades muy pequeñas en repostería (la cocción o el horneado hacen que se evapore el ácido cianhídrico venenoso) y para aromatizar licores de almendra (Amaretto).

Las almendras están provistas de una cáscara muy dura que se casca en máquinas industriales. Las semillas, alargadas, se sumergen en agua hirviendo durante dos o tres minutos para que se desprenda la piel marrón. Después se pueden pelar fácil-

mente con el índice y el pulgar. Las almendras peladas y picadas se conservan frescas entre cuatro y seis semanas en un lugar fresco y seco. Enteras y con piel, aguantan de tres a cuatro meses a unos 5 °C.

Además de aceite, proteínas y azúcar, las almendras dulces contienen vitaminas valiosas, como A, varias del grupo B y E, y minerales (calcio, magnesio, hierro y fósforo). Se les atribuyen propiedades calmantes del sistema nervioso. Su elevado contenido en ácidos grasos insaturados ejerce una acción positiva sobre el nivel de colesterol. Asimismo, el consumo de almendras, en particular de leche de almendras, incrementa la potencia visual y alivia las dolencias gastrointestinales.

Crema de almendras

50 g de almendras molidas

50 g de azúcar lustre

60 g de mantequilla blanda

1 huevo

10 ml de ron

Bata la mantequilla y añádale las almendras y el azúcar lustre mezclados. Incorpore el huevo. Vierta el ron y ponga la pasta a enfriar. Deje templar la crema a temperatura ambiente media hora antes de servirla.

Flan de almendras

200 g de almendras molidas

250 ml de leche

250 ml de nata

4 huevos

3 cucharadas de azúcar

mantequilla para el molde

Ponga la leche a hervir, viértala sobre la almendra y déjelo reposar unos 30 minutos. Cuele la mezcla con un paño y reserve la leche. Vuelva a ponerla a hervir, con la nata. Bata los huevos con el azúcar y, fuera del fuego, vaya vertiendo encima, poco a poco, la mezcla de leche y nata hirviendo, sin dejar de remover. Vierta la crema en una flanera engrasada. Cuézala al baño María durante 45 minutos y sirva el flan frío.

Tarta de almendras

Ingredientes para unas 12 porciones
Tiempo de preparación: alrededor de 1 1/4 horas

8 yemas de huevo

8 claras de huevo

la pulpa de una vaina de vainilla

1 cucharadita de canela

250 g de azúcar lustre

la ralladura de un limón de cultivo biológico

250 g de almendras molidas

sal

2 cucharadas de aceite vegetal

azúcar lustre para espolvorear

Mezcle las yemas, la canela, el azúcar lustre y la pulpa de la vainilla, añada la ralladura de limón y la almendra y remuévalo bien. Bata las claras con una pizca de sal a punto de nieve e incorpórelas a la pasta. Viértala en un molde engrasado y cueza la tarta en el horno precalentado a 180 °C durante 50 minutos. Sírvala fría, espolvoreada con el azúcar lustre.

El coco

El fruto del *cocotero (Cocos nucifera)* tiene una cáscara leñosa muy dura que hay que romper. El interior de este fruto tropical contiene la llamada «agua de coco». La pulpa blanca se come fresca o se ralla para la elaborar dulces y otros platos.

Otros frutos secos

Los árboles de Macadamia crecen sólo en climas subtropicales húmedos, por lo que las **nueces de Macadamia,** dulces y de unos dos o tres centímetros de diámetro, proceden exclusivamente del hemisferio sur.

Los cacahuetes, al natural, salados, tostados o bañados en chocolate, son un tentempié muy habitual. Desde el punto de vista botánico, el **cacahuete** *(Arachis hypogaea)* es una leguminosa: la cáscara es la vaina seca de la planta.

Las **castañas de Pará** o **nueces del Brasil** son las semillas de un árbol sudamericano, el castaño de Brasil *(Bertholletia excelsa)*. Son muy oleosas y hay que consumirlas lo más frescas posible porque se enrancian enseguida.

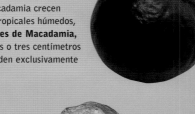

Las nueces indonesias **kemiri** o **kukui** son el fruto del árbol candil. Su sabor está entre el de la avellana y la nuez, y debido a su alto contenido graso son combustibles.

Los **anacardos,** blancos y arqueados, son fruto del anacardo o marañón *(Anacard occidental)*, que crece en la India, Sudamérica y África. Tienen un aroma recuerda el de la almendra y están muy buenos tostados y salados.

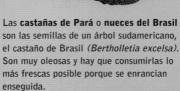

Los **pistachos,** de color verde claro, son los frutos del pistachero *(Pistacia vera)*, que crece principalmente en la cuenca mediterránea oriental. Los suelen vender tostados y salados con la cáscara.

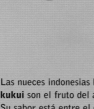
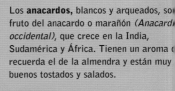

La leche de coco

No hay que confundir el jugo acuoso y refrescante del coco, el agua de coco, con la *leche de coco*, que se obtiene rallando o raspando la pulpa jugosa y blanca, escaldándola con leche, agua o agua de coco y colándola con un paño al cabo de unas horas. Si tiene prisa, puede hervir la ralladura de coco con el líquido a fuego lento durante 30 minutos y colarla con el paño.

Principales zonas de cultivo de los frutos secos

Muchas de las especies de árboles que producen frutos secos se dan muy bien en el clima templado de California, por lo que ese estado norteamericano se ha convertido en una de las principales regiones de cultivo de almendras y nueces. Las extensas plantaciones californianas comercializan alrededor de dos terceras partes de la producción mundial. Las nueces que allí se cultivan se caracterizan por ser muy grandes y de color claro, lo que hace innecesario blanquearlas. Con todo, el cultivo intensivo también tiene un inconveniente: el monocultivo requiere la utilización de productos fitosanitarios. La situación es distinta en Francia: los frutos secos importados de ese país europeo, como la famosa variedad de nuez *noix de Grenoble*, proceden en su mayor parte de explotaciones pequeñas y son más aromáticos. El avellano crece en casi toda Europa, pero la producción se concentra sobre todo en la cuenca mediterránea, en particular en Turquía, Italia, España y Francia.

Los pistachos: un fruto muy versátil

Tostados o salados, los *pistachos* son en muchos países un entretenimiento que no termina hasta que se acaba la bolsa. Pero los pistachos son muy apreciados no sólo por su sabor suave sino también por su decorativo color. Por norma general, el pistacho es de mejor calidad cuanto más verde. Los mejores proceden de Turquía y Sicilia, y los más grandes, de Siria. Con pistachos, enteros o picados, se elaboran numerosos dulces, postres, bombones y pasteles, pero también se aderezan embutidos, salsas y rellenos de carne. Y no olvidemos el helado de pistacho, que se ha ganado un merecido lugar de honor en todas las heladerías.

Mejillones en salsa de coco

2 mg de azafrán molido
100 ml de caldo de pollo
100 ml de vino blanco seco
4 cucharaditas de perejil picado
$^1/_4$ de cucharadita de pimentón picante
$^1/_4$ de cucharadita de pimienta al limón
200 ml de leche de coco de lata
2 cucharadas de almidón alimentario
20 mejillones verdes de Nueva Zelanda congelados, a temperatura ambiente

Ponga a hervir el caldo de pollo con el azafrán, aparte el cazo del fuego, añada el vino, 2 cucharaditas de perejil, el pimentón y la pimienta al limón y mézclelo todo bien.

Vuelva a ponerlo al fuego y deje que se reduzca a la mitad. A continuación, añada la leche de coco y el almidón alimentario disuelto en 2 cucharadas de agua. Deje que el caldo se espese y luego eche los mejillones y caliéntelos bien con el cazo tapado. Sirva los mejillones en una fuente, con el perejil picado restante esparcido por encima. La primera concha vacía sirve para desprender el resto de los mejillones.

El fruto del castaño está bien protegido dentro de una gruesa envoltura recubierta de púas llamada «erizo».

Pudin de castañas

200 g de puré de castañas

40 ml de leche

la pulpa de una vaina de vainilla

4 yemas de huevo

4 cucharadas de azúcar

3 cucharadas de ron

Ponga el puré de castañas a hervir con la leche y la pulpa de vaini-lla. Bata las yemas con el azúcar, añada el ron y mézclelo con el puré caliente. Vuelva a calentar la mezcla sin que llegue a hervir. Remueva la masa hasta que alcance el grado de espesor deseado, apártela del fuego y siga removiendo durante 2 minutos más. Déjela enfriar en la nevera de 2 a 3 horas.

Las castañas

Como muchos otros frutos secos, la castaña es originaria de Asia Menor, aunque desde hace mucho tiempo es común en Italia, Francia, España, Portugal y las regiones más cálidas de Alemania. El *castaño (Castanea sativa)* también es propio de Norteamérica, Japón y China. Italia y España cuentan con plantaciones destinadas a la explotación comercial. Las semillas de este árbol longevo de hasta 20 m de alto, que, dicho sea de paso, no guarda ningún parentesco con el castaño de Indias, están alojadas en número de una, a veces de dos, en un hollejo erizado cubierto de púas que se abre al llegar a la madurez. Las castañas cultivadas con las que se elaboran los famosos *marrons glacés* son más grandes y aromáticas que las comunes y resisten muy bien la cocción.

La semilla, blanca y que en crudo tiene un sabor acre y harinoso, está recubierta de una membrana rojiza lisa muy adherida. Para que se desprenda hay que sumergir las castañas en agua hirviendo durante unos minutos y después pelarlas con un cuchillo mientras aún están calientes. También se pueden asar al horno hasta que la piel se abra, para lo cual hay que practicar antes un corte en forma de cruz en la cara abombada de la dura piel. Las castañas asadas están deliciosas acompañadas de un vino joven, y además son muy nutritivas y saciantes. Con castañas grandes hervidas, asadas o en puré se suelen rellenar aves. En muchos países del sur de Europa se obtiene de las castañas una harina panificable.

Las castañas se recolectan a partir de septiembre y no se conservan demasiado tiempo, a excepción de algunos tipos. A temperatura ambiente aguantan alrededor de una semana, y un mes en un recipiente hermético en la nevera. Las castañas que no se van a consumir de inmediato se secan al sol o sobre listones de madera a fuego muy bajo (castañas pilongas).

Arriba: **castañas grandes** glaseadas, los famosos *marrons glacés*.

Debajo: los castaños se reconocen por sus hojas lanceoladas y aserradas.

Antes de asar las castañas hay que hacerles un corte en la piel para que no revienten.

Las castañas asadas, glaseadas o en puré

Los puestos de las castañeras que ofrecen cucuruchos de castañas asadas son una estampa típica de los días fríos de invierno en muchas ciudades de Europa. Las castañas contienen más fécula que las patatas y son ricas en vitamina C. La alta cocina también ha sabido sacar partido del dulce sabor de estas semillas, y es que ningún otro fruto seco queda tan bien en rellenos de aves grandes, como la oca, el pato o el pavo. Las castañas son un producto muy especial sobre todo en Francia. Allí se sirven asadas o glaseadas como guarnición de carnes o col lombarda, o se reservan para elaborar postres tan exquisitos como el *marron glacé* (castañas confitadas y glaseadas) o el pudin Montblanc (un puré de castañas con ron batido hasta que adquiere una consistencia espumosa y servido con nata).

Las semillas

Pipas de girasol: las semillas secas del girasol (*Helianthus anuus*), originario de Perú y México, son muy apreciadas, en parte debido a la tendencia generalizada a procurar llevar una alimentación equilibrada. Con ellas se completan panes sustanciosos y pasteles, y, tostadas, dan alegría a ensaladas verdes y platos de verdura.

El **sésamo** son las semillas de una planta oleaginosa anual (*Sesamum indicum*) que se cultiva sobre todo en la India, China y México. En Europa, con sésamo se adornan panes, panecillos, bollos y pasteles. Un condimento típico de la cocina árabe con el que se aderezan muchos platos es el *tahín*, básicamente sésamo tostado y molido con sal y especias.

Los **piñones** son las semillas que contienen las piñas del pino piñonero (*Pinus pinea*), que crece sobre todo en los países mediterráneos. Se suelen comer tostados, que es como mejor se aprecia su peculiar aroma. Los piñones tostados quedan muy bien en ensaladas y platos de verdura. Majados, son uno de los ingredientes del *pesto* italiano.

Las **semillas de amapola** utilizadas en cocina no proceden de las amapolas rojas que todos conocemos sino de la adormidera (*Papaver somniferum*), de flores rosadas, que se cultiva principalmente en China, el sudeste asiático, la India y Rumanía. Con las pequeñas semillas de color gris azulado enteras se adornan panes y tartas. Molidas (así despliegan la plenitud de su aroma) son un ingrediente habitual de pasteles y postres.

Los frutos del tamaño de una avellana del loto de la India recuerdan las almendras por su sabor y se suelen servir de aperitivo en muchos países asiáticos. También se pueden conservar en vinagre o confitadas. Las **semillas de loto** cocidas y tostadas son el ingrediente principal de una sopa dulce vietnamita, y también se utilizan para rellenar aves.

Las **pipas de calabaza** son las semillas de la inmensa calabacera común (*Cucurbita pepo*), que se cree originaria de Brasil o México. Las pipas, planas y de color verde oscuro, que a diferencia de las de la calabacera que mejor conocemos carecen de cáscara, son deliciosas y admiten múltiples usos: en *muesli*, ensaladas y panes y, molidas, en salsas y *soufflés*.

Las semillas y la salud

Las semillas, desde las grandes pipas de calabaza hasta las diminutas semillas de sésamo, son uno de los alimentos más saludables que existen. Presentan un alto contenido en grasas pero se componen en su mayoría de ácidos grasos mono y poliinsaturados que, entre otras cosas, son reguladores del nivel de colesterol. Además, las semillas contienen proteínas fáciles de digerir y de gran valor nutritivo y son ricas en vitaminas, sobre todo del grupo B. Aportan más minerales (hierro y calcio) y oligoelementos (magnesio, flúor, yodo y ácido fólico) que la mayoría de los alimentos. Las pipas de girasol, por ejemplo, tienen más hierro que cualquier otro producto vegetal, y por ese motivo son un ingrediente esencial de la cocina vegetariana. Las semillas de sésamo se distinguen por su alto contenido en lecitina, que es un tónico nervioso.

El efecto embriagador de la adormidera

La *adormidera* (planta de la que se extrae el opio) es una de las plantas cultivadas más antiguas que existen. Los antiguos egipcios y griegos ya sabían apreciar el delicado sabor de las semillas de amapola maduras. Pero aún más perseguido era el efecto embriagador de la adormidera, que, dicho sea de paso, no proviene de las semillas maduras: sólo las cápsulas verdes de la adormidera contienen un látex alcaloide (el opio) con el que se elabora, por ejemplo, el opio que se fuma. El cultivo y consumo de opio está prohibido en el norte de Europa desde 1961. La principal zona de cultivo de la adormidera es hoy el llamado «Triángulo de oro», las regiones fronterizas de Tailandia, Laos y Birmania, con una producción estimada de más de 700 toneladas al año.

Panellets de piñones

250 g de azúcar lustre
1 sobre de vainilla azucarada
1 pizca de sal
2 huevos
400 g de almendras molidas
$^1/_2$ cucharadita de canela
1 yema de huevo
1 cucharada de nata
200 g de piñones

Mezcle el azúcar lustre, la vainilla azucarada, la sal y los huevos y agregue la almendra y la canela. Bata la nata con la yema de huevo. Forme unas bolitas con la masa y páselas primero por la mezcla de yema de huevo y, a continuación, por los piñones. Hornee los *panellets* a 200 °C de 8 a 10 minutos.

AZÚCAR, MIEL Y DULCES

Introducción

El azúcar es una fuente de energía esencial para el ser humano que se encuentra en casi todos los alimentos. Pero para conseguir el sabor deseado en la elaboración de dulces hay que emplear miel, azúcar o fruta. El chocolate, los pasteles y los helados forman parte de nuestra dieta cotidiana; es difícil no sentirse tentado.

Durante milenios la miel fue el principal edulcorante. En las cercanías de Valencia encontramos pintados al abrigo de una cueva los primeros testimonios de su obtención. Los griegos también la apreciaban por sus propiedades curativas, y los romanos se deleitaban con lo que los árabes encontraban natural: la carne guisada con miel, especialidad que fue muy habitual hasta la Edad Media. No menos antiguos son otros edulcorantes, como el almíbar o el zumo concentrado de frutas. Mucho antes de nuestra era, en Babilonia se empleaba el jarabe de palma para la elaboración de platos dulces.

También se utilizan para endulzar las frutas pasas y la mermelada. El Antiguo Testamento habla de «pasteles de frutas», que probablemente fueran dátiles o higos secos y prensados, parecidos a los que podemos adquirir en la actualidad. La utilización de fruta para preparar mermeladas y jaleas cuenta con una larga tradición, probablemente originaria de Persia. Desde finales del siglo XIX, la mermelada es un componente habitual de la dieta burguesa y se puede adquirir en diversas combinaciones de frutas.

La introducción del azúcar en nuestra dieta revolucionó nuestros hábitos alimentarios. Se cree que su extracción a partir de la caña de azúcar se practica desde hace más de 8000 años y que se extendió desde Asia hasta el Mediterráneo meridional a través de Arabia. Hasta el siglo XVIII en Europa se consideraba un artículo de lujo. Se empleaba para endulzar el té, el café y el cacao porque compensaba el sabor amargo de estos ingredientes. Desde que en 1747 Andreas Markgraf descubriera una gran proporción de azúcar en el zumo de la remolacha, este tubérculo también se emplea en la producción industrial. Hoy en día el azúcar se considera un alimento básico.

En el siglo XVI, con la colonización de América del Sur, el cacao se introdujo en España. Muy pronto, en todas las cortes europeas era de buen tono degustar a diario una taza de cacao. En el transcurso de la Revolución Industrial, se consiguió producir chocolate para comer mezclando azúcar y cacao, una preparación que se podía transportar a todos los puntos del planeta. En la actualidad, el chocolate está tan ligado a nuestra dieta como el pan de todos los días y bienaventurados aquellos que puedan pasar sin acordarse de él.

En cambio, la confitería, las trufas y los bombones a granel siguen siendo productos de lujo. Al norte de los Alpes, el arte de preparar pasteles y bombones se desarrolló relativamente tarde, pero las casas aristocráticas europeas acabaron dominándolo.

Antes que los europeos, los chinos desarrollaron un método para elaborar helados con zumos de frutas. En tierras árabes, los romanos ya habían descubierto los *sherbets,* jarabes de frutas enfriados con hielo, pero las bases de los postres helados no se sentaron definitivamente hasta que Marco Polo trajo consigo la técnica de elaboración de helados de China.

Azúcares, jarabes y arropes

Da lo mismo si debe prepararse un postre o hacer que un segundo plato despliegue todo su aroma: sin los edulcorantes nuestra cocina resultaría pobre en aromas y sabores. El ingrediente más frecuente para endulzar preparaciones culinarias es el *azúcar blanco,* una variedad industrialmente refinada que resulta indispensable en la cocina. Puesto que endulza pero apenas agrega sabor, es la más indicada para elaborar postres delicados y salsas claras, helados y bollería ligera. Todas las variedades de azúcar blanco poseen el mismo grado de dulzura, pero cuanto más molido se presenta, más deprisa se diluye y más dulce parece al paladar. El *azúcar de lustre* se muele muy fino y se emplea para preparar glaseados o merengue. El *azúcar de grano grueso* se emplea sobre todo en la decoración de pasteles. Los cristales relativamente grandes del *azúcar cande* son ideales para endulzar bebidas calientes como té o grog.

El *azúcar moreno* es azúcar integral de caña menos refinado. Para obtenerlo, se prensa la caña de azúcar, se filtra y se cuece hasta formar un jarabe. Al enfriarse se forman unos cristales de azúcar, que al final del proceso se muelen. Es la melaza la encargada de dar sabor y color a este azúcar.

Una alternativa aromática al azúcar blanco es el *jarabe.* Entre las variedades más sabrosas está, sin duda alguna, el jarabe de arce, con el que se pueden aderezar no sólo barquillos y crepes sino también aliños para ensaladas, marinadas y platos agridulces. Su poder edulcorante es mucho mayor que el del azúcar industrial. Lo mismo ocurre con el jarabe de palma, obtenido de la palmera datilera.

De una consistencia parecida es el *arrope.* Mediante la evaporación de los zumos de frutas se obtiene un concentrado de los azúcares naturales que poseen conservando el sabor y el aroma. Basta con una pequeña cantidad para conferir un agradable dulzor a mermeladas o postres a base de fruta. Los más tradicionales son los de manzana y de pera, pero recientemente también se comercializa un arrope de agave, denominado «miel de agave», que endulza más que el azúcar pero tiene menos calorías.

El almíbar es un cocimiento de azúcar en agua que se utiliza para emborrachar algunos pasteles o frutas.

Azúcar aromatizado

El azúcar aromatizado es azúcar blanco granulado al que se le añaden sustancias aromatizantes. Las variedades más conocidas son el azúcar de vainilla y de vainillina. En la actualidad, el azúcar de vainilla o avainillado (azúcar blanco granulado al que se le añade vainilla molida muy fina) suele sustituirse por el azúcar de vainillina, una variedad más económica que se obtiene con un aroma sintético, la vainillina. El azúcar aromático también se puede preparar en casa añadiendo al azúcar refinado un par de vainas de vainilla, o ramas de canela o espliego. Los ingredientes se guardan en un tarro hermético durante dos semanas y en este tiempo se agita el frasco vigorosamente de vez en cuando.

Azúcar blanco

Azúcar cande blanco

Azúcar cande moreno

Azúcar cande en cristales grandes

Azúcar moreno

Azúcar de grano grueso

El jarabe de arce, originario de Canadá, se obtiene de la savia del arce joven, que resulta muy aromática.

Cestillos de caramelo

1. Distribuya el azúcar de manera uniforme en un cazo de base gruesa que no sea antiadherente y caliéntelo a temperatura media hasta que quede líquido.

2. El azúcar irá adquiriendo un tono ambarino y desarrollará un sabor tostado entre dulce y amargo muy particular.

3. Incline el cazo con el jarabe a fin de comprobar el color del caramelo. Para realizar los cestillos debe ser claro.

4. Sumerja la base del cazo en un bol con agua fría para detener la cocción. Deje enfriar el caramelo 1 o 2 minutos hasta que forme hebras.

5. Unte la base de un cucharón con aceite y, cogiendo caramelo con una cuchara sopera, haga por encima un dibujo en forma de rejilla.

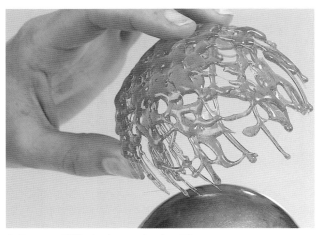

6. Una vez solidificado el caramelo, el cestillo se puede retirar sin dificultad.

MIEL TURCA

Hoy día este delicioso dulce oriental se denomina «guirlache blanco». Se elabora con azúcar, miel, clara de huevo y gelatina, y a veces se le añaden fruta confitada, almendras o nueces tostadas, se reboza con semillas de sésamo o se envuelve con obleas. El guirlache blanco francés se llama «nougat de Montélimar».

Ron miel, una bebida exquisita para degustar sola o combinada en cócteles.

La miel

Aunque la *miel* ha perdido su protagonismo en la elaboración de postres en favor del azúcar, por su intenso aroma y sus propiedades nutritivas y edulcorantes sigue siendo un alimento ideal. La miel resulta deliciosa para untar el pan, así como para preparar galletas, bollos y postres. La carne adobada o glaseada con miel y asada al horno forma una crujiente costra alrededor. Puesto que este ingrediente se carameliza deprisa, es conveniente que la temperatura no sobrepase los 220 °C.

El sabor de la miel depende en gran medida de las plantas que rodean la colmena. Hay clases con un aroma muy delicado, floral, pero también otras más ácidas o especiadas. Las mieles claras suelen ser más suaves, mientras que las más oscuras son de sabor más pronunciado. Al igual que sucede con los vinos, la calidad de la miel varía en cada añada. Según la temperatura o la meteorología, presenta cada año un sabor distinto, aunque proceda del mismo apicultor y la etiqueta indique que la misma variedad.

La composición de la miel de una variedad de planta determinada debe presentar un 51% de miel recolectada en pastos en los que predomine una sola variedad. La miel de flores, suave y clara, se obtiene del néctar de flores y plantas en el periodo de máxima floración. La miel de hojas o miel de bosque se obtiene de la ligamaza que aparece cuando los pulgones perforan la membrana foliar. Es más oscura y posee un sabor tirando a acre. Las variedades más apreciadas son las de tilo y abeto.

La miel se debe conservar en frascos herméticos y en un lugar oscuro, a unos 15 °C. Según las clases, conserva intacto su aroma entre uno y dos años. Si la miel se solidifica, se puede degustar cristalizada o diluirse en pequeñas porciones al baño María (sin que sobrepase los 40 °C), removiendo con cuidado. Quien desee sustituir el azúcar por miel en las recetas, debe reducir la cantidad de azúcar indicada en un cuarto y la cantidad de líquido indicada en un octavo.

Bocadillos de galleta

Ingredientes para 1 persona
4 galletas de mantequilla integrales
4 cucharadas de requesón desnatado
¹/2 plátano pequeño en rodajas finas
2 cucharaditas de miel

Unte las galletas con requesón y distribuya las rodajas de plátano sobre dos de ellas. A continuación, riegue el plátano con la miel y cubra las galletas con las dos restantes.

Higos con salsa de miel

300 g de higos secos
150 g de nueces
250 ml de vino tinto
250 ml de jerez dulce
6 cucharadas de miel
el zumo de 2 naranjas
250 g de nata montada

Ponga los higos en el vino y el jerez y déjelos macerar toda la noche. Cueza la preparación y añádale el zumo de naranja, las nueces (reserve 4 trozos) y la miel.
A continuación, cueza todos los ingredientes a fuego lento durante 15 minutos. Deje enfriar la mezcla por completo y sírvala con el resto de las nueces, decorada con nata montada.

Todo desayuno que se precie incorpora siempre un poco de miel.

Este tipo de colmena se conoce entre los apicultores como «botín».

Un tarro tradicional español para la conservación de miel, hoy en día muy poco frecuente.

En la elaboración de la **miel de acacia** se utiliza miel recogida en campos de acacias falsas o blancas. Se trata de una miel de color amarillo pálido y sabor suave, que se conserva líquida durante mucho tiempo por su alto contenido en fructosa.

La **miel de bosque** tiene como base la ligamaza de encinas, abetos rojos, olmos y hayas. Presenta un color marrón rojizo y un sabor suave pero aromático.

La **miel de trébol** suele ser una miel de color muy claro, que cristaliza con facilidad y con un aroma muy suave. En algunos países se suele mezclar con miel de flores estivales y miel de flores silvestres, pero también puede adquirirse sola, como la miel de meliloto o la miel de loto, algo más ácida.

Como todas las mieles de bosque obtenidas de la ligamaza de coníferas, la oscura **miel de abeto** es muy rica en fermentos. Por eso conserva su densidad durante mucho tiempo. Posee un marcado sabor y un aroma característico.

Tipos de miel

No existen normas específicas para el etiquetado de la miel, por ello en la etiqueta aparece la planta a partir de la cual se obtuvo, así como el proceso de producción. Para obtener *miel prensada*, los trozos de panal que contienen miel se envuelven con paños y la miel se escurre en una prensa. La *miel en panales* es la que se obtiene de panales cubiertos, no incubados procedentes de diversas plantas. Tal como su nombre indica, a menudo se incluye en el frasco un trozo de panal. La *miel centrifugada* se extrae en frío o en caliente de panales sin larvas. En el proceso frío, los panales cubiertos se destapan, se ponen a temperatura ambiente y, a continuación, se cuelgan en la centrifugadora. Gracias a la fuerza centrífuga, la miel es expulsada hacia las paredes del aparato, recogida en la parte inferior y, con la ayuda de un tamiz, filtrada a fin de eliminar cuerpos extraños, restos de cera y proteínas de polen. De este modo se conservan los nutrientes (vitaminas y minerales), pero la miel cristaliza con rapidez. En la producción industrial, la miel se suele someter a un proceso de calentamiento para recuperar con rapidez la miel cristalizada en los panales. No es extraño que la temperatura alcance los 70 °C para que la miel no se caramelice y conserve la fluidez.

Confituras, mermeladas, jaleas y compotas

En muchas recetas, la **mermelada de calabaza** se complementa con naranja y manzana, y también con jengibre y albaricoque.

Es tan habitual desayunar pan untado con confitura, mermelada y jalea, que parece imposible que haga sólo 150 años que estos dulces entraron a formar parte de la dieta de la clase media con la introducción de azúcares baratos. Hoy en día no se emplean sólo para untar el pan sino también como complemento dulce y afrutado en productos lácteos y repostería.

La *confitura* debe contener un mínimo de 350 g de fruta por kilo de peso; la confitura extra incorpora hasta 450 gramos. La fruta se deja entera o se corta en trozos grandes y se cuece en agua con azúcar y pectina, por lo que una vez confeccionada, los trozos de fruta son apreciables. Las variedades que gozan de mayor aceptación son la confitura de ciruelas, a menudo condimentada con canela y clavo de olor, la de albaricoque y la de fresa. A diferencia de la confitura, la *mermelada* debe contener un mínimo de 200 gramos de fruta por kilo de peso. Con excepción de las mermeladas de cítricos inglesas, en la fina mezcla resultante de la cocción no deberían aparecer trozos de fruta. En la Europa central son tradicionales las mermeladas de mora, fresa y frambuesa, y de las regiones costeras del norte de Europa procede la mermelada de espino amarillo. La *jalea* tiene un color claro y brillante y resulta más decorativa que la mermelada o la confitura. Su elaboración resulta algo costosa puesto que primero debe extraerse en frío el zumo de las frutas trituradas que se vaya a emplear. A continuación, se deja cocer con azúcar y un espesante. Las bayas de saúco, el membrillo y las grosellas rojas son la fruta más adecuada por su alto contenido en pectina. La jalea contiene un mínimo de 620 g de fruta por kilo.

A diferencia de la confitura, la mermelada y la jalea, la *compota* no se utiliza para untar el pan, sino como plato frío o caliente servido como postre o como parte integrante de un plato dulce a base de buñuelos o crepes. Para elaborar la compota, previamente es necesario deshuesar, pelar o trocear la fruta según convenga y, a continuación, cocerla en agua, zumo de frutas o vino tinto con un poco de azúcar. Algunas compotas, como la de endrino o arándano rojo, combinan a la perfección con platos de caza por su sabor ligeramente ácido.

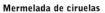

Mermelada de ciruelas

Confitura de moras

Confitura de cerezas

Confitura de fresa

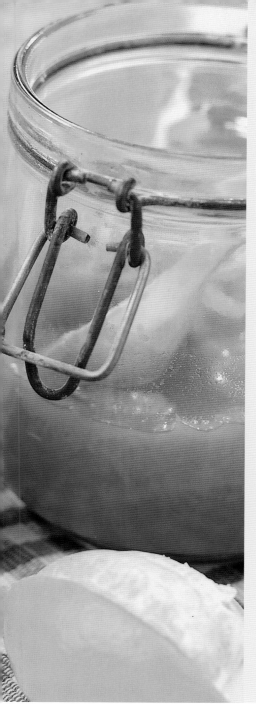

Cómo hacer mermelada

La proporción de azúcar gelatinizante y fruta es muy variable, de un 33%-67% a un 50%-50%. La mermelada de albaricoque se elabora con 1 kg de fruta y 1/2 kg de azúcar.

Mezcle los albaricoques deshuesados y troceados con el azúcar y déjelos reposar 10 minutos. Déjelos cocer durante 3 minutos sin dejar de remover y espumando la mezcla.

Añada un chorrito de zumo de limón, remueva y escurra la mezcla.

Pase la mermelada a un tarro esterilizado, tápelo y refrigérelo de inmediato, o sírvala directamente.

Confitura de tomates verdes

Con esta receta, procedente del sur de Francia, se obtiene una confitura deliciosa para untar el pan y constituye un método económico para aprovechar aquellos tomates que ya no van a madurar. Retire el tallo de 2 kg de tomates verdes y córtelos en rodajas. En una fuente, coloque las rodajas por capas y espolvoree cada capa con azúcar para conservas. En total se necesitan 2 kg de azúcar. Deje macerar el tomate en el frigorífico durante 24 horas, removiendo bien la mezcla dos o tres veces con una cuchara de madera. Póngalo en una olla especial para hacer conservas o de acero inoxidable, cuézalo brevemente a fuego fuerte y, a continuación, reduzca el fuego. Entre tanto, corte tres limones biológicos por la mitad, córtelos en tiras finas sin mondarlos y añádalos al tomate. Déjelo cocer todo a fuego lento durante aproximadamente 1 hora. Para terminar, espume la preparación, introduzca la confitura de tomate en tarros de conserva esterilizados y ciérrelos herméticamente.

Jalea de membrillo

Mermelada de higos

Confitura de grosellas negras

Mermelada de naranja

Frutas pasas

Las frutas pasas, escarchadas y confitadas se pueden adquirir en cualquier época del año, si bien abundan más en Navidad, pues es cuando aumenta su consumo. La costumbre de desecar fruta fresca cuenta con una tradición de miles de años. La fruta se deja secar al sol o a la sombra hasta que se ha evaporado toda el agua. Preparada de este modo, resulta muy dulce y nutritiva porque el azúcar se concentra y, si se guarda de forma adecuada, se conserva durante meses. Las frutas pasas de fabricación industrial se suelen tratar con azufre para evitar que se agusanen. Desde el punto de vista de la salud, se debería evitar el consumo de este ingrediente o bien lavar las frutas a fondo antes de consumirlas.

Las frutas pasas se pueden emplear tanto en platos dulces como salados: las pasas sultanas, sin semillas, procedentes de Turquía, se preparan en salsas y rellenos de carne, mientras que las pasas griegas de Corinto, de menor tamaño y también sin semillas, se añaden a *mueslis*, pasteles y bollos. Los dátiles, los higos y las ciruelas matizan las salsas y rellenos de carne y, acompañados de oporto o jerez, constituyen un postre sencillo pero refinado. Además de la manzana, el albaricoque, la pera, la ciruela, el melocotón y algunas bayas, desde hace algunos años también se comercializan desecadas frutas más exóticas como la piña, el plátano, el mango o la papaya.

En repostería, el aspecto de la fruta utilizada es de una importancia caudal; por ello es habitual el uso de fruta confitada o escarchada. La fruta escarchada se emplea para decorar pasteles, tartas y cócteles, y también en el *plum cake* inglés o en la *cassata* italiana. Antes de escarcharla, la fruta se escalda y se cuece en almíbar caliente. Son muy conocidos las cerezas o el jengibre escarchados, pero también se comercializan así naranja en rodajas y cáscara de lima. Con la cáscara de naranja amarga y de la cidra también se elaboran dulces de este tipo. En cambio, la fruta confitada sólo se cubre con almíbar y por lo tanto resulta menos dulce que la fruta escarchada. Son tradicionales las cerezas y naranjas confitadas, pero también se comercializan confitados las flores de violeta y saúco y los pétalos de rosa.

Higos secos: su aroma delicado y dulce combina a la perfección con la liebre, el faisán y la carne de cerdo.

Los **dátiles secos** complementan las salsas y rellenos de carne; regados con oporto o jerez, o rellenos de pistachos, guirlache o queso constituyen un postre delicioso.

También las **ciruelas pasas** destacan por su contenido en vitaminas (A, B y C) y minerales (calcio, potasio, magnesio y hierro).

Los **aros de manzana desecada** enriquecen el *muesli* del desayuno, además de ser el componente principal de innumerables recetas, como las magdalenas con curry y chocolate, y las galletas de manzana especiadas.

La fruta desecada que goza de mayor aceptación son las **pasas**, es decir, uvas de mesa desecadas, indispensables para el cuscús y muchos platos de arroz.

Confitar la fruta

Toda la fruta se escalda antes de confitarla, incluso las fresas y los albaricoques.

Para sustituir el agua que contiene la fruta por azúcar, la fruta se sumerge en un jarabe de azúcar cada vez más concentrado hasta que está completamente impregnada.

Para que no se cristalice ni se caramelice, el almíbar se calienta. Si se confitan piezas de fruta enteras, este proceso de conservación puede prolongarse hasta dos meses.

Muesli de fruta con nueces

Ingredientes para 2 personas
2 rodajas de piña pequeñas (al natural o de lata)
1 plátano pequeño pelado
100 g de pulpa de mango
2 cucharadas de nueces troceadas
6 cucharadas de copos de avena
1 cucharada de miel
250 g de yogur desnatado batido

Corte la fruta en trozos pequeños y repártala entre dos boles. Añada la mitad de las nueces y de los copos de avena, y remueva. Mezcle el yogur y la miel, y agregue la mezcla al *muesli*.

Los antiguos egipcios ya conocían el método para conservar la **fruta confitada**. Si se guarda en un recipiente hermético bien cerrado, se conserva hasta medio año.

El **chocolate a la piedra** contiene un 50-60% de azúcar, una proporción relativamente elevada, y un 40% de cacao mínimo. Se utiliza sobre todo en repostería.

Las **semillas de cacao** adquieren su peculiar aroma entre dulce y amargo después de la fermentación, el secado y el tueste.

El **cacao en polvo** se obtiene moliendo las semillas y extrayéndoles la manteca de cacao por presión. El cacao con un porcentaje de entre 10 y 12% de manteca de cacao se considera muy desgrasado, mientras que el poco desgrasado contiene más del 20%.

El **chocolate amargo rallado** se emplea para la decoración de pasteles y tartas y para matizar el aroma de muchos postres de frutas.

El chocolate

Los ingredientes del *chocolate* son la pasta de cacao, la manteca de cacao y el azúcar. Cuanto mayor es el contenido de cacao, menor es el de azúcar. El chocolate presentará, pues, un color más oscuro y un sabor más intenso. El *chocolate semiamargo* debe contener un mínimo de cacao del 50%, el *chocolate amargo* un 60% y el *chocolate extra amargo* un 70%. Todos los tipos de chocolate amargo son apropiados para la preparación de bollos y postres. Menos aconsejable para ese uso es el *chocolate con leche,* que es de sabor suave y cremoso porque el contenido en azúcar y grasa es relativamente elevado y porque se le añade leche. El *chocolate blanco* no es propiamente chocolate, pues no se elabora con cacao sino con manteca de cacao. El *chocolate a la piedra* se funde lentamente y se emplea en la elaboración de pasteles donde deban apreciarse trozos de chocolate. El chocolate de *cobertura* se presenta en sus variedades con leche, sin leche y, recientemente, también blanca. La proporción de manteca de cacao es del 31%, de modo que la cobertura conserva la suavidad y el brillo, y por eso es el choco-

late indicado para recubrir pasteles y bollos. Este chocolate se puede emplear asimismo en preparaciones al horno o para confeccionar bombones. En los *glaseados de cacao,* la manteca de cacao se sustituye por una grasa de tipo vegetal, por lo que su sabor no es tan intenso, se funde con mayor facilidad y por lo tanto es ideal para glasear pasteles.

El *cacao en polvo* es la materia prima de las bebidas a base de chocolate y de muchos dulces y postres. Se obtiene de moler muy finas las láminas de prensado de cacao, es decir, las semillas de cacao prensadas. El cacao en polvo desgrasado contiene un mínimo de grasa del 20% procedente de la manteca de cacao, el cacao en polvo desgrasado extra, un 10%. A veces el cacao en polvo se comercializa mezclado con azúcar como cacao en polvo azucarado. Aunque es de color muy oscuro, el cacao holandés resulta muy suave y es ideal para cocer. El chocolate para beber, chocolate molido con un mínimo de cacao del 70%, se debe cocer y generalmente contiene azúcar y vainilla.

De cacao a chocolate

Desde la introducción del cacao hasta la producción de chocolate para beber o en tabletas, fue necesario desarrollar diversas técnicas. Hacia mediados del siglo XVIII aparecieron casi simultáneamente en Inglaterra, Alemania y Estados Unidos las primeras fábricas de chocolate. En 1828, el holandés Coenraad Johannes van Houten desarrolló un método para producir cacao en polvo con poca grasa. Trataba el polvo de cacao con sales alcalinas, con lo cual se volvía más suave pero a la vez más oscuro. En 1826, Philippe Suchard ideó el primer *mélangeur*, que mezclaba de forma mecánica el azúcar y el cacao en polvo. En 1847, la empresa J. S. Fry & Sons consiguió mezclar manteca de cacao fundida con cacao en polvo y azúcar de modo que la masa resultante se podía verter en moldes para formar tabletas. En 1849 se vendió en Birmingham la primera tableta de chocolate. En 1879, el suizo Daniel Peter añadió a la pasta de cacao leche en polvo, cuya obtención había descubierto poco antes Henri Nestlé: nacía entonces el chocolate con leche. El mismo año, Rudolphe Lindt desarrollaba un procedimiento que concede gran cremosidad al chocolate, un método que sigue empleándose en la actualidad.

Galletas de chocolate

Ingredientes para unas 30 unidades
125 g de mantequilla blanda
75 g de azúcar blanco
75 g de azúcar moreno
1 sobre de azúcar de vainilla Bourbon
1 pizca de sal
1 huevo grande
150 g de harina
1 cucharadita de levadura en polvo
150 g de chocolate en láminas o chocolate amargo picado fino
75 g de avellanas picadas finas

Caliente el horno a 200 °C. Bata la mantequilla hasta que quede espumosa y añádale lentamente el azúcar blanco y el moreno, el azúcar de vainilla, la sal y el huevo hasta formar una masa cremosa. Mezcle la harina con la levadura, tamícela sobre la masa y remueva bien. Añada el chocolate y las avellanas picadas. Forre una bandeja refractaria con papel vegetal y disponga encima cucharadas de masa espaciadas. Hornee las galletas entre 12 y 15 minutos a media altura.

Conejo con salsa de chocolate

1 conejo de monte limpio
40 g de chocolate amargo rallado
2 chalotes picados finos
3 dientes de ajo picados finos
2 zanahorias pequeñas en juliana
1 cucharada de harina
500 ml de vino blanco
2 hojas de laurel
3-4 clavos de olor
1 pizca de canela
2-6 cucharadas de caldo de carne o agua
aceite de oliva
sal y pimienta recién molida

Corte la carne en trozos iguales y salpiméntela. A continuación, dórela en el aceite de oliva en una cazuela. Añada los chalotes, la zanahoria y el ajo, y saltéelo todo. Vierta encima la harina y remueva; agregue el vino, llévelo a ebullición y añada el laurel, los clavos y la canela. Deje cocer la carne a fuego lento durante 45 minutos. Si fuera necesario, añada un poco de agua o caldo. Retire la carne de la cazuela y resérvela caliente mientras añade el chocolate a la salsa. Incorpore de nuevo la carne y sírvala caliente.

Harina de algarroba

De las bayas molidas del *algarrobo (Ceratonia siliqua)*, un árbol propio del Mediterráneo, se obtiene la *harina de algarroba*. Por su color y consistencia se asemeja al cacao en polvo, y también su sabor recuerda al chocolate dulce. Sin embargo, contiene menos grasa y sustancias estimulantes, y por ello se suele emplear como sucedáneo del cacao. Si se toma bebido, se puede prescindir tranquilamente del azúcar porque es dulce por sí mismo. Condimentado con canela realza su sabor. La harina de algarroba resulta una buena alternativa al cacao también en la elaboración de flanes y helados.

Confitería, bombones y mazapán

Sólo de pensar en *confitería* se nos hace la boca agua. Este arte abarca dulces de todas clases listos para degustar: frutas de Aragón, frutos secos bañados en chocolate, bolitas de coco o confites de menta. Algunos incluso se cuecen en el horno. Los *bombones* son el producto de confitería por excelencia y se caracterizan por la uniformidad en su preparación: el cuerpo o relleno debe estar recubierto de chocolate, el cual debe constituir como mínimo el 25% del bombón. Entre los rellenos posibles se encuentran el licor, el guirlache, el mazapán o el crocante o también la mezcla de diversos ingredientes como los frutos secos, la nata, la trufa o la pasta *fondant*. A ser posible, estas delicias se deben degustar recién elaboradas. Lo mismo ocurre con las exquisitas *trufas,* que se preparan con mantequilla y nata fresca y se rebozan con fideos de chocolate.

El *mazapán* constituye un dulce especial, que probablemente llegó a Europa procedente de Oriente. Sus principales ingredientes son la almendra molida y el azúcar lustre. Se forma la masa, a la que pueden añadirse diversos colorantes, ingredientes y aromas según la receta, se espolvorea con azúcar, se deja secar y se recubre con un glaseado de azúcar o cobertura de chocolate, o bien se decora con frutas confitadas. Son famosos las figurillas de mazapán y los conocidos huesos de santo, unos canutillos de pasta de almendra recubiertos con almíbar que consituyen un postre repostero típico.

Los bombones belgas

Existen muchas hipótesis sobre quién inventó los bombones. Se baraja el nombre del conde Choisol du Plessis-Praslin, aunque no está claro si en 1663, durante la «perpetua Dieta del Imperio» de Regensburg, su cocinero le preparó un dulce sorpresa (un confite recubierto de chocolate) o si se trató de un mero accidente: al infortunado se le habrían volcado un bol con almendras peladas y un cazo con azúcar quemado y, no sabiendo cómo disculparse, habría llevado a la mesa la mezcla. Lo que se sabe con certeza es que el hijo del chocolatero Jean Neuhaus creó en 1912 la primera cobertura de chocolate, contribuyendo así a forjar la fama de los bombones belgas. Si bien anteriormente sólo se podía cubrir de chocolate una masa de bombón compacta, a partir de entonces fue posible también confeccionar bombones rellenos de líquido, como aguardientes de frutas, licores o garnachas. Manon es sin duda alguna el confitero belga de más renombre. Neuhaus desarrolló asimismo el célebre envoltorio denominado «*ballotins*» (cajitas para bombones), con lo cual estos chocolates se podían enviar por todo el mundo.

De los huesos de melocotón y albaricoque se obtiene una masa parecida al mazapán que se conoce como *persipan,* un sucedáneo más asequible empleado en pastelería.

Las cajas con tanta presencia suelen esconder los dulces de confitería más exquisitos.

Las **frutas de mazapán** tienen un aspecto tan real que incluso da pena morderlas.

Existen numerosas variedades de **tartas de mazapán**, ya sea con chocolate, pistachos o fresas. Su característico aroma a almendra amarga combina a la perfección con otros sabores.

Cómo hacer mazapán

1. Para 500 g de mazapán se precisan 300 g de azúcar, 180 g de almendra fileteada y 175 ml de agua.

2. Compruebe la temperatura del almíbar tomando con los dedos pulgar e índice, previamente sumergidos en agua helada,...

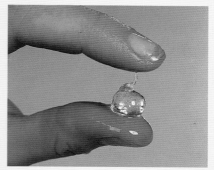

3. ...un poco de almíbar y sumergiéndolo de nuevo en el agua helada. Con el almíbar se debe poder formar una bolita maleable.

4. Triture la almendra con un poco de agua para formar una masa homogénea. Una vez templado el almíbar (cuando dejen de subir burbujas a la superficie)...

5. ...viértalo sobre las almendras y trabaje bien la masa hasta que quede homogénea y elástica. Deje reposar la masa terminada en un lugar fresco durante 12 horas.

Tartas y pasteles

La masa es la base del arte de la repostería. La *masa de levadura*, que se elabora con harina, yema de huevo, sal, leche, azúcar y levadura, se emplea en la preparación de panes dulces y brioches, pasteles de fruta y coronas. En la elaboración de empanadas, *strudels*, tartas y tartaletas se utiliza la *masa de hojaldre* que, al igual que la *masa quebrada*, se prepara con una buena cantidad de mantequilla. Esta última es ideal para recubrir, y, después de cocida «en vacío», resulta una buena base para rellenar con frutas frescas. Para las masas fritas y los buñuelos de viento se emplea una *masa ligera*, mientras que la *masa de bizcocho*, más suave y sin mantequilla, combina muy bien con rellenos y coberturas de nata y crema. La *masa batida*, utilizada en pasteles de mármol o de pasas, es una masa mezclada algo líquida que se hornea en molde para evitar que se derrame. Los merengues se elaboran con clara de huevo batida a punto de nieve con mucho azúcar. Si se le añaden nueces, almendras o coco en copos y la masa se coloca sobre obleas pequeñas, se obtienen mostachones. Además del mazapán y el guirlache, los frutos secos, la fruta, la jalea y la nata, en la preparación de pasteles son componentes indispensables las cremas y los glaseados. La más tradicional es la *crema de mantequilla*, que ha perdido popularidad por su alto contenido en grasas. En cambio, la *crema pastelera* no lleva mantequilla sino que se elabora con leche, yema de huevo, azúcar y harina, y es deliciosa aromatizada con vainilla, chocolate, licor o café. Además de la *cobertura de chocolate* se emplean glaseados confeccionados con azúcar y aromatizados o teñidos con zumo de frutas o licor. Con *glasa real* (clara de huevo mezclada con azúcar lustre) y *fondant*, una masa espesa de azúcar fundido, se decoran y cubren los pasteles.

Tarta Selva Negra

Para la masa de bizcocho: separe las claras de las yemas de 8 huevos y bata las claras a punto de nieve con un poco de sal. Mezcle 300 g de azúcar, 60 ml de agua templada, 300 g de harina, 2 cucharadas de cacao o 1 sobre de levadura en polvo removiendo constantemente y añada esta mezcla a las claras montadas. Pase la masa a un molde redondo engrasado y horncéela durante una hora a 150 °C. Para la crema: reblandezca 3 hojas de gelatina en agua fría. A continuación, monte 250 ml de nata. Mezcle bien 2 yemas de huevo con 50 g de azúcar, haga hervir 250 ml de leche y añádala a las yemas. Tamice la gelatina sobre la crema, déjela templar y agregue la nata. Refrigere la mezcla resultante. Monte 125 ml de nata. Corte la tarta de bizcocho en tres capas iguales y emborráchelas con un chorrito de kirsch. Reparta la mitad de la crema sobre la capa inferior y disponga encima una cantidad abundante de cerezas cocidas y aromatizadas con kirsch. Coloque encima la segunda capa, cúbrala de nuevo con cerezas y vierta encima el resto de la crema; cúbrala con la tercera capa. Con 3/4 partes de la nata, recubra el pastel, introduzca el resto en una manga pastelera y decore los bordes de la tarta. Por último, recubra la tarta con virutas de chocolate.

Cómo hacer masa de hojaldre

1. 250 g de harina, 150 g de mantequilla, 1/4 de cucharadita de sal, 1 cucharadita de zumo de limón, 125 ml de agua fría. Tamice la harina y...

2. ...dele forma de volcán. Añada de 30 a 45 g de mantequilla en trocitos y, gradualmente, el resto de los ingredientes...

3. ...para formar una masa quebradiza. Golpéela y voltéela varias veces con una espátula. Marque la parte superior...

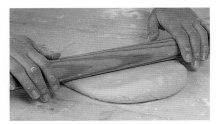

4. ...de la masa resultante y déjela reposar durante 15 minutos envuelta en film transparente. Extienda la masa con un rodillo.

5. Coloque el resto de la mantequilla en el centro de la masa extendida y envuélvala.

6. Por último, aplaste los pliegues de masa que ha formado.

Tarta Sacher

La *tarta Sacher*, que lleva el nombre de su creador, es una especialidad vienesa del siglo XIX: funda 160 g de chocolate amargo al baño María. Separe las claras de las yemas de 6 huevos y bata las claras a punto de nieve con una pizca de sal. Bata 150 g de mantequilla con 130 g de azúcar hasta obtener una masa espumosa, añada las yemas y un sobre de azúcar de vainilla. Incorpore con cuidado el chocolate fundido y, a continuación, la clara de huevo. Por último, vaya agregando poco a poco 150 g de harina tamizada, vierta la masa en un molde redondo engrasado y recubierto con pan rallado y hornee la masa durante unos 40 minutos a 180 °C. Una vez frío, corte el pastel en dos, unte una de las mitades con 200 g de mermelada de albaricoque, coloque de nuevo la otra mitad de bizcocho y recubra la tarta con cobertura de chocolate sin leche.

La canela

La *canela*, que automáticamente nos remite a unas deliciosas natillas o arroz con leche, se obtiene de la corteza del canelo, un árbol de hoja perenne. Este árbol, emparentado con el laurel, es originario de Asia, pero también se cultiva en otras regiones tropicales del planeta. Para obtener esta especia aromática, se descortezan los brotes jóvenes del árbol, se desecha la capa de corteza exterior (sólo la interior contiene el aldehído cinámico, el aceite esencial responsable del dulce aroma a canela) y se fermenta el resto de la corteza. Finalmente, entre cinco y diez de estos trozos finísimos y ligeramente enrollados se unen para formar las ramas de canela, que luego se dejan secar. La variedad más apreciada es la *canela de Ceilán (Cinnamomum verum)*, de color marrón claro. Además de Sri Lanka, actualmente la canela también se cultiva en Madagascar y las islas Seychelles. Algo más fuerte, aunque menos aromática, resulta la *casia (Cinnamomum aromaticum)*, también denominada «canela china», que crece en China, Birmania e Indonesia. Ambas variedades se comercializan en rama o molidas.

Estrellita de canela

La vainilla

La *vainilla (Vanilla planifolia)* se obtiene de los folículos de una planta trepadora tropical perteneciente a la familia de las Orquidiáceas. Las estrechas vainas contienen gran cantidad de pequeñas semillas almacenadas en un jugo lechoso. El aroma dulzón que caracteriza la vainilla se desarrolla durante el costoso proceso de fermentación de varios meses de duración al que se someten los frutos una vez recolectados. En este proceso, las vainas y su contenido adquieren un color entre marrón oscuro y negro y desarrollan la sustancia aromática denominada «vainillina». Raspada y disuelta en un poco de líquido, la pulpa confiere a los dulces, al cacao y a determinados licores un aroma delicado inconfundible. La vainilla de mejor calidad es la Bourbon, que se cultiva desde el siglo XIX en la Isla de la Reunión, al este de Madagascar. Como la vainilla auténtica resulta bastante cara, en repostería y pastelería a menudo se emplea un aroma de vainilla sintético, que no tiene parangón con el original.

Cómo hacer masa quebrada

1. Se precisan 250 g de harina, 2 cucharaditas de azúcar, 75 g de mantequilla, 75 g de manteca, 4 cucharadas de agua y 1 pizca de sal.

2. Se mezclan todos los ingredientes para elaborar una masa desmenuzable.

3. La masa debe ser blanda pero no pegajosa; si resulta demasiado seca, añádale un poco de agua.

4. Sírvase de la espátula para mezclar bien la masa y para golpearla.

5. Forme una bola con la masa y envuélvala en en film transparente.

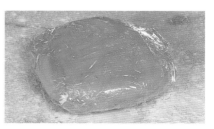

6. Transcurridos 30 minutos se habrá enfriado por dentro: ya puede amasarla y extenderla.

Los helados

Es impensable un verano sin helados. Pero sea verano o invierno, este dulce refrescante tiene un lugar asegurado en nuestra alimentación: mantecados, especialidades americanas y escandinavas, helado de yogur o de tofu. Los hay para todos los gustos y necesidades, y las heladerías tratan de sorprendernos con nuevos sabores año tras año.

Básicamente se distingue entre *helados de frutas*, con un contenido de pulpa de fruta del 20%, *helado de leche*, elaborado con un 70% de leche, y *mantecado*, con un 60% de nata. Además de este delicioso refresco con el que nos deleitan las heladerías, existen otras especialidades que gozan de gran aceptación tomadas como postre. Por ejemplo, en el caso del *parfait*, literalmente, «perfecto», primero se baten huevos o yemas de huevo con almíbar en un baño de agua caliente y luego de agua fría, y después la mezcla se aromatiza con licor, fruta, frutos secos o chocolate, antes de añadirle nata sin azucarar y verterla en un molde alto especial para congelarla. El *sorbete* es una preparación muy fría a base de zumo endulzado de frutas frescas o procedente de concentrado, o bien de vino o cava mezclado con hielo picado. Es similar a la *granita* italiana y al granizado, que se toman como bebida. Por su parte, el *semifreddo* o semifrío es una especialidad elaborada con nata, yogur y fruta. También es popular la *bomba helada*, un postre realizado con dos capas de helado cremoso y un centro de masa de *parfait*. La especialidad italiana denominada «cassata», es una variante de esta delicia helada. También tienen gran aceptación las *tartas heladas*: en un molde desmontable se coloca una base de bizcocho y encima una lámina de merengue cubierta de chocolate. Sobre ella se disponen diversas capas de helado. La última capa se decora con frutas, nata montada, virutas de chocolate y pistachos picados y se sirve en porciones, como cualquier otra tarta.

Helado de Grand Marnier

1 base de tarta de bizcocho
4 cucharaditas de Grand Marnier
5 yemas de huevo
la ralladura de $^1/_2$ naranja biológica
el zumo de $^1/_2$ naranja
120 g de azúcar de caña
4 cucharadas de Grand Marnier
350 g de nata montada
1 naranja
cacao en polvo para espolvorear

En el fondo de varios moldes redondos individuales disponga una capa de bizcocho y rocíelas con unas gotas de Grand Marnier. Forre los laterales del molde con papel vegetal de modo que sobresalga 3 cm por encima del borde. Bata las yemas en un bol de acero inoxidable y ponga a hervir agua en una cazuela. En otro recipiente, deje cocer la ralladura y el zumo de naranja y el azúcar de caña hasta que se reduzcan a la mitad. Por último, vierta la mezcla sobre las yemas junto con el Grand Marnier. Introduzca el bol dentro del agua hirviendo y remueva hasta que la masa sea tan espesa que no gotee del batidor de varillas. Introduzca entonces el bol en agua fría y deje enfriar el preparado. Una vez fría, remueva la masa, añádale la nata y vierta la mezcla en los moldes, hasta el límite superior del papel vegetal. Deje los moldes en el congelador durante 6 horas. A continuación, retire el papel vegetal y decore los sorbetes con ralladura de naranja y cacao en polvo.

Historia del helado

Cuenta la tradición que Confucio era un gran amante de los helados y que ya en tiempos muy remotos en China había establecimientos especializados en su preparación. Es probable que los árabes aprendieran de los chinos a enfriar el jarabe de frutas con hielo: lo denominaron «sherbet». De los árabes aprendieron los griegos y los romanos, pero la primera piedra de la producción de helados la puso Marco Polo al hacer pública una técnica china que permitía generar frío con una mezcla de agua y salitre donde colocar los recipientes que contenían el helado. En Italia, la elaboración de helados a base de zumos de frutas y agua llegó a ser todo un arte. Desde allí, en el siglo XVI, Catalina de Médicis lo importó a la corte francesa. En el año 1651, se inauguró la primera heladería en París, la cual se encargó de que el helado se extendiera por las cafeterías de toda Europa. A comienzos del siglo XX, atravesaron los Alpes los primeros camiones de helados italianos.

Granizado de limón

2 limones biológicos

250 ml de zumo de limón recién exprimido

250 g de azúcar extrafino

250 ml de vino blanco seco

4 limones grandes

Lave y seque los limones. A continuación, pélelos, retíreles la piel blanca y las semillas, y triture la pulpa. Caliente la pulpa sin dejar de remover junto con la piel, el zumo, el azúcar, el vino y 125 ml de agua, hasta que se haya disuelto el azúcar. Déjelo enfriar todo y congélelo durante 3 horas, removiendo la mezcla varias veces. Recorte la parte superior de los limones grandes, a modo de tapa, vacíelos y póngalos en el congelador durante unos 15 minutos. Triture el granizado con la batidora, introdúzcalo en una manga pastelera, rellene los limones y sírvalos.

Un bufé frío de lo más especial, apetitoso no sólo en verano.

Elaboración del helado

1. Los ingredientes básicos son azúcar, huevos y nata, a los que se puede añadir cualquier fruta, chocolate, frutos secos, aromas y espesantes.

2. El proceso de producción empieza echando en la heladora la mezcla previamente pasteurizada de huevos, azúcar y nata.

3. Mediante un proceso simultáneo y constante de removido y enfriado, la masa del helado comienza a espesarse.

4. Se comprueba la consistencia de la masa de helado a intervalos regulares.

5. Cuando presenta la consistencia deseada, la masa se vierte en recipientes adecuados.

6. Finalmente, pequeños y mayores pueden degustar esta dulce delicia.

CAFÉ Y TÉ

Introducción

Liselotte del Palatinado, la futura Isabel Carlota de Orleáns, se quejaba en 1699 sobre las extrañas costumbres francesas: «Aquí, muchos beben té y café y chocolate, pero a mí no me gustan nada (…). El té me sabe a heno con estiércol, el café a hollín y a lupino, y el chocolate me resulta demasiado dulce, me sienta mal al estómago. Lo que a mí me gustaría es tomar una buena sopa fría o una sopa de cerveza.»

Desde entonces, los gustos han cambiado en Europa: actualmente, el té y el café son las bebidas más frecuentes, junto al agua, y su degustación en todos los rincones del planeta no ha podido frenarse a lo largo de los siglos por medio de aduanas ni de prohibiciones. Sólo el aumento de la demanda mundial de café en el siglo XX, lo convirtió en la mercancía más codiciada después de los derivados del petróleo y, todavía hoy, el Banco Mundial admite los granos como moneda de cambio en caso de necesidad.

Pero no sólo desde el punto de vista económico, sino también político, el té y el café han desempeñado un papel destacado: desde el siglo XVIII los cafés de Europa han sido testigos del alumbramiento de ideas burguesas e incluso revolucionarias. En ellos no se hacían diferencias de clase social, se podía fumar sin impedimentos, gozar del placer de esta bebida oscura y dejar fluir los pensamientos en total libertad. El café parisino Procope se convirtió en un punto de encuentro para campesinos y aristócratas, señores y sirvientes. Y en 1773, en el Motín del té de Boston, el té no fue la causa pero sí el detonante de la guerra de independencia americana, pues, como protesta por los impuestos y la tutela ejercida por Inglaterra, unos colonos disfrazados de indios lanzaron al mar varios centenares de cajas de té. Esta protesta se planeó precisamente en un café de Boston. Otro conflicto, la denominada Guerra del Opio (1840-1842) entre China, entonces el principal exportador de té, y el Imperio británico se desencadenó cuando, en el siglo XIX, la Compañía de las Indias Orientales británica financió principalmente con opio la creciente demanda de té y China se negó a seguir aceptando un medio de pago que hacía estragos entre la población. La instauración de cultivos de té en la India atajó el problema.

Sobre todo durante la época colonial, los estados europeos se dedicaron al comercio del café y del té, que cultivaban y cosechaban en ultramar con la ayuda de esclavos. Inglaterra, que en torno al año 1700 era el principal consumidor de café de Europa, se había convertido a mediados del siglo XIX en un apasionada amante del té: los ingresos estatales aumentaron rápidamente pues por cada libra de té que se importaba debían pagarse impuestos. Hoy en día, entre los principales países productores de café se encuentran Brasil, Colombia, México, Vietnam, Indonesia y Costa de Marfil. El té se produce principalmente en India, China, Ceilán, Indonesia y también en Kenia, Rusia y Turquía. La situación de los recolectores de té y café no ha mejorado mucho con el transcurso de los siglos. Sin embargo, se han puesto en marcha una serie de iniciativas encaminadas a mejorarla. Sin duda eso repercute en el consumidor en forma de un incremento del precio, pero le permite degustar su té o café sin cargo de conciencia.

El café

Es probable que el *café* tenga su origen en la Etiopía del siglo IX, en concreto, según piensan al menos algunos investigadores, en la provincia de Kaffa. Allí se debió descubrir el efecto estimulante de los granos de café: los nativos masticaban las semillas ricas en cafeína del cafeto y, con el tiempo, aprendieron a preparar con ellas una bebida estimulante. No obstante, la popularización del café comenzó en el Yemen, en la ciudad portuaria de Moka, una de las metrópolis comerciales de la época. El nombre de «moca» remite a sus orígenes. A más tardar en el siglo XV el café era ya una delicia apreciada y habitual en el mundo árabe y otomano. Europa no descubrió esta bebida hasta 200 años más tarde: en 1615 los venecianos llevaron consigo granos de café a su país y muy pronto se inauguraron los primeros cafés en las principales ciudades del continente. A pesar de las prohibiciones por parte de los gobiernos, tuvo gran aceptación en todas las clases sociales y se convirtió en una bebida muy popular. En la actualidad sigue siendo, junto con el té, una de las bebidas más apreciadas.

El café se obtiene de las semillas del cafeto, un arbusto tropical perenne que puede alcanzar los seis metros de altura y que una vez maduro da frutos anualmente durante casi treinta años. El fruto tiene forma de cereza y está formado por dos semillas verdosas y aplanadas denominadas «granos de café». Una vez recolectados, los granos se someten a un proceso de depuración y luego se separan de la pulpa y de la membrana que los recubre. Por último, una vez limpios, se secan y se comercializan sin tostar. De ese modo se pueden almacenar durante años sin que pierdan calidad.

En el comercio del café destacan dos variedades: el *café arábiga (Coffea arabica)* y el *café robusta (Coffea robusta)*. El primero constituye un 70% de la producción mundial y es la variedad más antigua. De sabor suave pero muy aromático, se cultiva sobre todo en Arabia, Etiopía, la India, Brasil, México y Colombia. La variedad robusta crece principalmente en África, posee el doble de cafeína que su pariente y es menos aromática y algo más amarga. Sin embargo, es más consistente y algo más asequible que la arábiga.

La variedad de café arábiga que se muestra en la imagen predomina en la región cafetera que se extiende entre el grado 23 de latitud norte y el grado 25 de latitud sur. En comparación con la variedad robusta, más sensible al frío, es más aromática, pero contiene la mitad de cafeína que aquélla, que se cultiva principalmente en Vietnam, Indonesia, Brasil, Costa de Marfil y Uganda.

Café solidario

TRANSFAIR es una sociedad registrada que engloba unas 40 organizaciones sin ánimo de lucro en el ámbito de la Iglesia, las ayudas al desarrollo, los sindicatos y las asociaciones de consumidores. Las asociaciones que fomentan el comercio justo con el Tercer Mundo no sólo desean fomentar este tipo de comercio sino emplear técnicas de cultivo que no dañen el medio ambiente. Mientras que en el cultivo del té se intentan mejorar las condiciones de vida y de trabajo de las recolectoras de té y de los trabajadores de las plantaciones, TRANSFAIR, que opera en América latina y África, evita los intermediarios y trata directamente con los pequeños productores de café organizados en cooperativas. El precio mínimo, las garantías de venta a largo plazo y las ayudas suplementarias para el desarrollo que se ofrecen tienen como objetivo garantizar la subsistencia de los pequeños productores. En Europa se comercializa café con el sello TRANSFAIR desde mediados de la década de 1990. Un gran número de comercios, tanto tiendas de dietética especializadas como grandes supermercados, ofrecen una amplia gama de variedades.

El café molido grueso es adecuado para preparar el café cocido, llamado «café de puchero». Puede reposar durante más tiempo y los posos se filtran al final del proceso.

El café molido fino no necesita estar durante tanto tiempo en contacto con el agua hirviendo como el café molido grueso y, por ello, se emplea sobre todo para cafeteras, es decir, para preparar café filtrado. El molido debe ser más fino en el caso del café exprés, en cuya preparación el agua caliente entra en contacto con el café a mucha presión.

El proceso de tueste

Por naturaleza, los granos de café son de color verde grisáceo y casi inodoros. Es durante el proceso de tueste cuando adquieren su color característico y su aroma inconfundible. Los granos se calientan a una temperatura de casi 300 °C en hornos especiales, donde deben permanecer en movimiento constante para garantizar que se tuesten de manera uniforme y evitar que se quemen. Durante el proceso la estructura celular de los granos se descompone y éstos revientan ruidosamente, como si fueran palomitas de maíz. La duración del proceso de tueste depende del tipo de café: el café etíope, por ejemplo, se tuesta menos que el mexicano. En Italia es donde se somete a los granos a un tueste más prolongado, por lo cual el café resulta más oscuro. Cabe decir, sin embargo, que la calidad del grano disminuye cuanto más oscuro es el tueste y el café pierde su peculiar personalidad.

El movimiento constante de los granos durante el proceso de tueste garantiza un tostado uniforme y evita que se quemen.

Actualmente, muchos hogares europeos cuentan ya con una máquina para preparar cafés exprés. Es fundamental que la presión con la que el agua caliente atraviesa el café molido sea muy alta.

Los cafés

Poco después de que empezara a cultivarse café en la Península Arábiga se inauguraron las primeras cafeterías, donde los clientes –sólo varones– podían degustar la nueva bebida a la vez que dialogaban, echaban partidas de juegos de mesa y cantaban y tocaban música. A las cafeterías de La Meca, donde estos establecimientos estaban impregnados de religión y se denominaban Kaveh Kanes, siguieron las de Adén, Medina y El Cairo, y en 1554 unos mercaderes sirios abrieron el primer café de Constantinopla. El primer café de Europa se inauguró en Venecia un siglo más tarde. Pronto le siguieron otros en Oxford y Londres, París y Amsterdam, Hamburgo y, naturalmente, Viena. En Occidente, los cafés se convirtieron en el lugar de reunión preferido de clientes de muy diversa condición social. En ellos se debatían toda clase de temas y se forjaban revoluciones, por lo que los dirigentes prohibieron una y otra vez esta bebida «insurreccional»; sin demasiado éxito, por cierto. Tras la Segunda Guerra Mundial en Europa no quedaban casi cafeterías, a excepción de en Viena. Sin embargo, a lo largo de las últimas décadas hemos asistido a una recuperación de este establecimiento y, hoy en día, quien desee degustar una taza de café puede elegir casi en todas las ciudades entre un café sofisticado, la cafetería más tradicional o la filial de una cadena de cafeterías internacional.

La espumosa leche del **capuccino** se espolvorea con cacao en polvo o chocolate rallado.

Abajo: Para muchos, no existe nada mejor que un **café exprés**.

Derecha: Desayuno clásico francés, café con cruasán.

Degustación del café

En los países mediterráneos el **café exprés** o **expreso** es el más solicitado tanto con el desayuno como después de un buen almuerzo.

Especialidad de las islas Canarias: el **café bombón** o **café canario** es café solo con leche condensada.

El **café con leche** resulta delicioso servido con leche bien caliente y espumosa.

Café con hielo: un refresco delicioso para los días de calor. Es un café solo vertido en un vaso con cubitos de hielo.

Para preparar la especialidad italiana conocida como **latte macchiato o cortado** se vierte un chorrito de café en un vaso de leche espumosa.

Una especialidad española muy apreciada es el **carajillo,** café solo con brandy o anís.

El té

Desde hace milenios, en todo el mundo se preparan infusiones de hierbas, hojas o raíces, que se aprecian por sus propiedades curativas. Sin embargo, actualmente las más extendidas son el té negro y el verde, que se obtienen de las hojas secas del *arbusto del té (Camellia sinensis)*. Este arbusto perenne es originario de China, donde se cultiva desde tiempos inmemoriales.

Si bien en Asia el té se conoce desde hace mucho tiempo, a Europa no llegó hasta principios del siglo XVII. Era té verde y se introdujo primero en Holanda y posteriormente en Inglaterra y Alemania. Pronto las hojas de té trituradas se convirtieron en una preciada mercancía, que se intercambiaba por plata. Si bien los holandeses fueron los primeros importadores de té, pronto les desbancaron los ingleses. Durante el transcurso del siglo XVIII, los que fueran apasionados bebedores de café se convirtieron en los europeos con un mayor consumo de té por cápita y desarrollaron un estilo de vida inconcebible sin su hora del té.

Una planta de té puede rebrotar durante casi cien años seguidos con hojas ovales de un color verde brillante y vellosas. Anualmente en los extremos de las ramas se pueden recoger hojas nuevas hasta treinta veces. Los mejores tés se preparan con las yemas *(pekoe)* y las dos hojas superiores. Los tés obtenidos de la tercera, cuarta y quinta hojas son de menor calidad. La posterior manipulación de las hojas recogidas determina la forma en que llegará el té a las redes de distribución. Mientras que el té negro procede de hojas fermentadas, a las hojas de té verde únicamente se les aplica un proceso de vapor y secado. El té *oolong,* o té rojo, se obtiene deteniendo el proceso de fermentación al poco tiempo.

Las plantaciones de té más conocidas se encuentran en Asia, sobre todo en la India. Allí, en la llanura de Assam, al norte del país, se extiende la plantación de té más grande del planeta. El té de Assam es delicado, florido y se distingue por su penetrante aroma. El «caviar» de los tés, el *darjeeling,* procede de la falda sur del Himalaya, y es especialmente agradable y suave. Las primeras cosechas se cotizan a un precio elevado en las subastas. También en Nilgiri y Travancore, en el sur de la India, existen plantaciones. Los tés de esas regiones presentan un aroma similar al de Ceilán y se utilizan casi únicamente para preparar mezclas.

Aunque hace apenas un siglo que se implantó su cultivo, actualmente Ceilán, con sus plantaciones de Uva, Dimbula y Nuwara, es el segundo mayor exportador de té del mundo. El té de Ceilán tiene un agradable sabor acre y un color que está entre el *darjeeling* y el de Assam.

El país que cuenta con más tradición de té es China, donde se cultiva en catorce provincias, dedicadas casi exclusivamente a la producción de té verde. Otros productores orientales son Taiwán, que produce té rojo, Japón, que produce té verde principalmente para consumo propio, e Indonesia, cuyos tés no presentan apenas variaciones debido al clima tropical, pero que tampoco destacan por su calidad. Los tés de Sumatra son muy apreciados por alemanes e ingleses para realizar mezclas. La zona de cultivo de Asia central abastece únicamente a Rusia, Georgia, Turquía e Irán, grandes amantes del té. Recientemente, algunos países africanos también han empezado a exportarlo. El té de Kenia, Tanzania, Mozambique y Sudáfrica cada vez goza de mayor aceptación en Europa.

Parfait de miel de abeto con salsa de hibisco

500 ml de infusión de flores de hibisco
1/2 cucharadita de agaragar (espesante a base de algas; en tiendas de dietética)
1 cucharada de miel de abeto
el zumo de 1 naranja
1/2 cucharadita de ralladura de limón biológico

Para el *parfait:*
3 yemas de huevo
1 huevo entero
3 cucharadas de miel de abeto
250 g de nata montada

Para decorar:
100 ml de cava
250 g de bayas de temporada
hojas de menta

Deje enfriar una taza de infusión de hibisco. Disuelva en ella el agaragar en polvo y mézclela de nuevo con el resto de la infusión. Caliéntelo hasta que empiece a hervir. Añada la miel, el zumo de naranja y la ralladura de limón, y déjelo enfriar todo. Ponga un bol al baño María y bata las yemas, el huevo y la miel hasta conseguir una mezcla espumosa, que no gotee al levantar el batidor de varillas. A continuación, sumerja el bol en agua fría y deje enfriar la preparación. Retire el bol del agua e incorpore la nata. Reparta el *parfait* en varios moldes individuales y refrigérelos. Incorpore el cava a la mezcla de infusión, viértala en platos previamente enfriados y disponga las bayas por encima. Desmolde los *parfaits* y sírvalos decorados con hojas de menta.

...panitola, un **té de Assam**, ...y suave y aromático.

...é *sencha* verde es rico en vitamina ...es el preferido de los japoneses.

...al contra el resfriado: la **infusión** ...salvia alivia las afecciones ...ales y de garganta.

...**infusión de menta** calma ...stómago y el intestino, y ...rece la producción de bilis.

Infusiones

Las hierbas y las plantas medicinales se toman en infusión desde tiempos inmemoriales. Ya en la Antigüedad clásica y en la China imperial se conocían los efectos terapéuticos de una gran variedad de infusiones. Si bien en el siglo XIX las clases sociales más desfavorecidas las utilizaban como sucedáneos del té «auténtico», en la actualidad las infusiones, adquiridas a granel o en bolsitas individuales, se toman por sus efectos beneficiosos para la salud y el bienestar general. Casi todas las hierbas se pueden secar y tomar en infusión. Así, encontramos infusiones de hinojo, escaramujo, alcaravea o grosella negra, que se obtienen de las bayas, e infusiones de manzanilla, tila, saúco o malva, que se obtienen a partir de las flores. La menta y la melisa son infusiones elaboradas con las hojas. En el caso de la valeriana, la pimpinela o el ginseng, la base de la infusión es la raíz.

La India, el país del té

A diferencia de China, donde la cultura del té es milenaria, en la India no se hallan indicios de algo similar, aunque numerosos cuentos y leyendas especulan sobre el origen de la planta del té. Los británicos revitalizaron la tradición india del té hace más de 200 años: en las laderas del Himalaya descubrieron arbustos silvestres de té y los cultivaron como se hacía en China. Desde entonces, el té de las regiones indias de Assam o Darjeeling ha adquirido renombre mundial. India es hoy el principal productor del planeta, y en la región de Darjeeling la población vive exclusivamente de ese cultivo. Todavía hoy las hojas se recogen a mano, y en su mayoría las encargadas de hacerlo son mujeres, que por regla general cobran un sueldo miserable por un trabajo muy duro.

El color del té no revela la calidad del mismo.

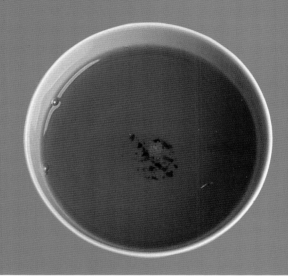

Tés aromatizados

Los tés aromatizados se conocen desde hace siglos. Tal vez el más popular sea el té Earl Grey, un té negro perfumado con aceite de bergamota. En los últimos treinta años la gama se ha ampliado notablemente. Hoy en día existe un amplio abanico de tés aromatizados entre los que elegir: de vainilla, de manzana, de kiwi, de jazmín o de canela. Contra gustos no hay nada escrito. La base de un té aromatizado suele ser un té de calidad media rociado con un aceite esencial de origen vegetal. Existe otro método que consiste en mezclar el té con trozos de hojas, frutas, flores o mondaduras para lograr el aroma deseado. Puesto que el aroma a té constituye sólo la base de la infusión, los más puristas rechazan estas variedades, exceptuando el Earl Grey. Este hecho no es impedimento para que los tés aromatizados gocen de gran popularidad entre los consumidores más jóvenes.

Infusiones y salud

Los efectos beneficiosos de las infusiones sobre el cuerpo y el espíritu son incuestionables. Todos hemos sentido alguna vez su efecto estimulante o calmante. Asimismo, existe una serie de infusiones especiales que son verdaderos elixires para la salud porque contienen, sin excepción, numerosas vitaminas, minerales y oligoelementos. El té más conocido y más antiguo de ellos es el té verde, que previene de numerosas enfermedades y tiene un efecto positivo en su curación (resfriados, molestias gastrointestinales, dolor de muelas, inflamaciones e incluso determinados tipos de cáncer). También son originarios de China el té *pu-erh*, que goza de gran aceptación como infusión adelgazante, y el té *kombucha*, que refuerza el sistema inmunitario y tiene un efecto diurético. De América del Sur procede la hierba mate y el té lapacho: la primera relaja la musculatura de los bronquios, por lo que es muy apreciada por los asmáticos, mientras que el lapacho refuerza el sistema inmunitario y, en su uso tópico, alivia algunos problemas dermatológicos. Al té *rooibos* sudafricano se le atribuye un efecto beneficioso contra determinados tipos de cáncer en cuanto que, gracias a su influencia positiva sobre el metabolismo de las grasas, previene las enfermedades vasculares.

VINOS
Y CAVAS

Introducción

Para disfrutar del vino no es necesario ser un experto, pero tampoco está de más tener algunos conocimientos, pues conocerlo ayuda a apreciarlo. Un vino se disfruta más si se conoce su procedencia, las uvas con las que está elaborado, si se ha utilizado una sola variedad de uva o en qué se distingue de otros vinos.

La relación del hombre con el vino se pierde en los anales de la historia. En Mesopotamia y en Egipto ya se producía vino hace unos 6000 años, y en la Grecia clásica era algo tan habitual que las parras se consideraban como parte del «equipo básico» en la fundación de nuevas ciudades junto al Mediterráneo. Con los griegos las uvas llegaron a la costa meridional francesa a través de Marsella en el siglo VI a.C. y, posteriormente, los romanos las condujeron a lo largo de los grandes ríos hasta las regiones actuales de Borgoña y Burdeos, la cuenca del Loira, Alsacia, las cuencas del Rin, el Mosela y el Danubio e, incluso, hasta Gran Bretaña.

A principios de la Edad Media, los monasterios, financiados por los reyes, se convirtieron en centros vitivinícolas. Los monjes plantaron viñedos, algunos de los cuales todavía se conservan en la actualidad, y con el transcurso de los siglos mejoraron la calidad de los vinos. Si bien al principio producían vino de misa, con el tiempo se dedicaron cada vez más a elaborar vino para la venta, el cual –igual que se hacía en la época clásica– se tenía que rebajar mezclándose con miel o jarabe para poder beberse.

A partir del siglo XVI, la vitivinicultura llegó al continente americano de mano de los misioneros españoles: primero se plantaron viñedos en Argentina y Chile, y en el siglo XVIII también en el sur de California. Por su parte, a comienzos del siglo XIX los colonos británicos llevaron uvas europeas a Australia y Nueva Zelanda. Mientras que en el Nuevo Mundo el cultivo de la vid se extendía lentamente, en el norte de Europa la situación se fue haciendo cada vez más difícil a partir de finales de la Edad Media: la incipiente actividad de la Hansa y sus importaciones de vinos más abocados procedentes de España e Italia hicieron retroceder las ventas y frenaron la actividad de las regiones vinícolas autóctonas. Igual de nefastas fueron las consecuencias de la guerra de los Treinta Años y la secularización de los monasterios en el siglo XIX, tras la cual muchos viñedos se cubrieron de maleza o se destruyeron. La filoxera, procedente de Estados Unidos, arruinó las reservas de uvas de regiones enteras de Inglaterra (en 1863) y de Francia (en 1874) y la viticultura europea sólo logró recuperarse gracias a la importación de variedades californianas más resistentes que los viticultores injertaban a las variedades autóctonas.

En el siglo XX, sobre todo después de la Segunda Guerra Mundial, cobró gran importancia la producción vinícola de ultramar (Estados Unidos, América del Sur, Australia, Nueva Zelanda y Sudáfrica). Esos productores han contribuido a aumentar la calidad del vino a pesar de que también han lanzado al mercado millones de hectolitros de calidad ínfima (dos euros no dan para fabricar un vino decente): para el amante del vino, al margen de preferencias personales, la internacionalidad del mercado garantiza calidad a precios razonables.

Finca de Bodegas Nekeas, en Navarra.

La uva silvestre

Los hallazgos de semillas de uva fosilizadas de unos 60 millones de años de antigüedad atestiguan que la existencia de uvas silvestres es anterior a la humanidad. Los viñedos silvestres se extendían en las interminables regiones boscosas que cubrían la tierra (de ahí su nombre científico: *vitis silvestris)* desde Afganistán y Egipto hasta México, el Caribe y América del Norte. En un clima que era mucho más caluroso que el actual, esta planta se desarrolló como arbusto trepador con bayas. Sin embargo, las diversas glaciaciones redujeron la especie a determinadas zonas templadas de América del Norte, Extremo Oriente y la zona mediterránea, donde actualmente se utiliza como uva cultivada y mejorada *(vitis vinifera)* para la producción de vino.

La elaboración del vino

Con la vendimia (a partir de principios de septiembre en los países mediterráneos y de mediados de septiembre a finales de octubre en otras regiones vitivinícolas europeas) se pone en marcha el proceso de producción del vino, que a grandes rasgos presenta la misma estructura para todos los tipos. Una vez recogida la uva, se limpia, es decir, se le quitan los tallos y las raspas, y se prensa en molinos (lagares). El mosto resultante es incoloro sea cual sea la variedad de uva.

Para producir *vino blanco,* el mosto se exprime brevemente. El jugo que se obtiene de la prensa se depura de los restos de uva en centrifugadoras y se deja fermentar en recipientes especiales (barriles de madera y tanques de acero y plástico). El mosto restante, prensado, se denomina orujo y se puede destilar para obtener *aguardiente (trester, marc, grappa).*

En el caso del *vino tinto,* el jugo resultante del proceso de prensado se remueve primero en tinas fermentadoras y se inicia el proceso de fermentación para que tanto los componentes que proporcionarán color al vino, que se hallan en la piel de los granos, como los taninos, se mezclen con el mosto. La duración de este proceso, que puede oscilar entre dos días y dos semanas, determina el color y la cantidad de taninos, que influirán en el sabor del vino. El proceso de fermentación de los tintos más ligeros es más breve. Si las uvas negras se exprimen recién cosechadas, se obtiene vino blanco *(blanc de noirs);* si se prensan tras unas horas de fermentación, se obtiene rosado.

Durante la fermentación alcohólica se obtiene alcohol etílico y dióxido de carbono de las moléculas de azúcar del mosto gracias a la acción de las enzimas de levadura que se desarrollan a partir de la levadura que contiene la cosecha. El contenido de azúcares del mosto determina el nivel alcohólico, que con la fermentación natural alcanza un porcentaje máximo del 15% vol. Para aumentar este nivel en mostos bajos en azúcar se añade azúcar o concentrado de mosto de uva, siguiendo una normativa muy estricta. Uno de los riesgos de la fermentación es que la masa se calienta a una temperatura que ronda los 40 °C. Durante esta «fermentación precipitada» se pierden sustancias importantes encargadas de conferir olor y sabor al vino, y el contenido en alcohol se vuelve demasiado dominante. Para evitarlo, la masa en fermentación se enfría y la temperatura de fermentado se mantiene constante. También es importante el control y, en caso necesario, la rectificación de la acidez del vino. Si es demasiado elevada, se atenúa con carbonato cálcico; si es demasiado pobre, se añade ácido cítrico o tartárico.

Una vez finaliza la fermentación, el vino se «trasiega»: se pasa del recipiente en el que ha fermentado y donde han quedado los restos de levadura y otras sustancias turbias a otro barril. Si todavía presenta restos de levadura o azúcar se somete a una segunda fermentación y se realiza un segundo trasiego. Si todavía quedan restos, se filtran.

En el siguiente paso es de importancia vital el papel del bodeguero, quien combina los vinos jóvenes (si no deben guardarse para hacer vinos de una sola variedad de uva) con otros vinos de valor similar. Esto se hace para mejorar el sabor y para lograr un sabor determinado. Para muchos vinicultores es la marca de la casa.

Antes de embotellarse, el vino joven resultante –sobre todo si se trata de vinos tintos, y muy rara vez si son vinos blancos que actualmente se prefieren frescos, afrutados y de una sola variedad de uva– se suele someter a otros procesos de refinación y maduración en barriles de madera, que suelen ser barricas de roble, aunque cada vez se utilizan más los tanques de acero inoxidable.

La uva

Existen miles de variedades de uva, que se distinguen más o menos claramente entre sí por factores como el tamaño, la forma, el color, el sabor, el aroma, el periodo de maduración y la resistencia a las bacterias. Uvas de la misma variedad crecen en zonas climáticas y en terrenos diferentes. Sin embargo, la mayoría de las uvas proceden de la *vitis vinifera,* originaria del Cáucaso, y la mayor parte de la producción mundial se extrae de variedades de esta misma uva. El alto contenido en azúcares que la caracteriza facilita la fermentación con un contenido en alcohol de aproximadamente el 10% y más. Además, su relativamente discreta acidez constituye un componente necesario en la producción del vino. Por otra parte, las distintas variantes son muy adecuadas para combinarlas entre sí *(cuvée).*

Cómo se hace el vino

1. En la prensa, la uva limpia se exprime hasta transformarse en jugo.

2. El jugo se exprime y el mosto resultante se centrifuga a fin de eliminar los residuos.

3. Durante este proceso se presta una gran atención a la presión de la prensa neumática.

4. El mosto depurado se vierte en tanques de acero o de plástico, en los cuales madura el vino tras la fermentación.

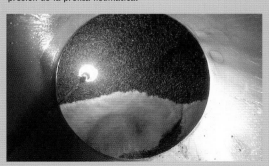

5. Interior de la tina fermentadora: las enzimas de levadura transforman el azúcar del mosto en alcohol etílico.

6. Durante el trasiego, el vino joven se separa del poso.

Acero o roble

La costumbre de utilizar barricas de madera para elaborar y almacenar el vino está en declive. Hoy en día, los barriles de madera (de roble, castaño, acacia, etc.) se emplean para elaborar vinos de barrica, es decir, para definir el sabor del vino. En la vinicultura moderna se han ido imponiendo los tanques de acero inoxidable, y ahora empiezan a ser indispensables: en cierto modo son la prueba de una elaboración controlada, puesto que garantizan la máxima higiene y se pueden poner a la temperatura ideal con un termostato. Esta característica es vital para los productores de zonas de clima caluroso, cuyos vinos envejecidos en barricas o contenedores de hormigón a menudo desarrollan poco sabor y acidez.

Francia

La mayoría de los amantes del vino consideran que *Francia* es el país de los vinos por excelencia. El hecho de que en el siglo VII a.C. comenzara la actividad vitícola en el Mediodía francés y que desde allí se extendiera por toda la Galia, la actual Borgoña, Burdeos y Champaña, así como por los valles del Ródano y del Loira, atestigua una tradición de más de 2500 años y, además, es una prueba de la gran experiencia y riqueza de conocimientos de los vitivinicultores franceses, que, naturalmente, están al corriente de la tecnología vinícola más puntera.

Asimismo, Francia fue pionera en la creación de instituciones dedicadas a velar por la vitivinicultura, la calidad de los vinos y su comercialización. Ya en 1855 los vinos del Médoc (en Burdeos) se clasificaron como *cru classé* y en 1932 se fundó en París el Institut National des Appellations d'Origine, que fomenta y clasifica la producción de vinos de calidad. El renombre que con ello se labraron los vinos franceses ha permanecido inalterado hasta la actualidad.

Junto con las dos célebres regiones vitivinícolas de Burdeos y Borgoña, en Francia existen diversas denominaciones valoradas por su remarcable calidad, que comparten el gran nivel de sus productos. Sin embargo, cada región, y también zonas de proporciones reducidas como Chablis (que pertenece a Borgoña), Tursan o Jurançon, produce vinos con un carácter propio, y prefiere una variedad de uva determinada e incluso botellas de una forma concreta.

El instituto parisino clasifica los vinos en tres categorías según su calidad. Constituye el nivel superior la *Appellation (d'origine) controllée* (AC o AOC) o denominación de origen controlada. Garantiza que la uva procede de la región en cuestión, la limitación del rendimiento por hectárea (generalmente, 40 hl/ha), los métodos de elaboración y el contenido en alcohol. Según el caso, la aplicación de la AC varía, de modo que en Burdeos la denominación más pequeña designa un pueblo mientras que en la Champaña engloba a toda la región.

El segundo nivel es el *Vin delimité de qualité supérieure* (VDQS) o vino de zona delimitada de calidad superior, que se aplica a los vinos con solera y tradición, próximos a la AC. Sin embargo, esta clasificación tiende a desaparecer, relegada paulatinamente por la tercera categoría, *el vin de pays* (vino del país). En los últimos años, su producción ha cosechado muy buenos resultados y han recibido un notable impulso. La nueva situación se refleja en la clasificación de la UE, que distingue entre *Vin de qualité produit dans une région déterminée* (VQPRD) o vino de calidad de una región determinada y *Vin de table* o vino de mesa. El usuario distingue fácilmente la calidad de un vino gracias a su clasificación, que se aplica en todas las regiones vitivinícolas.

La región más septentrional junto con la *Champaña* es *Alsacia*, conocida por sus rieslings y gewürztraminers. Sólo cuenta con una denominación: Alsace, y Alsace Grand Cru designan viñedos determinados. Pero los viticultores y las variedades de uva siempre son limitados y el buen conocedor sabe qué adquiere. A orillas del *Loira* se producen apreciados vinos blancos de las variedades de uva sauvignon blanc, chenin blanc y, al oeste, en la desembocadura del Loira en el Atlántico, muscadet, pero también tintos respetables de las variedades cabernet franc y gamay. *Jura* y *Saboya* son dos pequeñas regiones vinícolas en el este de Francia hasta la orilla meridional del lago Lemán (Alta Saboya). Junto a vinos blancos y rosados de calidad, el *vin jaune* del Jura es una especialidad vinícola sabrosa, ligeramente oxidada, que recuerda al jerez. Alrededor de un 70% de los vinos de Saboya son blancos y ligeros, y el Rousselle, de color amarillo y de fuerte sabor, es una creación local.

Los vinos del *Ródano* proceden de la región que se extiende desde el sur de Lyon hasta el Mediodía francés. Nombres como Crozes-Hermitage, Côtes du Rhône o Châteauneuf-du-Pape remiten a buenos vinos de las «uvas predilectas» de la región, syrah (o sérine para los tintos) y viognier y roussanne (para los blancos). Lindando con la Provenza al este y los Pirineos al oeste se extiende la cadena de viñedos del *Midi* y del *Sud-Ouest:* desde la denominación Bandol hasta Madiran, Jurançon y Tursan pasando por Minervois, Corbières y Banyuls, y algo más al norte, en el *Haut-*

Un viñedo en Sauternes.

Sorbete de vino tinto

azúcar
canela
300 ml de vino tinto joven
la ralladura de 1 naranja biológica
2 claras de huevo ligeramente batidas
hojas de menta para decorar

Prepare un almíbar calentando el azúcar, la canela y un poco de agua. Déjelo enfriar y añada el vino tinto, la ralladura de naranja y las claras de huevo. Déjelo en el congelador de 4 a 5 horas, removiéndolo de vez en cuando. Sírvalo decorado con hojas de menta.

Pays las denominaciones de Bergerac, Cahors y Gaillac, regiones que reúnen lo mejor de la vitivinicultura francesa con vinos que van desde los delicados blancos y los aromáticos rosados hasta los tintos con carácter (por ejemplo, los de Madiran, procedentes de la uva tannat local). Vale la pena descubrirlos y disfrutarlos.

Un Mouton Cadet del célebre Château Mouton-Rothschild

Viñedos en una de las regiones vitivinícolas
más importantes del mundo: Borgoña.

Borgoña

En *Borgoña* se hallan algunas de las regiones vitivinícolas más importantes del mundo: la Côte d'Or (Côte d'Nuits, Côte d'Beaune), la Côte Chalonnaise, el Mâconnais y el Beaujolais. En algunos lugares los vinos elaborados con pinot-noir son una auténtica leyenda: Vosne-Romanèe con los tintos más redondos, aromáticos y completos de la Côte d'Nuits, Chambolle-Musigny (Côte d'Nuits) con vinos frescos y ligeros con un marcado buqué de pinot o Gevrey-Chambertin (Côte d'Nuits) cuya altura ofrece unos vinos poderosos y completos.

La Côte de Beaune es conocida, junto con sus excelentes vinos tintos, por sus borgoñas blancos, elaborados únicamente con uva chardonnay. Denominaciones como Meursault con sus blancos redondos y armónicamente suaves, Puligny-Montrachet, cuyos chardonnays blancos están considerados como el caviar de los vinos blancos por los amantes del vino, o Chassagne-Montrachet, que no tiene nada que envidiar a su tocayo, son claros exponentes de la más alta vinicultura.

Pero también en Mâconnais y en Beaujolais, conocidos por muchos exclusivamente por sus «primeur» (vinos de producción masiva), los productores elaboran muy buenos vinos. A diferencia del resto de Borgoña, aquí los tintos se elaboran con uva gamay y los nombres como Pouilly-Fuissé o St-Véran (blanco) y Juliénas, Fleurie, Chénas o Brouilly no dejan impasible a los entendidos en vinos.

La vendimia sigue
siendo un duro
trabajo manual.

Burdeos

Burdeos sigue siendo la región vitivinícola más importante del planeta. Las condiciones naturales del suelo y la influencia del mar, las variedades de uva y su gran tradición han forjado una cultura vinícola centenaria que todavía hoy marca la pauta para muchos viticultores. Desde Médoc en la denominación de Burdeos hasta Sauternes en el sur, pasando por St. Estéphe, Paulliac, St. Julien, Margaux y Graves, encontramos una amplia variedad de vinos que no pueden renegar de su origen común: Burdeos.

Las variedades de uva cabernet sauvignon, cabernet franc y merlot y sus mezclas constituyen la base de los insustituibles y longevos tintos de Burdeos. Explotaciones como Château d'Yquem (en Sauternes) con sus célebres y aromáticos blancos, Châteaux Lafite-Rothschild, Mouton-Rothschild, Latour (en Paulliac), Margaux, Palmer (en Margaux), Haut-Brion (en Graves) o Pétrus (en Pomerol) ofrecen excelentes vinos de gran intensidad y delicadeza, que se pueden almacenar durante décadas y que, pasado medio siglo o más adquieren su clase y su estructura perfectas. Pero quienes no puedan esperar, también los pueden degustar antes.

Château Palmer (denominación de Margaux) produjo este Médoc en 1998, un vino selectísimo.

El chablis, aquí un premier cru de 1996 de la bodega Domaine Long Depaquit, es uno de los borgoñas blancos más codiciados de Francia.

Este premier cru procede del corazón de Borgoña, de la Côte d'Or (Gevrey-Chambertin).

Raviolis con salsa de vino tinto

250 g de carne de ciervo en dados
100 g de beicon en dados
4 cucharadas de nata líquida
7 huevos
20 ml de brandy
sal y pimienta recién molida
condimento para platos de caza
200 g de harina
50 g de sémola de trigo
2 cucharadas de aceite vegetal
10 setas shiitake *secas remojadas*
100 g de mantequilla
1 cebolla pequeña picada
125 ml de vino tinto

Pique la carne, el beicon, la nata y un huevo en la picadora para formar un relleno homogéneo. Sazónelo con el brandy, sal, pimienta y condimento para platos de caza. Amase la harina, la sémola, el aceite y 5 huevos para formar una masa, envuélvala en film transparente y refrigérela 1 hora. Extienda la masa y reparta el relleno en porciones sobre una mitad. Pinte con huevo el borde alrededor del relleno, cúbralo con la otra mitad de masa y con un cortapastas forme raviolis. Déjelos hervir en abundante agua con sal entre 8 y 10 minutos antes de escurrirlos bien. Escurra también las setas, córtelas en tiras y saltéelas en un poco de mantequilla a fuego lento. Dore la cebolla en la mantequilla restante, vierta el vino tinto y cubra los raviolis con las setas y la salsa de vino tinto.

Chablis

La región vitivinícola de *Chablis* que rodea la ciudad homónima es una pequeña denominación controlada de unas 1700 hectáreas de viñedos situada al noroeste de Dijon y se considera parte de Borgoña. Por un tiempo, los vinos de esta región fueron el paradigma de los borgoñas blancos y hoy en día el chablis sigue siendo un vino exquisito. El premier cru y el grand cru conservan su antigua fama. Su delicada acidez, definida y agradable, y su diferenciado buqué convierten en un placer la degustación de este vino, lleno y potente. Dominios como Maison Joseph Drouhin, Long-Depaquit o Jean-Marie Raveneau consiguen los mejores vinos blancos que se puedan imaginar. Un premier cru de una buena añada es una feliz casualidad hedonista y preciosa.

Los champañas

La *Champaña* es la región vitivinícola más septentrional de Francia y está considerada como una de las mejores. Entre la Montagne de Reims, la Vallée de la Marne y la Côte des Blancs crecen las mejores uvas de la variedad pinot noir y chardonnay, cuya cuvée (mezcla), a menudo de más de veinte procedentes de diversos viñedos, imprime carácter al sabor de un champaña. Dom Pérignon de Hautvillers (existe un champaña que lleva su nombre) inventó la *méthode champenoise* en torno al año 1668.

La elaboración del champaña es idéntica a la del vino, incluida la fermentación. A continuación, tiene lugar el denominado *assemblage*, la mezcla de cosechas y variedades según el criterio del bodeguero o el empresario. Se añade azúcar y levadura al *assemblage* y se somete a una segunda fermentación. Durante el proceso se forma ácido carbónico y un sedimento turbio, que se acumula en el corcho al colocar las botellas boca abajo en pupitres especiales y moverlas de forma periódica. Este procedimiento se lleva a cabo durante doce meses y, en el caso de los champañas de cosecha, se prolonga hasta tres años. Tras congelar el corcho antiguo y retirarlo, lo cual hace entrar a presión el ácido carbónico, el champaña recibe una dosis de licor de un sabor determinado denominada «liqueur d'expédition», que le confiere su sabor característico (entre dulce y seco).

También en otros países se produce este tipo de vino espumoso: en Italia *(spumnate, prosecco),* en España (cava) o en Alemania *(winzersekt).* Se elaboran según la *méthode champenoise* y muchos productores así lo indican en la etiqueta. Sin embargo, no se pueden llamar champaña porque esta denominación está reservada a los vinos espumosos franceses de la AC Champaña.

Dom Perignon, el monje y bodeguero de la abadía de Hautvillers, fue el inventor de la *méthode champenoise.*

Tipos de champaña

Lanson
Black Label, Brut

Moët & Chandon
Dom Perignon

Veuve Clicquot-Ponsardin
La Grande Dame

Moët & Chandon
Brut Imperial

Piper-Heidsieck
Rare

Pommery
Pommery Dry

Piper-Heidsieck
Brut Millésimé

Taittinger
Comtes de Champagne

Krug
Grande Cuvée

Roederer
Cristal Champagne

Grandes productores de champaña

J. Bolliger (1829), Deutz (1838), Drappier (1802), Gosset (1884), Heidsieck (1851), Krug (1843), Lanson (1760), Laurant-Perrier (1812), Möet & Chandon (1743), Mumm (1827), Perrier-Jouët (1811), Piper-Heidsieck (1785), Pol Roger (1849), Pommery (1836), Louis Roederer (1776), Taittinger (1734), Veuve Clicquot-Ponsardin (1772).

Milán

Véneto

Piamonte

Emilia-Romaña

Toscana

Roma

Nápoles

Italia

Para muchos *Italia* es la tierra romántica del vino, rebosante de música y chianti, que evoca la felicidad de las vacaciones, de alegres veladas en pérgolas al aire libre y de restaurantes con vistas al mar. En ese contexto, la calidad del vino carece de importancia. Sin embargo, como productora de vinos, Italia ha experimentado una notable transformación, desde suministradora de vino tinto producido en masa hasta elaboradora de otros de primerísima calidad.

En Italia la uva se cultiva desde la antigüedad. Los griegos denominaban el sur de Italia Oinotria (del griego «oinos», vino), y el gran poeta romano Horacio no sólo exaltó el vino en su creación poética sino que también estableció las normas básicas para la cata. La valoración de un vino se realizaba teniendo en cuenta tres criterios: C-O-S *(color, odor y sapor),* todavía vigentes en la actualidad.

Hasta bien entrado el siglo XX, la larga tradición con la que cuenta la elaboración de vinos italiana sólo se había reflejado en unos cuantos productos de calidad. El vino era una bebida de consumo cotidiano en las comidas y se consideraba un asunto local y, como mucho, regional. Mientras que en Francia la producción vinícola se sometía a una estructura de control y la calidad iba progresivamente en aumento, en Italia este procedimiento no tuvo lugar. Denominaciones como Denominazione di origine controllata (DOC) e garantita (DOCG), que abarcan más de 300 regiones y más de 1000 vinos, no deben confundirnos, pues no dicen demasiado sobre la calidad del producto.

Fue en la década de 1960 cuando los viticultores cambiaron el cariz de sus cosechas: comenzaron a trasformar seriamente en viñedos los campos donde antes convivían los cultivos de la vid, los árboles frutales y los huertos de hortalizas, a limitar la cantidad de uva cosechada, adoptaron técnicas innovadoras y modernas e implantaron sistemas de refrigeración para la fermentación a temperatura controlada. Con ello, viticultores innovadores como Angelo Gaja, Elio Altare o Paolo Scavino lograron dar el

empuje definitivo a la calidad de los vinos producidos. Con el tiempo, numerosos vinicultores italianos se sumaron al proyecto. Sin embargo, ello también implicó que las nuevas ideas y el empleo de variedades de uva foráneas y nuevas mezclas de sabores escaparan a las determinaciones tradicionales de DOC. Así, actualmente encontramos productos punteros de la vinicultura italiana sin la DOC comercial clasificados como «*vino da tavola*» (vino de mesa) y desde hace algunos años como «*indicazione geografica tipica*» (IGT), que califican los vinos característicos de una zona concreta. Ambos constituyen el grado inferior de los vinos de *coupage* más modestos. La mayoría de los viticultores de calidad no se sienten ofendidos por ello, pues sus *vini da tavola* gozan de gran aceptación, no son baratos y son conocidos y buscados por ser los pioneros del vino italiano de calidad.

Con una superficie de viñedos superior a las 900000 hectáreas y una producción de alrededor de sesenta millones de hectolitros de vino, Italia se cuenta, junto con Francia, entre los principales productores de vino del mundo, y sus viñedos se extienden desde los Alpes hasta Sicilia. La mayoría de sus regiones vitivinícolas nos resultan familiares, puesto que están situadas en las proximidades de los centros turísticos más importantes del país, como el sur del Tirol (Trentino), Venecia, Toscana o Sicilia. Pero todas las provincias de la península ofrecen vinos extraordinarios: Barolo y Barbaresco, los grandes tintos elaborados con uva nebbiolo del *Piamonte,* los tintos de cabernet y merlot y el trentino bianco de *Trentino,* Bardolino y amarone del *Véneto,* el célebre chianti classico de *Toscana,* los respetables vino nobile di Montepulciano y brunillo di Montalcino, el Morellino di Scansano o el Vernaccia di San Gimignano blanco, el Verdicchio dei Castelli di Jesi o el Rosso Conero de las *Marcas,* los vinos de la región de Orvieto en *Umbría,* el frascati y tinto brillante, Montiano 1996, de Montefiascone en el *Lacio,* el Greco di Tuffo blanco o el excelente tinto Montevetrano de *Campania,* los tintos de la uva aglianico (por ejemplo, Aglianico del Vulture) o los vinos blancos autóctonos –Verdeca, Bombino bianco, Greco y Pampanuto– de *Apulia,* los tintos calabreses de la uva gaglioppo que alcanzan su punto álgido en el Gravello de Librandi y, por último, los vinos de *Sicilia.* Los de determinadas bodegas aumentan su categoría año tras año, y algunos ya presentan una calidad excepcional. Vinicultores como Salvatore Murana (Moscato Passito Martignana, un vino dulce de nivel mundial) o la célebre bodega Tasca d'Almerita, con el excelente cabernet sauvignon 1995 o el excelente blanco Nozze d'Oro, seducen a cualquier enólogo, experto o aficionado. Éstas son sólo unas pautas, pues Italia, sobre todo el sur, no deja de sorprendernos con sus extraordinarios vinos.

Prosecco

Prosecco es una variedad de uva blanca que se cultiva sobre todo en Venecia Julia para producir vino espumoso (vino con una presión de 3 bares y con espuma duradera) y vino perlado (vino espumoso de 1 a 2,5 bares elaborado con ácido carbónico). En la región con DOC de Conegliano-Valdobbiadene, que abarca quince municipios, se produce prosecco puro o cortado con chardonnay, verdisio, pinot bianco y pinot grigio. Junto al vino perlado (chispeante, delicado y seco) y el vino espumoso (con espuma) con la uva prosecco se produce también un vino denominado «tranquillo», sin gas.

Viñedo en las
costas de Liguria.

Tipos de prosecco

La Versa Brut   Franciacorta   Prosecco di Conegliano   Moscato d'Asti   Trimani Brut

**Cerraia
Vino Nobile di
Montepulciano**

**Aldo Conterno
Barolo**

**Maurizio Zanella
Rosso del Sebino**

**Bonfante & Chiarle
Dolcetto d'Alba**

**Montelio
Bonarda**

Pinot Grigio

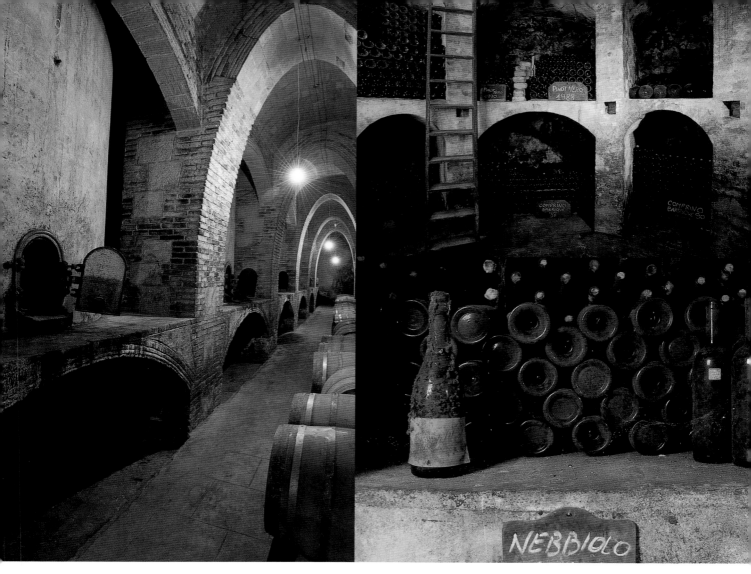

Los mejores vinos de Italia

La creación de un vino de calidad depende de múltiples factores: de la variedad de uva, del «terroir» (del francés «tierra», es decir todos los factores que influyen en un viñedo), el tipo de cultivo y, por último pero no por ello menos importante, del saber y el sentir del enólogo encargado de elaborar el vino. De él depende la calidad, no de las categorías fijadas por las instituciones estatales. Si todas estas condiciones son óptimas, se crean vinos como los de Angelo Gaja y su enólogo Guido Rivella. Pero la bodega de Gaja, con vinos de renombre mundial como el Barbaresco Corte Russi 1995 o el Sori San Lorenzo 1995 o como el sublime Langhe Sauvignon Alteni di Brassica blanco, es sólo la punta del iceberg de una serie de excelentes vitivinicultores. Maurizio Zanella (Ca'del Bosco) en Brescia ofrece un vino espumoso (Franciacorta Cuvée Annamaria Clementi), sin parangón en Italia y un Chardonnay de 1996 inigualable. Viticultores como Eloio Altare en Piamonte (Langhe Aborina 1996 o Barolo Vigneto Aborina 1993), viñedos como Tenuta Fontodi en Toscana (Syrah Case Via 1995) o Vinnaiola Jerman en Friul-Venecia-Julia (Tunina 1996, un gran blanco de chardonnay y sauvignon) presentan una calidad raramente superada.

Vino santo

El «vino santo», originariamente un vino de misa, es una deliciosa especialidad de vino de postre de Toscana o de Trentino. Generalmente se obtiene de uvas trebbiano y malvasía que se dejan secar colgadas o sobre esterillas de paja durante dos meses, y transcurrido este tiempo, cuando casi se han convertido en pasas, se prensan. En el proceso, de un quintal métrico de uva se extrae una media de treinta litros de mosto, que se deja envejecer entre dos y seis años en pequeñas barricas de roble o castaño *(caratelli)*. Por último, el bodeguero mezcla vinos de barril de sabor diferenciado para componer su vino santo. Un postre riquísimo de Toscana son los *cantuccini,* unos bollos de almendra secos, en ocasiones incluso duros, que se sumergen en un vaso de vino santo.

Arriba, fotografías tomadas en bodegas italianas tradicionales, que albergan tesoros de incalculable valor. El nebbiolo es un gran vino del Piamonte.

España

España es un país productor de vinos desde la antigüedad. Los romanos apreciaban especialmente los vinos de Andalucía y de Tarragona. A pesar de que actualmente posee la mayor extensión de viñedos del mundo, España se encuentra en tercer lugar (detrás de Italia y de Francia) en cantidad de vino producida. El motivo: la extrema sequía que sufren amplias regiones y la escasa frondosidad de los viñedos no propician grandes cosechas. Durante mucho tiempo, el resultado fueron unos vinos agradables, pero poco espectaculares y para un consumo inmediato.

Con el final del régimen franquista, que contaba con sistemas de calificación y de control muy tradicionales y que, a excepción de las regiones de La Rioja y Jerez, no permitían modificar los métodos convencionales ni introducir innovaciones, la situación cambió de rumbo. Algunas regiones vitivinícolas recordaron la calidad de sus vinos locales y adoptaron técnicas enológicas y métodos de cultivo modernos, superando con cierta timidez la tradición que había imperado hasta entonces. El objetivo general de presentar vinos para el consumo inmediato fue perdiendo relevancia, con vistas a la exportación, en beneficio de la voluntad de crear vinos de calidad y aptos para el almacenaje. Así, no es de extrañar que hoy en día existan más de cincuenta regiones con denominación de origen (DO) o denominación de origen calificada (DOC) y que produzcan la mitad del vino del país. Con una calidad que mejora día a día, en los últimos años el vino español se ha labrado un nombre en el mercado internacional, no sólo con el rioja o el jerez, sino también con los vinos de Navarra, Penedès, Ribera del Duero o Valdepeñas.

Aunque las variedades francesas también hicieron su entrada en España, la base de la producción vinícola siguen siendo las uvas autóctonas. Así, en cuanto a cantidad, la uva más utilizada en la producción de vinos tintos es la *garnacha* (emparentada con la *grenache* del valle del Ródano), una variedad muy resistente a la sequía, una característica importante sobre todo para los viñedos del sur del país, rica en alcoholes y también empleada en la producción de vinos cortados. La «reina» de los tintos es la uva *tempranillo*, que proporciona vinos elegantes y aptos para el

almacenaje. Es la variedad autóctona de las regiones de La Rioja, Navarra y Ribera del Duero. Para los vinos blancos se utilizan las variedades *viura* y *macabeo* en el norte, así como la *garnacha blanca* y, sobre todo en el Penedès, la *parellada*. En Andalucía la uva *palomino* desempeña un papel destacado en la producción de jerez y también de vino, y en Montilla-Moriles y en Málaga, predomina la uva *pedro ximénez*. La variedad más extendida en Castilla La Mancha es la uva *airén*, una variedad resistente a la sequía de la que se obtienen vinos blancos ligeros y el aguardiente para elaborar el brandy de jerez.

Como sucede en otros países, los vinos españoles también se clasifican por categorías. La etiqueta de la botella ofrece al consumidor información sobre la calidad y el tipo de vino que tiene en las manos. El *vino joven* es un vino modesto, con indicación de la añada, y también se denomina *vino sin crianza* o *vino de cosechero*. Es fresco y afrutado y debe consumirse inmediatamente. Igual de afrutado es el *vino de crianza*, aunque más redondo, pues ha madurado durante un año en barricas (toneles de roble de Burdeos de 225 litros) y se pone a la venta transcurridos dos años. El *reserva* debe contar con un mínimo de tres años de edad, de los cuales por lo menos uno tiene que haberlo pasado en barrica. Los vinos así clasificados ya presentan aromas desarrollados, que mejoran con los años, convirtiéndose en un buqué más complejo. Para los reservas blancos y rosados suele fijarse una maduración de dos años, de los cuales

seis meses deben transcurrir en barrica. Se califica de *gran reserva* el vino obtenido de uvas seleccionadas de una cosecha especialmente buena. Son vinos que maduran durante cinco años, dos de los cuales en barrica y los otros tres, en botella. En su mejor momento, desde que entran en contacto con el aire hasta que se degustan con un trago largo, evocan todo tipo de asociaciones a aromas y sabores, que convierten al experto en vinos en poeta. Esos vinos son los que dan renombre a una bodega. Para crearlos hacen falta el mejor saber, mucho trabajo, técnicas modernas y un terruño del que, con las condiciones más propicias, puedan salir vinos insuperables.

Viñedos en La Rioja Alta.

Lagunilla
Rioja

Faustino Martínez
Faustino de Autor

Campillo
Reserva Campillo

Portugal

Además del *oporto* y del *madeira*, Portugal ofrece un amplio abanico de vinos tintos y blancos. El *vinho verde*, el más conocido del país, es un excelente vino de aguja que se produce en la provincia de Minho, al norte de Oporto. Según el «papa de los vinos», el británico Hugo Johnson, es la «contribución portuguesa más original y de más éxito a la bodega mundial». En la región de *Dão* se producen buenos tintos, los denominados *vinhos duros,* y en *Douro,* vinos de primera calidad, con presencia internacional. En la región de *Birrada* destacan los tintos producidos con la variedad local baga y los blancos de la variedad autóctona bical. *Estremadura,* al norte de Lisboa, es una región vitivinícola que abarca las denominaciones DOC de Bucelas, Colares y Carcavelos. En ella se encuentran viñedos donde crecen cepas muy interesantes. Los vinos portugueses se dividen en DOC (denominaçao de origem controlada), el nivel superior para veinte regiones, en IPR (indicaçao de proveniência regulamentada) y en VQPRD (vinho de qualidade produzido em região determinado). Los vinos de estas tres categorías suman cerca del 50% de la producción total de Portugal (cinco millones de hectolitros); el resto son vinos del país.

BEADE Primacía

Marqués de Monistrol
Chardonnay-Macabeo

Solmayor
Syrah

Mallorca

Igual que en la península, en *Mallorca* se produce vino desde la antigüedad, el cual ya fue alabado nada menos que por el escritor romano Plinio. Actualmente, en las Baleares la vid sólo se cultiva a una escala digna de mención (unas 300 hectáreas) en la isla de Mallorca: en la denominación Binissalem, en la llanura del mismo nombre. Protegidos por las montañas que rodean los viñedos, en sus suelos calcáreos se gestan vinos notables. Los tintos se elaboran con un 50% de uva autóctona, la variedad *manto negro,* cortada con la principal uva española para tintos, la variedad tempranillo y/o cabernet sauvignon. Los vinos blancos, que constituyen apenas el 20% de la cosecha, se obtienen de la variedad autóctona denominada *prensal blanc* y también de las variedades parellada, chardonnay y macabeo. Prácticamente no se exportan vinos de Mallorca, así que es mejor degustarlos en la propia isla.

Un viñedo mallorquín.

Albariños

Martin Códax
Albariño

Bodegas Terras Gauda
Abadía de San Campio

Bodega Fefiñanes
Albariño de Fefiñanes

Pazo de Señorans
Albariño

Zona de viñedos en Lanzarote.

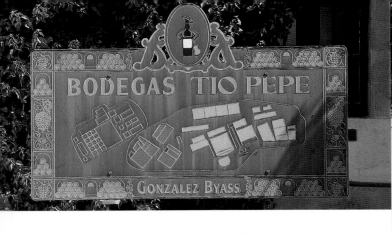

Jerez y oporto

La fama de España y Portugal como productores de vino no se debe sólo a sus tintos y blancos; en todo el mundo son conocidos también los vinos de postre que elaboran: el jerez, el oporto y el madeira.

El jerez es un vino rico en alcohol producido en la región que rodea a la ciudad de Jerez de la Frontera, en el sudoeste de la península Ibérica. Se elabora con uvas de la variedad pedro ximénez y palomino siguiendo un procedimiento parecido al del vino blanco: el zumo de la uva se prensa y se incrementa su acidez mediante la adición de yeso. A continuación, se llenan tres cuartas partes de unas barricas de roble nuevas y comienza un fuerte proceso de fermentación a alta temperatura. El vino presentará un contenido alcohólico del 12 al 16% de su volumen. Mediante la adición de alcohol adicional, alcanzará el 20% vol. Comienza entonces el proceso de envejecimiento, en el cual aparece una levadura (flor del jerez), que cubrirá densamente la superficie del vino. Esta capa evita que el vino se oxide y contribuye a su maduración.

Transcurridos cinco años, el jerez está maduro, aunque la edad no tiene importancia alguna, pues se somete a un proceso de cortado por el sistema de solera, para lograr las características de sabor y color, y el equilibrio que esperan muchos clientes. El sistema de solera consiste en colocar barricas en diversas filas unas sobre las otras, con el vino más antiguo en la inferior (la solera) y el más joven en la fila superior. Aproximadamente un tercio del contenido de las barricas con vino maduro se embotella y esta cantidad se recupera vertiéndola de las barricas de la fila inmediatamente superior, hasta llegar a la última fila de barricas, que se rellena con vino nuevo. Este sistema garantiza que con el tiempo el vino vertido en último lugar envejezca y adquiera las características de los vinos más maduros.

Según la producción, se obtienen distintos tipos de jerez: el fino es un vino claro, con cuerpo, que se puede beber muy temprano, delicado y rico en matices. Se suele considerar el jerez de mejor calidad de entre un amplio abanico de vinos de Jerez entre los que se encuentran, por ejemplo, el manzanilla y el amontillado. El primero es muy suave, y el segundo más viejo y seco. El vino oloroso (o raya) madura en barricas sin la capa de flor de levadura. Debido a la oxidación que se desencadena adquiere un color parduzco y un aroma y un sabor intensos. El palo cortado combina la calidad del oloroso y la del fino. Asimismo, existen vinos dulces como Old Brown y Cream Sherry, los denominados entre finos, finos de menor calidad, incapaces de competir con la fama del jerez.

El oporto

Como vino de postre, el *oporto* es apreciado en el mundo entero, sobre todo por los ingleses, pues fueron ellos quienes lo «inventaron» en Portugal. No es casualidad que las principales empresas dedicadas a su elaboración, Cockburn, Croft, Foster o Sandeman, sean iniciativas inglesas y que en la mayoría de los casos la etiqueta de la botella esté escrita en inglés. Al igual que el jerez, el oporto, que adquiere su nombre de la ciudad portuaria de O'Porto, al sur de la región vitivinícola del Douro, se somete a un procedimiento de cortado.

El oporto contiene hasta un 25% de alcohol y se ofrece en distintas variedades: desde *red* y *ruby* pasando por *tawny*, *pale white* y *straw coloured* hasta *golden white*, de dulce a seco (*very sweet, rich sweet, medium sweet, dry finish* y *very dry*).

En la escala de valoración, el oporto de mayor calidad es el *Vintage Port* (oporto de añada), producido con las uvas de una cosecha de calidad superior a la normal. Tras madurar en barricas entre 21 y 31 meses el oporto se trasvasa a botellas negras, en las cuales debe envejecer un mínimo de cinco años más. Se puede almacenar de manera casi indefinida y mejora con los años. En este caso, en las paredes de la botella aparece una especie de costra formada por restos de taninos y pigmentos que no se debe desprender al verter el vino. Por ello, se aconseja decantarlo con cuidado. El oporto *Late Bottled Vintage* (LBV) se almacena entre tres y seis años en barricas de madera y es más claro y ligero que el Vintage Port. El *vinho de Porto* normal es más modesto (y por ello más económico) y presenta gran cantidad de modalidades que, debido a las posibilidades de cortado, conservan más o menos constantes las notas de aroma y sabor.

Cebollitas con vinagre de jerez

500 g de cebollitas
2 cucharadas de aceite
de oliva
vinagre de jerez
125 ml de vino oloroso
1 cucharada de miel
1 ramita de tomillo fresco
1 hoja de laurel
2 clavos de olor
1 guindilla
sal y pimienta recién molida

Saltee las cebollitas en el aceite caliente y vierta sobre ellas un chorrito de vinagre y el vino oloroso. Añada la miel, el tomillo, el laurel, los clavos y la guindilla, y déjelo cocer todo a fuego lento durante 5 minutos más. Salpimiente al gusto.

Madeira

El *vino de postre* denominado *madeira* procede de la isla portuguesa homónima situada a unos 600 kilómetros de la costa marroquí. Es un vino cortado elaborado con distintas variedades y cosechas. Si en la etiqueta se indica un tipo de vino significa que el madeira contiene un 85% de este vino como mínimo; si se indica una añada significa que el vino más joven empleado pertenece a la cosecha de aquel año.

El papel más importante en la producción del madeira lo desempeña la denominada «inyección», el añadido de alcohol, que según el vino se lleva a cabo en diferentes fases de la fermentación. A continuación, el vino se somete a un procedimiento de calor (a una temperatura media de 45 °C) que dura entre tres y cinco meses. Por último, se deja madurar más de treinta años en barricas.

Hay cinco variedades de uva importantes utilizadas para elaborar madeira, que también dan nombre al vino terminado: sercial (fino, ligero y seco), verdelho (semiseco), bual (aromático, algo dulce) y malmsey (dulce y afrutado). El madeira se conserva indefinidamente y mejora con los años.

Royal Oporto

Dry Sack
Medium Dry

Sandeman
Rich Golden

Valdespino
Jerez dulce n.° 1

González Byass
Fino muy seco

Pedro Ximénez
Romate

El Rocío

Osborne
10 RF
Medium

Osborne
Fino Quinta
Pale Dry

Harvey's
Bristol Cream

Alemania

Los romanos llevaron el vino y su cultivo hasta orillas del Mosela y del Rin. A pesar de contar con una larga tradición, como productor de vinos, *Alemania* es un país vitivinícola mucho menos importante que Italia o Francia. Así, la superficie ocupada por viñedos es sólo de un 10% si la comparamos con la de su vecino francés. Eso sí, con una variedad de uva incomparable: la riesling. En el siglo XIX, el riesling del Rin era el vino más caro del mundo. Esta valoración ha perdido vigencia sobre todo por la legislación del vino de 1971 (y sus posteriores modificaciones) que fijaba criterios de calidad imposibles de cumplir por parte de los consumidores del país, por no decir también de los amantes del vino extranjeros. Los criterios de calidad establecidos ofrecen a los productores poco preocupados por la calidad múltiples posibilidades de manipulación.

No obstante, ello no significa que Alemania no produzca vinos buenos, ni de alta calidad. En las trece regiones vinícolas existentes, que pueden agruparse en cinco zonas (el valle del Rin, Mosela-Sarre-Ruwer, Baden, Franconia con Saale-Unstrut y Sajonia, y Würtemberg) sube con fuerza una generación joven de viticultores que se fijan como objetivo un alto nivel de calidad. Han reducido de forma radical la cosecha por hectárea, en algunas zonas hasta la mitad del máximo permitido por la ley en favor de la calidad. Además, muchos viticultores han comenzado a cambiar las denominaciones, cambiantes y poco expresivas, de los vinos y, al igual que se hace en Francia, a convertir el nombre del viticultor en el nombre de marca de sus productos. Al parecer, cada vez más viticultores hacen caso omiso a la normativa establecida por la ley de vinos en favor de una producción de vino de gran calidad cuyo nivel, dentro de poco tiempo, se podrá comparar al de la producción francesa, italiana o española.

Según la ley de vinos alemana existen dos categorías básicas de vino: el de calidad y el de mesa, con sus diferencias particulares. Por lo general, el *vino de mesa* es un vino cortado, importado, a menos que se indique «alemán» en la etiqueta. Son vinos ligeros y sin pretensiones. En 1982, con el vino del país se estableció una segunda categoría de vino de mesa, que no tiene ni punto de comparación con su homólogo francés, el *vin de pays*.

El *vino de calidad*, la máxima calificación, se clasifica en *Qualitätswein bestimmter Anbaugebiete* (QbA) y *Qualitätswein mit Prädikat* (QmP), es decir, vinos de calidad de una región vinícola determinada y vinos de calidad premiados, respectivamente. En la etiqueta, los vinos del tipo QmP ofrecen información sobre el nivel de madurez de la uva: *Kabinett* para las uvas maduras de la cosecha, *Spätlese* para las uvas más maduras, cosechadas posteriormente, *Auslese* para uvas completamente maduras, escogidas. La denominación *Beerenauslese* designa la utilización de granos seleccionados muy maduros y *Trockenbeerenauslese* designa un vino dulce elaborado con uva refinada, muy madura y arrugada. Se trata de un vino dulce, a diferencia de lo que podría insinuar su nombre «trocken», seco. En la elaboración de vino helado, *Eiswein,* se prensan uvas heladas. El mosto concentrado resultante casi no tiene agua, pero contiene mucho azúcar, ácidos y aromas. Producir vino helado comporta un riesgo bastante elevado porque las uvas no se recolectan hasta enero y por lo tanto están expuestas a la intemperie y a ser devoradas por las aves. Y, en el mejor de los casos, el número de hectáreas cosechadas para este tipo de vino es una quinta parte de las dedicadas al vino normal.

Bocksbeutel

El parecido de la botella con la bolsa testicular del macho cabrío es lo que le granjeó este nombre (*Bocksbeutel* significa algo así como «bolsa del macho cabrío»). En esta botella de forma redondeada y bastante aplastada se embotellan sólo vinos de calidad y con regulación procedentes de Franconia, así como algunos vinos de Baden, de la zona de Tauberfranken y de los alrededores de Neuweiler. Los viticultores obtuvieron el permiso del arzobispo de Wurzburgo para emplear una forma de botella tan especial.

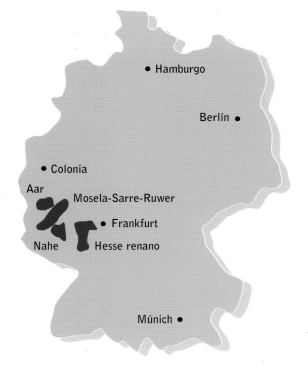

Vino joven
y vino de manzana

En el momento de la cosecha, el zumo de la uva fermentado (con un 2 a 4% vol. alcohol) es un producto muy apreciado, y a veces peligrosamente agradable al paladar. Se produce sobre todo en las regiones del norte de Alemania. Según la zona, recibe los nombres de *Federweisser, Rauscher* y también *Sauser*. En Austria se conoce como *Heuriger*. A partir del 11 de noviembre, en la zona de viñedos situada al norte de la ciudad de Viena se congregan numerosos amantes de este vino.

El *vino de manzana (Apfelwein)* se obtiene de manzanas frescas y contiene aproximadamente un 5% vol. de alcohol. En Frankfurt se conoce como *Ebbelwei* y *Äbbelwoi*, en la zona de Wurtemberg se denomina *Moscht* y en los alrededores de Tréveris se conoce como *Viez*. En las regiones francesas de Bretaña y Normandía, donde este vino constituye la base del calvados, se conoce como *cidre*, en Inglaterra se denomina *cider* y en España, donde se deja madurar en barricas de roble y castaño, se conoce como «*sidra*».

A la izquierda, viñedos
en el Aar.

Cooperativa vinícola
Pfaffenweiler
Gutedel

Cooperativa vinícola
Königschaffhausen
Spätburgunder Weissherbst

Cooperativa de viñedos
Brackenheim
Lemberger

Heger
Spätburgunder

Otoño dorado en el Hesse renano.

Prejuicios sobre el vino alemán

«Los alemanes tienen vino del Rin. Se embotella y se considera una buena bebida, pero se diferencia del vinagre sólo por la etiqueta.» Esta frase del escritor estadounidense Mark Twain refleja de alguna manera la imagen que durante mucho tiempo tuvo el vino alemán fuera de Alemania. Aunque con honrosas excepciones, los vinos poco elaborados que existían entonces, pese a ser muy agradables al paladar, contribuyeron a forjar esa fama. Después, el vino alemán se redujo básicamente al riesling y la demanda determinó la producción (en masa). Así, se pasaron por alto buenos vinos elaborados en pequeñas regiones vinícolas. El vino alemán ha recuperado su buen nombre y mejora año tras año gracias a los estrictos requisitos de calidad que la asociación alemana de productores de vinos con *Prädikat* (VDP) exige a sus más de 200 miembros y que los viticultores que no pertenecen a la VDP también cumplen.

Riesling

La *uva riesling* es la uva alemana por excelencia y una de las más preciadas en todo el mundo. Junto con la variedad chardonnay, se considera una de las mejores para producir vinos blancos. De ella se obtienen vinos elegantes, sabrosos y de refrescante aroma, con una acidez pronunciada y una estructura elegante y afrutada. Por eso es una variedad apta para el almacenamiento prolongado, incluso de décadas, sin que pierda las cualidades mencionadas. Aunque la riesling se cultiva en casi todas las zonas vinícolas del mundo, en Alsacia desarrolla sus características más propias y diferenciales. Según las añadas, su color oscila desde el verde claro hasta el dorado.

La riesling es la uva alemana por excelencia.

Hojas de acelga rellenas

Para la carne:

4 hojas grandes de acelga

4 filetes de pechuga de pavo

200 g de col fermentada al vino, picada, en conserva

2 cebolletas en rodajas finas

3 cucharadas de mantequilla

40 g de semillas de calabaza tostadas

sal y pimienta recién molida

100 ml de vino blanco

2 cucharadas de mantequilla clarificada

Para la salsa:

2 chalotes en dados

3 cucharadas de mantequilla

1 cucharada de tomate concentrado

250 ml de caldo de ave, preparado

4 tomates medianos pelados, despepitados y en dados

2 cucharadas de nata fresca espesa

sal y pimienta recién molida

azúcar

1 cucharada de espesante, si fuera necesario

2 cucharadas de cebollino picado

Escalde las acelgas, refrésquelas y déjelas escurrir. Aplaste los filetes de pavo entre dos hojas de film transparente hasta que adquieran el mismo tamaño que las hojas de acelga. Saltee la col fermentada junto con las cebolletas en la mantequilla, añada las semillas de calabaza y salpimiéntelo todo. Vierta el vino blanco y deje cocer la mezcla a fuego lento durante 10 minutos. Precaliente el horno a 150 °C. Salpimiente las hojas de acelga y disponga la carne sobre ellas. En medio de la carne, coloque una montañita de col, llévelo todo hacia el centro, enrolle la acelga para obtener un hatillo cuadrado y átelo con bramante. Sofría uniformemente los hatillos en la mantequilla clarificada durante 3 minutos, páselos a una fuente refractaria y hornéelos unos 15 minutos. Sofría los chalotes en mantequilla caliente, añada el tomate concentrado y déjelos cocer durante 3 minutos. A continuación, vierta el caldo de ave y déjelo cocer hasta que se haya reducido a la mitad. Agregue los dados de tomate y déjelos cocer brevemente, vierta la nata y sazone la mezcla con sal, pimienta y azúcar. Si fuera necesario, añada un espesante para dar algo más de consistencia a la salsa. Añada el cebollino picado a la salsa y viértala en platos grandes. Por último, coloque las acelgas rellenas sobre la salsa.

Dígitos de control

Muchos vinos alemanes llevan un dígito de control oficial que los identifica como vinos de calidad y regulados (A.P.Nr.), por ejemplo, 1 22 033 044 99. Esta serie de dígitos indica: 1 = lugar de control, 22 = ubicación del viticultor, 033 = explotación vinícola, 044 = partida verificada, 99 = año de control. Esta combinación numérica no da pistas al consumidor, pero debería proporcionarle la tranquilidad de que el vino pasa controles estrictos y se elabora con esmero, dos aspectos que aún necesita el vino alemán.

Los vinos de calidad alemanes

La superficie total de viñedos de Alemania (unas 105000 hectáreas) se dedica en un 80% a variedades para vino blanco. Sin duda, la variedad riesling es la más conocida, pues con ella se elaboran vinos blancos cuyo frescor y sublime acidez afrutada fascinan a millones de personas. En las regiones del Rin (Schloss Johannisberg, Schloss Vollrads, Erbacher Marcobrunn, Geisenheimer Rothenberg, Rauenthaler o Robert Weil) y de Mosela-Sarre-Ruwer (Maximin Grünhäuser o Piesporter Domherr) destacan magníficos rieslings y viñedos como los de Fritz Haag, de Hövel y Dr. Loosen, que han propiciado la buena fama de los vinos alemanes. Pero también en otras regiones se busca la calidad y, además de la variedad riesling, se cultivan otros tipos de uva como grauburgunder y weissburgunder, gewürztraminer o las variedades negras spätburgunder, trollinger o portugieser, con las que se elaboran excelentes vinos. Viñedos como Schloss Diehl en el Nahe, Gunderloch en el Hesse renano, Dr. Bürklin-Wolf, Koehler-Ruprecht, Herbert Messmer, Müller-Catoir en el Palatinado, Fürst y Juliusspital en Franconia, Heinrich, Staatsweingut Weinsberg, Wöhrwag en Wurtemberg o Bercher, Dr. Heger, Bernhard Huber, Salwey en Baden son algunos productores que con sus excelentes vinos están demostrando de lo que es realmente capaz la vinicultura alemana.

Austria
y Suiza

También en *Austria* fueron los romanos quienes introdujeron la viticultura en el siglo I a.C., estableciendo así una cultura vinícola que, aunque discreta, ha existido siempre. El escándalo del glicol puso en marcha un proceso de depuración que tuvo efectos positivos en la vinicultura austriaca: la legislación del vino de 1985 y los controles que exige son los más estrictos de todo el mundo. Los viticultores comenzaron a elaborar vinos con una sola variedad de uva de excelente calidad, que a menudo bautizaban con nombres muy imaginativos, y los más jóvenes comenzaron a producir vinos tintos en Austria, «el paraíso de los vinos blancos», según el modelo internacional (cabernet sauvignon, zweigelt, merlot).

No obstante, el vino blanco sigue predominando. La uva más cultivada es la variedad *grüne veltliner*, que ocupa un tercio de la superficie total de viñedos (apenas 60000 hectáreas) del país. Constituye la base de los vinos blancos con un fresco sabor a hierbas, ligeros y con reminiscencias de pimienta hasta notables vinos de postre. Son de destacar los incomparables

rieslings (2% de la producción total) producidos, por ejemplo, por Franz Hirtzberger y F. X. Pichler (ambos en Wachau), que tienen mucha demanda y que no se encuentran con facilidad. El etiquetado austriaco presenta algunas particularidades. Así, la denominación de *Ausbruch* se refiere a un vino dulce con regulación, *Schilcher* a un rosado a menudo excepcional y *Smaragd* hace referencia una vendimia tardía, realizada cuando las uvas ya se han secado.

Los vinos de *Suiza* no tienen apenas presencia en el mercado internacional, pues el país aporta un 0,2% de la producción mundial. Contribuye a ello el hecho de que con un consumo por cápita de unos cuarenta litros, la mayor parte del vino suizo se consume internamente (90 de cada 100 botellas). Las principales regiones vinícolas son el Vaud, el Valais y los alrededores del lago Neuchâtel, el Ticino y las regiones vinícolas de Graubünden que rodean el lago de Zúrich y la parte superior del lago Constanza a lo largo del Rin hasta Basilea.

La zona vinícola más extensa, con 4500 hectáreas, es el Valais, en el curso alto del Ródano. De ella proceden dos de los vinos suizos más conocidos, el tinto *Dôle*, elaborado con pinot noir y gamay, y el blanco *Fendant*. Este último se elabora con la variedad de uva más importante del Valais, la chasselas, que consigue resultados extraordinarios en la orilla norte del lago Lemán.

En el cantón de Vaud, con 3500 hectáreas de viñedos en el curso inferior del Ródano y a orillas del lago Lemán, se producen excelentes vinos blancos como el Dézalay o el Calamin, y también tintos como Les Colondeys de Henri Delarze. En los cantones de habla alemana la variedad de uva más utilizada para producir tintos es la pinot noir, mientras que para los blancos se utiliza riesling-silvaner. En el Ticino, donde se produce casi exclusivamente vino tinto, predomina la variedad merlot. En todas las regiones vinícolas existe una gran cantidad de vinos, algunos de ellos de muy buena calidad.

El Grüne Veltliner no tiene competencia en Austria. Generalmente, el vino elaborado con esta variedad de uva resulta deliciosamente fresco, elegante y con matices de pimienta.

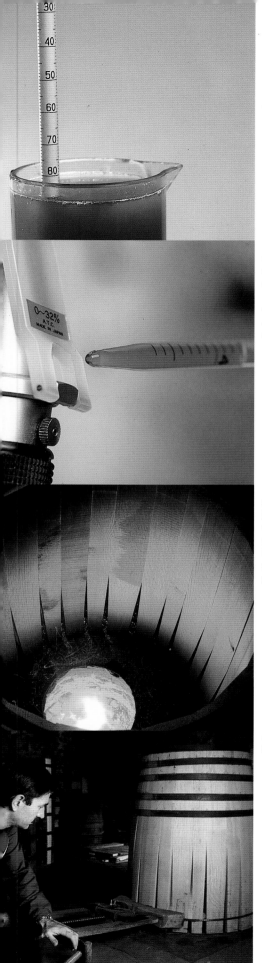

Con el mustímetro se mide el contenido en azúcar del mosto.

Con el refractómetro se mide la llamada densidad del mosto de los granos individuales, es decir, el contenido de azúcar y con ello el grado de madurez.

En la producción de vinos se emplean barricas de madera de roble con un mínimo de ochenta años. Para doblar las duelas, primero se calientan…

…y luego se ciñen con aros metálicos.

Cinco preguntas sobre el vino

1. ¿Qué es una barrica?

El término barrica designa un tonel y la barrica bordelesa un tonel de madera de roble de 225 litros de capacidad originario de Burdeos (Francia) en el que se almacena y se deja madurar el vino. Los vinos, tanto los tintos como los blancos, se vierten en barricas para proporcionarles un matiz de madera. Sin duda alguna, los vinos poderosos y con cuerpo pueden ganar durante este procedimiento, pero pierden si el matiz de madera es demasiado dominante. Los vinos envejecidos en barrica han cobrado prestigio en los últimos años, por lo que algunos vinicultores obtienen el buqué deseado colgando saquitos con virutas en los tanques donde madura el vino o fijando tablas de madera en las paredes de los tanques de fermentación.

2. ¿Qué son los taninos?

Los taninos son una sustancia natural que contienen el té, la madera y las raíces, y también las uvas para vino. Presentan un sabor amargo y tienen un efecto astringente en la boca. En la producción de vinos, el contenido de taninos de un mosto será más elevado cuantos más tallos, raspas y hollejos estén presentes en el zumo de la uva y se prensen. Por lo tanto, el vino producido con uva limpia es más suave. No obstante, el contenido en taninos no debe ser demasiado pobre porque influyen mucho en aspectos como el sabor, el aroma y la conservación del vino, sobre todo en el caso de los tintos.

3. Moho, poso, tártaro, ¿un peligro para el vino?

El moho que se forma entre la cápsula y el corcho generalmente no reviste importancia alguna y no estropea el vino porque es muy difícil que traspase el corcho y llegue al vino. De todos modos, es conveniente retirarlo con cuidado para que no resulte perjudicial al servir el vino. Los posos resultan de los sedimentos sólidos del vino. Adquieren forma de copos o cristales y se posan en el fondo de la botella. En los tintos presentan un color que oscila entre el marrón oscuro y el negro, y en los blancos son de un color claro cristalino, en cuyo caso se denomina «tártaro». No alteran el sabor del vino, pero pueden molestar a la hora de degustarlo si no se vierte con cuidado. La mejor solución es decantar el vino.

4. ¿Es necesario decantar?

Decantar es verter el contenido de la botella de vino en un recipiente especial de cristal. Se recomienda hacerlo en dos casos: cuando se forman posos y, si se trata de un vino joven, para desplegar todos sus aromas al «airearlo» y para atenuar los taninos. Las botellas con poso se deben manipular con sumo cuidado y verter el vino delante de una fuente de luz situada tras el cuello de la botella hasta que todos los posos queden retenidos antes del cuello. Atención: a veces los vinos más viejos reaccionan de forma negativa al entrar en contacto con el oxígeno, perdiendo sabor y equilibrio.

5. ¿Tapones de corcho o de plástico?

Hay amantes del vino que tiemblan sólo al pensar en abrir una botella de vino sin oír ese «plop» característico que se produce al sacar el corcho. Sin embargo, la calidad del corcho es cada vez peor porque tiende a recogerse antes de tiempo, y la oferta se ha reducido, mientras que la producción de vino va en aumento. Esta situación sólo se resolvería introduciendo cierres de rosca y tapones de silicona o de corona en amplios sectores de la industria vinícola. Una cosa es indiscutible: no deterioran la calidad del vino porque son de sabor neutro, más tupidos y más higiénicos que los tapones de corcho. Pero la compactibilidad que proporciona este nuevo tipo de cierre no presenta sólo ventajas, pues obstaculiza la más mínima entrada en el vino de aire, responsable de su maduración.

Otros países productores de vino de la Europa central y mediterránea

El abanico de vinos desconocidos pero interesantes producidos en los países europeos y en los estados ribereños del Mediterráneo es amplio y, aunque algunos productos no sobrepasan el nivel de simple vino del país si los comparamos a nivel internacional, en todos los países el visitante encontrará vinos aceptables con los que disfrutar de una comida.

Desde Grecia, que introdujo el vino en Europa, hasta Turquía, pasando por Chipre, el Líbano, Israel y los países de la costa norteafricana hasta Marruecos existen viñedos desde la antigüedad. Durante siglos estos países han producido vino, incluso con la prohibición de ingerir alcohol que prescribe el Islam, sólo para cubrir las necesidades internas, aunque actualmente se están haciendo esfuerzos para intensificar la vinicultura mediante el suministro de vinos de corte.

Creta y el Peloponeso son los principales focos de la viticultura *griega*. La producción de vinos más ligeros y finos está desplazando a especialidades más tradicionales, como el retsina. Entre los principales productores se encuentran Achaia-Clauss, Boutari, Semeli o Skouras. También *Turquía*, con 600000 hectáreas de viñedos en las principales regiones de Tracia, la región costera del Egeo y las zonas de Anatolia central y oriental, mejora constantemente su calidad. Viñedos como Doluca y Kava-klidere ofrecen buenos vinos con uvas autóctonas, pero también con riesling y cabernet sauvignon. El vino de *Chipre* fue célebre en su día, pero ha perdido importancia con el tiempo. Existen vinos de mesa ligeros y agradables como el Nefli blanco, elaborado con la uva autóctona xynisteri, buenos tintos producidos con garnacha y el conocido vino generoso Commandaria.

En las tierras de Oriente Próximo, en el *Líbano* y en *Israel,* se producen vinos de una calidad muy buena, incluso excelente, como el Cabernet Sauvignon des Château Musar al norte de Beirut, donde también se elabora un magnífico vino blanco con uva autóctona. Las variedades de uva más extendidas en Israel son chardonnay, cabernet sauvignon y merlot. Anualmente, más de veinte bodegas ponen a la venta 25 millones de botellas de vino elaborado con dichas variedades.

Los países norteafricanos de orillas del Mediterráneo, Túnez, Argelia y Marruecos, se esfuerzan en mejorar su producción de vino con la ayuda de modernas técnicas vinícolas: los productores *tunecinos* como Office des Terres Dominales, la Societé Lomblot o Château Feriani presentan en la actualidad vinos destacables. Los mejores vinos de estos tres países norteafricanos se elaboran en *Marruecos,* en una superficie de apenas 15000 hectáreas.

Adulteración del vino

El denominado escándalo del glicol lo puso de manifiesto de forma abrupta en 1985: al parecer, adulterar los vinos era una práctica más extendida que reconocida en Alemania, Austria e Italia (escándalo del metanol, 1986). El alcohol simple «glicol» (del griego, *glykos,* delicioso, agradable, dulce) hacía honor a su nombre en muchos vinos y por ello contribuyó a poner a la venta una cantidad suficiente de vinos «dulces» de gran aceptación. Las consecuencias para la economía del vino fueron catastróficas, puesto que aunque el glicol no es perjudicial para la salud, la imagen (y las ventas) de los productores de vino se vieron seriamente dañadas porque los usuarios vivieron la estafa en torno a este producto «natural de por sí» como especialmente pérfida.

Zona vinícola cerca del lago Balatón, en Hungría.

Haciendo un paralelismo con los vinos franceses, algunos se clasifican como AOG (apellation d'origine garantie). En la región de Fez-Mequínez, en la zona de Gouerrounane y Ben M'Tir se producen vinos tintos y rosados extraordinariamente buenos. En Marruecos no se produce vino blanco. Como colonia francesa, *Argelia* contaba con un superficie de viñedos de 360000 hectáreas y suministraba sobre todo vinos de corte a la «madre patria». Actualmente, con la implantación de la fermentación en frío, se comienza a perfilar cierta calidad. Un vino blanco como Mascara o los dos tintos Mazouna y Aïn Merane son vinos muy respetables.

En Europa del Este, *Hungría* es el principal productor de vino y desde la caída del denominado bloque oriental ha vuelto a cobrar importancia. Su Tokajer siempre ha gozado de gran aceptación en todo el mundo. Se comercializa «édes», dulce, o «száraz», seco, y este vino blanco dulce va desde el «szamorodni», sencillo, hasta el «eszenzia», que madura en barricas de roble. También en *otros países del este* se realizan esfuerzos de distinta intensidad para poner al día sus técnicas vinícolas. Hasta 1989, todo el vino se consideraba vino del país, con muy pocas excepciones, en la «bodega socialista» no existía la competencia que había en el resto de los países productores. Ahora se está dando este paso pero adoptar nuevas variedades de uva y mejorar las autóctonas lleva su tiempo. Además, muchas de las instalaciones han quedado obsoletas y precisan la implantación urgente de técnicas modernas, con la consiguiente inversión económica.

Vinos generosos

Los vinos generosos suelen ser vinos dulces cuyo vino básico se suele «reforzar» con alcohol y/o mosto de uva hasta obtener un grado alcohólico que oscila entre el 17,5 y el 22% vol. Con este proceso ganan en aroma, pero no siempre tienen que ser dulces. Son vinos generosos clásicos el madeira y el oporto portugueses, el marsala siciliano, el samos griego y el jerez español. Los vinos generosos de calidad, una categoría que existe desde 1993, se elaboran en Italia con el nombre de «vino dulce» y en España, donde se denominan «vino generoso de licor».

Retsina

El *retsina* (del griego «rétine», resina) es el vino blanco más conocido de Grecia, al menos por los turistas, y una especialidad exclusiva que sólo se encuentra allí. Durante el proceso de fermentación, el vino de la variedad de uva savatiano se mezcla con la resina del pino de Alepo (carrasco), lo cual le confiere su característico sabor a hierbas y lo convierte en el complemento perfecto de las comidas griegas. Este tipo de vino, que según la normativa europea se cuenta entre los «vinos tradicionales», es originario de los alrededores de Atenas, en Ática, de Viotia y de Euböa. El retsina es un vestigio de la antigüedad clásica, época en la que la superficie de los recipientes con los que transportaba el vino (ánforas, botas) se untaba con resina para evitar que se oxidasen. Los propios griegos consumen cada vez menos retsina.

Retsina Boutari

América

Los vinos de *América del Norte* y *del Sur* gozan cada vez de mayor aceptación en el mercado internacional gracias a su calidad a menudo excelente, y ofrecen cosechas que no tienen nada que envidiar a los mejores vinos de las regiones vinícolas europeas de más renombre.

La producción vinícola de *Estados Unidos* se concentra en la costa oeste: California suministra alrededor del 95% de todos los vinos y ha convertido al país en el quinto productor del mundo. Si bien el levantamiento de la prohibición de 1933 fue decisivo para el desarrollo de California tanto desde el punto cualitativo como cuantitativo, la explotación se realiza en toda regla desde mediados de la década de 1960. Desde entonces, la cantidad de empresas del sector se ha cuadruplicado: a finales del siglo XX eran ya más de 800. La superficie de viñedos se duplicó hasta alcanzar las 120000 hectáreas. Con este empuje, *California* ganó importancia en el comercio de vino mundial, y las regiones vinícolas (American Viticultural Areas, AVAs, el paralelo a las denominaciones europeas) como Napa Valley, Sonoma, Santa Bárbara o Mendocino son hitos de la vinicultura americana. Suministran vinos que entusiasman a los aficionados. Bodegas como Chappellet (en Napa Valley con vinos elaborados con chenin blanc, chardonnay, cabernet), Dry Creek Vineyard (Sonoma: sauvignon blanc, cabernet sauvignon), Gundlach-Bundschu Winery (Sonoma: merlot, riesling, chardonay), Heitz Wine Cellars (Napa:

cabernet «Marta's Vineyard»), Robert Mondavi Winery (Napa: cabernet sauvignon, fumé blanc, sauvignon blanc), Joseph Phelps Vineyards (Napa: late harvest riesling, syrah), Ridge Vineyards (Santa Clara: geyserville zinfandel), Simi Winery (Sonoma: alexander valley cabernet, chardonnay), Wente Vineyard (Alameda: chardonnay, riesling) o Williams & Selyem (Sonoma: pinot noir) constituyen una amplia paleta de vinos tintos y blancos con unas características que sólo se obtienen en California. Gracias a su clima soleado, los tintos suelen ser concentrados y poderosos, casi abrumadores por su aroma y sabor, y los blancos son sabrosos, en su mejor momento sin falsa opulencia ni excesivo «perfume».

En el apacible norte, donde existen bodegas jóvenes de la década de 1980, se prefieren las variedades de uva pinot noir, riesling y chardonnay. Los vinos de esta región, que se encuentra en el mismo grado de latitud que el centro de Francia, se asemejan más bien a los europeos. La empresa Argyle-The Dundee Wine Company (Dundee, Oregón) produce muy buenos vinos con pinot noir y riesling, y el mejor vino espumoso de Estados Unidos; Erath Vineyard and Winery (Dundee, Oregón) produce equilibrados pinot noir y excelentes gewürztraminer; Bridgeview Vineyard (Rouge Valley, Oregón) destacables pinot gris, riesling y pinot noir. Pero también en el estado de Washington, en Yamika Valley (Chinook Winery: Merlot, chardonnay; Washington Hill Cellars: cabernet, sauvignon blanc) y Walla Walla Valley (Chateau Ste. Michelle: cabernet sauvignon, chardonnay, merlot) los vinos han alcanzado un nivel valorado también fuera del país. El estado de *Nueva York* cuenta con una tradición vinícola propia cimentada sobre el empleo de uvas autóctonas, sobre todo híbridos de la *vitis labrusca,* que se cultiva al sur del lago Ontario y alrededor de los Finger Lakes y que actualmente constituye casi la mitad de la producción vinícola estadounidense. No obstante, cada vez cobra mayor importancia el cultivo de las variedades riesling, pinot noir, cabernet sauvignon y cabernet franc, así como chardonnay o gewürztraminer, y entre tanto se han labrado un nombre una serie de viticultores que pueden competir tranquilamente con sus homólogos californianos, como Dr. Frank's Vinifera Wine Cellars, Hargrave Vineyard o Wagner Vineyards.

Además de Estados Unidos, tanto América del Sur como América Central se están convirtiendo en productores de creciente relevancia. En las dos últimas décadas, la vinicultura local ha hecho progresos y en muchos casos ha logrado hacerse un hueco en el mercado internacional. Después de *Argentina, Chile* y *México,* empezaron a intensificar la viticultura *Brasil, Perú* y *Uruguay,* cuyos vinos no son fáciles de encontrar en Europa. Chile y Argentina (el cuarto mayor productor de vino del mundo) son hoy día los productores más destacados de América del Sur. En ambos países dominan las variedades «clásicas» merlot, pinot noir, malbec, cabernet sauvignon, sangiovese, barbera y nebbiolo para la producción de tintos, y chardonnay, sauvignon blanc, chenin blanc, riesling y la variedad autóctona argentina torrontes para los blancos. También en los dos países hay explotaciones vinícolas notables, con vinos que siempre valen la pena: Carmen Vineyards, Discover Wine, Viña Porta, Undurraga, Valdivielo (Chile), Bodegas Catena, M. Chandon, Norton, Bodegas La Rural (Argentina).

Sudáfrica

En el último cuarto del siglo XX, *Sudáfrica* se propuso convertirse en uno de los productores de vino más importantes gracias, en parte, a los excelentes vinos destinados a la exportación y que cumplían los criterios de calidad internacionales. Se producen cabernets del Cabo, sauvignon blanc, shiraz y chardonnay en tal abundancia, que uno se queda perplejo. Igual de fascinante es la serie de vinos para consumo diario elaborados con la variedad de uva tee (chenin blanc). Algunas de las bodegas de Paarl, Franschhoek o Stellenbosch son parada obligada para los amantes del vino. En la región de Paarl destacan Backsberg (chardonnay), Glen Carlou (chardonnay, cabernet), en la región de Stellenbosch, Hartenberg (riesling), Meerlust (vinos a base de cabernet y merlot, grappa), Neethlingshof (gewürztraminer), Rustenberg (cabernet sauvignon), Warwick Estate (cabernets) y en la región de Franschhoek, Boschendal (sauvignon blanc).

Muratie Pinot Noir

Klein Constantia Marlbrook

Australia

Con la entrada de Nueva Zelanda en el mercado vinícola mundial a mediados de la década de 1980, se dio a conocer al gran público el vino australiano, aunque ya hacía tiempo que el país producía buenos vinos. Las principales variedades de uva son chardonnay, riesling, semillion, shiraz (la syrah del Ródano) y cabernet sauvignon. Además, en Australia se encuentra casi la misma cantidad de variedades que en Europa, con las que a veces se elaboran vinos varietales aunque la mayor parte son mezclas, las más extendidas en Australia. Algunas de las explotaciones, cuyos vinos gustan más a los expertos, son: Lake Folly (chardonnay, cabernet), Lindemans (chardonnay), Rosemount Estate (shiraz), Chateau Tahbilk (shiraz), Bailey's (vino de postre), Petaluma (riesling), Henschke (shiraz), Penfolds (vinos tintos y blancos), Houghton (borgoña blanco).

Rosemount Cabernet Sauvignon

Rosemount Shiraz

Baileys Shiraz

California

Mondavi Cabernet Sauvignon

Heitz Cabernet Sauvignon

Chile

Santa Isabel Chardonnay

Las Condes Merlot

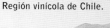

Región vinícola de Chile.

Church Road Cabernet Sauvignon Merlot

Nueva Zelanda

Nueva Zelanda ha comenzado más bien tarde a cultivar buenas vides y a producir vinos aceptables. Mientras que hasta la década de 1960 producía vinos de calidad mediocre, a mediados de la década de 1980 la viticultura neozelandesa presentaba unos vinos blancos cuyo nivel asombró a los expertos. Excelentes chardonnays, chenin blancs, sauvignon blancs, rieslings y gewürztraminer lanzaron los vinos blancos neozelandeses hacia la cúspide. Poco después siguieron los vinos tintos (cabernet sauvignon, zinfandel, syrah y sangiovese) y colocaron a los vinos de este país en el punto de mira de los aficionados de todo el mundo. Las cosechas de bodegas como Ata Rangi (pinot noir), Cloudy Bay (sauvignon blanc), Dry River (pinot gris), Montana Wines (sauvignon blanc), Morton Estate (chardonnay), Rippon Vineyard (pinot noir), Te Mata Estate (cabernet-merlot) merecen especial atención.

Cata y servicio del vino

Una sesión de cata de vino, ya se realice en un vinatería o en una reunión privada con amigos, se debe regir por los mismos criterios básicos que una degustación profesional. Actualmente, el vino se sigue valorando según la fórmula C-O-S *(color, odor, sapor)*, legada por el poeta romano Horacio, la cual constituye la expresión más concisa del análisis de un vino. El color es la primera información que nos proporciona; el olor *(odor)* es la segunda y va ligada al sabor *(sapor)*, que una vez en la boca se expande por la lengua hasta la denominada «salida», es decir, la impresión de sabor que permanece. Catar vino implica degustarlo con gran concentración y recordar que la sensación más precisa posible del aroma que desprenden sus sustancias volátiles aporta la pista más acertada sobre el carácter de su sabor. Por eso, además del examen visual del color y la claridad del vino, es de gran importancia olisquearlo sin prisas. Al verterlo en la copa, desprende un aroma que habla sobre su carácter. Seguidamente se debe tomar un buen trago (no simplemente mojarse los labios), que a continuación se «paseará» bien por toda la boca. Las efímeras sustancias aromáticas que percibe la nariz, el sabor que percibe la lengua y la zona de la garganta, junto con la posterior salida, que puede ser breve o duradera, proporcionan, junto con el examen del color, los criterios para valorar el vino degustado. La habilidad de la cata no se obtiene de un día para el otro, sino que se debe seguir una especie de programa de entrenamiento: una cata con un máximo de seis vinos de una variedad de uva de una o distintas cosechas, o también con distintas variedades de uva (para vinos blancos o tintos) de una cosecha o de una región concreta. Con la práctica se observan asombrosas diferencias de sabor dentro de la misma variedad de uva, se aprende a distinguir las variedades y a apreciar sus cualidades. Este proceso de aprendizaje es la fase preparatoria para la verdadera degustación del vino.

Durante la cata, se deben seguir algunas reglas básicas a la hora de ordenar las cosechas (si no se eligen las mencionadas más arriba) para que los distintos sabores no estropeen el vino servido: se empieza por los vinos de mesa ligeros, que se degustan comenzando por los afrutados y terminando por los elaborados con cosechas tardías; los vinos tintos se degustan antes que los blancos, los jóvenes antes que los de más edad, y los secos antes que los suaves. El vino blanco se debe servir entre los 8 °C (vinos ligeros como vinho verde, prosecco) y los 12 °C (otros con más cuerpo, más complejos, como los grandes chardonnays, los champanes y también algunos rosados), mientras que el tinto se debe degustar entre los 14 °C (vinos jóvenes) y los 18 °C (maduros). Estos valores son una guía, pues ningún vino se echa a perder si se toma 1 °C más frío o más caliente. Sólo se debe tener en cuenta que el vino no se debe beber si su temperatura supera los 18 °C.

El color ofrece algunos indicios sobre la calidad del vino. Los tintos de calidad suelen presentar tonos violetas.

La etiqueta

Mediante la lectura de la etiqueta el consumidor puede conocer mejor el vino que tiene entre las manos. Sin embargo, los datos proporcionados varían según la reglamentación establecida por los países productores y la cantidad de información que desea proporcionar el viticultor en aquellos aspectos que la ley no le obliga a desvelar. La etiqueta de los vinos más económicos suele ser más bien vaga, a menudo por razones negativas. En cambio, por regla general los vinos de calidad con AOC en Francia, DOC en Italia y España, QbA en Alemania o AVA en Estados Unidos ofrecen abundante información sobre la variedad de uva utilizada, la cosecha, el origen y la categoría del vino, así como la explotación vinícola o el embotellador. El hecho de no decir necesariamente nada sobre la calidad del vino (como es el caso de Italia, donde algunos de los mejores productos están clasificados como la categoría inferior de los *vini da tavola* a pesar de que superan con creces los vinos de la mayoría de las DOC), se debe a la obsesión por clasificar los vinos según los límites de la región, las variedades de uva y la normativa de mezclas, clasificación a la que, a menudo y según el país, la producción de vino moderna escapa.

Al agitar la copa, el vino se oxigena y despliega todo su buqué.

Conocer el buqué de un vino ofrece al experto información importante.

El sabor abarca la impresión que deja en toda la cavidad bucal, incluidas las encías.

Suscripciones

La compra de vinos por suscripción no entraña más riesgos que acudir a una vinatería y elegir un vino de la estantería. Suscribirse significa comprar una añada que todavía no se ha terminado de elaborar y con la cual los tratantes de vino producen algunas botellas de muestra. El interesado prueba el vino, lo reserva y lo paga en el momento. Recibirá su compra en cuanto el vino esté terminado.

El vino se entrega al cabo de uno o dos años, cuando el viticultor da por terminada su elaboración. En este proceso son decisivas las propias papilas y la imaginación. Esta modalidad de suscripción que se practica en algunos países permite adquirir vinos a un precio mucho más ventajoso que cuando las botellas se ponen a la venta para el gran público, que suele ser más elevado.

La *Marathon du Médoc* ilustra la armonía entre salud y vino.

El vino y la salud

En nuestro tiempo se concede una gran importancia a la salud. Por ello no es de extrañar que también el vino, su consumo y las consecuencias que de él se derivan sean objeto de investigación científica. Se considera que el vino es saludable cuando se consume de forma moderada, es decir, en poca cantidad aunque periódicamente, lo cual significa unos 0,3 litros diarios para las mujeres y 0,5 litros para los hombres. Con este nivel de consumo, el vino previene algunas enfermedades, reduce el riesgo de sufrir trastornos cardiacos y circulatorios, favorece el riego sanguíneo del cerebro, aumenta las defensas contra algunas infecciones y facilita la digestión, lo cual resulta una ventaja tras una buena comida. En resumidas cuentas, el vino es un medio eficaz de reforzar las defensas del organismo. Visto todo esto, ¿existe mejor medicina?

Licores

Introducción

Desde que existe la escritura, la mención del alcohol es una constante en las crónicas. Una inscripción del antiguo Egipto, por ejemplo, reza: «Qué hermoso es el templo de Amón cuando el día transcurre con festejos, como una mujer ebria sentada ante la habitación del dios con el pelo suelto sobre su hermoso pecho». La embriaguez, que durante milenios se alcanzó sólo con vino y cerveza, dio lugar a opiniones divergentes ya en tiempos remotos. Medio siglo antes del cambio de era Plinio el Viejo escribió: «Al observar cuánto esfuerzo y dinero nos gastamos algunos para conseguir vino, tengo la impresión de que para muchos no existe ningún otro objetivo ni ninguna otra fortuna en esta vida».

El buen Plinio no podía ni sospechar que ya se había descubierto el arte de la destilación, y con él la producción de bebidas de muy alta graduación. Hacia el año 800 a.C. en la India ya se bebía arac, y también los egipcios conocían la técnica de la destilación. Según parece, los monjes egipcios llevaron el arte de destilar alcohol a Irlanda, desde donde la práctica se propagó rápidamente por todo el norte de Europa. En el sur del continente los sarracenos introdujeron la nueva técnica al expandir sus creencias. Y, una vez completamente dominada la destilación del vino, los intrépidos bebedores experimentaron con otras materias primas y produjeron aguardientes de alta graduación a partir de cereales, frutas, bayas, azúcar de caña y patatas. Sobre todo los monjes, protegidos tras los muros de los monasterios, animaban su vida, más bien pobre en acontecimientos, con un traguito que otro, y así fueron perfeccionando la técnica de la destilación.

Pero fueron los holandeses quienes, en el siglo XV y en la ciudad portuaria de Schiedam, empezaron a convertir a gran escala distintas materias primas en licores. 200 años más tarde, más de 400 destilerías holandesas producían bebidas alcohólicas de todas clases, y el aguardiente de alta graduación se convirtió en una bebida habitual en toda Europa. Las lamentables consecuencias que eso trajo consigo las combatieron desde muy temprano un gran número de agrupaciones, en su mayor parte cristianas, y los gobernantes comenzaron a preocuparse por el alcoholismo, que hacía estragos entre la población. Así, subieron los impuestos del aguardiente, lo cual no impidió que sus súbditos siguieran entregándose al vicio de beber sin mesura. Los ingresos del fisco no dejaban de crecer. La Ley Seca estadounidense refleja la poca influencia del estado en un asunto de este tipo. De 1919 a 1933 estuvieron prohibidas la producción y la venta de alcohol, pero rápidamente surgió un mercado negro que proporcionaba empleo a más de 800.000 personas: en aquel tiempo era la principal industria de Estados Unidos.

Pub Blanco y negro, en
El Puerto de Santa María, Cádiz.

El arte de elaborar bebidas alcohólicas

Cuando hablamos de alcohol, nos referimos al alcohol etílico (fórmula química: CH_3CH_2OH), también conocido como «espíritu de vino», nombre que indica que la primera materia prima que se empleó en el proceso de destilación fue el vino, o el mosto de uva fermentado. No obstante, antes de destilar hay que llevar a cabo un proceso de fermentación para extraer el alcohol de la materia prima. Eso se consigue añadiendo levadura, que transforma el azúcar de los productos empleados (uvas, cereales, patatas, etc.) en alcohol. Por último, el mosto obtenido, que presenta un porcentaje alcohólico reducido, se vierte en un alambique de cobre que se calienta al fuego. Así el alcohol se evapora, sube en forma de vapor a un cuello de cisne y llega al condensador, un serpentín refrigerador ondulado en el que los vapores gaseosos se enfrían y se vuelven a licuar. El aguardiente en bruto vuelve al recipiente inicial (caldera) y se destila dos o tres veces más. En el último paso se separan la «cabeza» (el líquido que sale en primer lugar) y la «cola» (el que sale último). Sólo se conserva la porción de líquido intermedia, que se almacena en toneles.

El whisky

En el siglo VI o VII los monjes irlandeses desarrollaron la técnica de la destilación del whisky, y desde entonces los píos hermanos se consagraron a esta bebida «espiritual». Muy pronto el abad irlandés Columbano se vio obligado a adoptar medidas punitivas draconianas contra sus beodos hermanos, y un monje que, debido a su ingestión excesiva de «uisge beatha» (en gaélico, «agua de vida»), sólo podía balbucear las plegarias, fue castigado a pasar doce días a pan y agua.

En el este de Escocia, a lo largo del río Spey y sus preciosos valles circundantes, se concentran hoy día una gran cantidad de destilerías que, mediante la destilación de cebada y agua, producen el genuino whisky de malta, el *Pure Single Malt*. La cebada *(barley)* se seca en unos secaderos *(malt kin)* que tienen unas características torres chimenea en forma de pagoda. Luego, los cereales se vuelven a humedecer y se dejan germinar, para volver a secarlos sobre un fuego de turba. A continuación, la cebada malteada se muele en la «casa de la malta» *(mash house)* y se mezcla con agua de manantial propio calentada a unos 65°C. El agua caliente disuelve los componentes de azúcar de la malta quebrantada, y se forma un líquido dulce, el mosto *(wort)*. Ese mosto se bombea a la sala de tinas *(tun room)*, y con la levadura *(yeast)* añadida se inicia la fermentación en enormes toneles de alerce o abeto de varios miles de litros de capacidad. La levadura transforma el azúcar en alcohol. Durante el proceso, el líquido de la tina borbotea, en la superficie se forman montañas de espuma de un color grisáceo y en el aire flota un olor dulzón un tanto desagradable.

Al cabo de 48 horas de fermentación se obtiene un líquido con alrededor de un 6% de alcohol denominado «wash» que se conduce al corazón de la destilería *(stillhouse)*, donde se encuentran los alambiques *(pot stills)*, de cobre y en forma de cebolla, en los que se destila el alcohol. Todas las destilerías de los Highlands o tierras altas escocesas tienen alambiques con diseño propio: los cuellos de condensación de las calderas largos producen un whisky ligero, los cuellos cortos, un aguardiente más denso y oleoso. En esos alambiques, el mosto se destila dos veces. El encargado de la destilación calienta la solución alcohólica hasta que el líquido se volatiliza, sube a la parte superior de la caldera de destilación y luego se condensa en el dispositivo de refrigeración. Con esta primera destilación se eliminan todas las impurezas del alcohol. La sustancia resultante, llamada «vino bajo» *(low wine)*, llega a la segunda caldera una vez se ha enfriado. Allí, el primer destilado *(foreshot)*, es decir la primera porción de líquido que sale, y la cola *(feints)*, es decir, la última porción, se añaden a los siguientes vinos bajos destilados en primer lugar. El encargado de la destilación *(stillman)* sólo conserva la porción central *(middle cut)* de la segunda destilación, para someterla a un proceso de maduración posterior. Ese whisky, claro como el cristal y con un 63% aproximadamente de alcohol, pasa por la tina de almacenaje precintada (también en Gran Bretaña se gravan las bebidas alcohólicas), y a continuación se trasvasa a toneles de roble para que madure. El aguardiente envejece entre 10 y 50 años en los toneles, donde adquiere su característico color amarillo dorado. Antes de embotellarlo, el encargado de la destilación lo rebaja con agua hasta que el porcentaje alcohólico es de alrededor de un 43% vol.

El *whiskey irlandés*, que a diferencia del escocés se escribe con «e» intercalada, y también el *bourbon americano*, que se destila en Estados Unidos desde finales del siglo XVIII, se producen también así.

Locke's
Single Malt Irish Whiskey

Black & White
Choice Old Scotch Whisky

Jack Daniel's
Old No. 7 Brand Tennessee Sour Mash Whiskey

Aberlour
Single Highland Malt
Scotch Whisky

Dalwhinnie
Single Highland Malt
Scotch Whisky

Chivas Regal
Premium Scotch
Whisky

Johnnie Walker
Red Label
Old Scotch Whisky

Jim Beam
Kentucky Straight
Bourbon Whiskey

Tullamore Dew
Irish Whiskey

Robert Burns
y el whisky

«¡Oh, musa mía! Brebaje escocés, bueno y añejo, préndeme con tu calor hasta que, balbuceante y pestañeante, sólo pueda pronunciar tu nombre.» Con estas palabras Robert Burns, el poeta nacional escocés y bebedor empedernido, ensalzaba su fuente de inspiración alcohólica, que le dictó su obra capital, *Tam O'Shanter*. En este extenso poema épico, el tal Tam vuelve a su casa desde el pub montado en su corcel Meg y más borracho que una cuba. Cuando va cabalgando beodo al lado del cementerio, de repente, se siente amenazado por unas brujas. Espolea el caballo y llega al galope a un puente, sabiendo que las mujeres armadas con escobas no pueden cruzar corrientes de agua. Pero una de las escandalosas brujas está peligrosamente cerca de Tam y se agarra a la cola de Meg justo cuando se dispone a saltar hacia el puente: «Tam se salva de un buen salto, / pero Meg sin cola se ha quedado. / La bruja la sostiene en la mano. / Y Meg se queda con el trasero calvo.»

Tipos de
whisky escocés:
Single Malt, grain
y blended

Además del whisky de malta *(pure single malt whisky)*, que suele ser muy caro, en el mercado existen numerosos tipos de whisky mezclado *(blended whisky)*, que se obtiene destilando cereales de todo tipo. Por regla general se emplea mosto de maíz, pero también se tiende a usar cebada no malteada. El whisky de cereales rara vez se embotella: por lo general sólo se aprovecha para mezclarlo con un whisky de malta y obtener un *blended* de mayor calidad. El encargado de la destilación debe tener mucha experiencia para realizar la elección correcta y determinar la cantidad de malta, pues sólo cuando el maridaje es perfecto un *blended whisky* se convierte en un producto bebible. El 95% de la malta destilada se destina a obtener mezclas.

Los brandys

El coñac

La producción del brandy más famoso, el *coñac*, fue el resultado de una necesidad: los vinos de la región de la Charente, alrededor de la metrópoli comercial de Cognac, no se podían exportar porque se estropeaban con los largos viajes por mar, y los marchantes se vieron obligados a destilarlos. Cuando unos años más tarde, con la crisis económica, fue imposible vender las existencias de aguardiente, los destiladores descubrieron que el almacenaje prolongado de los vinos no sólo no los había estropeado sino que los había mejorado considerablemente. El coñac se convirtió en un producto muy codiciado. Este honorable aguardiente se produce con las variedades de uva ugni blanc, folle blanc y colombard. Durante la destilación, el vino se calienta a una temperatura de unos 60 °C, y a continuación se destila dos veces en un alambique situado directamente sobre la llama. Para que madure, sólo se puede verter en toneles de roble del Limousin o del Tronçais. Cuando, en la segunda mitad del siglo XIX y debido al éxito internacional del coñac, cada vez más destilerías daban a su aguardiente ese nombre, los habitantes de la Charente solicitaron la intervención del estado. En 1909 se promulgó una ley que sólo permitía adoptar la denominación de coñac a seis regiones vinícolas, las que ya existían antes de 1860: Grande Champagne, alrededor de la ciudad de Cognac, Petit Champagne, Les Borderies, Fins Bois, Bons Bois y Bois Ordinaire.

El armañac

Aunque injustamente, el armañac sigue eclipsado por su hermano menor pero más famoso, el coñac. Tres culturas sentaron las bases de este brandy: los romanos con sus conocimientos de viticultura, los galos con la producción de toneles y los árabes con la técnica de la destilación. La caldera que utilizaban, denominada «alambique», fue la precursora de los instrumentos de destilación actuales. El hecho de que el vino producido en el sudoeste de Francia se destilara se debe a la dificultad que presentaba el transportarlo por el Garona. Para que se conservase durante más tiempo, los habitantes de la región no tuvieron más remedio, como les ocurriría después a los marchantes de coñac, que destilarlo. Los encargados de dar a conocer este aguardiente fueron los armañaques, que se ofrecían como mercenarios en toda Europa. En 1909 el gobierno determinó que sólo los aguardientes elaborados con uvas procedentes de las regiones de Bas-Armagnac, Ténarèze y Haut-Armagnac, todas ellas en el sudoeste francés, podían llevar ese nombre. Debido al proceso de destilado, en el armañac quedan restos de vino, restos que en la destilación del coñac se eliminan. Una vez destilado, el armañac se deja madurar en toneles de roble.

El metaxa

Este aguardiente goza de gran aceptación en Grecia. Hacia finales del siglo XIX, Spyros Metaxa estableció una destilería en El Pireo. Tras diversos años de esfuerzos fallidos, desarrolló un perfeccionado método de destilación cuyo secreto no ha sido revelado aún. Spyros elaboraba el nuevo producto sólo con las mejores uvas para vino tinto. El metaxa se fabrica con una mezcla de vino, aguardiente de vino y diversas sustancias aromatizantes en una proporción cuidadosamente equilibrada. A continuación, el aguardiente se almacena, y expertos encargados de la destilación mezclan diversos aguardientes. El producto final se deja madurar en toneles de roble.

Hennessy Privilège
V.S.O.P. Cognac

Rémy Martin
Fine Champagne
Cognac V.S.O.P.

Rémy Martin
V.S Grand Cru AOC
Petite Champagne
Cognac

Albagnan
Fine Armanac

Metaxa
Grand Olympian
Reserve

Metaxa
Amphora

Toro publicitario de la destilería de brandy andaluza Osborne en las cercanías de Algaida, Mallorca

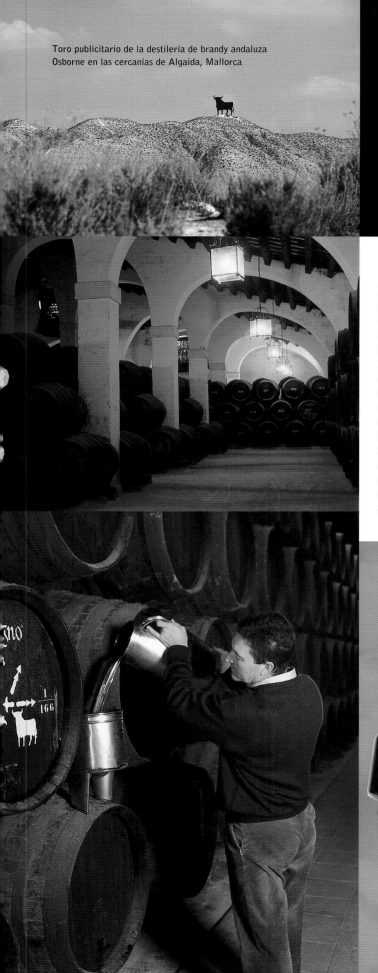

El brandy

En España no existe una normativa unitaria que regule la producción de *brandy*, y por eso el abanico de variantes de sabor es extremadamente amplio. Casi el 90% de la producción procede de la ciudad de Jerez de la Frontera. El intenso aguardiente se elabora destilando uva airén, que se cultiva en las áridas tierras de La Mancha. Una vez sometido al proceso de destilación en la ciudad de Tomelloso, el brandy recién elaborado se transporta a Jerez, donde los distribuidores lo ponen a madurar. A diferencia de lo que sucede con el coñac o el armañac, el aguardiente joven aún no tiene carácter. Es la maduración en antiguos toneles de jerez y la adición de sustancias específicas lo que fomenta su desarrollo. Para conferirle olor y sabor, es decisivo el tipo de jerez que había contenido el tonel donde se deja madurar el brandy. Y al igual que el jerez, el brandy se produce mediante el sistema de solera (véase página 356 y abajo, a la izquierda). Para degustarlo, se saca del barril con un estrecho cubilite de plata (arriba).

Lepanto
Brandy de Jerez

**Vecchia Romagna
Etichetta Nera**
Brandy italiano

Carlos I
Brandy de Jerez

Conde de Osborne
Brandy de Jerez

Gran Duque de Alba
Brandy de Jerez

Licores de frutas y aguardientes

El calvados

En 1588, un barco de la Armada española de nombre El Calvador naufragó frente a la costa francesa de Normandía. Desde entonces aquel departamento costero se denomina Calvados, igual que el aguardiente de manzana que se produce en esa región. Antes, en esa zona carente de vides ya se producía sidra, y también se destilaba. Aunque muy pocos lo saben, el calvados no se obtiene sólo de la manzana, sino que para redondear el sabor y mejorar el aroma se añade un 15% de mosto de pera. Tras prensar la fruta, el mosto fermenta durante un mes largo, hasta que presenta un nivel de alcohol del 4% vol. Antes de iniciarse el proceso de destilación, en ciertos casos la sidra reposa hasta un año. En dos procesos de destilación independientes, el vino de manzana se destila en alambiques de reflujo. Así el contenido en alcohol aumenta hasta el 72% vol. El líquido destilado se vierte en toneles especiales de roble del Limousin para que madure. Desde 1995 se prescribe una maduración media de dos años.

El tequila

El aguardiente de agave denominado «*tequila*» se dio a conocer en Europa en gran medida a través de la novela *Bajo el volcán,* del escritor inglés Malcolm Lowry. Sólo se permite producir este aguardiente mexicano de culto con agave azul, una planta poco exigente que florece una sola vez cada ocho o diez años. Durante ese tiempo los campesinos recogen entre 30 y 70 kilos de pesada fruta, que se cuece y se prensa para obtener un líquido blanquecino llamado «aguamiel». Al añadirle levadura, el líquido fermenta, y así se obtiene el pulque, una bebida de baja graduación alcohólica. Según la normativa oficial, el pulque se debe destilar dos veces para elaborar el tequila. La porción intermedia de líquido de la segunda destilación será el tequila, con un contenido alcohólico del 55% vol. Tras la destilación, el aguardiente se guarda almacenado en tinas durante unas semanas, o hasta medio año. White y Silver son las calidades estándar, mientras que el Tequila Gold, de color marrón amarillento, se deja madurar en toneles durante un año como mínimo.

La ginebra

El municipio costero de Schiedam, en el sudeste de Holanda, es el centro de la fabricación de ginebra. Allí se produce el *moutwijn*, la materia prima para la elaboración de ginebra o, para ser más exactos, de *oude genever* (ginebra vieja). Ese *moutwijn* se elabora con cebada, maíz y centeno a partes iguales. Con la adición de malta, se forma un mosto que se deja fermentar y se destila tres veces. El *moutwijn* presenta un contenido alcohólico del 46% vol. A continuación se le añaden los aromatizantes: bayas de enebro, anís, comino y cilantro sin fermentar. La mezcla se somete a un nuevo proceso de destilación, y al final se separan cuidadosamente la primera y la última porción del líquido resultante. No existe normativa alguna sobre el tiempo de maduración. En la etiqueta del aguardiente que madura durante más tiempo se indica Zeer Oud o Z.O. (muy viejo). Tradicionalmente la *oude genever* se embotella en un recipiente rústico de loza. La *jonge genever* (ginebra joven) es un aguardiente elaborado con cereales al que no se añade *moutwijn*. Mientras que este último presenta un aroma a enebro inconfundible, la *oude genever* tiene un marcado sabor a cereal malteado.

Calvados Dauphin Pays d'auge

Gordon's Special London Dry Gin

Sierra Tequila Gold

Quadenhofer Beeren Genever

De Kuyper, Bessen

Poire Williams
Aguardiente de pera
Williams

Szatmari Szilva
Slibovitz

Pott 54%
Ron

Réga Fulô
Brandy brasileño

Bacardi
Ron blanco

El ron

El *ron,* el aguardiente de caña de azúcar (cañas que pueden llegar a medir siete metros), fue descubierto por los holandeses, que en 1655 produjeron un destilado con esa planta tropical y lo llamaron «*tafia*». No se conoce a ciencia cierta el origen de la palabra «ron», aunque circulan varias historias al respecto. Una de ellas dice que la denominación se remite a la voz inglesa «*rumbellion*», que significa «revuelta», «tumulto». El proceso de producción de este aguardiente de caña se inicia con la elaboración del mosto. Se trata de un producto derivado de la fabricación de azúcar y es una melaza espesa marrón. Ese «jarabe» se mezcla con *skimmings,* una espuma que se produce durante la cocción de la caña de azúcar, y *dunder,* un residuo sin alcohol de pro-

cesos de destilación anteriores. A continuación se añaden levadura y aromatizantes como pasas, vainilla o anonas. La destilación de la mezcla fermentada produce un aguardiente con un contenido alcohólico entre el 85 y el 95% vol., que se reserva. Antes, el ron joven se vertía en toneles de roble cauterizados, que conferían al destilado un color oscuro y cierto sabor a madera. Hoy día el aguardiente madura entre tres y seis meses en tanques de acero. El ron original se destila y se embotella en la zona del Caribe, y presenta un contenido alcohólico que ronda el 80% vol. El ron genuino es un ron original con un contenido en alcohol que oscila entre el 38 y el 55% vol.

La grappa y el marc

La *grappa* surgió cuando los vinicultores intentaron destilar una sustancia de alta graduación a partir de los residuos que quedaban al prensar el vino. Ese reciclaje de los sedimentos se practicaba en todas las zonas vinícolas italianas, pero a finales del siglo XIX y principios del XX algunas destilerías, sobre todo del norte del país, se especializaron en perfeccionar el proceso de destilación y en desarrollar del aguardiente. La ciudad de Bassalone del Grappa, en el curso alto del río Brenta, se convirtió en el principal productor.

La materia prima del proceso de destilación son los restos sólidos de las uvas tras prensarlas, el denominado «orujo», que aparece ilustrado en la página siguiente. Al contrario de la costumbre tradicional, las uvas se limpian de hollejos y semillas para que las sustancias amargas que contienen no pasen al mosto. Además, la uva no se prensa hasta la última gota; así los productores obtienen una materia prima con un alto contenido en humedad. En teoría, cualquier variedad de uva es apta para producir grappa, pero en general se suelen preferir los sedimentos de uva con la que se ha elaborado vino tinto. El proceso de destilación era complicado porque las sustancias del orujo se adherían al fondo del recipiente. El problema se subsanó a mediados de la década de 1960 con la introducción de calderas de cobre de doble fondo (el interior de una de ellas aparece fotografiado en la página siguiente) que permitían la destilación al baño maría, a no más de 100 °C. Durante la destilación, el alcohol y los aromas se condensan en un serpentín refrigerador. Una vez destilado, el aguardiente debe reposar un mínimo de seis meses, y en la actualidad todas las destilerías experimentan con diversas maderas para tonelería y tiempos de maduración. En Italia gozan de gran aceptación las grappas aromatizadas, lo cual remite probablemente a la antigua costumbre de utilizar la grappa como base de los aguardientes de hierbas. Para aromatizar se emplean gran cantidad de hierbas, especias y frutas.

A pesar de que la grappa ha ganado adeptos en los últimos años, quizá en parte debido a las elegantes botellas en las que se comercializa (derecha), el marc francés hace tiempo que se considera el rey de los licores. A grandes rasgos, el proceso de producción del marc es el mismo que el de la grappa, aunque en Francia existen una serie de normativas legales que lo regulan. La denominación de «marc» se asocia a un proceso de producción detalladamente definido. Por ejemplo, el contenido en alcohol no debe superar el 70% vol. y los ingredientes no alcohólicos no deben superar un límite inferior. Después de prensar el vino, los residuos se reservan en un recipiente cerrado al vacío. A continuación, se añade vino y se inicia un proceso de fermentación durante el cual el alcohol se transforma en azúcar. Si se hace con uva blanca, el proceso de fermentación empieza con agua y se añade levadura. Una vez concluido el proceso, comienza la destilación. Antiguamente había destilerías móviles que viajaban por todo el país, pero hoy día muchas explotaciones se han especializado en la producción de marc y, por regla general, utilizan alambiques de reflujo con los que también se destila coñac. El orujo se calienta con vapor de agua o al baño maría, pues los residuos de la uva no soportan la llama directa. Al igual que ocurre con las grappas más delicadas, también muchos marcs se destilan a partir de hollejos de uva limpios de tallos y semillas, para que los ácidos tánicos no modifiquen el sabor. Tras la destilación, el aguardiente reposa durante tres años en toneles de madera, aunque los de más calidad lo hacen mucho más tiempo.

Villa Mazzolini
Grappa Bianca

Barbero
Grappa Bianca

Aperitivos, digestivos y licores

El característico color rojo del **Campari** se debe a una cochinilla. Se degusta solo o con soda o naranja.

Ya sea Rosso, Bianco, Extra Dry o Rosé, el **Cinzano** es uno de los vermús más populares.

Martini: James Bond toma este aperitivo italiano con vodka, no con ginebra, removido, no agitado.

Aquavit, un aperitivo aromatizado con comino. Es el «agua de vida» preferida en el norte de Europa.

Averna es un licor amargo italiano que se consume solo o con un chorrito de limón.

Kabänes es un aguardiente de hierbas algo amargo muy apreciado en Alemania bien frío.

Noilly Prat es un vermú blanco francés tradicional de costosa elaboración.

Vodka Moskovskaya: esta «agüita» rusa es cada vez más apreciada.

Vodka Grasovka, un vodka polaco elaborado con tallo de *buffalo grass*. Una bebida casi de culto.

Amaretto: los orígenes de este licor amargo de almendra se remontan al siglo XVI.

Marsala: vino generoso aromático que procede de la ciudad siciliana homónima.

Crème de cassis: este licor francés se mezcla con champaña para elaborar el Kir Royal.

Cointreau: este licor francés de alta graduación es un destilado de piel de naranja.

Southern Comfort se produce en St. Louis a base de bourbon, licor de melocotón, melocotón y hierbas.

Grand Marnier: una mezcla de alta graduación elaborada con coñac y naranjas amargas de Haití.

El **licor de limón**, como este Ciemme Liquore di Limoni de Friuli, se degusta helado.

Crème de menthe: un licor con un 30% de menta y un alto contenido en azúcar.

Crème de cacao: este licor de cacao a la vainilla contiene un 28% vol. de alcohol.

Fernet-Branca: licor amargo que se elabora con más de 40 plantas y hierbas medicinales distintas.

Punt e Mes: aperitivo amargo a base de vermú originario de Turín.

Raki: el aguardiente de anís turco puede contener hasta un 50% de alcohol. La variante griega se llama «ouzo».

Sambuca: licor de anís con el 40% vol. de alcochol. En Italia se degusta mascando café tostado en grano.

El **Blue Curaçao**, destilado de corteza de naranja de Curaçao, con él se preparan numerosos cócteles.

Curaçao of Curaçao, de esa isla antillana, existe en color azul, verde, rojo, amarillo e incoloro.

Chocolat & Curaçao: el Curaçao también se presenta con sabor a chocolate, a café y a ron.

Licor de huevo, con un mínimo de 240 g de huevo fresco de gallina por litro y de 20% vol. de alcohol.

Pernod: este clásico licor anisado francés contiene numerosos aceites esenciales, que se deslíen en un 45% de alcohol.

¿Qué beben los europeos?

En los países escandinavos el aguardiente de comino Aquavit es muy apreciado. Escoceses e irlandeses se decantan por sus whiskies, que también gustan a los ingleses, aunque ellos no dejan de lado el London Dry Gin. En Alemania es práctica común añadir un chorrito de aguardiente a la cerveza. Los belgas prefieren una ginebra con un aromático licor de frutas, mientras que los holandeses la toman sola. En Francia, además de coñac y armañac, también se toma bastante pastis, un licor anisado. Españoles y portugueses se alegran el día con brandy, jerez y oporto. Los italianos lo hacen con grappa, además de vino. El ouzo se bebe no sólo en Grecia sino en toda la región balcánica. Y en toda la Europa oriental el vodka ocupa el primer lugar entre las preferencias alcohólicas. Pero esas preferencias varían constantemente, pues la ampliación de la Unión Europea lleva parejo un intercambio cultural que derriba cualquier barrera, incluso la de los gustos.

La copa

Cada licor tiene su personalidad, y por lo tanto no todos se beben en el mismo vaso: casi igual de amplio que la variedad de aguardientes y licores es el abanico de recipientes en que se sirven. Y está justificado: para percibir el aroma de los licores de la forma más precisa posible, el sentido del olfato es fundamental porque influye en la percepción del sabor. Para poder desarrollar todo su buqué, un coñac, por ejemplo, necesita una copa en la que se pueda agitar y airear. Si la bebida alcohólica se va a tomar a pequeños sorbos, pero en gran cantidad, el recipiente ideal será un vaso pequeño. Pero sería un sacrilegio degustar así un whisky de malta. Este tipo de bebida se debe disfrutar a ser posible en una de esas copas algo más estrechas por la parte superior, que recogen los diversos aromas que despliega el whisky. En caso de duda, existe una regla de oro: es mejor no ahorrar donde no procede y dejarse aconsejar por un experto.

Índice alfabético

Butifarra blanca 233
Butifarra negra 233
Butterkäse 248

C

Caballa 115
Caballo 210
Cabanossi 218
Cabra 196
Cabrales *véase* Quesos de cueva
Cacahuetes 294, 300
Cacao 66, 308, 318, 319
Caciocavallo 263
Café 328, 330-333
Café arábiga 330
Café bombón 333
Café canario *véase* Café bombón
Café con hielo 333
Café con leche 333
Café robusta 330
Café TRANSFAIR 331
Cafés (establecimientos) 332
Cafeteras exprés 332
Cailón 137
Cajun 91
Calabacín 28, 29
Calabacín calabaza 29
Calabaza (seta) *véase* Boleto comestible
Calabazas 29
Calamar 138
Calamaretti 138
Callos 215
Calvados 378
Camarón alemán del mar del Norte *véase* Gamba del mar del Norte
Cambozola 254
Camello 210
Camembert 254
Campari 382
Canelones 59
Canela 66, 86, 323
Cangrejo chino 156
Cangrejo de las nieves 156
Cangrejo de río americano 157
Cangrejo de río de patas rojas 157
Cangrejo del río Oder 157
Cangrejo guantes de lana *véase* Cangrejo chino
Cangrejo real antártico 156
Cangrejo real de Alaska 156
Cangrejo rojo de las marismas *véase* Cangrejo de río americano
Cangrejos 156
Cangrejos de río 157
Canguro 210
Cannellini, alubia 46
Canneloni véase Canelones
Canónigo 16

Cantal 263
Cañabota gris 137
Cañadilla 164, 165
Capón 171
Capuchina 29, 78
Caqui 284
Carabinero 154
Caracol de mar 164, 165
Caracol de tierra 164
Caracoles 164, 165
Caracolillo *véase* Bígaro común
Carajillo 333
Carambola 285
Carbonara 61
Cardamomo 66, 86
Carnaroli 62, 63
Carne ahumada 227
Carne biológica 189
Carne de bisonte 210
Carne de búfalo 210
Carne de los grisones *véase* Bündner Fleisch
Carne de matanza 186
Carnes 186-215
Carpa común reina 147
Carpa de cuero 147
Carpa de escamas *véase* Carpa común reina
Carpa de espejos 147
Carpa desnuda *véase* Carpa de cuero
Carpas 147
Carpas de Año Nuevo 147
Cáscara de limón 289
Casis *véase* Grosellas negras
Cassata 324
Casis 274
Castañas 294, 302, 303
Castañas de Pará 300
Casumarzu 246
Cata de vinos 368, 369
Catfish 144
Caviar 149
Caviar alemán 149
Caviar Keta 149
Cayena 66, 87, 94, 95, 235
Caza 186, 202-211
Cebada 50, 52, 53
Cecina, jamón de 221
Cefalópodos 138
Cena de Burns *véase Burns supper*
Centeno 50, 52
Centollo 156, 157
Cerdo 186, 200, 201
Cereales 50-52
Cerezas 268, 278, 279
Cervelat 218
Cestillos de caramelo 311
Chablis 345
Champañas 346, 347
Champiñones 42
Chaource 254, 255

Chapata 54
Charolais (raza bovina) 188
Cheddar 242, 262, 263
Chéster 240
Chirivía 33
Chirlas 163
Chochaperdiz 178
Chocolate 308, 318, 319
Chorizo 218, 229, 230
Christstollen 54
Chutney de mango 86
Ciabatta véase Chapata
Cíclidos 142
Cidra 288
Ciervo 204
Cigala 154
Cigarra *véase* Santiagiño
Cigarrillos de clavo 88
Cilantro 82, 83
Cinzano 382
Ciruela claudia 278
Ciruela morada 278
Ciruelas 268, 278
Ciruelas amarillas 278
Clavelón de la India 29
Clavo 66, 86, 88, 89
Clementinas 290
Cobertura de chocolate 318, 322, 323
Coco 300
Cocodrilo 210
Codorniz 178
Coffea arabica véase Café arábiga
Coffea robusta véase Café robusta
Cointreau 382
Col 22, 23
Col china 22
Col lombarda 22
Coliflor 22, 23
Colinabo 22
Colmenillas 45
Comino 86, 91
Comté 242, 243
Conchas de peregrino *véase* vieiras
Conchas *véase Conchiglie*
Conchiglie 58
Condroíctios *véase* Peces cartilaginosos
Conejo de monte 208, 209
Confitería 308, 320
Confitura 314, 315
Coñac 376
Coquina 161, 162
Corazón 214
Cordero 186, 196-199
Cordero lechal *véase* Cordero pascual
Cordero pascual 199
Coriandro *véase* Cilantro
Cortado 333
Corzo 206, 207
Cottage cheese 258, 259

Huevas 115, 131, 132
Huevo chino 182
Huevo de avestruz 182
Huevo de codorniz 182
Huevo de gallina 182
Huevo de oca 182
Huevo de pato 182
Huevos 182, 183

I

Iceberg, lechuga 14, 15
Idiazábal 247
Infusión de menta 335
Infusiones 335

J

Jabalí 202
Jalea 308, 314, 315
Jambon cuit à l'os 224
Jambonneau 224
Jamón 218-227
Jamón ahumado de Holstein *véase* Holsteiner
    Katenschinken
Jamón campesino 224
Jamón cocido 224, 225
Jamón de Bradenham 218
Jamón de cecina 221
Jamón de corzo 206
Jamón de la Selva Negra 218, 227
Jamón de Parma 218, 222, 223
Jamón de Suffolk 224
Jamón de vaca *véase* Rinderschinken
Jamón de Virginia 224
Jamón de Westfalia *véase* Westfälische
    Knochenschinken
Jamón de Wiltshire 224
Jamón de York 218, 224
Jamón ibérico 221
Jamón serrano 218, 220, 221
Jamón Smithfields 224
Jamón trufado 224
Jarabe de arce 310
Jengibre 28, 79, 83, 84, 85, 89, 235
Jerez 356, 357, 365
Judía de cera 46
Judía Kenia 46
Judía verde 46
Judía verde fina 46
Judías *borlotto* 46
Judías de enrame 46
Judías princesa 46

K

Kabänes 382
Kir Royal 274
Kits white tomate (berenjena) 27
Kiwi 283
Kobe (raza bovina) 188
Krakauer 218, 232
Kumquats 291
Kumys 261, 265

L

Lacón 224
Lagópodo escandinavo 178
Landjäger 218
Langostas 150, 151, 157
Langostinos 154
Langres 252
Lasaña 58
Latte macchiato 333
Laurel 69, 73, 74, 235
Lavanda *véase* Espliego
Lazos *véase* Farfalle
Lebene 257
Leberkäse 218
Leberwurst 218, 233, 234
Leche de coco 301
Lechuga Batavia 15
Lechuga de campo *véase* Canónigo
Lechuga de hoja de roble 14, 15
Lechuga flamenca 14, 15
Lechuga iceberg 14, 15
Lechuga rizada 14, 15
Lechuga romana (larga) 14, 15
Lechugas 14
Legumbres 46, 47
Lengua 215
Lenguado 116, 117
Lentejas 46, 47
Licor 382, 383
Licor de huevo 383
Licor de limón 382
Licores 372-383
Licores de frutas 272, 378
Liebre 208, 209
Lima 288, 289
Limburger 252
Limequat 291
Limoncillo 79, 82
Limones 83, 288, 289
Lionesa, mortadela 232
Livarot 252
Lollo bionda 15
Lollo rosso 15
Lomo 221
Lomo de ternera 193
Longaniza 229
Lubina 124

Lucio 146
Lucioperca 142

M

Macarrones 58, 59
Macedonia 274
Madeira 357, 365
Mainzer 264
Maíz 50, 52
Manchego 246, 247
Mandarinas 290
Mango 284, 291
Manouri 258, 259
Manzanas 268, 273, 276, 277
Maracuyá 284
Mariscos 110, 138, 139, 150-165
Maroilles 252
Marsala 382
Martini 382
Masa batida 322
Masa de bizcocho 322
Masa de levadura 322
Masa ligera 322
Masa quebrada 322, 323
Mascarpone 258, 259
Mastuerzo 78
Matança 233
Mazapán 320, 321
Mejillones 160, 163
Mejorana 72, 74, 234
Melisa 81
Melocotones 268, 273, 280, 281
Melón *Charentais* 286
Melón de miel 286, 287
Melón escrito *véase* Melón reticulado
Melón reticulado 286
Melones 286
Melones 286, 287
Melones *Cantaloupe* 287
Melones estriados 286
Melones Galia 287
Membrillo 204, 268
Menta 69, 80, 83, 91
Menta piperita 80
Merluza 131
Mermelada 308, 314, 315
Mero 124, 125
Mero de coral 125
Metaxa 376
Miel 308, 312, 313
Miel de abeto 313
Miel de acacia 313
Miel de bosque 313
Miel de trébol 313
Miel prensada 313
Miel turca *véase* Guirlache blanco
Mijo 50, 52

Créditos de las ilustraciones

Bürkle, Hans, Nierstein: 360 (arriba)

C.I.V.C., Epernay: 346; Fulvio Roiter 346 (Champaña)

ditter.projektagentur gmbh, Colonia/Schulzki: 144 (siluro), 148/149 (esturión)

Kirchherr, Jo, Colonia: 21 (foto receta), 28 (foto receta abajo), 36 (foto receta), 37 (preparación de alcachofas arriba izquierda), 49 (foto receta), 68 (arriba derecha), 71 (foto pequeña abajo derecha), 77 (arriba izquierda), 84 (arriba derecha), 85 (arriba izquierda), 89 (foto receta), 95 (foto receta abajo derecha), 128 (foto receta), 177 (foto receta arriba derecha), 183 (foto receta arriba), 267 (foto receta), 273 (foto receta abajo derecha), 278/279 (foto receta), 284 (lichí), 285 (foto receta), 318 (arriba izquierda), 324, 334/335 (foto receta), 337 (abajo derecha), 343 (abajo derecha), 368/369 (arriba), 371 (abajo derecha)

Koch, M., Hamburgo: 358

Konze, Michael, Colonia: 281 (arriba)

Kurtenbach, Martin, Colonia: 16 (foto receta), 18 (foto receta), 19 (todas), 20 (todas excepto foto receta), 23 (foto receta arriba derecha), 25 (tomates pera), 26 (foto receta abajo izquierda), 30 (arriba izquierda), 37 (foto receta centro derecha), 38/39 (todas excepto trufas blancas), 47 (foto receta), 53 (foto receta arriba derecha), 54/55 (chapata, Schüttelbrot), 56 (abajo), 57 (foto receta arriba derecha), 59 (fotos pequeñas arriba), 60 (izquierda), 63 (foto receta), 64/65, 69 (todas excepto albahaca roja), 70 (arriba derecha), 71 (arriba derecha), 79 (abajo izquierda, abajo derecha), 92/93 (todas excepto comino), 94/95 (*pepperoni* centro, cayena molida centro, foto receta arriba derecha), 100/101 (todas excepto vinagre de jerez, vinagre de arroz), 102, 120 (dentón), 121, 124, 130 (abajo derecha), 150 (fotos pequeñas), 153, 157 (centollo), 172 (foto receta abajo izquierda), 174, 197 (foto receta abajo izquierda), 199 (arriba derecha), 206 (arriba derecha), 208/209 (caza de liebres excepto foto pequeña abajo derecha), 214 (todos los despojos de bovino), 215 (todas excepto lengua), 218/219, 222/223 (todas excepto carne de los grisones), 225 (arriba derecha), 226 (foto receta), 228/229 (todas excepto *salametto*, salami milanés, salchichón húngaro, salchichón), 232 (mortadela), 233 (*sangminaccio*), 237, 244/246, 247 (todos los tipos de pecorino), 255 (tomina), 258 (*ricotta di pecora, robiola di Roccaverano*, mascarpone), 259, 260 (todas las fotos de productos excepto arriba izquierda), 261 (foto receta abajo derecha), 263 (*provolone, scamorza, caciocavallo),* 264/265 (foto receta), 270/271 (cepas), 274/275 (foto receta, *cranberrys*), 277 (pastel de manzana), 281 (melocotones rellenos), 286 (arriba izquierda), 290 (naranja sanguina), 302/303 (todas las fotos centro), 316/317 (todas excepto foto receta), 319 (abajo izquierda), 321 (frutas de mazapán), 325, 331 (abajo derecha), 332 (todas excepto café y cruasán), 340/341, 344 (abajo derecha), 349, 350 (Montelio), 351 (arriba derecha), 380/381 (todas excepto productos comerciales)

Lohmeyer, Till, Taching am See: 40

ÖWM, Viena: Faber 362 (arriba)

Schulzki, Jürgen, Colonia: 2/3, 15 (todas excepto lechugas iceberg, *batavia, lollo bionda*), 16 (canónigo, ruqueta de hoja delgada), 17 (diente de león), 18 (endibia roja), 21 (acelga de tallo rojo), 22/23 (todas las fotos de productos excepto col lombarda, col china blancao, brécol), 25 (todas excepto tomate liso, tomate tipo *beef*, tomates pera), 27 (todas las fotos de productos excepto berenjena jaspeada, berenjena cortada), 29 (todas las fotos de productos excepto calabacín-calabaza, flores de capuchina), 30 (pimiento rojo, pimiento amarillo, pimientos mini, *sivri*), 32 (todas excepto Linda), 33 (todas las fotos de productos excepto chirivía, rábano y ñame), 34 (pelar espárragos), 35 (todas), 36 (Cynar), 37 (alcachofa, hinojo mini), 39 (trufa blanca), 41 (boletos comestibles), 42 (todas), 43 (rebozuelos), 45 (todas las fotos de productos excepto colmenillas), 46/47 (todas las fotos de productos), 52 (espelta, mijo, espelta verde), 54 *(Pumpernickel),* 55 (hacer pan), 58/59 (ruedas, *tortellini, farfalle,* espaguetis, fideos *lungkow,* fideos chinos al huevo, *pasta a riso,* elaboración de pasta), 62/63 (todas las fotos de productos excepto arroz natural, harina de arroz), 68 (centro izquierda), 69 (albahaca roja), 71 (todas las fotos de productos), 72/73 (laurel fresco, orégano), 75, 76, 77 (eneldo), 78 (mastuerzo, *shiso*), 80/81 (menta, melisa), 82/83 (todas excepto limoncillo silvestre), 85 (folículos de cardamomo), 87, 88 (capullos de clavo, anís estrellado), 89 (Pernod), 90/91 (fotos de recetas, enebro), 90/91 (ginebra, comino), 93 (comino), 94 (guindillas secas, pimentón picante, pimentón dulce, cayena molida), 96/97 (todas excepto pimienta verde, pimienta blanca), 98/99 (todas excepto granos de mostaza, foto de receta), 100 (vinagre de jerez, vinagre de arroz), 104/105 (alcaparras, frutos de alcaparra, aceitunas rellenas de almendra, aceitunas rellenas de pimiento), 106/107 (todas las fotos de productos), 112 (boquerón, sardina), 113 (foto de receta), 114/115 (todas las fotos de productos excepto huevas y trucha), 116/117, 118/119 (todas excepto gallo), 120 (dorada), 122, 123 (pargo rojo), 125, 127 (foto receta centro derecha), 128 (salmón salvaje), 132 (filete de atún), 134/135 (todas las fotos de productos), 136/137 (fotos de recetas, tirabuzones), 138 (todas excepto calamar y sepia pequeña), 141, 142/143, 145, 146/147 (todas excepto lucio), 149 (fotos de productos), 152, 154 (todas excepto cigala), 155 foto de receta abajo izquierda, pelar gambas), 156, 158 (ostrón), 161 (fotos de productos), 162 (preparar vieiras), 164/165, 171, 172/173 foto receta (arriba centro), 175 (trinchar pavo), 177 (trinchar pato), 182 (todas excepto huevo de oca, huevo de pato), 185 (foto de receta), 189 (albardar carne de vacuno), 190 (foto de receta abajo derecha), 191 (todas excepto foto de receta arriba izquierda), 193 (todas excepto terneros), 194, 195 (arriba), 197 (deshuesar pierna de cordero), 198 (foto de receta abajo derecha), 201 (foto de receta abajo izquierda), 204 (arándanos rojos), 208 (deshuesar lomo de liebre), 221 (jamón ibérico), 223 (carne de los grisones), 224 (todas excepto lacón), 225 (foto de receta arriba centro), 226/227 (todas excepto foto de receta, jamón ahumado de Holstein, jamón de vaca), 228 (salami de Milán), 232 (todas excepto mortadela), 235 (pimienta de Jamaica), 236, 240/241, 242/243, 248/249, 250/251 (foto de receta, todas las fotos de productos), 252/253, 254/255 (todas excepto queso de la Serena, tomina), 256/257 (todas excepto fotos de recetas), 258 (elaboración de ricota, queso fresco, queso fresco con hierbas, *cottage cheese, manouri*), 260 (mozzarella arriba izquierda), 262/263 (todas excepto *provolone, scamorza, caciocavallo*), 264/265 (todas excepto foto receta, mantequilla), 270 (tipos de uva), 272 (frambuesa, fresa centro), 273 (foto receta arriba derecha), 275 (arándanos, grosellas, mora), 276 (todas excepto *Boskop, Boscs Flaschenbirne, Nordhauser Winterforelle, Kaiser Wilhelm*), 279 (tipos de cerezas), 280 (todas excepto albaricoque), 282 (tipos de plátanos), 283 (todas excepto higo cortado, kiwi cortado), 284/285 (piña, durián, higo chumbo, mango, caqui, guayaba, carambola entera, alquequenje), 286 (foto de receta), 287 (todas excepto sandía), 288 (todos los tipos de limón), 290/291 (naranja, clementina, *kumquats*, mousse de mango y naranja), 296/297 (nueces, *soufflé* de avellanas), 300 (todas las fotos de productos excepto nueces de Macadamia), 302 (castaña izquierda arriba), 304 (todas excepto semillas de sésamo), 310/311, 312 (foto de receta izquierda abajo),

313 (tipos de miel), 314/315 (todas excepto foto grande), 316/317 (foto de receta), 318 (cacao en polvo, chocolate rallado), 320/321 (todas excepto tarta de mazapán, frutas de mazapán), 322/323 (elaboración de hojaldre, elaboración de masa quebrada, vainilla), 331 (café molido), 334/335 (todos los tipos de té), 345 (vinos), 347, 350 (todas excepto Montelio), 357 (Royal Oporto, Dry Sack, Sandemann Rich Golden), 359 (vinos), 361 (foto de receta), 362 (abajo derecha), 365 (abajo), 374/375, 376/377 (todas las fotos de productos), 378/379 (todas las fotos de productos), 381 (fotos de productos), 382/383;

Sopexa Deutschland, Düsseldorf: 342 (abajo derecha), 344 (arriba), Marc de Tieda 368/369 (Burdeos, Médoc, abajo)

Stempell, Ruprecht, Colonia: 10/11, 12/13, 14, 15, (lechuga iceberg, batavia, lollo bionda), 16 (ruqueta de hoja ancha), 18 (endibia), 20 (foto de receta), 21 (acelga de tallo blanco), 22/23 (col lombarda, repollo chino blanco, brécol), 24 (foto receta), 25 (tomate liso, tomate tipo *beef*), 26 (foto de receta arriba derecha), 27 (foto receta arriba izquierda, berenjena jaspeada, berenjena cortada), 28 (arriba derecha), 29 (calabacín-calabaza, flores de capuchina), 30 (todas excepto arriba izquierda, pimiento rojo, pimiento amarillo, pimiento mini, *sivri*), 31, 32 (Linda), 33 (foto receta, chirivía, rábano, ñame), 34 (cultivo de espárragos), 37 (hinojo), 41 (foto de receta abajo izquierda), 43 (foto de receta arriba izquierda), 44, 45 (foto de receta arriba derecha, colmenillas), 48/49, 50/51, 52/53 (todas excepto foto receta arriba derecha, espelta, mijo, espelta verde), 54 (todas las fotos de productos excepto chapata, *pumpernickel*), 56 (arriba), 57 (todas excepto foto de receta arriba derecha), 58/59 (macarrones cortos y largos, *tagliatelle, fussili* integrales, *penne,* lasaña, conchas, canalones), 60/61 (todas excepto arriba izquierda), 62/63 (cosecha de arroz, arroz natural, harina de arroz), 66/67, 68 (abajo izquierda), 70 (abajo izquierda), 72/73 (foto receta, mejorana, hojas de laurel secas), 74, 78 (foto de receta, capuchina), 79 (foto de receta arriba derecha), 80/81 (todas excepto menta, melisa), 82 (derecha), 84 (jengibre), 85 (cardamomo pardo), 86, 88 (clavo molido, semillas de anís), 89 (nuez moscada, nuez moscada molida), 94 (guindillas, pimientos picantes, pimientos habaneros), 96/97 (pimienta verde, pimienta blanca), 98/99 (granos de mostaza, foto receta), 103, 104/105 (foto grande, aceitunas adobadas, aceitunas negras), 107 (foto receta), 108/109, 110/111, 112/113 (reportaje anchoas), 115 (trucha, huevas, anguila, espadín), 119 (gallo), 120 (pagel, sargo), 123 (palometa negra), 126, 127 (bacalao, foto receta abajo izquierda), 128 (salmón de piscifactoría), 129, 130 (foto receta arriba izquierda), 131, 132/133 (todas excepto filete de atún), 134 (arriba), 135 (foto receta), 136 (raya), 137 (arriba derecha), 138 (calamar, sepia pequeña), 139, 140, 144 (arriba derecha, centro derecha), 146 (lucio), 148/149 (fotos recetas), 150 (foto grande), 151, 155 (foto receta arriba centro, gambas frescas), 154 (cigala), 157 (todas excepto centollo), 158/159 (todas excepto ostrón), 160/161 (todas excepto fotos productos), 162/163, 166/167, 168/169, 170, 172/173 (fotos recetas arriba izquierda, abajo centro), 175 (arriba derecha, abajo derecha), 176, 177 (arriba centro), 178/179, 180/181, 183 (foto receta abajo), 184/185 (foto grande), 186/187, 188/189 (todos los bovinos), 190 (foto receta arriba izquierda), 191 (foto receta arriba izquierda), 192/193 (terneros), 196, 198 (fotos recetas arriba), 200, 201 (foto receta arriba derecha), 202/203, 204/205 (todas las fotos excepto arándanos encarnados), 206/207 (todas las fotos recetas), 208/209 (fotos recetas, liebre centro derecha), 210/211 (todas excepto caimán), 212/213, 214 (todos los despojos de cerdo), 215 (lengua), 216/217, 220/221 (todas excepto jamón ibérico), 224 (lacón), 225 (foto receta arriba izquierda), 227 (jamón ahumado de Holstein, jamón de vaca), 228 (*salametto,* salchichón húngaro, tipos de salchichón), 230/231, 233 (*Grobe Leberwurst, Grobe Blutwurst,* tipos de morcilla, tipos de butifarra), 234/235 (fotos de recetas), 238/239, 246, 247 (manchego, idiazábal, roncal), 250/251 (elaboración del cabrales), 255 (queso de la Serena), 256/257 (fotos de recetas), 258 (requesón), 261 (foto de receta arriba izquierda), 265 (mantequilla), 266/267 (foto grande), 268/269, 270 (pasa, pasa de Corinto, pasa sultana), 271 (foto de receta), 272 (foto arriba, fresas abajo izquierda, fresal), 274 (centro derecha), 275 (bayas de grosellero espinoso, bayas de saúco), 276 (*Boskop, Boscs Flaschenbirne, Nordhauser Winterforelle, Kaiser Wilhelm*), 277 (todas excepto pastel de manzana), 278/279 (ciruela, ciruela morada, cerezos en flor), 280 (albaricoque), 281 (tarta de albaricoque), 282 (foto de receta arriba derecha, plátano abajo derecha), 283 (higo cortado, kiwi cortado), 284/285 (maracuyá, rambután, granada, papaya, carambola cortada, guanábano), 287 (sandía), 288/289 (limonero, acanalador, pato salvaje), 290 (todas excepto naranja, naranja sanguina, clementina), 291 (foto receta abajo derecha), 292/293, 294/295, 296 (foto receta), 297 (arriba izquierda), 298/299 (todas excepto no tratadas y foto receta abajo izquierda, foto arriba derecha), 304 (semillas de sésamo), 305, 306/307, 308/309, 312/313 (todas excepto foto receta abajo izquierda, tipos de miel), 314/315 (foto grande), 316, 318 (semillas de cacao), 319 (abajo derecha), 321 (tarta de mazapán), 322/323 (tarta de cerezas Selva Negra, canela, estrella de canela), 326/327, 328/329, 330, 331 (granos de café), 332 (café y cruasán), 333, 335 (taza de té), 336/337 (foto grande), 338/339, 342/343 (foto receta), 345 (foto receta), 351 (arriba izquierda), 352/353, 354/355, 356, 357 (todas excepto Royal Oporto, Dry Sack, Sandemann Rich Golden), 360 (abajo izquierda), 363, 364, 370/371 (foto grande), 362/363, 367 (fotos de productos), 376/377 (elaboración de brandy), 379 (arriba izquierda)

Tourismus & Service GmbH, Bad Neuenahr-Ahrweiler: Rike Bouvet 359 (arriba)

Waleczek, Christa, Bochum: 191 (despiece del bovino), 194 (despiece de la ternera), 199 (despiece del cordero), 201 (despiece del cerdo)

Windheuser, Georg, Herdecke: 210 (caimán)

Wine & Partners, Viena: Vi'a Errázuriz 376 (abajo derecha)

Wine Institute of California, Wiesbaden, www.california-wine.org: 366